赤峰市檔案館 編

民國時期赤峰縣公署檔案精選

1

國家圖書館出版社

圖書在版編目(CIP)數據

民國時期赤峰縣公署檔案精選：全三册 / 赤峰市檔案館編 . —北京：國家圖書館出版社，2021.1
ISBN 978-7-5013-7064-1

Ⅰ . ① 民… Ⅱ . ① 赤… Ⅲ . ① 地方政府—行政管理—檔案資料—彙編—赤峰縣—民國 Ⅳ . ① D693.62

中國版本圖書館 CIP 數據核字（2020）第 184200 號

書　　名　民國時期赤峰縣公署檔案精選（全三册）
著　　者　赤峰市檔案館　編
責任編輯　于　浩
助理編輯　孟穎佼
封面設計　李　順

出版發行　國家圖書館出版社（北京市西城區文津街 7 號 100034）
（原書目文獻出版社　北京圖書館出版社）
010-66114536　63802249　nlcpress@nlc.cn（郵購）
網　　址　http://www.nlcpress.com
印　　裝　北京金康利印刷有限公司
版次印次　2021 年 1 月第 1 版　2021 年 1 月第 1 次印刷

開　　本　889 × 1194（毫米）　1/16
印　　張　112.25
書　　號　ISBN 978-7-5013-7064-1
定　　價　2700.00 圓

赤峰市檔案館二〇一九年度國家重點檔案
保護與開發項目領導小組

《民國時期赤峰縣公署檔案精選》編委會

前言

檔案是歷史文化遺産，我們一定要完整地交給後人，實現古爲今用，這是檔案部門的責任。影印《民國時期赤峰縣公署檔案精選》是『十三五』時期國家重點檔案保護與開發項目，也是赤峰市檔案館獨立承擔的第一個國家項目。本書係赤峰地區民國檔案的首次刊布。

民國時期，赤峰地區旗、縣建制并存。赤峰縣前身爲赤峰直隸州，隸屬熱河特別區（後改爲熱河省），管轄翁牛特右翼旗和翁牛特左翼旗西部地區漢族事務。赤峰縣公署成立於一九一三年八月一日，一九二九年以後改稱赤峰縣政府。

赤峰縣公署檔案留存下來實屬不易。這部分檔案一九三三年由侵華日軍密令集中於沈陽整理保存，一九四五年東北三省解放後，該全宗被輾轉帶到蘇聯。新中國成立後，蘇聯將其歸還，保存於遼寧省檔案館。一九八八年，根據國家檔案局《關於嚴格執行歷史檔案歸屬管理問題的通知》精神，赤峰市檔案館（原昭烏達盟檔案館）從遼寧省檔案館將這部分檔案與其他涉及赤峰地區的歷史檔案一并接收回來，此舉填補了赤峰市檔案館民國檔案館藏的空白。

赤峰縣公署全宗凡7087卷，約占赤峰市檔案館館藏民國檔案總量的62%。這部分檔案多爲漢文，在時間上始於一九一二年，止於一九三三年，有正本、有定稿。檔案載體基本完好。

赤峰縣公署全宗檔案主要包括行政、司法、財稅金融、教育、禁烟、救災、農業、林業、商業、工礦業、交通運輸、土地管理、軍事、外交、宗教等内容，集中反映了民國時期赤峰縣公署施政情況、社會發展和民生百態，極具史料價值，是研究民國時期中國北部邊疆地區縣域管理可資參考的文獻資料。我們這次盡量精選有代表性的檔案結集出版，推介給大家，以期達到窺一斑而知全豹、嘗一臠而知全鼎的效果。

《民國時期赤峰縣公署檔案精選》編委會

二〇一九年九月八日

編輯說明

一、受篇幅限制，本書采取精選方式，而非全部檔案結集出版。

二、本書原則上按檔案的形成時間依次編排，同時兼顧不同檔案之間的關聯性，將内容相關的檔案排列在一起，以保持同一事件脉絡清晰。

三、本書采用原檔影印方式，最大限度地保留檔案原貌，保證史料的真實性、鑒賞性和收藏性，化身千百，以饗世人。

四、爲方便閱讀，編纂人員爲每件檔案擬寫了題名。對於無法考證的姓名，以□□代之。

五、爲保證民國時期赤峰縣地區檔案的整體性，編者將赤峰縣公署正式成立之前，即一九一二年至一九一三年七月間的檔案一并收入。

六、檔案時間指該件檔案文獻的形成時間，本書原則上著録檔案時間項頁上的時間。

七、本書所選部分檔案文獻存在殘損、缺頁、附件散失現象，但考慮到其本身具有的代表性和文獻價值，依舊將其選入，敬請讀者諒解。

八、赤峰市檔案館國家重點檔案保護與開發項目組成員，因首次承擔歷史檔案編纂任務，經驗不足，疏漏之處，所在兹多，敬請專家學者不吝賜教，以匡不逮。

《民國時期赤峰縣公署檔案精選》編委會

二〇一九年九月八日

總目録

第一册

第二册

第三册

第一册目録

○○一　赤峰直隸州城董事會總董張振鐸爲造報宣統三年十二月份烟捲鞭炮捐款清册事致赤峰直隸州知州張鴻聲呈（1912年3月7日）

3-1-6077-20

呈

赤峰直隸州城董事會之圖記

民國元年三月九日到
壬子年正月廿一日到

○○一　赤峰直隸州城董事會總董張振鐸爲造報宣統三年十二月份烟捲鞭炮捐款清册事致赤峰直隸州知州張鴻聲呈（1912年3月7日）

赤峰直隸州城董事會總董張振鐸為呈報事案查煙捲爆炮兩宗酌量抽
捐作為自治經費前蒙　批准先行試辦自宣統二年十月開辦業將每月捐
款數目歷經分別造册呈報在案茲屆宣統三年十二月初一日起至三十日止
共捐制錢捌拾叁吊壹百文所有本年十二月分捐欵數目理合造具清册
呈請
憲鑒以憑核轉為此備由開冊具呈伏乞
照驗施行須至呈者

附呈
清截册各一本

右　　呈

赤峰直隸州正堂張

○○一 赤峰直隸州城董事會總董張振鐸爲造報宣統三年十二月份烟捲鞭炮捐款清册事致赤峰直隸州知州張鴻聲呈（1912 年 3 月 7 日）

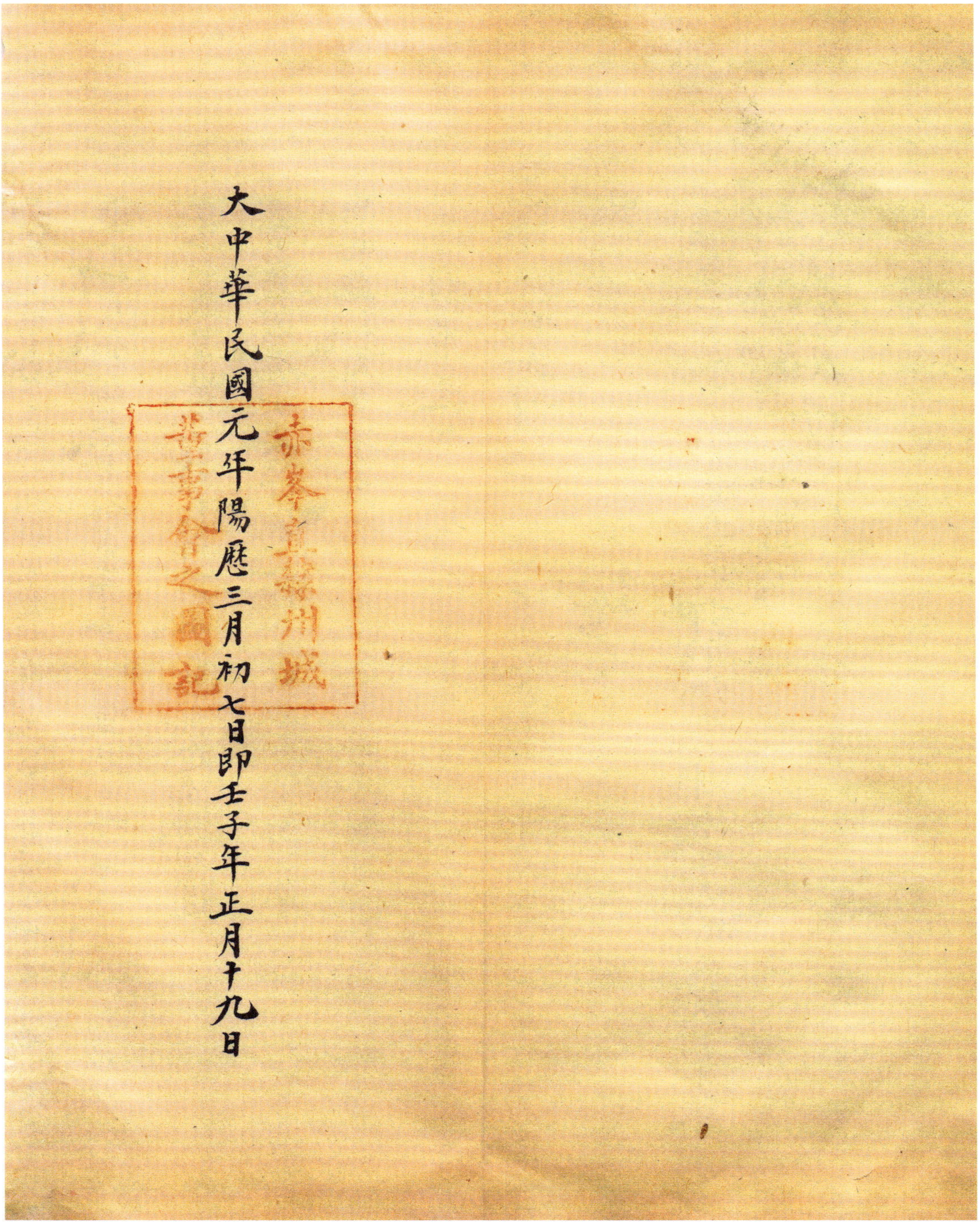

赤峯直隸州城董事會之圖記

大中華民國元年陽歷三月初七日即壬子年正月十九日

○○二　赤峰直隸州知州張鴻聲爲報送宣統三年十二月份烟捲鞭炮捐款清册事致熱河都統申稿（1912年3月12日）

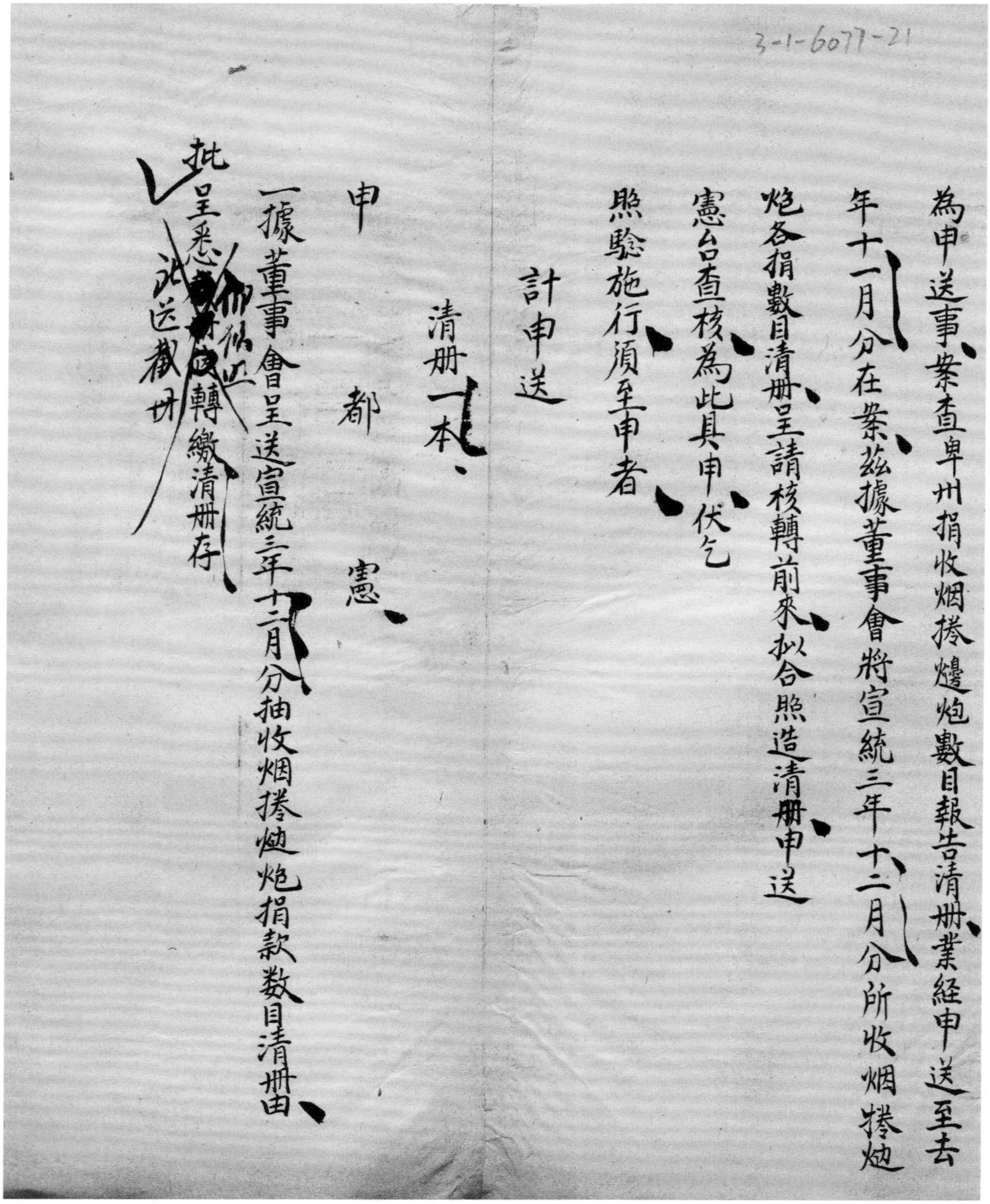

3-1-6077-21

為申送事。案查卑州捐收烟捲爆炮數目報告清册，業經申送至去年十一月分在案。茲據董事會將宣統三年十二月分所收烟捲爆炮各捐數目清册呈請核轉前來，擬合照造清册申送

憲台查核。為此具申，伏乞

照驗施行。須至申者。

計申送

清册一本。

申　都　憲

一據董事會呈送宣統三年十二月分抽收烟捲爆炮捐款數目清册由

批：呈悉。仰候轉繳。清册存。

此送繳册

○○二　赤峰直隸州知州張鴻聲爲報送宣統三年十二月份烟捲鞭炮捐款清册事致熱河都統申稿（1912年3月12日）

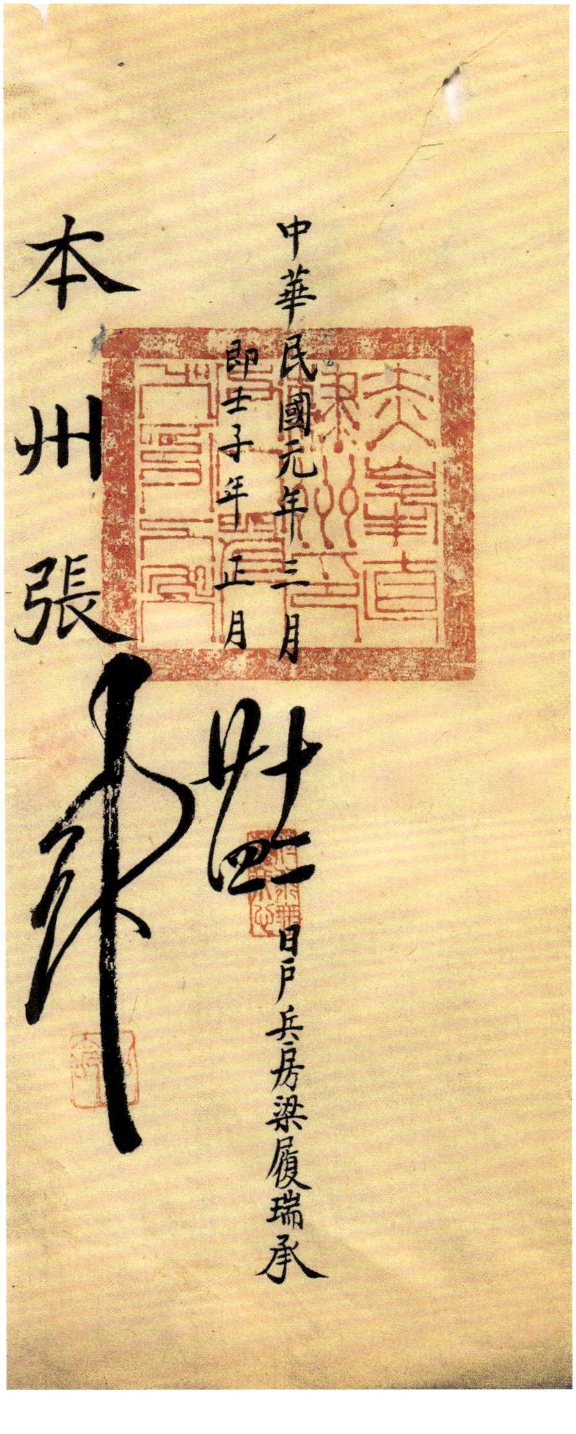
中華民國元年三月廿二日
即壬子年正月
户兵房梁履瑞承
本州張

〇〇三 京師殖邊學堂學生劉印卿爲懇請照給官費事致赤峰直隸州知州張鴻聲禀（1912年6月13日）

3-1-6064-18

具禀京師殖邊學堂學生劉印卿

禀爲停發官費懇請飭所照給以維教育而免廢學事。竊生於宣統二年三月間考入殖邊學堂肄業，因查本堂章程，學生官費概由原籍支發，前經生呈請朱前牧俯准核給，嗣蒙批仰議事會議覆核奪等因，嗣經議事會核議，每月由勸學所經費項下補助官費銀六兩，歷經照領在案。現在學堂業已開學，所有本屆官費既經到所請領，據該所聲稱，本所經費現經提去二成移作軍事之用，實屬支絀，礙難照給等語，堅不支付。復查直隸公報前載提學司通飭事，陽歷五月十七日奉

都督張札開：爲札飭事，案准

教育部電開：民國初建，教育亟宜進行，所有軍興以來各省教育財産有

○○三 京師殖邊學堂學生劉印卿爲懇請照給官費事致赤峰直隸州知州張鴻聲禀（1912年6月13日）

移作軍事及他項之用者希即設法一律歸還即由教育司督飭所屬各主管
官署或該校管理人籌集經費維持現狀勿使全國學子有半途廢學之患
監驗接收教育部庚印等因到本署都督准此查現在國勢已定亟宜注重
教育以增國民進步所有各處辦學公款均不准挪移別用業經通飭查照
在案茲准前因合行札飭札到該司即便查照辦理此札等因奉此查此案前奉
部電並奉
都督札飭均經公布札飭遵辦各在案茲奉前因合行札飭札到即便遵照
辦理勿違切切此札等因明文具在該所豈無聞知何得藉口軍用即不設法籌
集經費維持現狀 生 業經荒廢半載實難久候合無仰懇
憲恩俯准飭所照給以免中輟而資進取實為公便除逕稟

○○三 京師殖邊學堂學生劉印卿爲懇請照給官費事致赤峰直隸州知州張鴻聲禀（1912年6月13日）

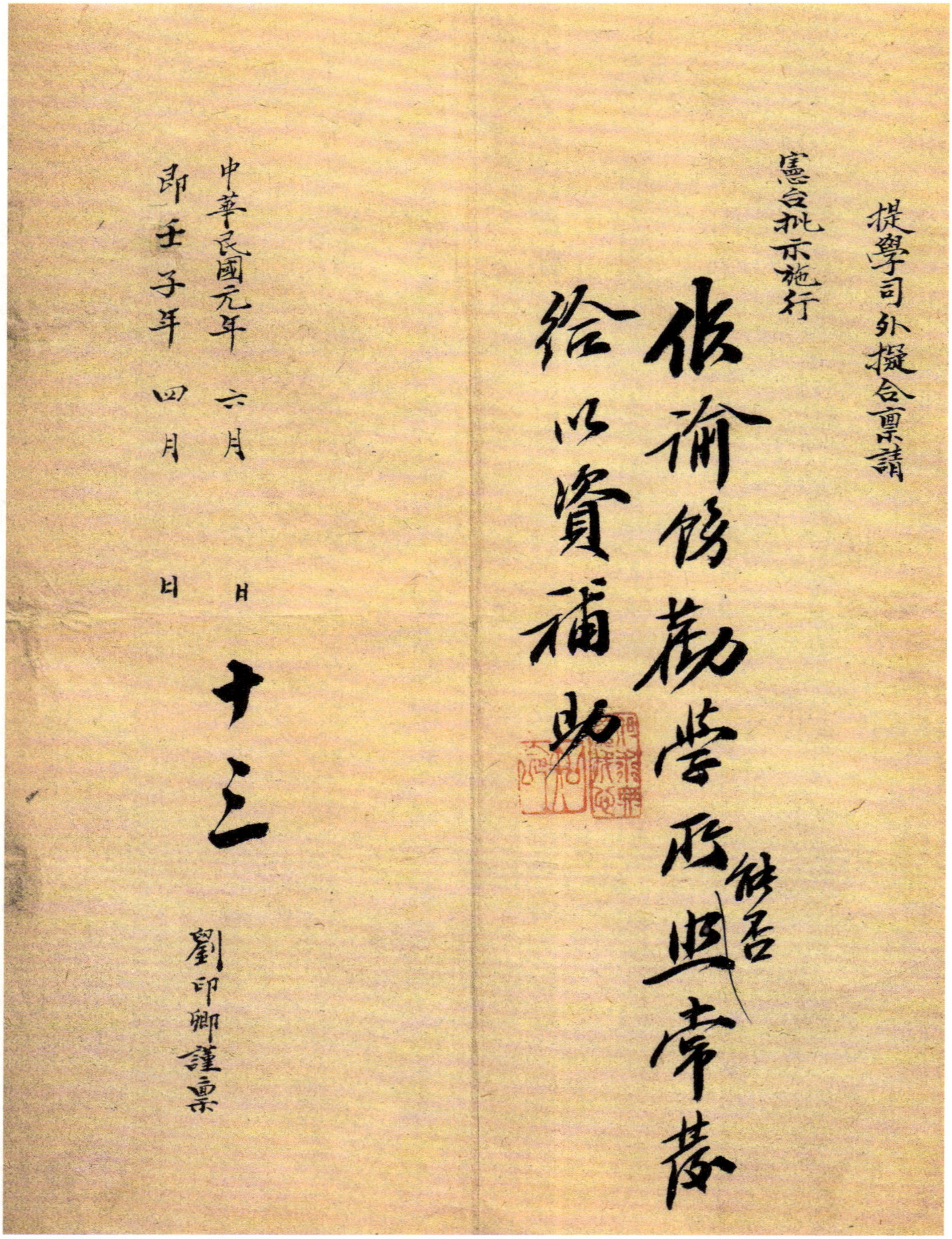

提學司外擬合禀請

憲台批示施行

依諭飭勸學所能否與常款

給以資補助

中華民國元年六月十三日

即壬子年四月　日

劉印卿謹禀

〇〇四　赤峰直隸州知州張鴻聲爲查明呈覆能否發放學生官費事致勸學所札稿（1912年6月25日）

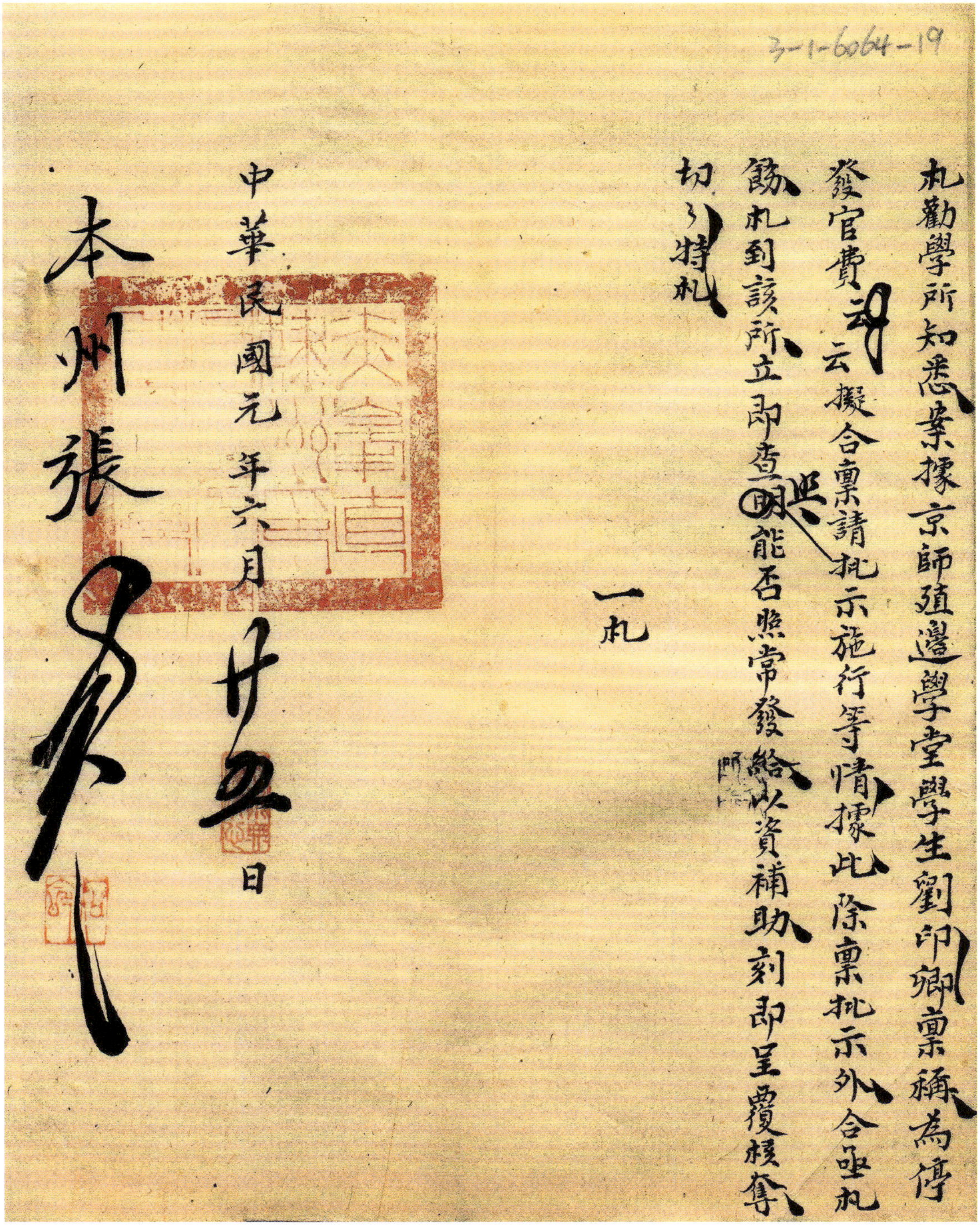
3-1-6064-19

札勸學所知悉案據京師殖邊學堂學生劉印鄉稟稱為停發官費云云擬合稟請批示施行等情據此除稟批示外合亟札飭札到該所立即查明能否照常發給以資補助刻即呈覆核奪切切特札

一札

中華民國元年六月廿五日

本州張

○○五 署理熱河都統崑源爲查核辦理學生官費事致赤峰直隸州知州張鴻聲札（1912 年 6 月 27 日）

3-1-6064-20

札

○○五 署理熱河都統崑源爲查核辦理學生官費事致赤峰直隸州知州張鴻聲札（1912年6月27日）

署理熱河都統崑　為

札飭事據京師殖邊學堂學生劉印卿禀稱敬禀者竊生

於宣統二年三月間考入殖邊學堂肄業藏科因查本堂

章程學生官費概由原籍支發前經生呈請誠前都統准

核給蒙批在案仰朱前州轉飭議事會議覆核奪等因

嗣經議事會核議每月由勸學所經費項下補助官費銀

六兩歷經照領在案現在學堂業已開學所有本屆官費送

經到所請領據該所聲稱本所經費現經提去二成移作

○○五 署理熱河都統崑源爲查核辦理學生官費事致赤峰直隸州知州張鴻聲札（1912年6月27日）

軍事之用目下寔屬支絀生言一寔教育乃照去歲進行第
阻生之進步是何意見董言生之津貼礙难照給等語堅
不支付伏查直隸公報前載 提學司通飭事陽歷五月十七日奉
都督張 札開爲札飭事案准
教育部電開民國初建教育亟宜進行所有軍興以來各
省教育財產有移作軍事及他項之用者希即設法一律
歸還即由教育司督飭所屬或該校管理人籌集經費
維持現狀勿使全國學子有半途廢學之患點驗接收

○○五　署理熱河都統崑源爲查核辦理學生官費事致赤峰直隸州知州張鴻聲札（1912 年 6 月 27 日）

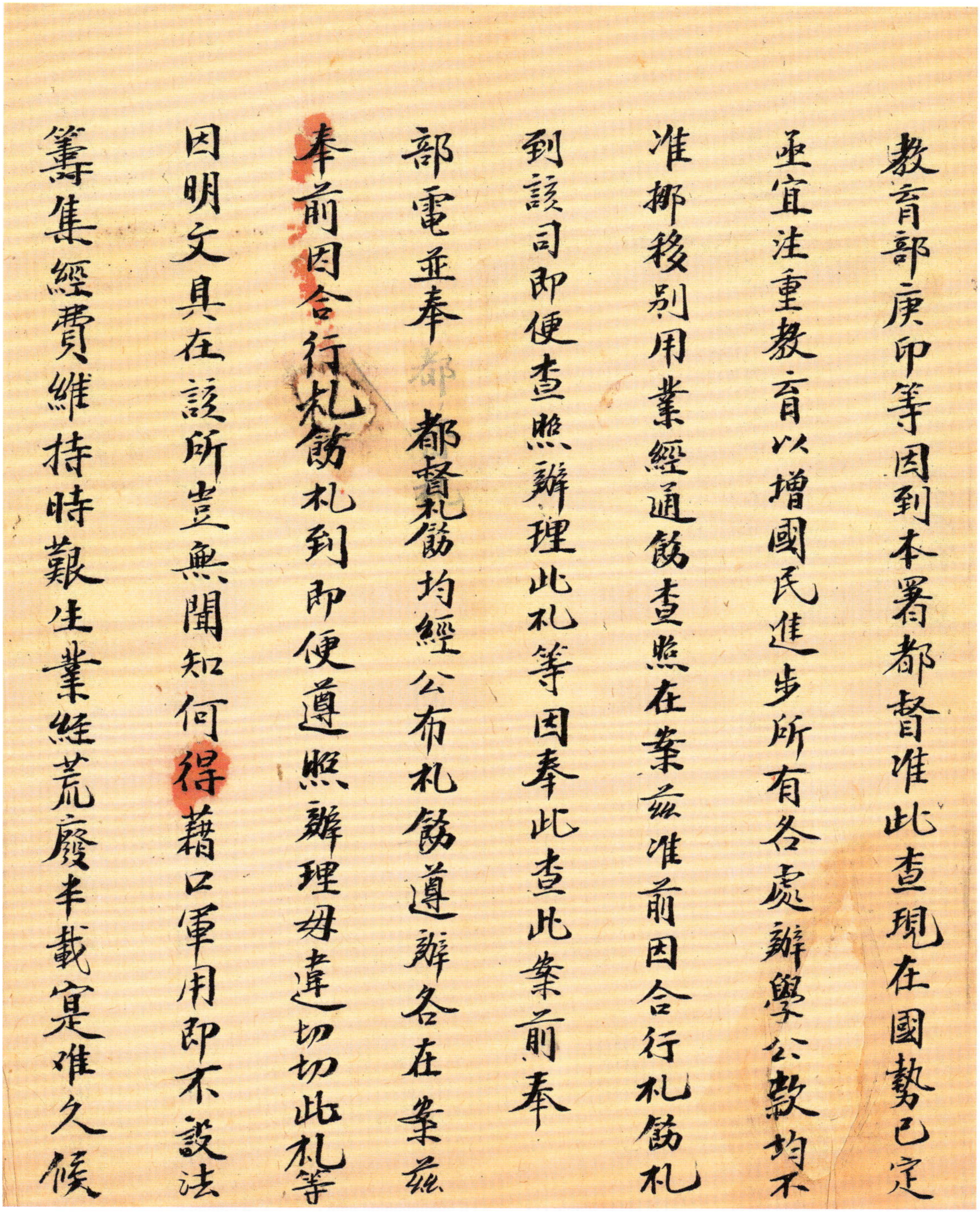

教育部庚印等因到本署都督准此查現在國勢已定
亟宜注重教育以增國民進步所有各處辦學公款均不
准挪移别用業經通飭查照在案茲准前因合行札飭札
到該司即便查照辦理此札等因奉此查此案前奉
部電並奉　都督札飭均經公布札飭遵辦各在案茲
奉前因合行札飭札到即便遵照辦理毋違切切此札等
因明文具在該所豈無聞知何得藉口軍用即不設法
籌集經費維持時艱生業經荒廢半載寔難久候

〇〇五 署理熱河都統崑源爲查核辦理學生官費事致赤峰直隸州知州張鴻聲札（1912年6月27日）

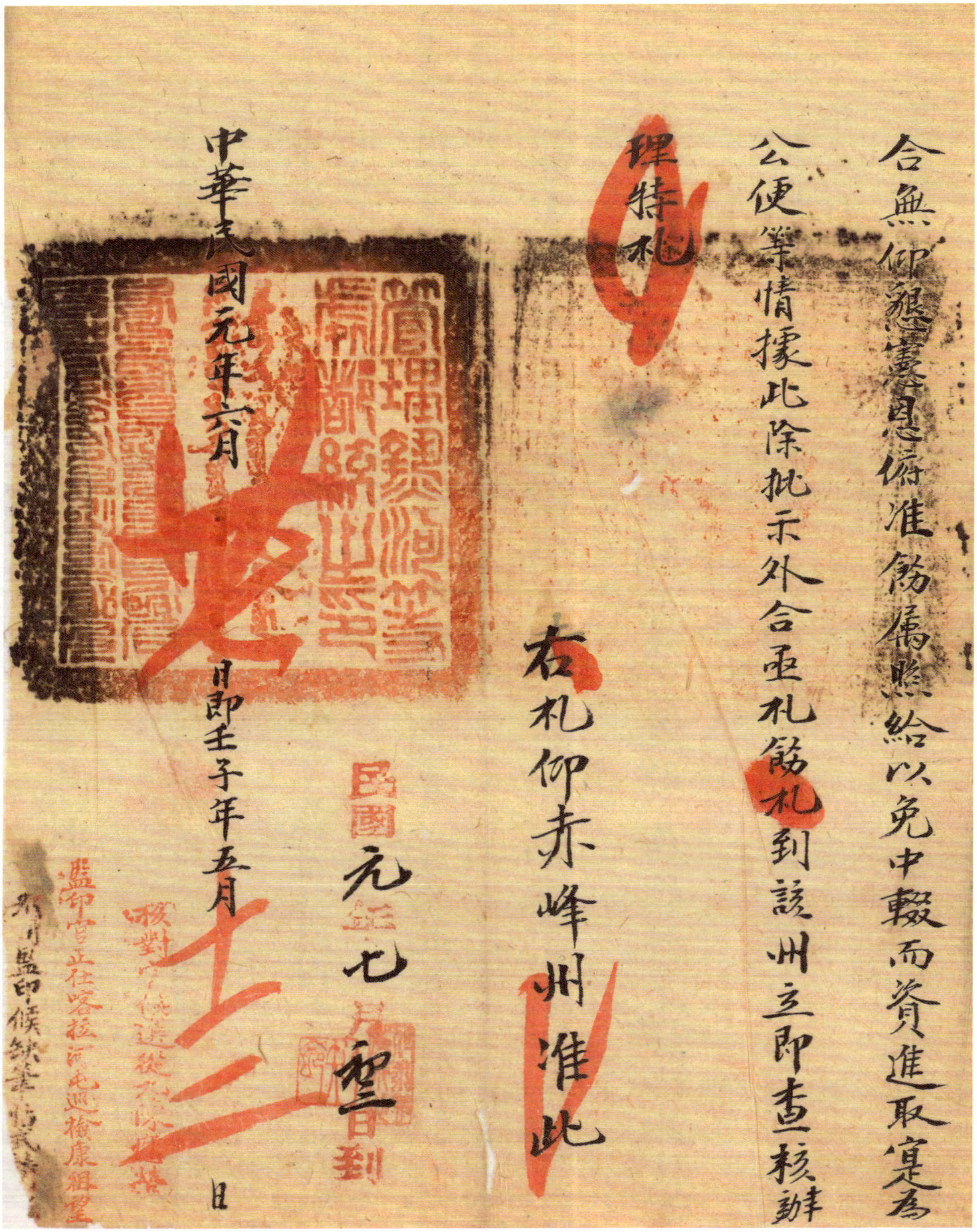
合無仰懇憲恩俯准飭屬照給以免中輟而資進取寔爲
公便等情據此除批示外合亟札飭札到該州立即查核辦
理特札
右札仰赤峰州准此
中華民國元年六月　日即壬子年五月十二日
民國元年七月　日到

○○六 署理直隸提學使司提學使蔡儒楷爲停止補助學生官費事致赤峰直隸州知州張鴻聲札（1912 年 6 月 29 日）

3-1-6064-21

札

赤峰州

○○六　署理直隸提學使司提學使蔡儒楷爲停止補助學生官費事致赤峰直隸州知州張鴻聲札（1912年6月29日）

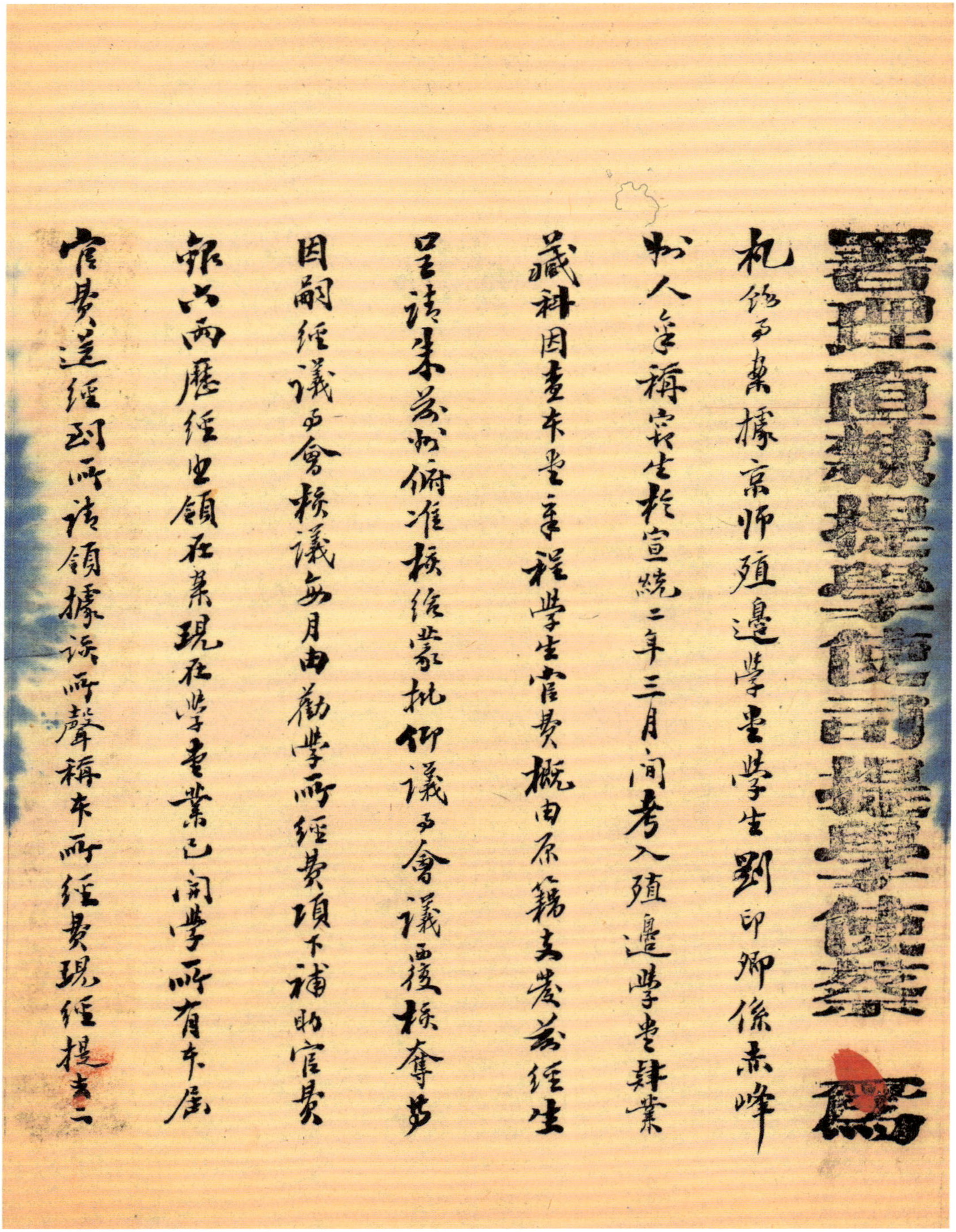

署理直隸提學使司提學使蔡　儒

札飭事案據京師殖邊學堂學生劉印卿係赤峰

州人呈稱窃生於宣統二年三月間考入殖邊學堂肄業

藏科因查本堂章程學生官費概由原籍支發茲經生

呈請本司俯准核給蒙批仰議事會議覆核奪等

因嗣經議事會核議每月由勸學所經費項下補助官費

銀六兩歷經由領在案現在學業已函學所有本屆

官費送經函請領據該所聲稱本所經費現經提去二

〇〇六 署理直隸提學使司提學使蔡儒楷爲停止補助學生官費事致赤峰直隸州知州張鴻聲札（1912年6月29日）

成移作軍事之用實屬支絀礙難照給等語堅不支付伏查直隸
公報茲載憲台通飭事陽歷五月十七日奉
都督張札開為札飭事業准
教育部電開民國初建教育亟宜進行所有軍興以來
各省教育財產有移作軍事及他項之用者希即設法一律歸
還即由教育司督飭所屬或該校管理人點驗接收教育
部庚印等因到本署都督准此查現在國勢已定亟宜注
重教育以增國民進步所有各處以作學公款均不准挪移別用

○○六 署理直隸提學使司提學使蔡儒楷爲停止補助學生官費事致赤峰直隸州知州張鴻聲札（1912年6月29日）

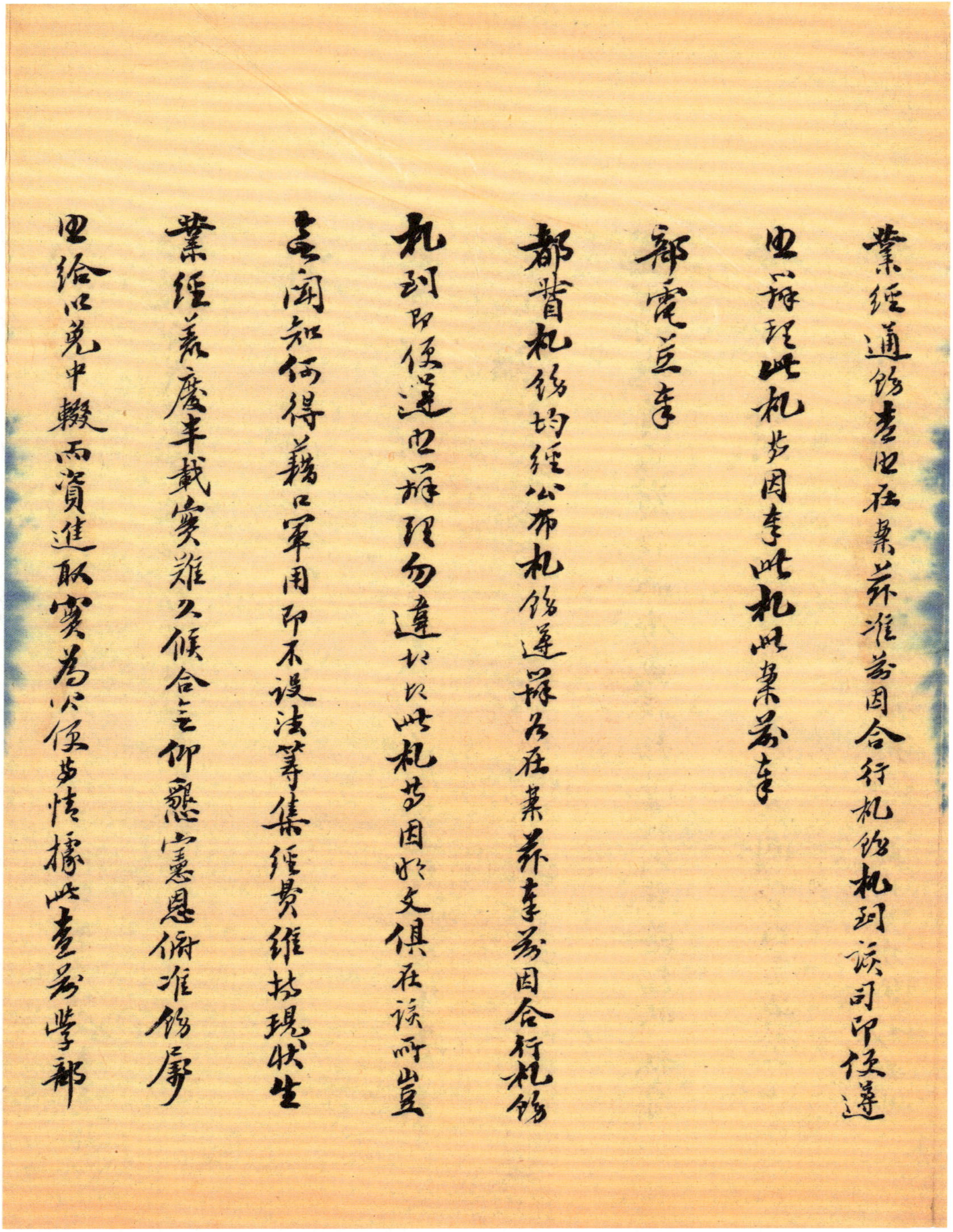
業經通飭查照在案。茲准前因，合行札飭。札到該司，即便遵
照辦理。此札。等因。奉此，札照案前奉
部電並奉
都督札飭，均經分布札飭遵辦各在案。茲奉前因，合行札飭。
札到，即便遵照辦理，勿違。切切。此札。等因。於文俱在該所。豈
意開知，何得藉口軍用，即不設法籌集經費，維持現狀。生
業經荒廢半載，實難久候。合亟仰懇憲恩，俯准飭廳
照給，以免中輟，而資進取。實爲公便。等情。據此，查前學部

○○六　署理直隸提學使司提學使蔡儒楷爲停止補助學生官費事致赤峰直隸州知州張鴻聲札（1912 年 6 月 29 日）

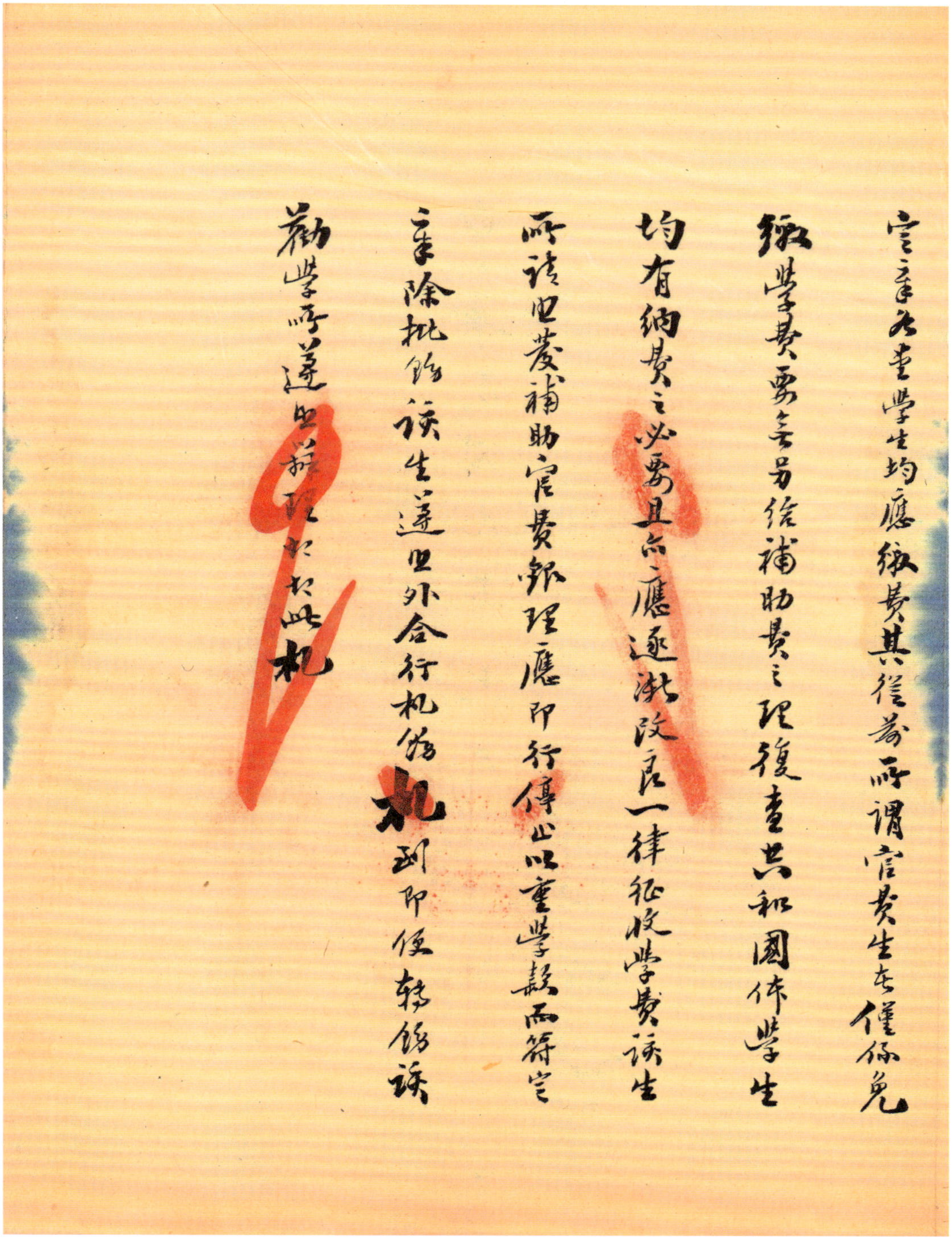

宣言各重學生均應繳費其從前所謂官費生者僅係免
繳學費並無另給補助費之理復查共和國作學生
均有納費之必要且亦應遵照改良一律征收學費該生
所請照發補助官費辦理應即行停止以重學款而符定
章除批飭該生遵照外合行札飭札到即便轉飭該
勸學所遵照辦理切切此札

○○六 署理直隸提學使司提學使蔡儒楷爲停止補助學生官費事致赤峰直隸州知州張鴻聲札（1912年6月29日）

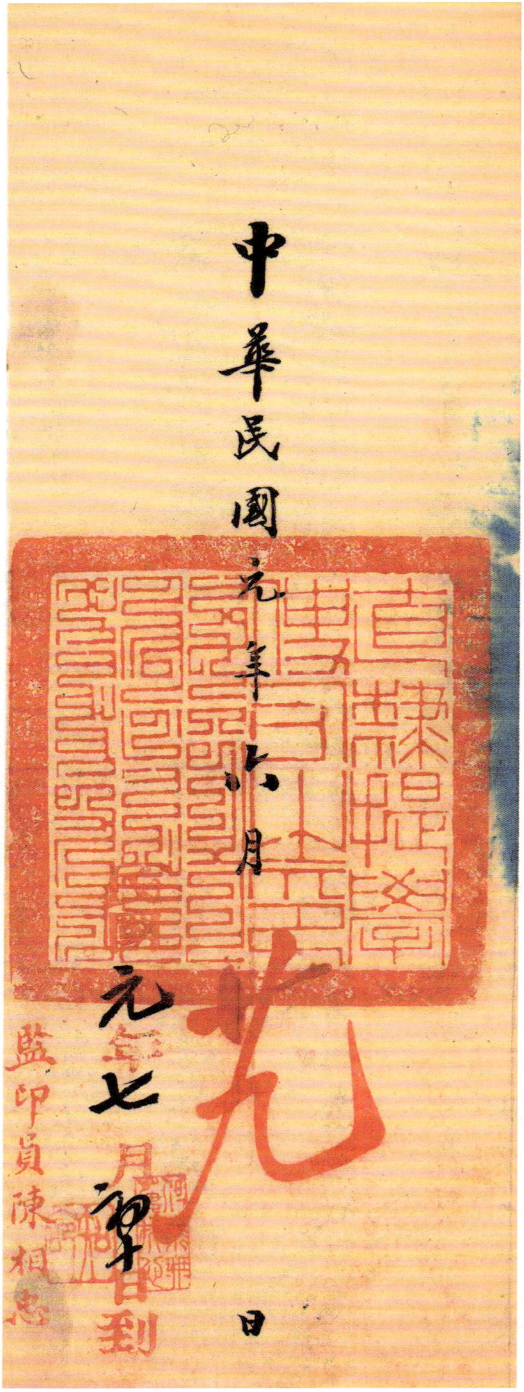
中華民國元年六月 日

監印員陳相忠

元年七月 日到

○○七 赤峰直隸州視學兼勸學所總董李翰臣爲經費支絀伏乞補助事致赤峰直隸州知州張鴻聲呈（1912年7月6日）

3-1-6064-22

呈

〇〇七　赤峰直隸州視學兼勸學所總董李翰臣爲經費支絀伏乞補助事致赤峰直隸州知州張鴻聲呈（1912年7月6日）

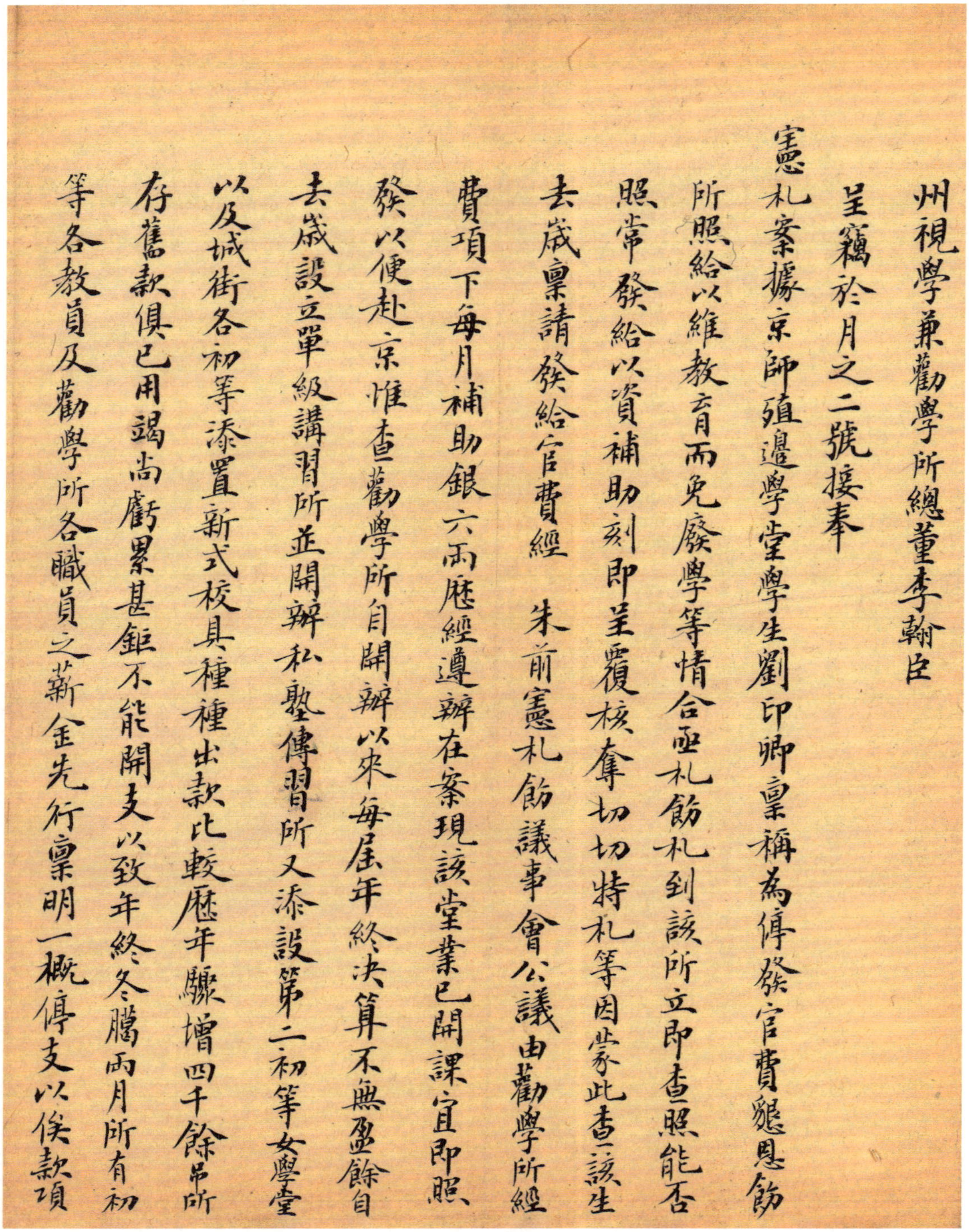

州視學兼勸學所總董李翰臣
呈竊於月之二號接奉
憲札案據京師殖邊學堂學生劉印卿稟稱爲傳發官費懇恩飭
所照給以維教育而免廢學等情合亟札飭札到該所立即查照能否
照常發給以資補助刻即呈覆核奪切切特札等因奉此查該生
去歲稟請發給官費經　朱前憲札飭議事會公議由勸學所經
費項下每月補助銀六兩歷經遵辦在案現該堂業已開課宜即照
發以便赴京惟查勸學所自開辦以來每屆年終決算不無盈餘自
去歲設立單級講習所並開辦私塾傳習所又添設第二初等女學堂
以及城街各初等添置新式校具種種出款比較歷年驟增四千餘吊所
存舊款俱已用竭尚虧累甚鉅不能開支以致年終冬臘兩月所有初
等各教員及勸學所各職員之薪金先行稟明一概停支以俟款項

〇〇七 赤峰直隸州視學兼勸學所總董李翰臣爲經費支絀伏乞補助事致赤峰直隸州知州張鴻聲呈（1912年7月6日）

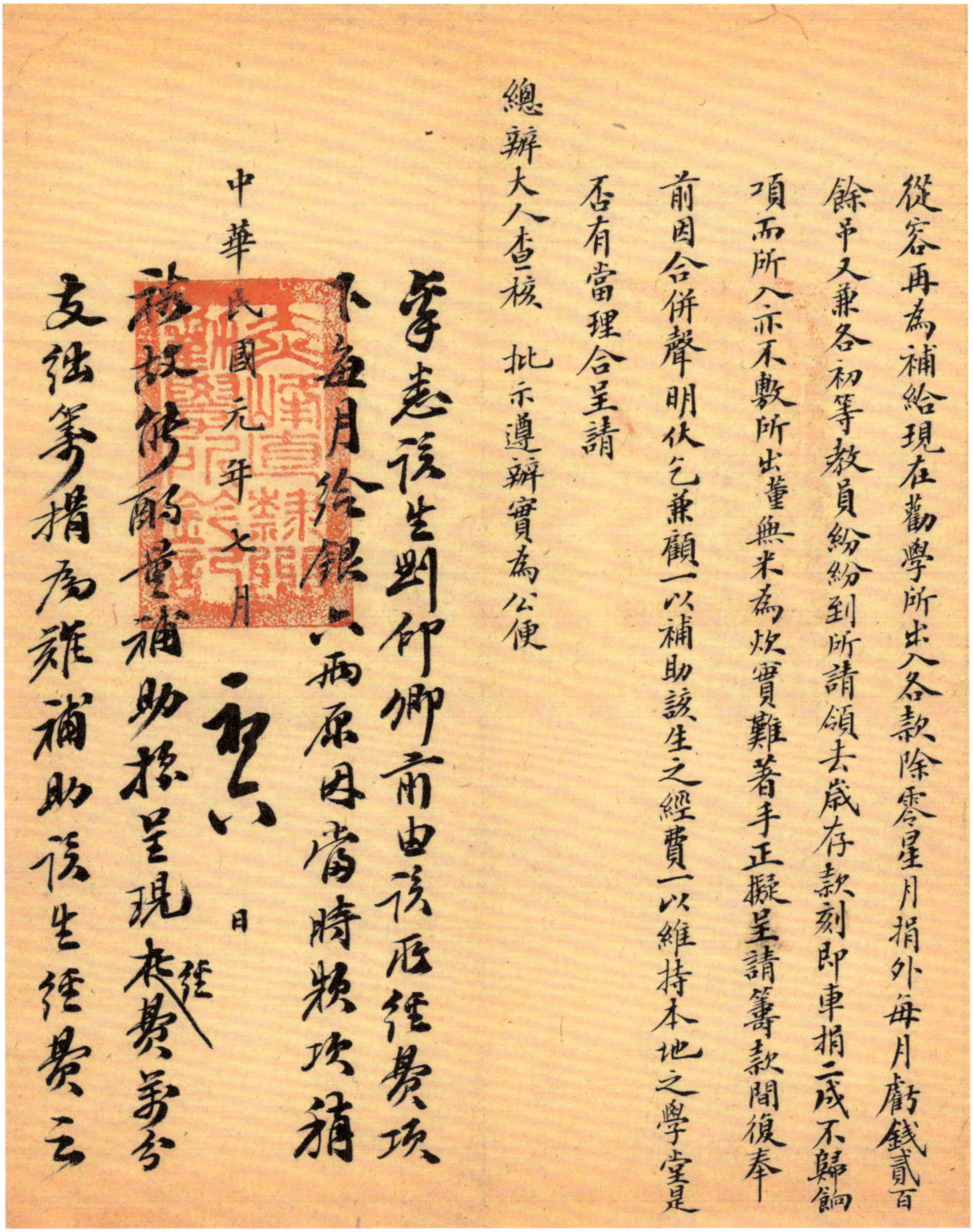

從容再為補給現在勸學所出入各款除零星月捐外每月虧錢貳百餘吊又兼各初等教員紛紛到所請領去歲存款刻即車捐一成不歸餉項而所入亦不敷所出董無米為炊實難著手正擬呈請籌款間復奉前因合併聲明伏乞兼顧一以補助該生之經費一以維持本地之學堂是否有當理合呈請

總辦大人查核 批示遵辦實為公便

中華民國元年七月初六日

呈悉該生劉卯卿前由該所經費項下每月給銀六兩原因當時頗坎補該款酌量補助據呈現在經費萬分支絀籌措為難補助該生經費云云

○○七　赤峰直隸州視學兼勸學所總董李翰臣爲經費支絀伏乞補助事致赤峰直隸州知州張鴻聲呈（1912年7月6日）

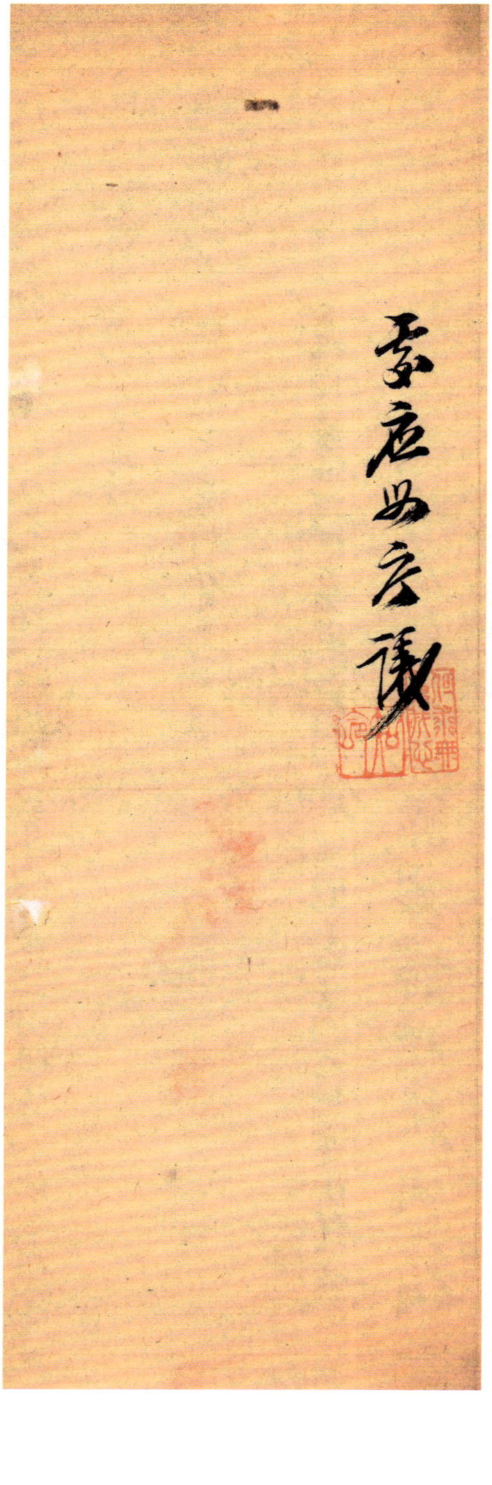

李應如所議

〇〇八 京師殖邊高等學校學生劉印卿爲勸學所停發官費托辭詭辯懇請訊究事致赤峰直隸州知州張鴻聲禀（1912年7月14日）

3-1-6064-23

具禀京師殖邊高等學校學生劉印卿
禀爲停發官費懇請電斷訊究事竊生前次遞禀已聆批聞理宜半途
廢學改圖他業何敢一再瀆請自揣不能經營他業不覺淚沾巾懷非生英
雄氣短緣生家境最貧業農則乏乎能力營商則屈於資本舍學堂別無立
身之基欲照給官費以卒業將來大振邊陲出自 恩賜伏思高等小學堂
現有母款萬五千餘金得息償其所需有餘若施一勺之水無損於彼有益
於生據該董聲稱此款專爲培養高等小學起見不准挪移別用果然蓋該董
在津自治公所遊歷東洋共銀四百金俱從此款出由此以觀何得在津出
洋而准挪移在京而否也該董任事四年義務未盡一日經費未籌一文所
需之常款月捐俱前總董王懷之設法籌集當需款浩繁時該董既欲攬

○○八 京師殖邊高等學校學生劉印卿爲勸學所停發官費托辭詭辯懇請訊究事致赤峰直隸州知州張鴻聲禀（1912 年 7 月 14 日）

權保薪亦當籌集經費否則知難而退赤峰熱心學務者豈自不乏據呈
目下經費實屬支絀礙難照給等語堅不支付量該所月出五百吊爲度月
捐三百吊有零十分之二車捐提去二分之一皮捐歸還入能敷出壹定
教育仍照昔進行各員薪水亦照常開支唯生之官費每月六兩該董霸
持不與支吾搪塞俾生荒廢半載詭曰現在款項萬分支絀即萬分支
絀亦當俯念已之官費求學需款甚巨任事享權利有年今款奇
絀當先盡義務欲停人之官費何不裁己薪水第停生之區區官費於
所無足輕重是何公德居心如是毖生學有寸進俾生半途廢學天地
間無此貪妬壞民學界中緣何有此陰險敗類生雖屈於霸持面前
敢陳於公正案下諒　恩憲素樂成人之美至赤優待赤峯士民

〇〇八　京師殖邊高等學校學生劉印卿爲勸學所停發官費托辭詭辯懇請訊究事致赤峰直隸州知州張鴻聲禀（1912年7月14日）

莫不感於心而宜於口培人無分畛域不至使董獨享厚利使生因貧輟
學也理合稟請
憲台案下訊究公斷施行

茲奉
提學憲札飭據該生等請照給官費緣由
蒙札查前學部定章各學生均應繳費
其從前所謂官費生者僅係免繳學費
並無另給補助費之理復查共和國體
學生均有納費之必要且亦應逐漸改良
一律征收學費該生所請照發補助官
費銀應即行傳追以重學款而符定章等

〇〇八 京師殖邊高等學校學生劉印卿爲勸學所停發官費托辭詭辯懇請訊究事致赤峰直隸州知州張鴻聲稟（1912年7月14日）

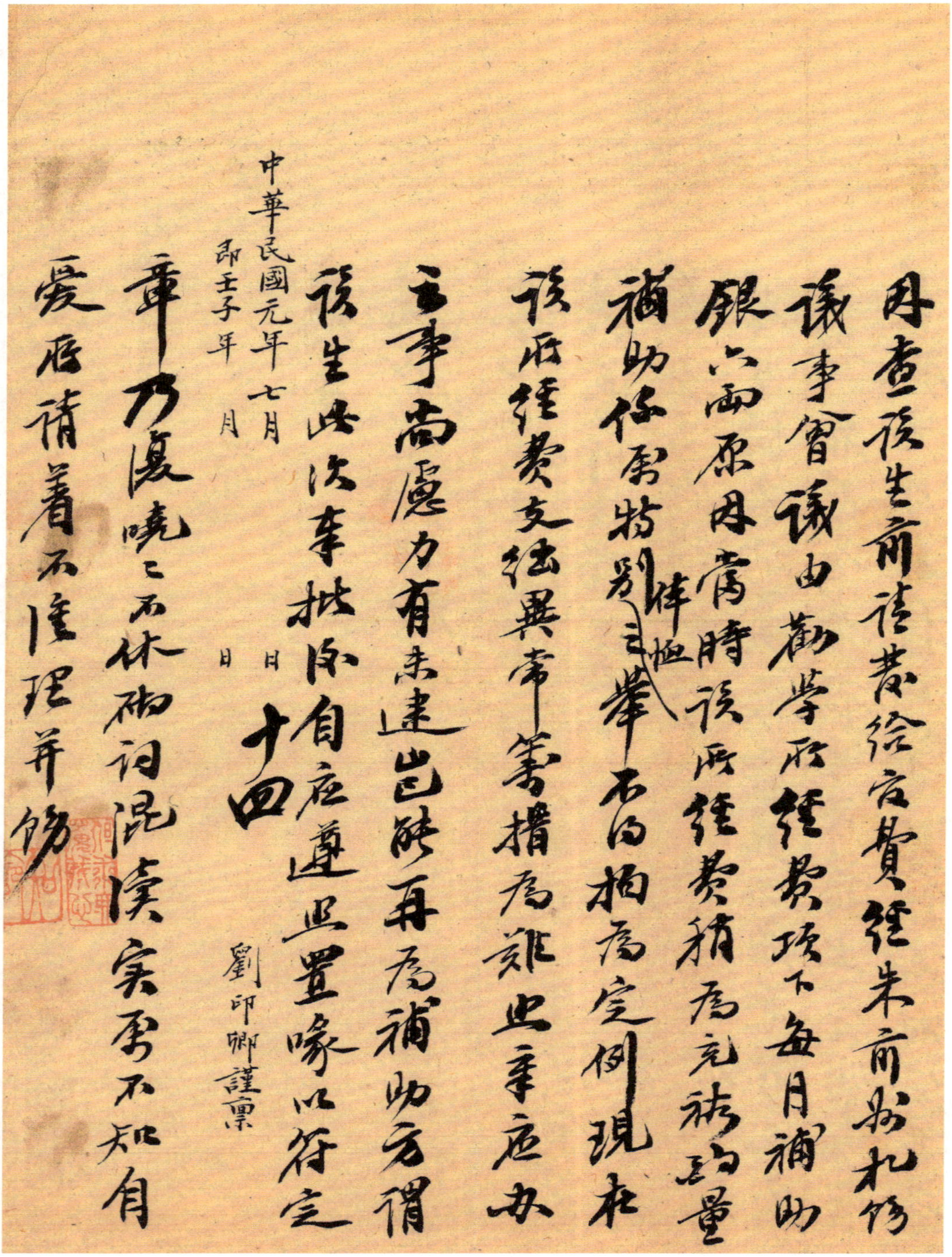
丹查該生前請發給官費經朱前牧札飭
議事會議由勸學所經費項下每月補助
銀六兩原因當時該所經費稍為充裕酌量
補助係屬特別體恤之舉而向非為定例現在
該所經費支絀異常籌措為難此事應如
主事者慮力有未逮豈能再為補助方謂
該生此次來稟自應遵照置喙以符定
章乃復嘵嘵不休砌詞混瀆實屬不知自
愛所請著不准理并飭

劉印卿謹稟

中華民國元年七月十四日
即壬子年 月 日

○○九　赤峰直隸州知州張鴻聲爲烟捲鞭炮各捐改歸車捐局代收事致車捐局、各雜貨行店諭稿（1912 年 10 月 18 日）

3-1-6077-29

諭車捐局知悉照得議董兩會現奉
大總統命令解散所有該會向收烟捲鞭炮各捐改歸該局代收暫
存俟縣制頒布後另行組織再將此款撥歸該會以資經費除
分諭各行店知照外合亟諭飭諭到該局立即遵照按照前定章
程收捐認真稽查毋得遺漏切速特諭

一諭

諭各雜貨行店知悉照得議董兩會現奉
大總統命令解散所有該會向收烟捲鞭炮各捐改歸車捐局代收
暫存俟縣制頒布後另行組織再將此款撥歸該會以資經費除
諭車捐局代收外合亟諭飭諭到該行店立即遵照按照前定
章程納捐毋得隱匿不報致干查究切切特諭

○○九 赤峰直隸州知州張鴻聲爲烟捲鞭炮各捐改歸車捐局代收事致車捐局、各雜貨行店諭稿（1912 年 10 月 18 日）

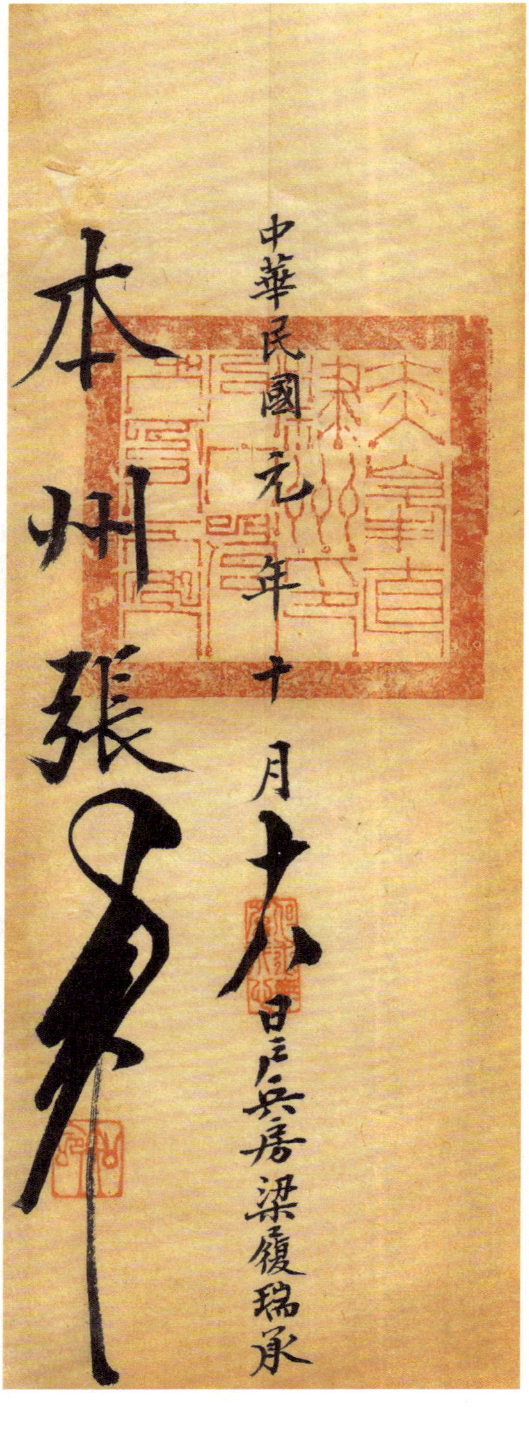
本州張

中華民國元年十月十八日

兵房梁馥瑞承

〇一〇 赤峰直隸州商務分會爲烟捲鞭炮各捐又歸議董兩會雜貨行店未奉明文無所依據事致赤峰直隸州知州張鴻聲呈（1912年11月）

3-1-6077-30

呈

〇一〇 赤峰直隸州商務分會爲烟捲鞭炮各捐又歸議董兩會雜貨行店未奉明文無所依據事致赤峰直隸州知州張鴻聲呈（1912年11月）

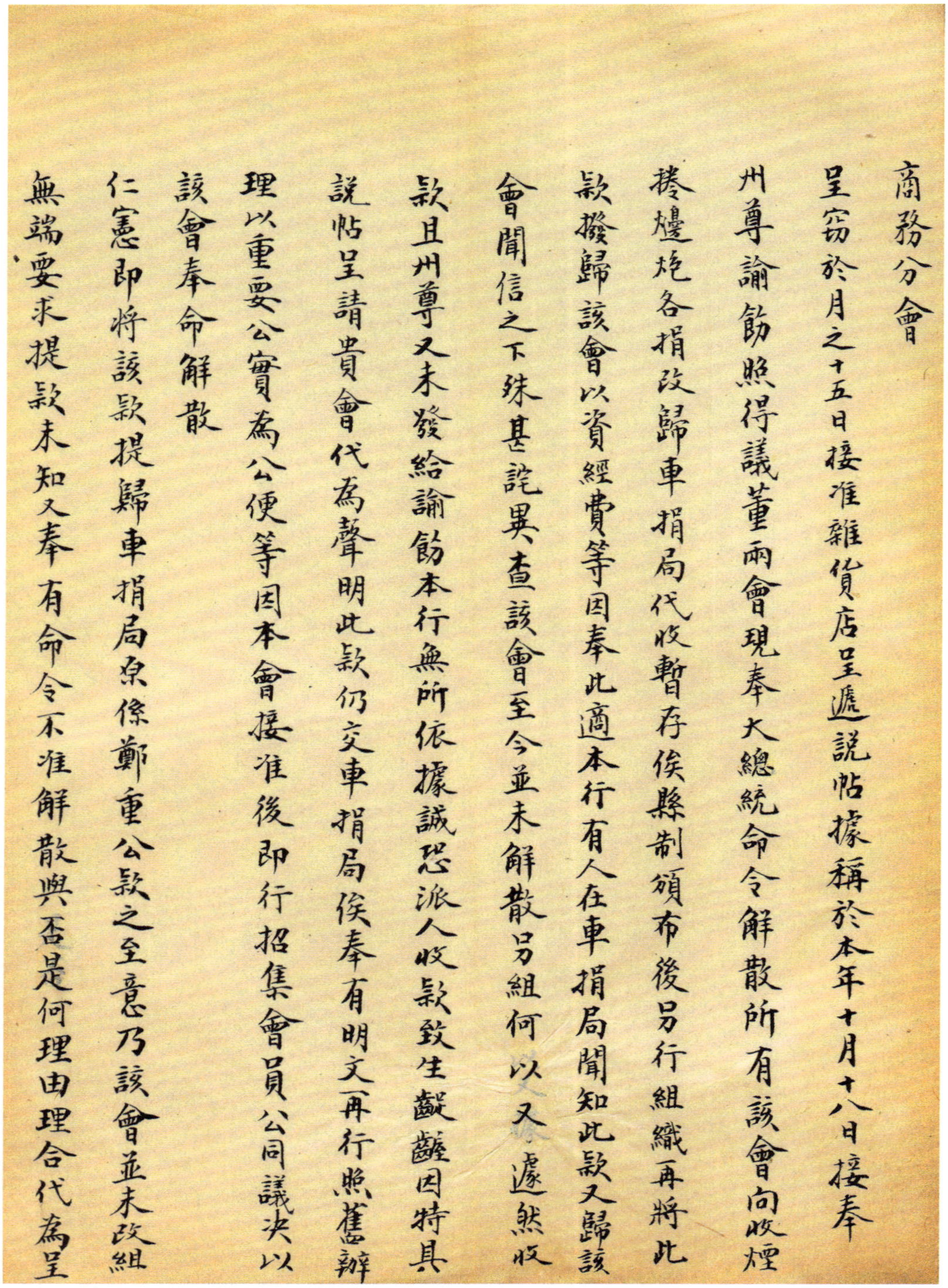
商務分會
呈竊於月之十五日接准雜貨店呈遞説帖據稱於本年十月十八日接奉
州尊諭飭照得議董兩會現奉大總統命令解散所有該會向收煙
捲爐炮各捐改歸車捐局代收暫存俟縣制頒布後另行組織再將此
款撥歸該會以資經費等因奉此適本行有人在車捐局聞知此款又歸該
會聞信之下殊甚詫異查該會至今並未解散另組何以又遽然收
款且州尊又未發給諭飭本行無所依據誠恐派人收款致生齟齬因特具
説帖呈請貴會代爲聲明此款仍交車捐局俟奉有明文再行照舊辦
理以重要公實爲公便等因本會接准後即行招集會員公同議決以
該會奉命解散
仁憲即將該款提歸車捐局原係鄭重公款之至意乃該會並未改組
無端要求提款未知又奉有命令不准解散與否是何理由理合代爲呈

○一○ 赤峰直隸州商務分會爲烟捲鞭炮各捐又歸議董兩會雜貨行店未奉明文無所依據事致赤峰直隸州知州張鴻聲呈（1912年11月）

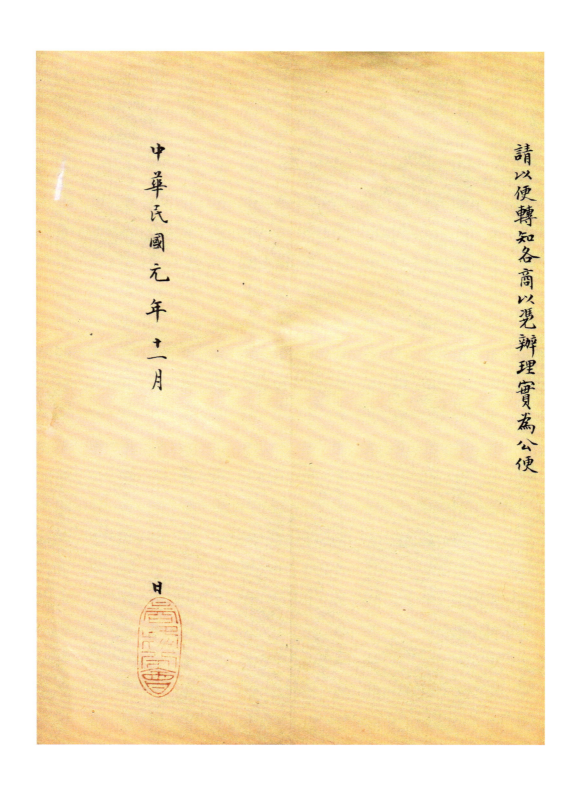

請以便轉知各商以憑辦理實爲公便

中華民國元年十一月 日

○一一 赤峰直隸州商務分會爲雜貨行店擬將烟捲鞭炮捐款先歸商會以備軍需事致赤峰直隸州知州張鴻聲呈（1912 年 11 月）

3-1-6077-31

呈

〇一一　赤峰直隸州商務分會爲雜貨行店擬將烟捲鞭炮捐款先歸商會以備軍需事致赤峰直隸州知州張鴻聲呈（1912 年 11 月）

商務分會
呈竊於本日接准雜貨店投遞説帖據稱於月之十六號因煙捲
鞭炮等捐仍改歸議董兩會敝行以未奉明文無所依遵因
特投據説帖懇請貴會代爲轉呈聲明在案理宜静候
憲批何得再爲陳請奈因開魯失守人心驚惶蒙地方各
長官屢次商同貴會設法維持秩序均以籌款維艱敝
行會商再四何妨挹彼注茲雖云杯水車薪然亦不無小補擬
將此捐先歸貴會經理以備軍實是否有當理合投據説
帖懇祈代爲轉呈恭候批示遵辦實爲公便等因查該行前
遞説帖本會業已轉呈在案茲復接准前因本會即招集會
員公同會議僉以刻正軍務吃緊需款孔殷該行所請實明
大義理合轉呈代爲聲明恭候

○一一 赤峰直隸州商務分會爲雜貨行店擬將烟捲鞭炮捐款先歸商會以備軍需事致赤峰直隸州知州張鴻聲呈（1912 年 11 月）

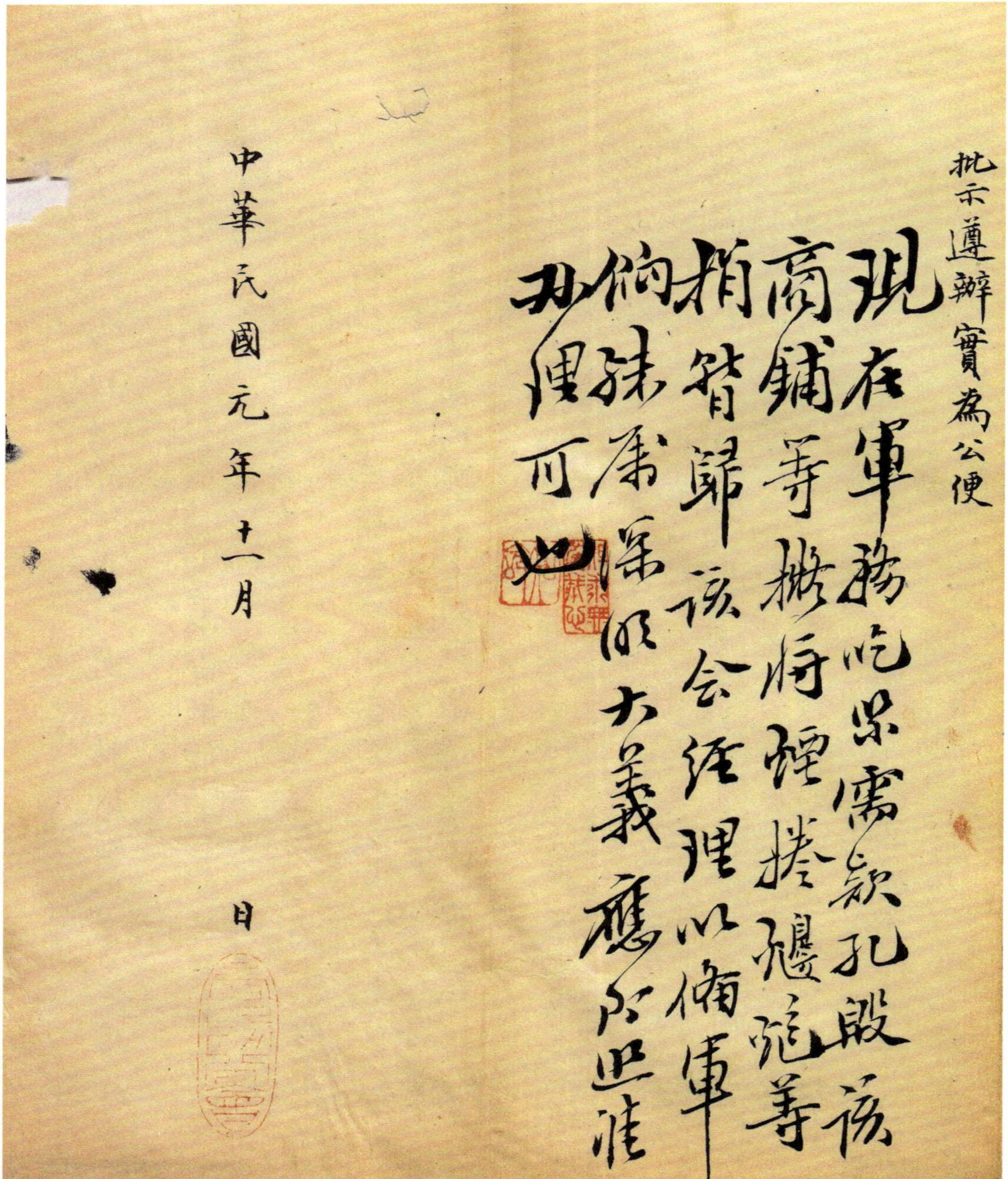

批示遵辦實爲公便

現在軍務吃緊需款孔殷該
商鋪等擬將烟捲鞭炮等
捐暫歸該會經理以備軍
餉殊屬深明大義應照准
辦理可也

中華民國元年十一月 日

〇一二　赤峰直隸州知州張鴻聲爲提前解交生息銀兩事致當商復盛當等諭稿（1912年10月27日）

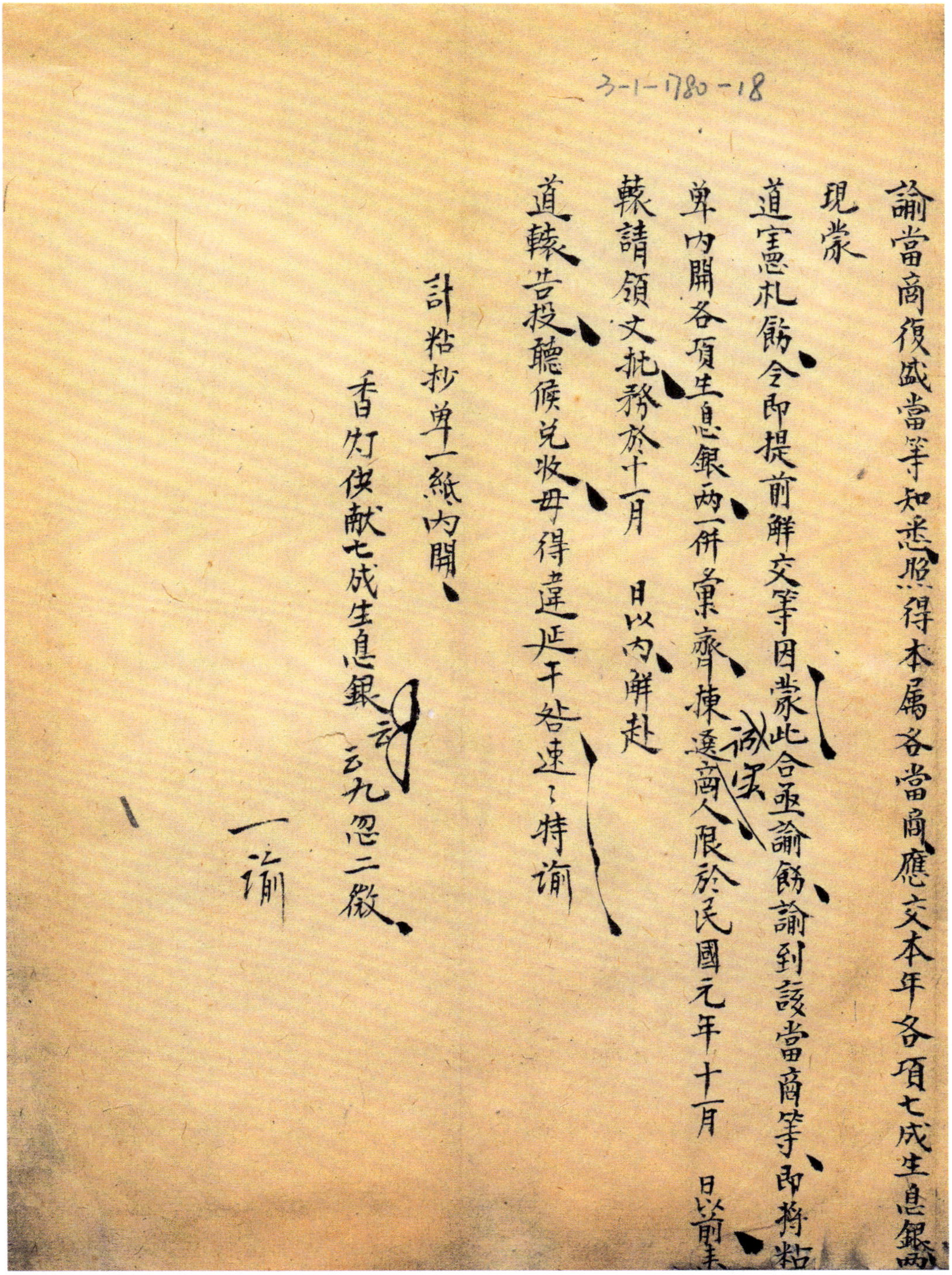

3-1-1780-18

諭當商復盛當等知悉照得本屬各當商應交本年各項七成生息銀兩現蒙
道憲札飭令即提前解交等因蒙此合亟諭飭諭到該當商等即將粘单内開各項生息銀兩一併彙齊揀選誠實商人限於民國元年十月　日以前來
轅請領文批務於十月　日以内解赴
道轅告投聽候兑收毋得違延干咎速速特諭

計粘抄单一紙内開

香灯供献七成生息銀云云九忽二微

一諭

○一二 赤峰直隸州知州張鴻聲爲提前解交生息銀兩事致當商復盛當等諭稿（1912年10月27日）

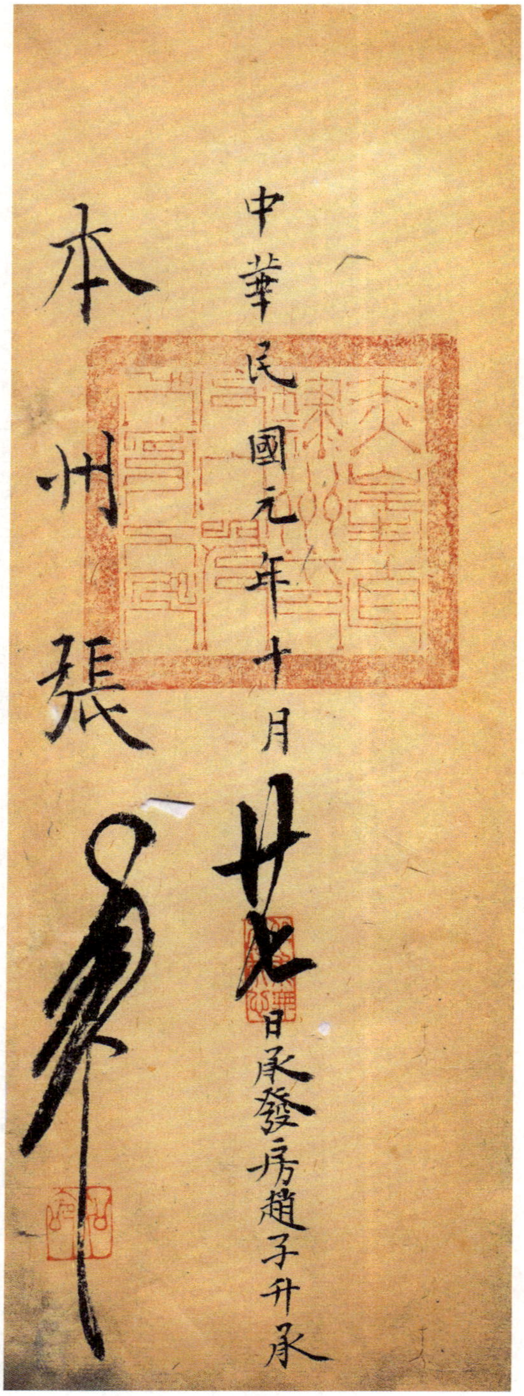
中華民國元年十月廿七日承發房趙子升承
本州張

〇一三　當商復盛當等爲禀請仍依舊例批解生息銀兩或寬展限期事致赤峰直隸州知州張鴻聲禀（1912 年 10 月）

3-1-1780-18

具禀當商復盛當乾元當蔚泰當福恒當為禀請展限事民國元
十月二十九日奉
憲諭以蒙
道憲札飭當商應交生息銀兩提前解交等因限於民國元年十
月二十九日以前請領文批十一月初五日以前解赴
道轅報請兑收等因奉此理應遵解曷敢冒懇但期限甚促各商
實難措比鉅款况廣德公當距街甚遠比及達知已悞抵熱之期查
定章於十月二十五日領批十一月初二日抵熱報齊核於定章
提前不過月餘日限量
仁憲斷不忍視商等陡受困難為此禀懇

○一三 當商復盛當等爲稟請仍依舊例批解生息銀兩或寬展限期事致赤峰直隸州知州張鴻聲稟（1912年10月）

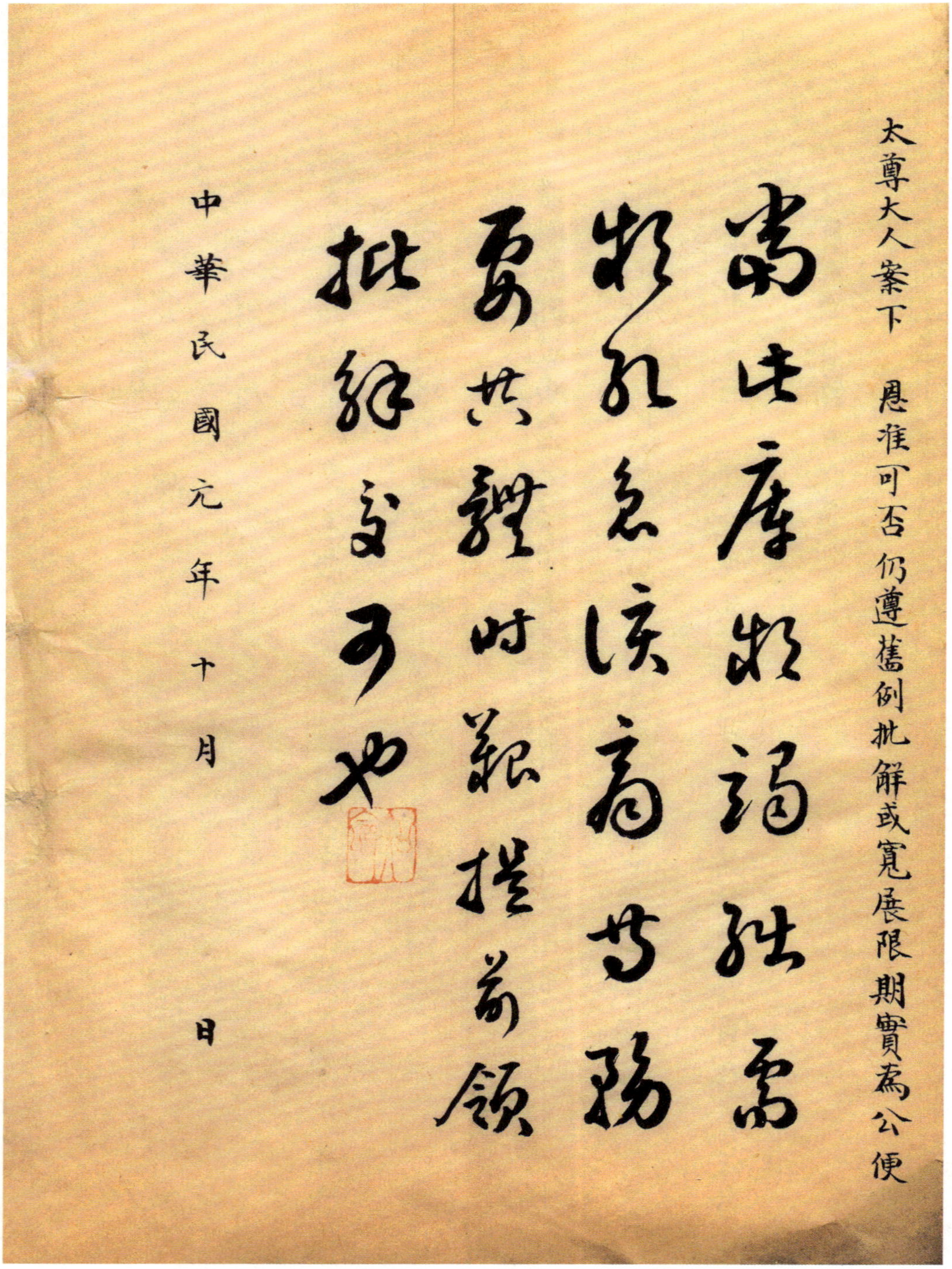
太尊大人案下 懇准可否仍遵舊例批解或寬展限期實爲公便

當此庫款維需
款孔急值商務
要共體時艱措前領
批解奚可也

中華民國元年十月 日

〇一四　赤峰直隸州知州張鴻聲爲申解壬子年生息銀兩事致熱河兵備道申稿（1912 年 10 月 31 日）

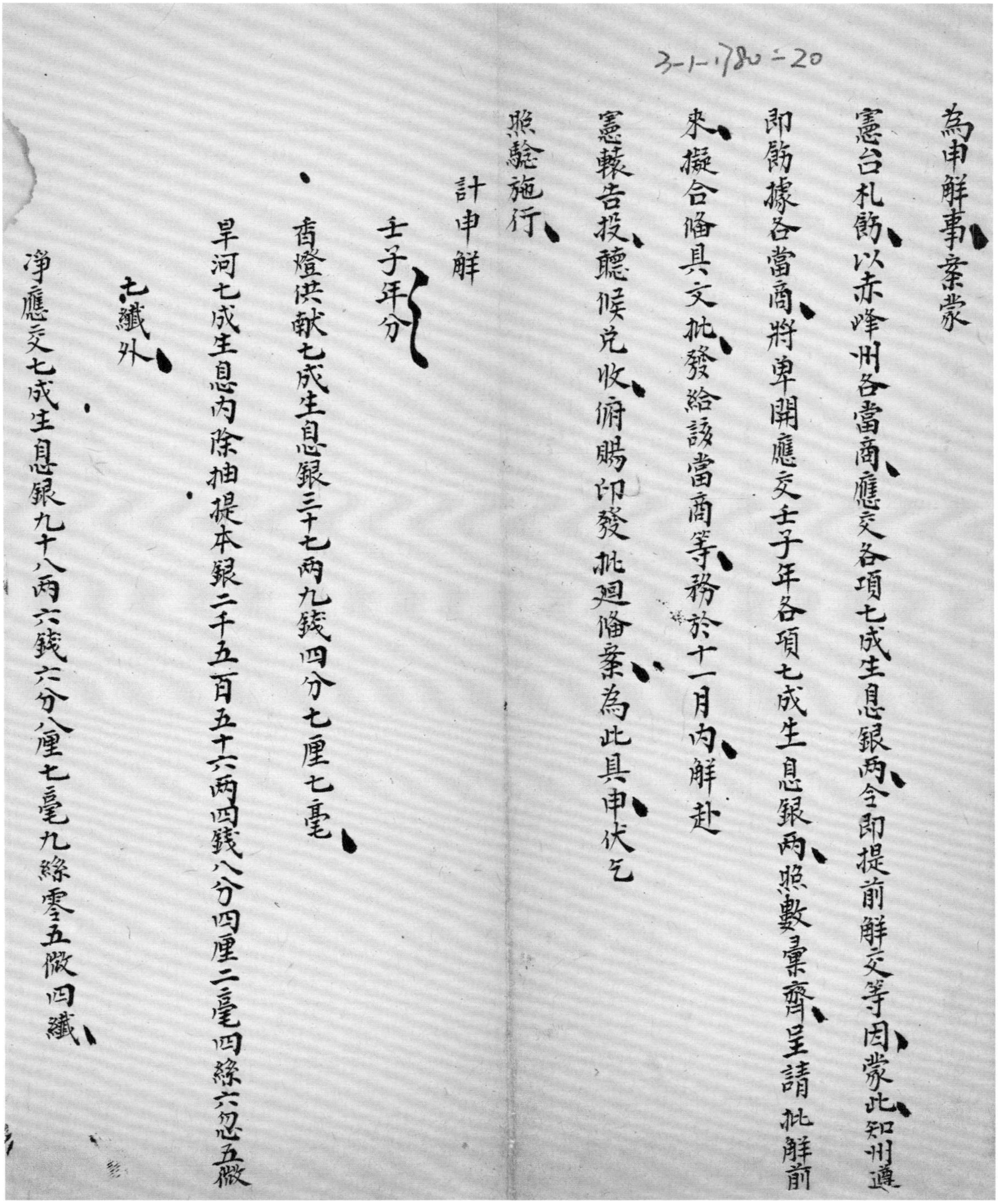

3-1-1780-20

為申解事案蒙

憲台札飭以赤峰州各當商應交各項七成生息銀兩令即提前解交等因蒙此知州遵

即飭據各當商將卑開應交壬子年各項七成生息銀兩照數彙齊呈請 批解前

來擬合備具文批發給該當商等務於十一月內解赴

憲轅告投聽候兌收俯賜印發 批廻備案為此具申伏乞

照驗施行

計申解

壬子年分

香燈洪獻七成生息銀三十七兩九錢四分七厘七毫

旱河七成生息內除抽提本銀二千五百五十六兩四錢八分四厘二毫四絲六忽五微

七纖外

淨應交七成生息銀九十八兩六錢六分八厘七毫九絲零五微四纖

〇一四 赤峰直隸州知州張鴻聲爲申解壬子年生息銀兩事致熱河兵備道申稿（1912年10月31日）

○河屯協兵丁差費七成生息銀三十二兩四錢七分零五毫

滿洲兵丁差費七成生息内除抽提本銀三千兩外

淨應交七成生息銀十一兩五錢三分八厘五毫

歸還 行宫兵丁差費七成生息銀六百八十兩零五錢零七厘

圍場兵丁差費七成生息銀四十三兩二錢

駐防米價津貼七成生息銀内除抽提本銀二千兩外

淨應交七成生息銀九十六兩

滿營兵丁公用七成生息銀六十七兩二錢

災免米價津貼七成生息銀二百一十兩

加賞 行宫兵丁錢糧七成生息銀二百五十二兩

滿營兵丁續添差費七成生息銀五十兩零四錢

辦公心紅七成生息除抽提本銀四千兩外

〇一四　赤峰直隸州知州張鴻聲爲申解壬子年生息銀兩事致熱河兵備道申稿（1912年10月31日）

淨應交七成生息銀七两二錢
一、滿營加添出差馬千七成生息銀四十二两
一、熱河駐防閑散移駐双城堡經費七成生息銀二百零一两六錢
粘修
一、宮墻等工七成生息銀六十七两二錢
一、續領灤平縣撥歸辦公心紅七成生息銀八十四两
一、續領灤平縣撥歸滿營加添出差馬千七成生息銀十六两八錢
一、續領豐寧縣撥歸辦公心紅七成生息銀一百八十四两八錢
一、續領豐寧縣撥歸吏免米價津貼七成生息銀六十五两三錢
一、續領豐寧縣撥歸旱河七成生息銀二百零七两六錢五分九厘七毫
一、續領灤平縣撥歸旱河七成生息銀一百一十九两一錢四分八厘九毫六絲
一、續領灤平縣撥歸香燈供獻七成生息銀八錢五分一厘零四絲

〇一四　赤峰直隸州知州張鴻聲爲申解壬子年生息銀兩事致熱河兵備道申稿（1912年10月31日）

、續領豐寧縣撥歸香燈供獻七成生息銀六兩六錢一分七厘四毫

、續領豐寧縣撥歸滿洲兵丁差費七成生息銀一百二十二兩三錢零七厘九毫六
絲五忽

、續領豐寧縣撥歸行宮兵丁差費七成生息銀二十七兩七錢四分五厘二毫

、朝陽府各當抽繳撥歸旱河七成生息內除抽提本銀四千兩外
淨應交七成生息銀七十二兩

、駐防義學生息銀四十八兩九錢六分
自宣統三年十一月初一日起至壬子年十月底止

、福神祠生息銀二十四兩

、平泉州各當抽繳撥歸旱河生息內除抽本銀四千兩外
、淨應交七成生息銀一百零八兩

、平泉州各當抽繳撥歸行宮兵丁差費七成生息內除抽本銀一萬兩外

○一四　赤峰直隸州知州張鴻聲爲申解壬子年生息銀兩事致熱河兵備道申稿（1912年10月31日）

、淨應交七成生息銀一百九十二兩

補加熱河駐防三成米價津貼銀兩內除抽提本銀四千兩外

、淨應交七成生息銀一百零五兩三錢六分四厘八毫

、續領自宣統三年十一月初一日起至壬子年十月底止西粥廠生息銀九十六兩

、續領自宣統三年十一月初一日起至壬子年十月底止蒙古義學生息銀十八兩七錢零一厘二毫八絲

、新添道署　福神祠生息銀十八兩七錢零一厘二毫八絲

、續添粥廠生息銀十八兩七錢零一厘二毫八絲

、自宣統三年十一月初一日起至壬子年十月底止新添熱河八旂捐輸生息銀一百九十五兩七錢二分三厘二毫五絲九忽二微

申　道　憲

〇一四 赤峰直隸州知州張鴻聲爲申解壬子年生息銀兩事致熱河兵備道申稿（1912 年 10 月 31 日）

中華民國元年十月卅日承發房趙子升承
本州張

○一五 赤峰直隸州知州張鴻聲爲將生息及當稅銀兩交錦生潤存儲備撥軍餉事致當行諭稿（1912 年 12 月 4 日）

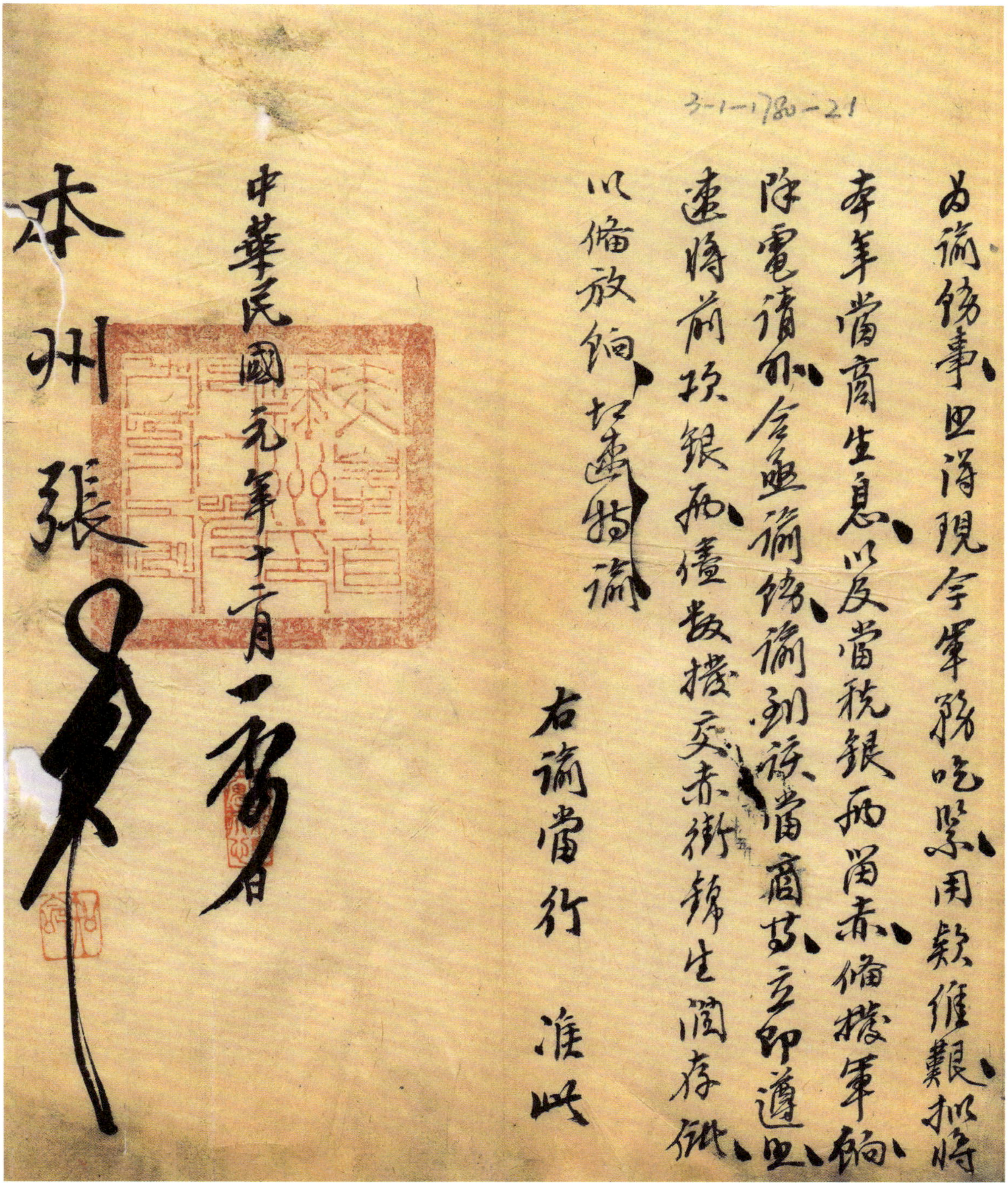

3-1-1780-21

為諭飭事。照得現今軍務吃緊，用款維艱，擬將本年當商生息，以及當稅銀兩，留赤備撥軍餉，除電請外，合亟諭飭。諭到該當商等，立即遵照，速將前項銀兩儘數撥交赤街錦生潤存儲，以備放餉，切速特諭。

右諭當行 准此

中華民國元年十二月四日

本州張

〇一六 熱河清理財政局爲補解借支生息銀兩并詳報軍務開銷數目事致赤峰直隸州知州張鴻聲札（1912 年 12 月 27 日）

3-1-1780-24

札

○一六　熱河清理財政局爲補解借支生息銀兩并詳報軍務開銷數目事致赤峰直隸州知州張鴻聲札（1912年12月27日）

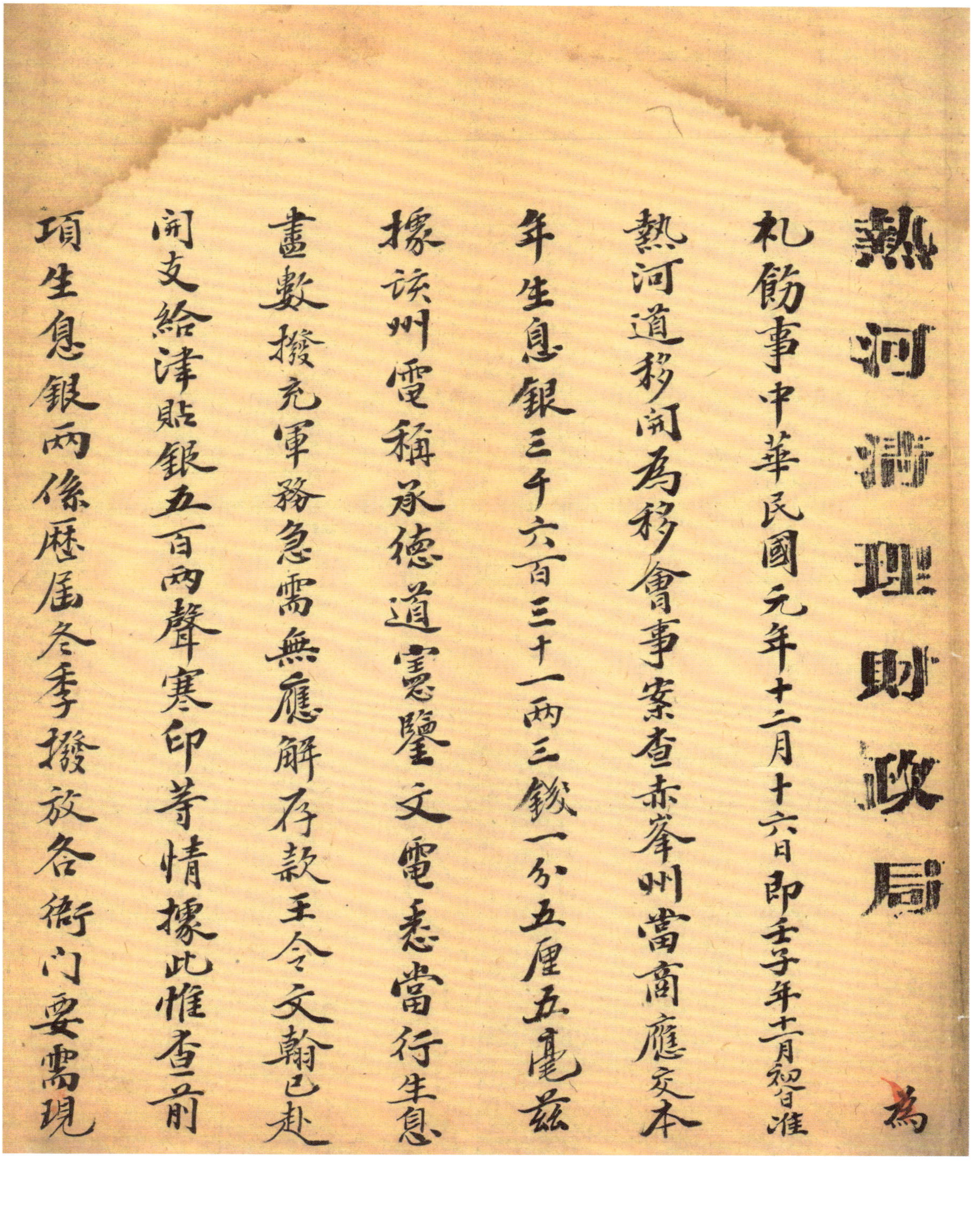

熱河清理財政局　為

札飭事中華民國元年十二月十六日即壬子年十一月初旬准

熱河道移開為移會事案查赤峯州當商應交本

年生息銀三千六百三十一兩三錢一分五厘五毫茲

據該州電稱承德道憲鑒文電悉當行生息

盡數撥充軍務急需無應解存款王令文翰已赴

開支給津貼銀五百兩聲寒印等情據此惟查前

項生息銀兩係歷屆冬季撥放各衙門要需現

○一六 熱河清理財政局爲補解借支生息銀兩并詳報軍務開銷數目事致赤峰直隸州知州張鴻聲札（1912年12月27日）

正定期撥放之期既經全數動用相應移會貴
局請煩查照希將赤峯州就近借支前項生息
銀兩迅速照數移還立待支放幸勿延緩望速
施行等因准此當即飭令熱街錦生潤票莊代
交去後嗣據該號開單前來據稱共交庫平銀
三千六百四十六兩九錢二分五厘五毫內有加平銀十
五兩六錢一分補解以清墊款并將借用當行生
息銀兩撥充軍務開銷數目詳報以憑列支毋延

○一六　熱河清理財政局爲補解借支生息銀兩并詳報軍務開銷數目事致赤峰直隸州知州張鴻聲札（1912年12月27日）

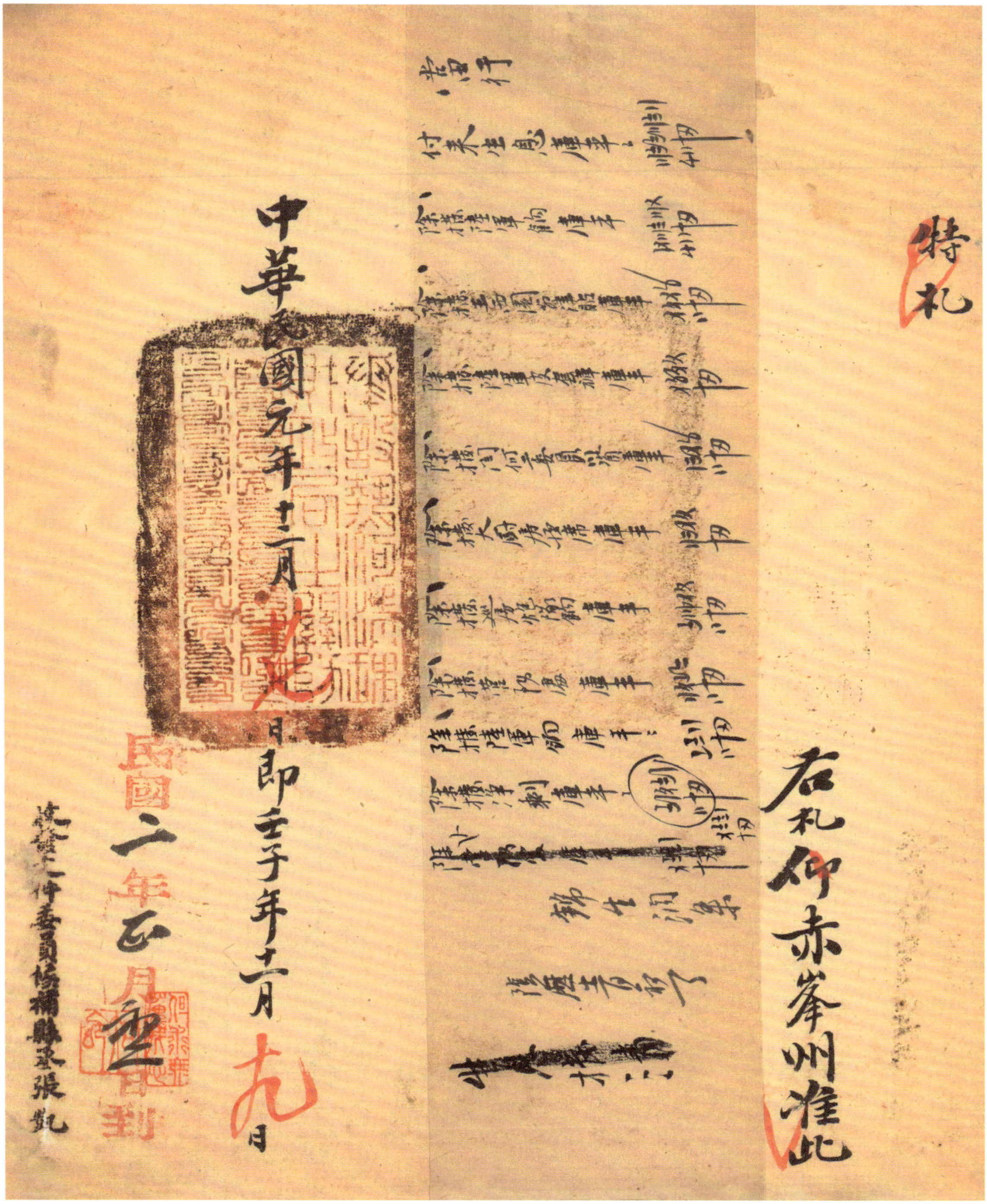

〇一七　赤峰直隸州州議事會、城董事會爲請飭商會撥還前代收烟捲鞭炮捐款事致赤峰州知事李□□牒（1913 年 1 月 23 日）

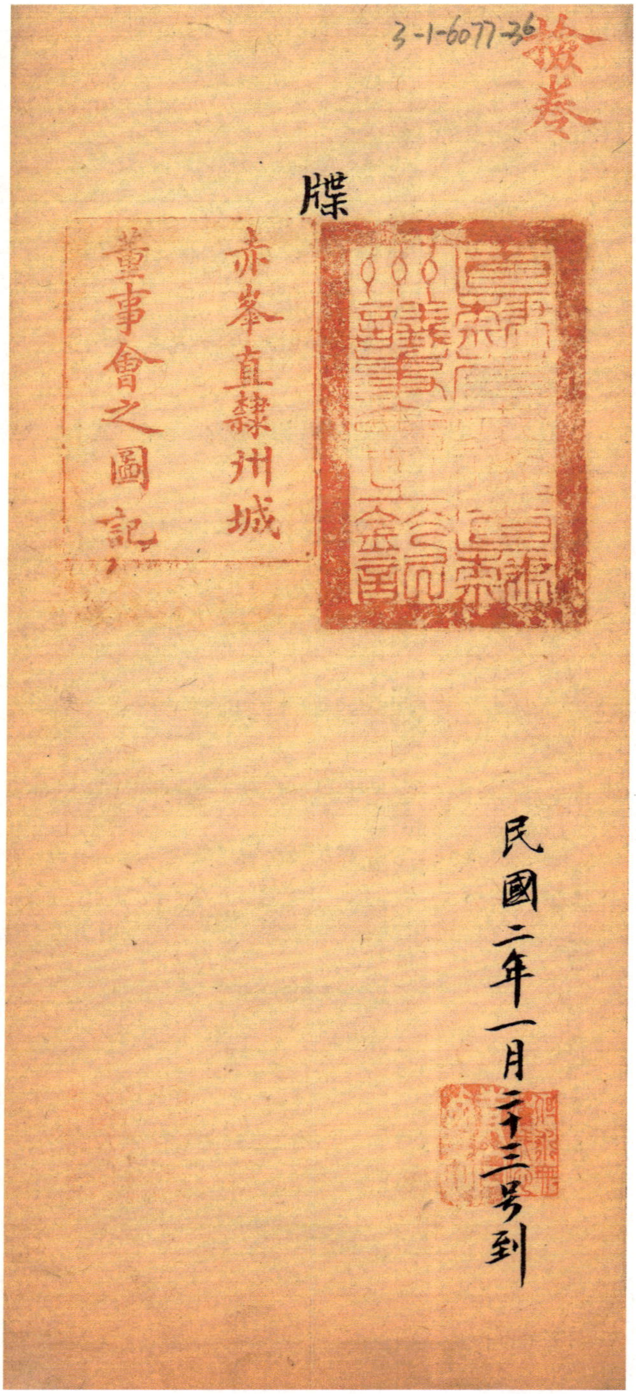
3-1-6077-26
牒
赤峰直隸州城董事會之圖記
民國二年一月二十三号到

○一七 赤峰直隸州州議事會、城董事會爲請飭商會撥還前代收烟捲鞭炮捐款事致赤峰州知事李□□牒（1913年1月23日）

赤峰直隸州州議事會/城董事會 為牒知事案查敝會等於前清宣統元二兩年相繼成立呈報民政部立案先前雖有自治公所而議董事會房屋器具經費各款毫無預備經前議長楊裕文招集議員開議以烟捲煙炮係奢華危險品按寓禁於捐宗旨籌捐自治經費後議董事會成立自治公所撤銷將自治公所舊分車捐二成撥入董事會收支彼時應行舉辦事件層見疊出烟捲煙炮各捐為數無幾車捐尤遜於往年無米為炊動多掣肘宣統三年二月間議長因自治缺款招集議員開會全体議員以兵米賠累既經

各憲裁免應遵照

前直隸督部堂楊 奏定清查差徭提注自治款項舊案籌畫常年經費議決後招集本城十鄉燒當各執事到會宣布開會宗旨本城商界每年納公益捐京錢壹千六百吊文十鄉每年納公益捐京錢壹千五百吊文按三六九十二月四季交納董事會收支業經敝會等將所籌三宗自治經費先

○一七　赤峰直隸州州議事會、城董事會爲請飭商會撥還前代收烟捲鞭炮捐款事致赤峰州知事李□□牒（1913年1月23日）

後呈請
朱前任分諭商務分會並興泉督催呈繳並轉詳
各憲咨部立案奉批所請籌畫自治經費均應照准有案可稽烟捲鞭炮車捐
公益捐每年共收京錢約計七千餘吊。緣會等因經費不足，經前議長楊裕文招集議
員提議除兩會書記夫役等按月支薪外，兩會職員均盡義務，每月僅支必需
費用松銀六兩。至前清宣統三年十二月間，張前任接篆後，值前議長楊
裕文提倡保安會，適有商會前總理喬鍾傑等乘隙赴署揑造言詞，及議董事
會各員均係革命伊首先主持十鄉燒當抗交公益捐，本城商會亦相繼挺抗。
張前任遂將車捐二卹提作他用。本年八月間，張前任晋郡面禀地方事宜，
不知如何被喬鍾傑所愚，揑電解散議董事會。十月十號准張前任照會內開：蒙
各憲札開轉准
國務院電開奉

○一七　赤峰直隸州州議事會、城董事會爲請飭商會撥還前代收烟捲鞭炮捐款事致赤峰州知事李□□牒（1913年1月23日）

大總統命令該州議董事會係臨時改設既非正式成立迅速勒令解散望將鈐記
並一切文件等物呈報來州等因敝會等當即牒覆查
大總統命令勒令解散非正式成立之議董會敝會等鈐記係正式成立之鈐記
文件係正式成立之文件並無改設臨時鈐記文件點交伊何將此文件遞至收發處
發交回收　張前任閱畢自知被人所愚愧悔異常將原文到戳挖去勒令差
役送還敝會再三不收致敝會等無法一面將敝會等正式成立原尾並　張前任
不收之文件另繕坿呈
熱河都道憲備查一面據情電請　省議會轉達　國務院請示辦法十月
十七號准　省議會覆電赤峰州議董會鑒電悉張牧摧殘自治已電國務
院准國務院覆電議董會勿庸解散等因高鍾傑等聞議董會不能解散鬼域
叢生遂赴署請將烟捲煙炮諭飭車捐代收敝會等經費毫無遂舉代表赴
署向　張前任面述接省議會轉　國務院覆電議董會勿庸解散之理由

○一七 赤峰直隸州州議事會、城董事會爲請飭商會撥還前代收烟捲鞭炮捐款事致赤峰州知事李□□牒（1913年1月23日）

張前任早有所聞遂飭車捐局將烟捲㶿炮各捐仍歸董事會收支並將代收捐錢如数撥歸敝會以資接濟孰料商務分會前總理喬鍾傑仍欲推倒議董兩會假借襍貨店行名義復請將自治經費歸商會代收敝會因無經費且將屆改選之期於本年十二月十三號電 省議會議會職員任滿應否照前清自治章程改選候電覆即准覆電赤峰州議會鑒問電悉改選章程正在籌議中俟規定後再行奉告改選省議會復印等因民國元年十二月三十一號准 張前任照會造報預算表冊等因准此敝會因無經費碍難預算未及牒請追還原有自治經費 張前任旋即交卸

貴州接篆是以牒請查核札飭商會將前代收烟捲㶿炮各款先撥歸董事會辦理以重公款而維法定机関所有種種原因擬合牒知為此合牒

貴州煩為知照施行須至牒者

○一七　赤峰直隸州州議事會、城董事會爲請飭商會撥還前代收烟捲鞭炮捐款事致赤峰州知事李□□牒（1913年1月23日）

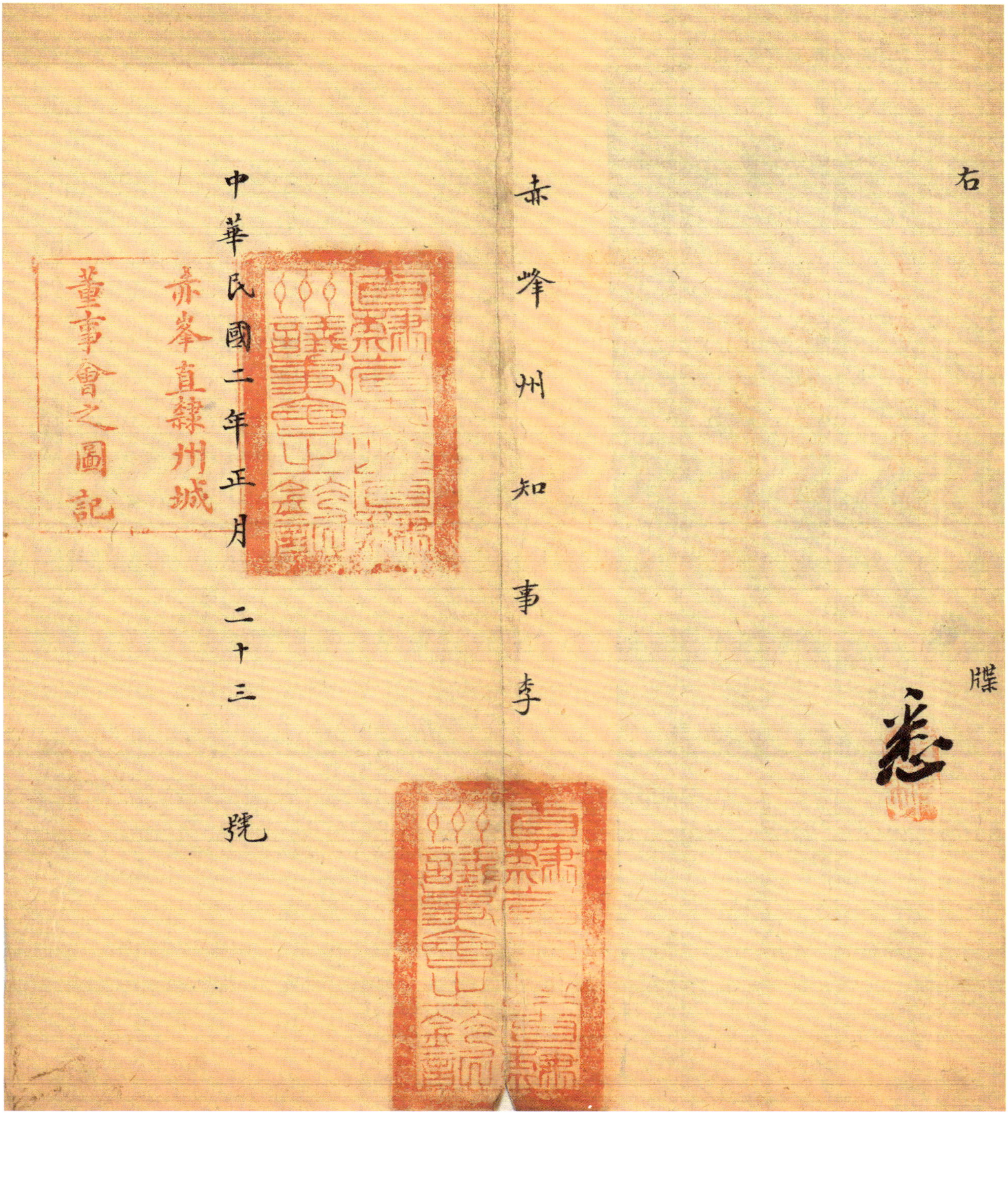

右

牒

赤峰州知事李

中華民國二年正月　二十三　號

赤峰直隸州城董事會之圖記

○一八 熱河都統熊希齡爲派郝爾泰爲赤峰州軍法會審員事致赤峰州知事李□□札（1913年3月13日）

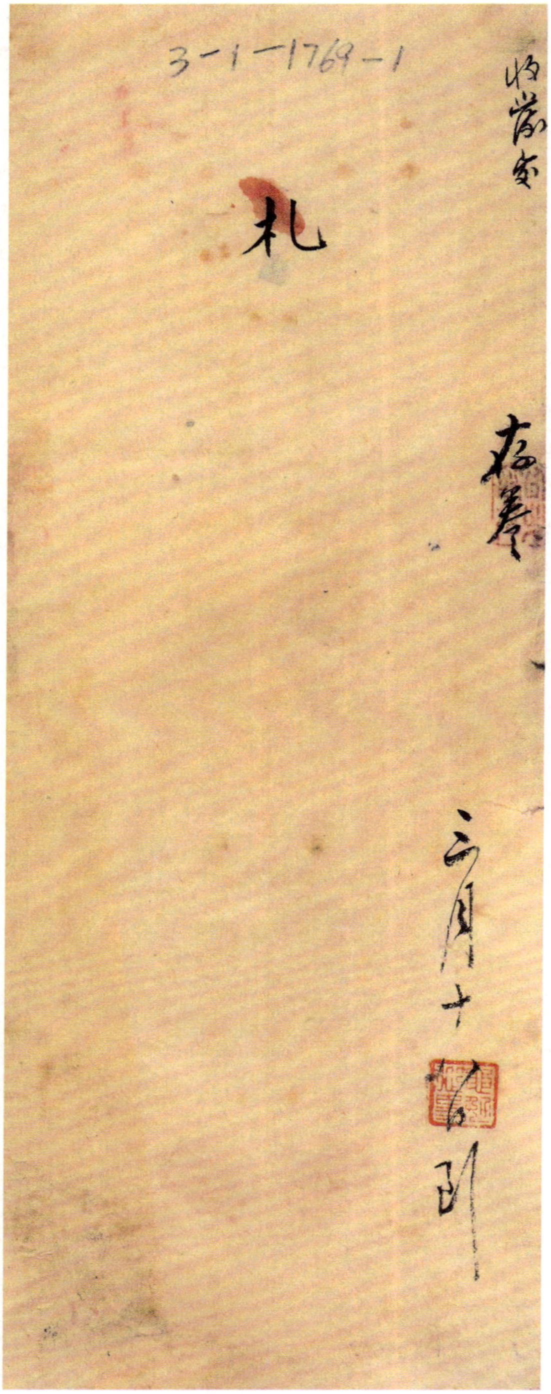
3-1-1769-1

札

○一八　熱河都統熊希齡爲派郝爾泰爲赤峰州軍法會審員事致赤峰州知事李□□札（1913年3月13日）

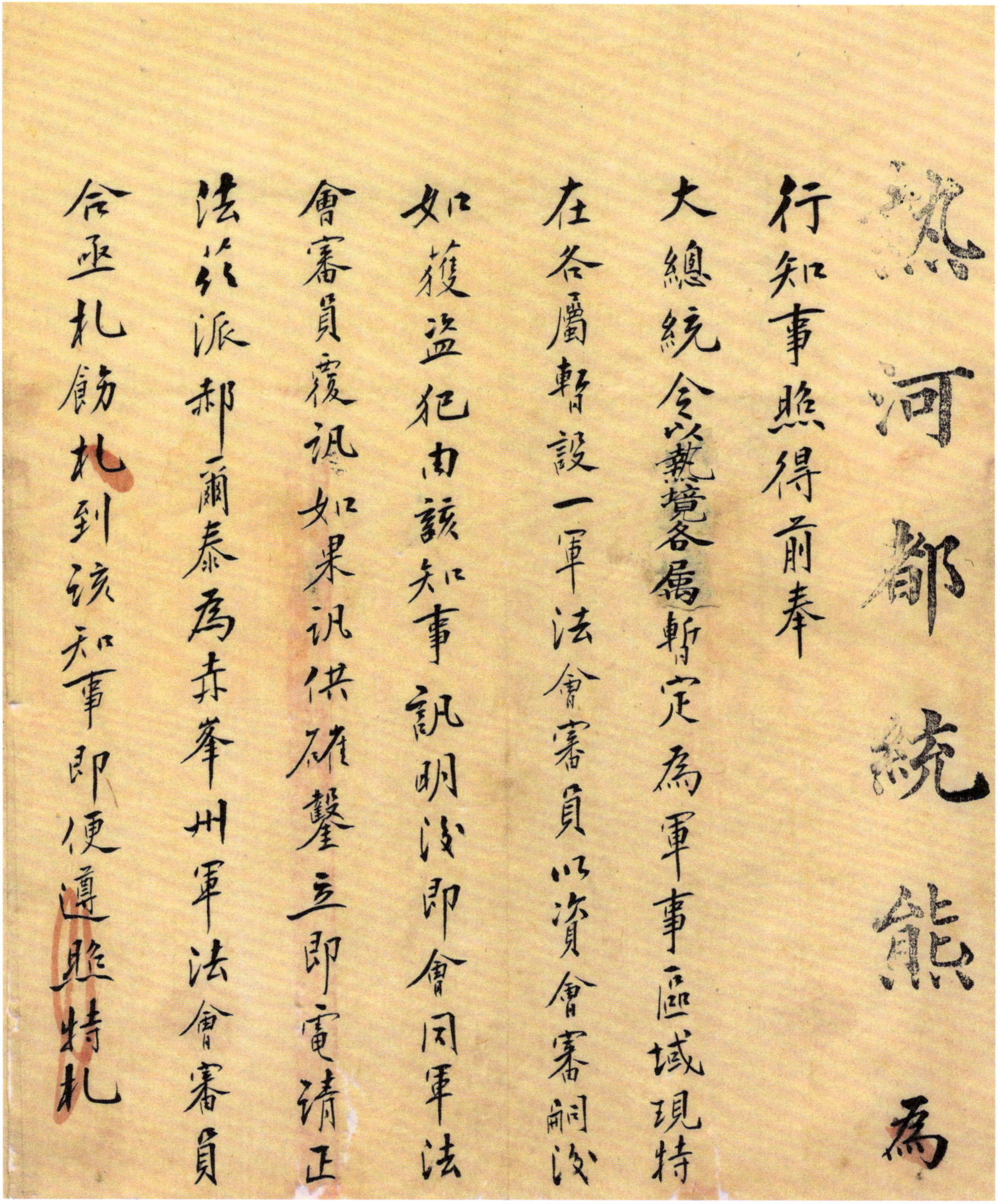
熱河都統熊　為
行知事照得前奉
大總統令以熱境各屬暫定為軍事區域現特
在各屬暫設一軍法會審員以資會審嗣後
如獲盜犯由該知事訊明後即會同軍法
會審員覆訊如果訊供確鑿立即電請正
法茲派郝爾泰為赤峰州軍法會審員
合亟札飭札到該知事即便遵照特札

○一八 熱河都統熊希齡爲派郝爾泰爲赤峰州軍法會審員事致赤峰州知事李□□札（1913 年 3 月 13 日）

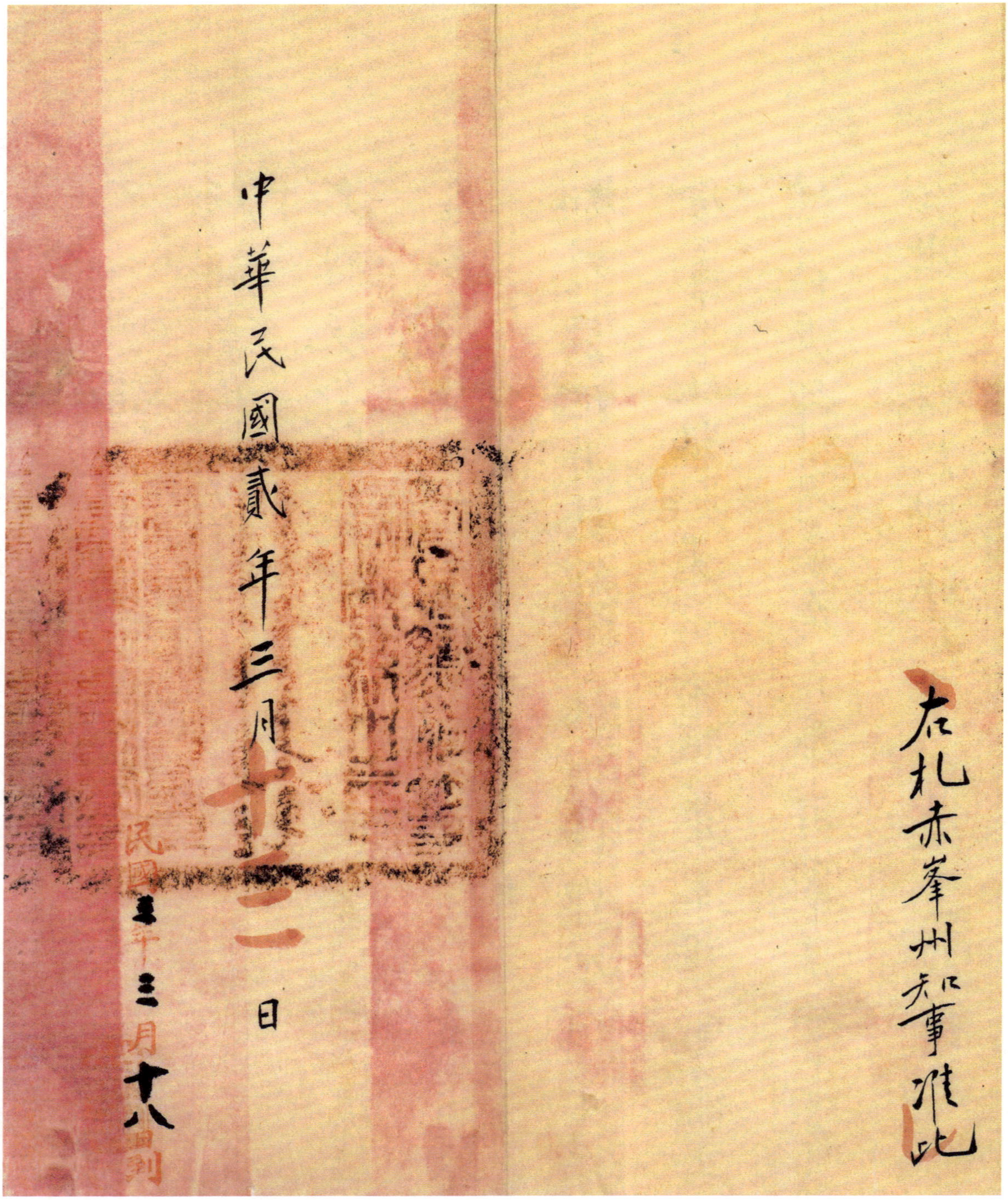

右札赤峯州知事准此

中華民國貳年三月十三日

民國二年三月十八日到

〇一九　赤峰直隸州州議事會、城董事會爲分晰商會不法妄行請轉飭查照事致赤峰州知事李□□咨（1913 年 3 月 15 日）

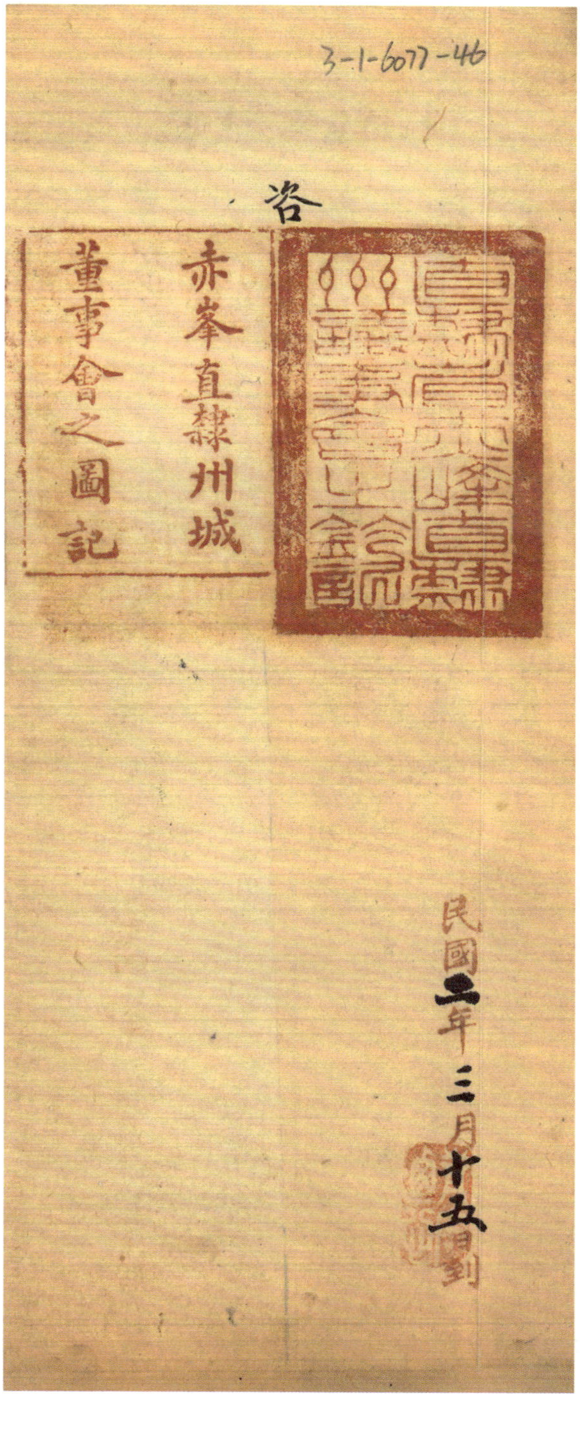
3-1-6077-46

咨

赤峰直隸州城
董事會之圖記

民國二年三月十五日到

○一九　赤峰直隸州州議事會、城董事會爲分晰商會不法妄行請轉飭查照事致赤峰州知事李□□咨（1913年3月15日）

赤峰直隸州州議事會
城董事會　為咨覆事案查敝會業將籌畫經費議決呈請
各憲轉報民政部立案並經商會總理喬鍾傑郭縉之主持抗交公益捐控詞稟
請將車捐二成烟捲爐炮捐借充兵餉暨准省議會轉奉
國務院電議董會既係正式成立勿庸解散種種原因牒明在案三月九號准
貴州咨會內開商會呈稱議事會議長王者臣議員支棟等率領多人到會
勒要捐錢毆打會員請作主嚴究等情到州查商會所呈各節近乎訐訟兩
机關既係公共名義應開正式談判相應咨請貴會希即查照公舉代表於
十二號上午十鐘來署與商會代表面談辦理烟捲爐炮各事宜等因准此查在
公推代表赴署與商會談判間復准
貴州咨會內開商會呈稱本會查烟捲爐炮捐係前任張知事以開魯失守人
心惶惑飭起舖團以資保衛因經費難籌故將此捐批交一節查府廳州縣地
方自治章程第二節職任權限第二十一條內三條本府廳州縣自治經費籌

〇一九　赤峰直隸州州議事會、城董事會爲分晰商會不法妄行請轉飭查照事致赤峰州知事李□□咨（1913年3月15日）

集方法四條本府廳州縣自治經費處理方法烟捲爐炮捐原係敝會籌集自治
經費既借充保衛社經費應交敝會議決處理該會竟不通過擅自控詞呈請
挪移此侵權者一也商會呈稱本會經理開支該會既無經費理應向張知事
理索孰料不論公理竟率領多人向本會脅迫索要一節敝會准前張知事照
會辦理預算經費無着曾向前張知事討論數次允准仍將烟捲爐炮捐撥
歸敝會以資經費張知事向該會聲明理由詎該會破壞自治之志已堅如
將此捐撥歸敝會非云不出兵餉即云闔街舖商閉門敝會先通知該會定期
舉代表赴該會討論詎料該會先期邀集巡警義衛營二十餘人明為彈壓暗
為暴動敝會代表赴該會時視有巡警義衛營隊伍亦不知所司何事並未着
意始則以公理討論繼而懇求該會始允先將已收捐款暫撥七百吊並許
貴州以正式公文飭知即將烟捲爐炮捐撥歸敝會經理刻下烟捲爐炮捐雖歸敝會
經理該會串通各行店漏捐者不計其數不言己之行為反加禍於人此阻撓公務者

〇一九　赤峰直隸州州議事會、城董事會爲分晰商會不法妄行請轉飭查照事致赤峰州知事李□□咨（1913年3月15日）

二也商會呈稱藥行代表劉瑞在本會向伊等質問公理竟赴福元堂將劉瑞群
毆不堪致激衆憤投遞説帖到會請爲轉呈究辦一節查劉瑞係該會捏派爲
藥行代表其呈遞説帖以寶生元等全体名義確係捏造昨寶生元函致敝會藥行均
未知有劉瑞之代表無論代表藥行何事均歸無效劉瑞果有被毆情事當時應出個
人名義訴訟查商會章程商會之設原爲辦理實業起見以維持商業爲宗旨並
無代人訴訟之權即云群毆未知何處部位有傷可證斷無以公共之事以私見毆
打之理該會信口雌黄實屬無情無理該會竟欲任免官吏侵政府權監督
行政侵自治權反代人訴訟此違會章踰越權限者三也商會呈稱本會員
董盡係商民均畏伊等强暴若再面談公理勢必復受毆辱更無伸訴之地一
節劉瑞以個人假藥行名義捏造説帖嘵嘵呈請究辦亦斷無以一面之詞遽行
處斷之理經
貴州批飭該會所呈各節近乎訴訟既係公共名義應開正式談判實爲正當辦

○一九　赤峰直隸州州議事會、城董事會爲分晰商會不法妄行請轉飭查照事致赤峰州知事李□□咨（1913年3月15日）

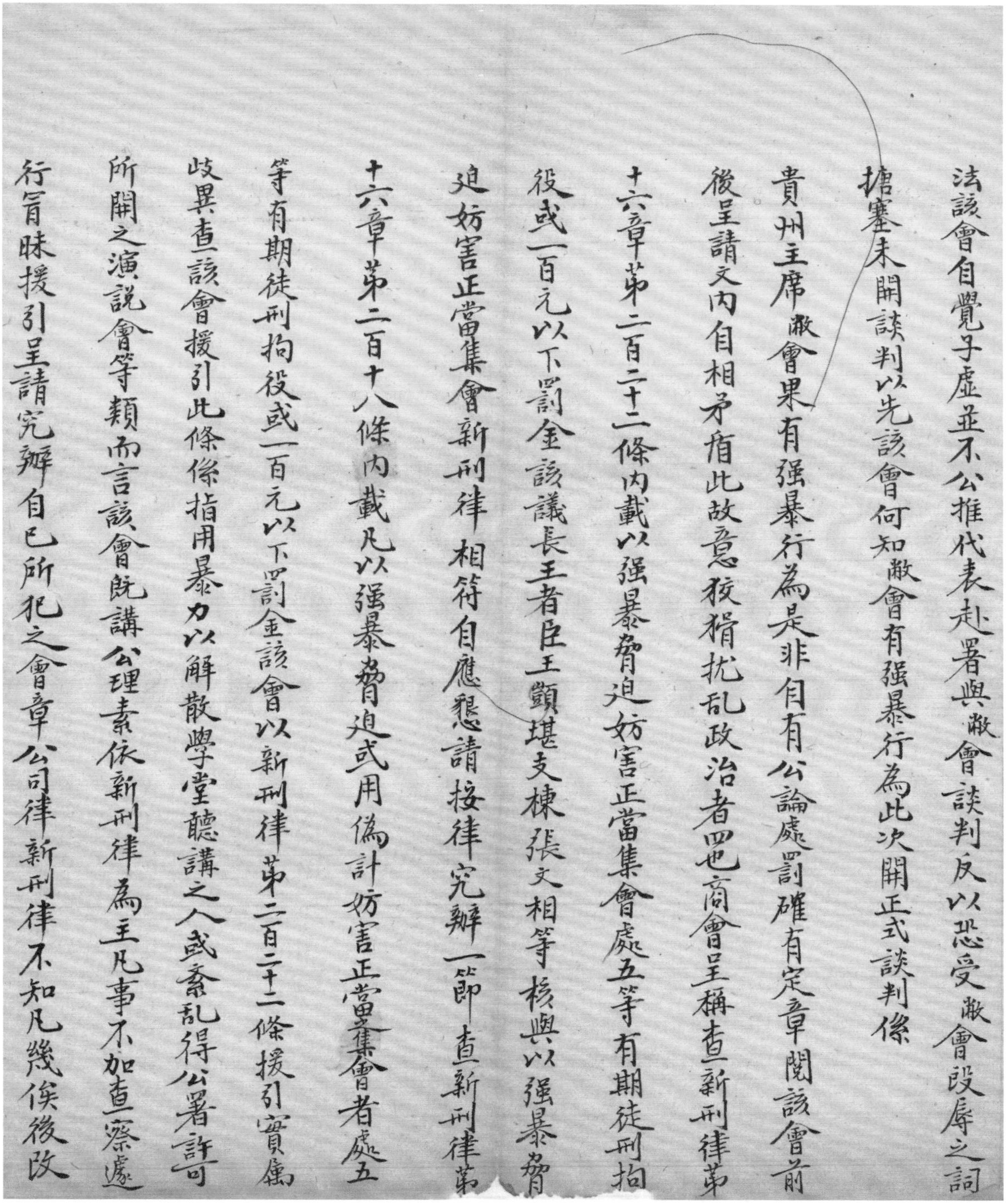
法該會自覺子虛並不公推代表赴署與敝會談判反以恐受敝會毆辱之詞
搪塞未開談判以先該會何知敝會有强暴行爲此次開正式談判係
貴州主席敝會果有强暴行爲是非自有公論處罰確有定章閱該會前
後呈請文内自相矛盾此故意狡猾扰乱政治者四也商會呈稱查新刑律第
十六章第二百二十二條内載以强暴脅迫妨害正當集會處五等有期徒刑拘
役或一百元以下罰金該議長王者臣王顯堪支棟張文相等核與以强暴脅
迫妨害正當集會新刑律相符自應懇請按律究辦一節查新刑律第
十六章第二百十八條内載凡以强暴脅迫或用僞計妨害正當集會者處五
等有期徒刑拘役或一百元以下罰金該會以新刑律第二百二十二條援引實屬
歧異查該會援引此條係指用暴力以解散學堂聽講之人或紊乱得公署許可
所開之演說會等類而言該會既講公理素依新刑律爲主凡事不加查察遽
行冒昧援引呈請究辦自己所犯之會章公司律新刑律不知凡幾俟後改

○一九 赤峰直隸州州議事會、城董事會爲分晰商會不法妄行請轉飭查照事致赤峰州知事李□□咨（1913 年 3 月 15 日）

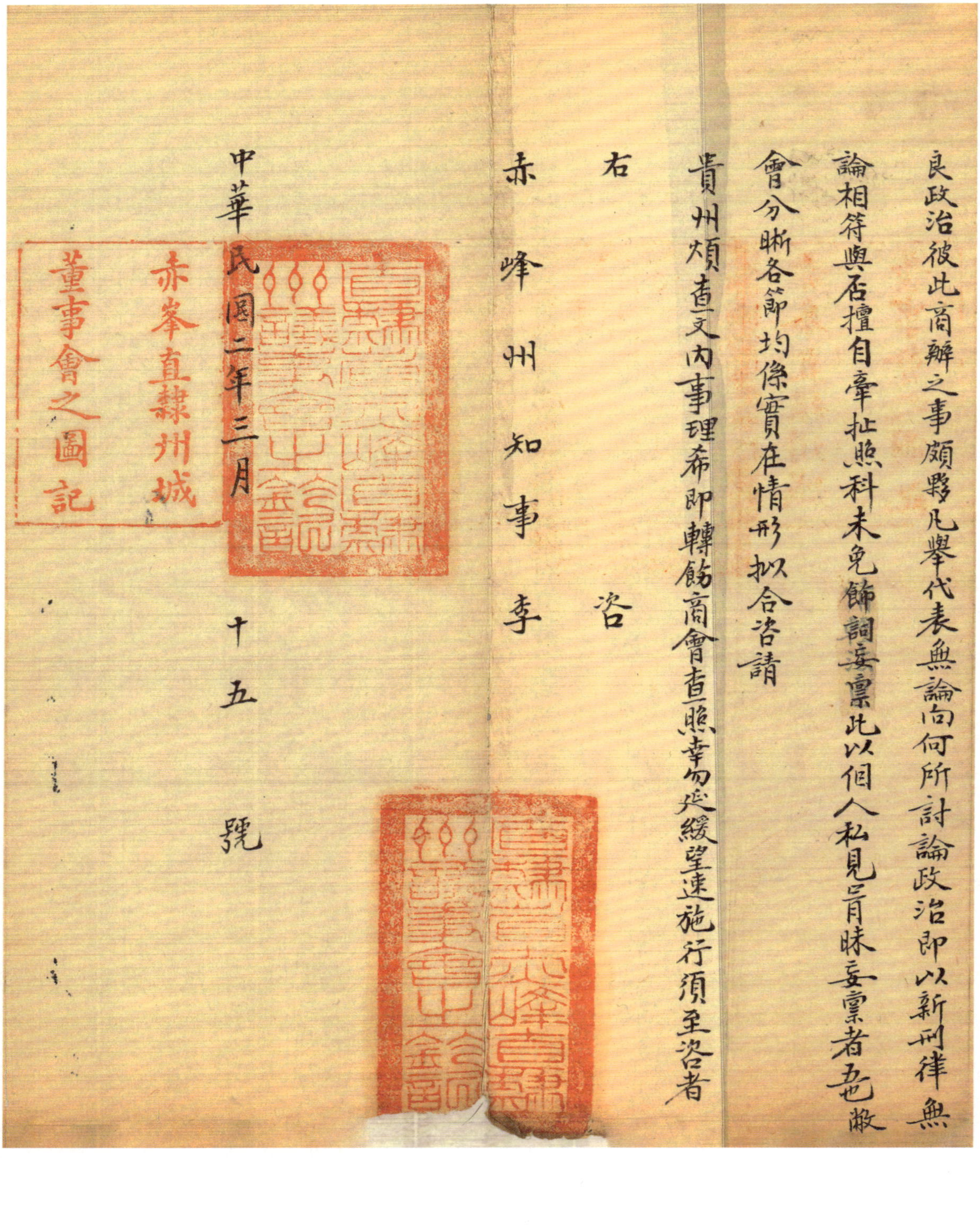

良政治彼此商辦之事頗夥凡舉代表無論向何所討論政治即以新刑律無論相符與否擅自牽扯照科未免飾詞妄稟此以個人私見冒昧妄稟者五也敝會分晰各節均係實在情形擬合咨請

貴州煩查文內事理希即轉飭商會查照幸勿延緩望速施行須至咨者

右　咨

赤峰州知事李

中華民國二年三月十五號

赤峰直隸州城董事會之圖記

○一九　赤峰直隸州州議事會、城董事會爲分晰商會不法妄行請轉飭查照事致赤峰州知事李□□咨（1913年3月15日）

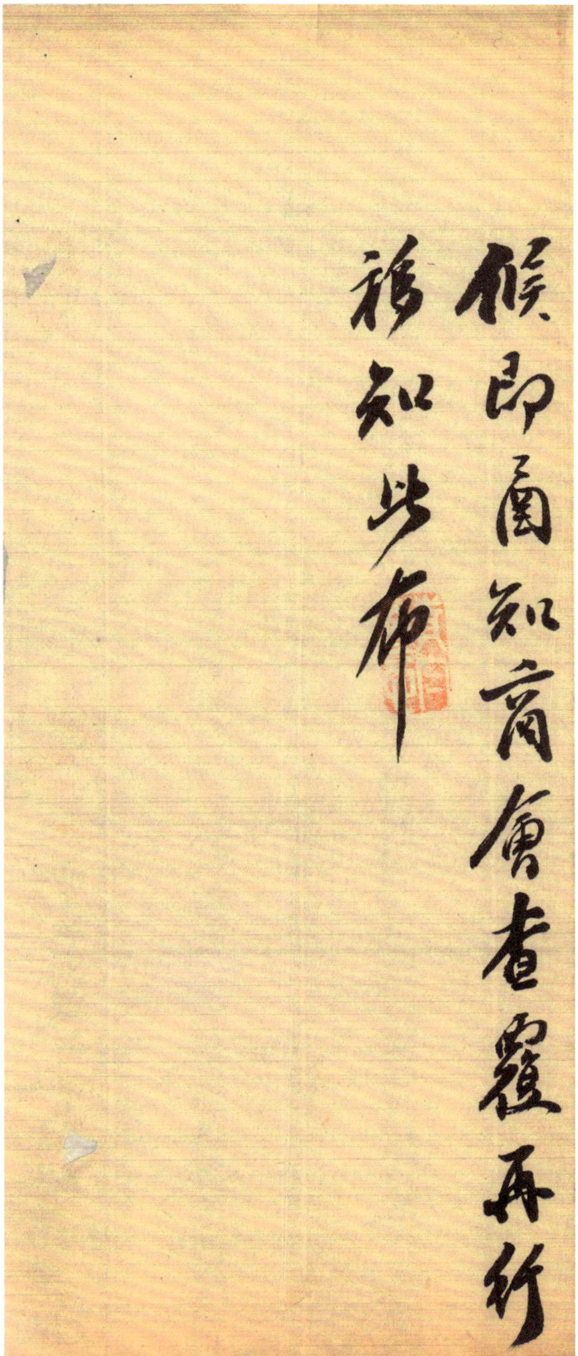
候即函知商會查覆再行
移知此布

○二○ 署理翁牛特王旗印務協理二等臺吉哈清阿爲設立初等小學校事致赤峰直隸州知州葉大匡移（1913 年 6 月 18 日）

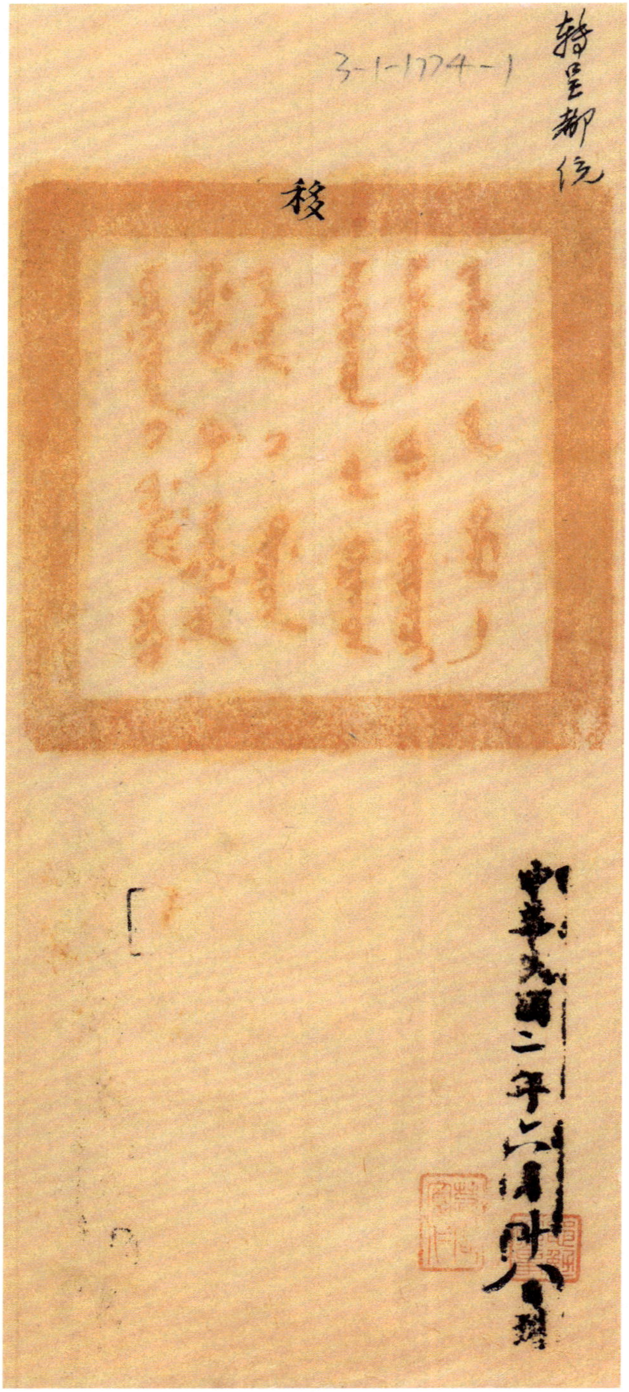

○二○ 署理翁牛特王旗印務協理二等臺吉哈清阿爲設立初等小學校事致赤峰直隸州知州葉大匡移（1913年6月18日）

署理翁牛特札薩克親王旗印務協理二等台吉哈清阿　為移會轉報
事案查民國二年五月七號准
都統熊咨稱民國成立五族平等惟恐蒙智未開非廣興教育不足
以培養人才令本旗籌設蒙旗小學校至於學校章程辦法如有不明
就近向各屬調查或來轅領取總期文明日進是則本都統之所厚望
然仍將籌辦情形咨報等因復於
貴州晤談又承極意提倡謂建設學校藉以造就文明方保蒙疆等語
遂經移送學校實行簡章本協理遵照在赤街本王局設立初等小學
校一所以冀街市蒙漢聯合交換意見即調取旗下青年子弟選擇通
曉漢文語者二十五名延聘初級師範習速成科畢業生盧鴻鈞之
教員按照民國新章教科書各門功課講授於民國二年六月三
號開學理合移會請

○二○　署理翁牛特王旗印務協理二等臺吉哈清阿爲設立初等小學校事致赤峰直隸州知州葉大臣移（1913年6月18日）

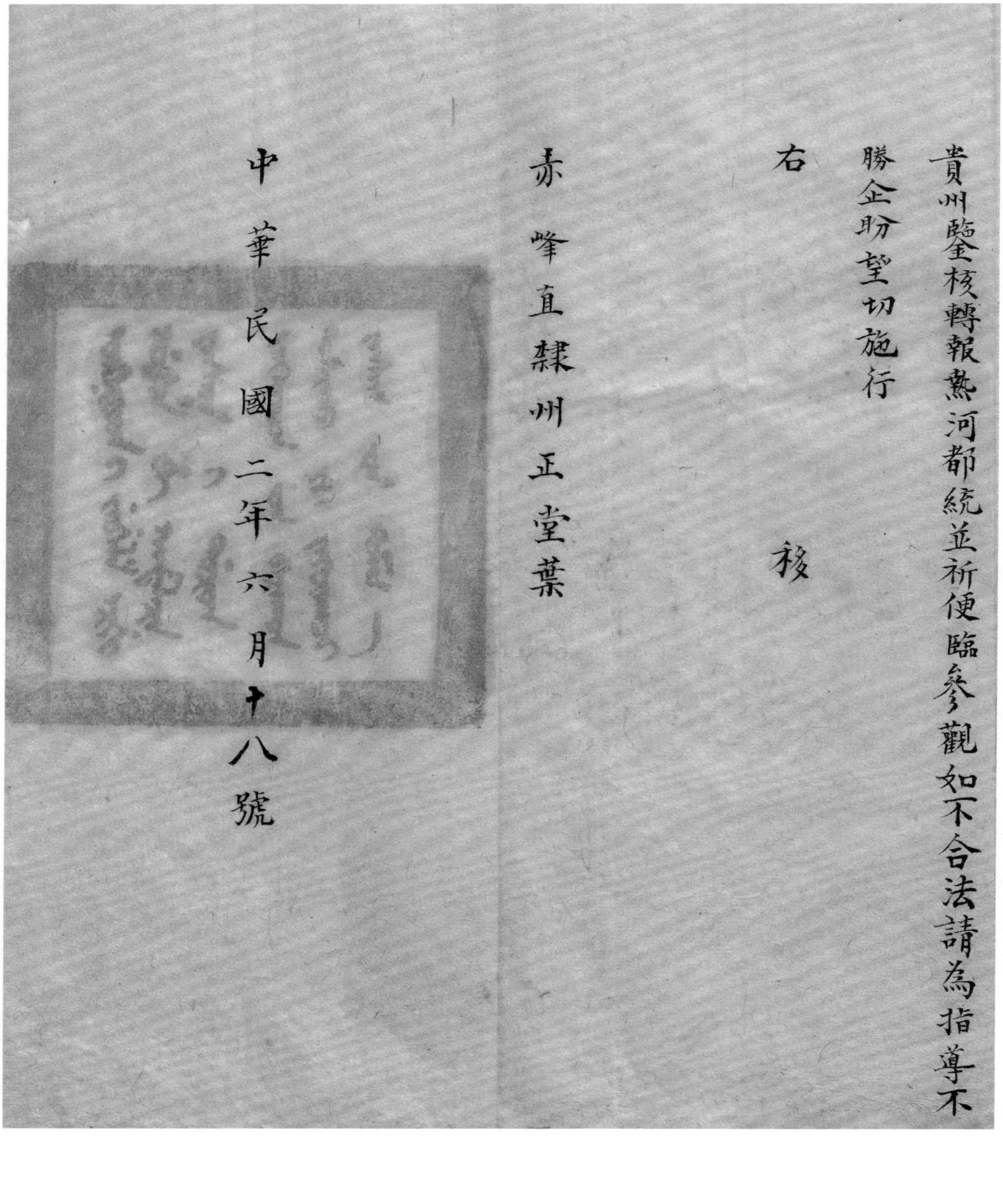

貴州鑒核轉報熱河都統並祈便臨參觀如不合法請為指導不
勝企盼望切施行
右　　移
赤峰直隸州正堂葉
中華民國二年六月十八號

〇二一　赤峰直隸州知州葉大臣爲翁牛特王旗設立初等小學校事致熱河都統熊希齡呈稿（1913年6月20日）

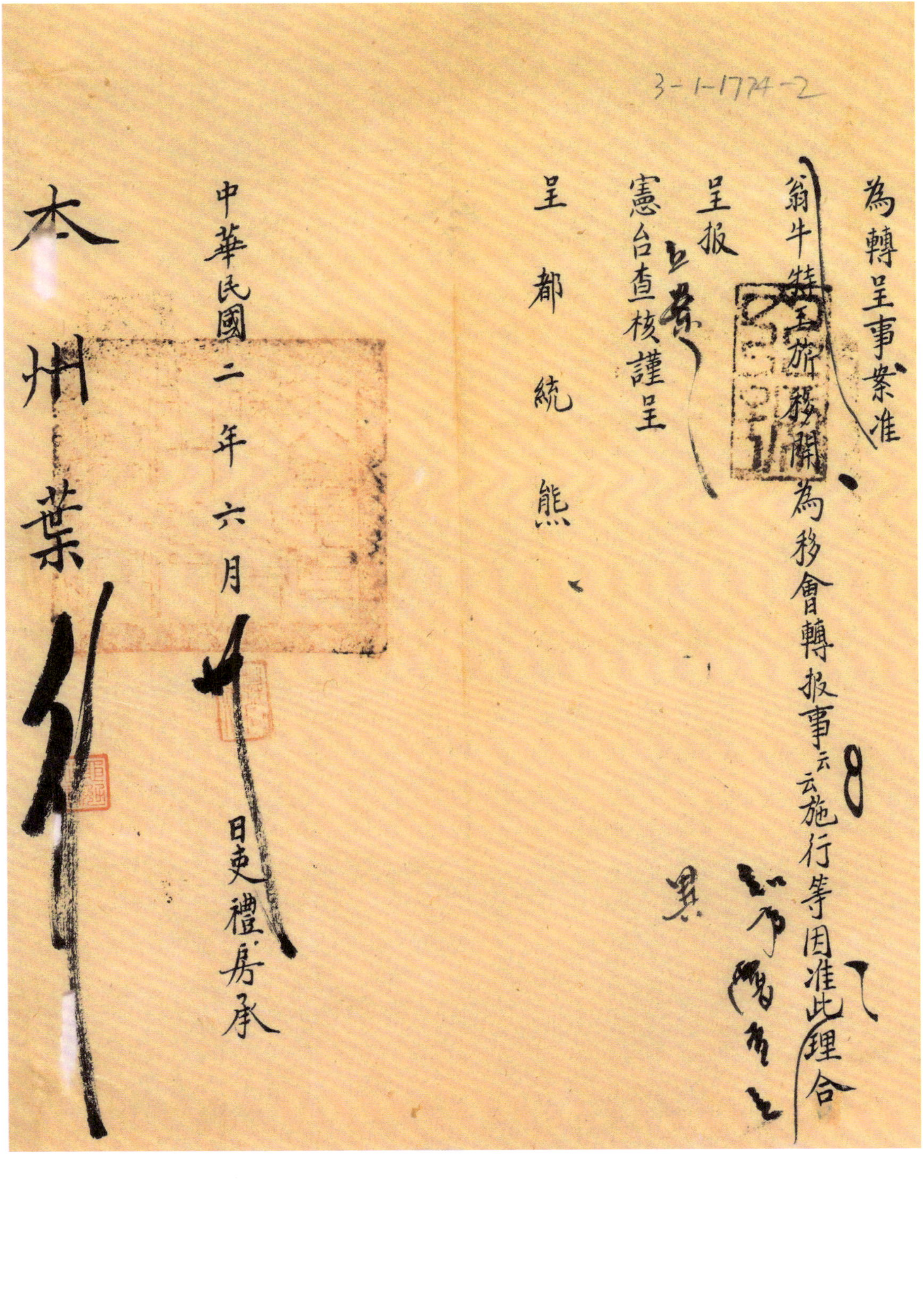
3-1-1774-2
為轉呈事案准
翁牛特王旂務開為移會轉報事云云施行等因准此理合
呈報
憲台查核謹呈
呈都統熊
中華民國二年六月
日吏禮房承
本州葉

○二二 熱河都統公署爲翁牛特王旗設立初等小學校准予立案事致赤峰縣公署指令（1913年7月9日）

3-1-1774-3

令

○二二 熱河都統公署爲翁牛特王旗設立初等小學校准予立案事致赤峰縣公署指令（1913年7月9日）

熱河都統公署指令第七百零一號

令赤峯縣知事

呈悉據轉報翁牛特王旗協理在赤街
設立初小學一所已招生二十五名業經開
學照章授課該協理熱心興學開通
蒙智深堪嘉尚若能由此逐漸推廣
將見學校林立髦俊踵興該協理開
幕之功自不容沒赤街新設之小學
其嚆矢矣應即准予立案並仰該縣
轉知該協理認真舉辦本都統有厚

○二二 熱河都統公署爲翁牛特王旗設立初等小學校准予立案事致赤峰縣公署指令（1913年7月9日）

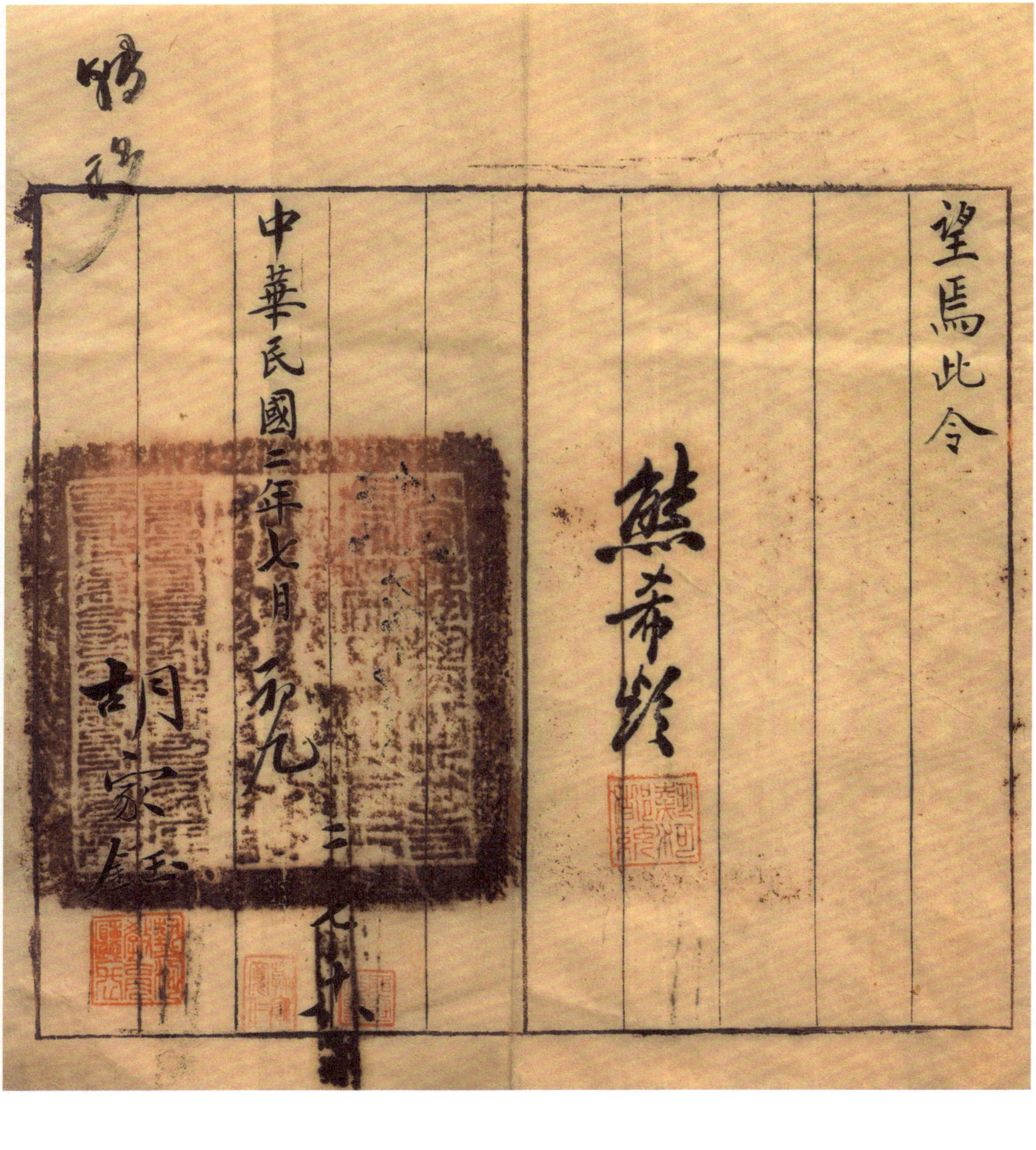
望馬此令
熊希齡
中華民國二年七月九日

○二三 赤峰董事會爲規費調查表内列入差費事致赤峰縣公署公函（1913 年 11 月 17 日）

3-1-1776-7

公函

赤峯直隸州城董事會之圖記

○二三　赤峰董事會爲規費調查表内列入差費事致赤峰縣公署公函（1913年11月17日）

赤峯董事會公函

逕復者案准

貴公署公函内開第二科案呈民國二年十一月十號奉

熱河行政公署第四千六百五十六號指令内開財政廳案呈查

前訓令飭各屬調查陋規限期造表呈報嗣據該知事暨

該縣董事會先後造表呈送各在案查該知事呈送規費

調查表内款別一欄僅填卯規二字未免過略歲收總數

一欄填京錢九千四百七十九吊三百八十八文與該縣董事會

呈送表内所填歲收總數共京錢一萬七千四百七十二吊九百

四十文兩數相差甚鉅碍難查核用特再申前令仰該知

事於文到三日内立即依照前頒表式重新另填並依照該

董事會所填之數目確寔查明分別列入以昭核寔至填

○二三 赤峰董事會爲規費調查表内列入差費事致赤峰縣公署公函（1913年11月17日）

歲收總數應將京錢按照時價折成庫平銀填入其用錢
折銀之時價即於備考欄内簡單注明以便稽查且此
次填表更宜遵照前第四百四十八號指令所開不必慮多
寡不能預定而不列收入總數蓋此係預算數目一俟決算
後僅可據寔呈明核辦除將該縣董事會呈送之表照
抄一分隨文飭發以便清查外為此令仰該知事即行遵照
辦理速覆勿延切切此令計抄發赤峯董事會規費調查
表一紙等因奉此查貴會調查表内夘規壽禮柴炭等
尚與本署所報數目不相上下惟公所差費八千餘吊未知
貴會何所據而云然暨經駁飭覆查相應函知貴會確
寔查明迅速函覆以憑轉報等因奉此查敝會調查表
共列夘規壽禮柴炭規差費四項其夘規壽禮柴炭規

○二三　赤峰董事會爲規費調查表内列入差費事致赤峰縣公署公函（1913年11月17日）

三項合計九千四百九十二吊九百四十文與
貴公署所填數目相彷至差費八千餘吊係按近一二年内攤派總數約畧填入包括商會公所各項費用在内併非專指供應等欵查昔年公所各種供應名目繁紛每年攤派不下萬餘吊近年一切支應逐漸杜絶僅餘公所費用現今商會成立公所取消即將此款改爲商會經費因每年攤派款目不一多寡不等併無定額不得不約填大概數目查前奉第一百二十九號訓令内開雖從前原收各規近年已經消滅者亦應一併查明填入故將此款遵照列入以資考核與夘規已改行政經費仍應照填事同一律既滋疑義自應聲明以免誤會相應函覆
貴公署查照辦理可也此致

○二三　赤峰董事會爲規費調查表内列入差費事致赤峰縣公署公函（1913年11月17日）

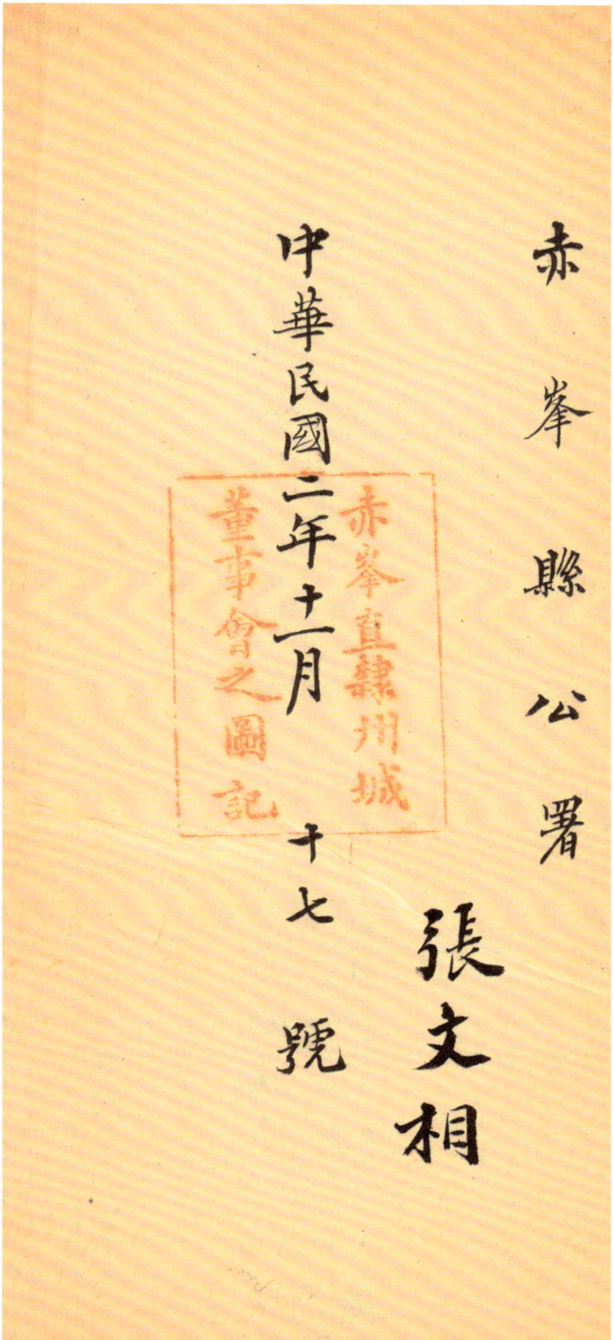
赤峯縣公署

張文相

中華民國二年十一月十七號

赤峯直隸州城董事會之圖記

○二四　赤峰縣公署爲分撥馬隊常駐團練支局事致赤屬團練支局、義勝營公函稿、指令稿（1913年12月2日）

3-1-1762-89

赤峰縣公署公　函字十八號

逕啟者，本月二日，接准

貴支局公函内開：以義勝營改組不便，擬仿照總局調遣緝捕營成例，酌撥馬隊數名，常川駐局，以供差遣，而資守衛等情。准此。查既據經

貴支局公同議決，准撥馬隊一棚，常川駐局，以供差派而資守衛。如遇有緝捕重要事件，仍須聽候本公署抽調。除令知義勝營遵照外，相應函覆。此致

赤屬團練支局

赤峰縣公署指令　清字十八號

令義勝營幫帶郎明

本月二日准赤屬團練支局函開云云等情。准此。

○二四　赤峰縣公署爲分撥馬隊常駐團練支局事致赤屬團練支局、義勝營公函稿、指令稿（1913年12月2日）

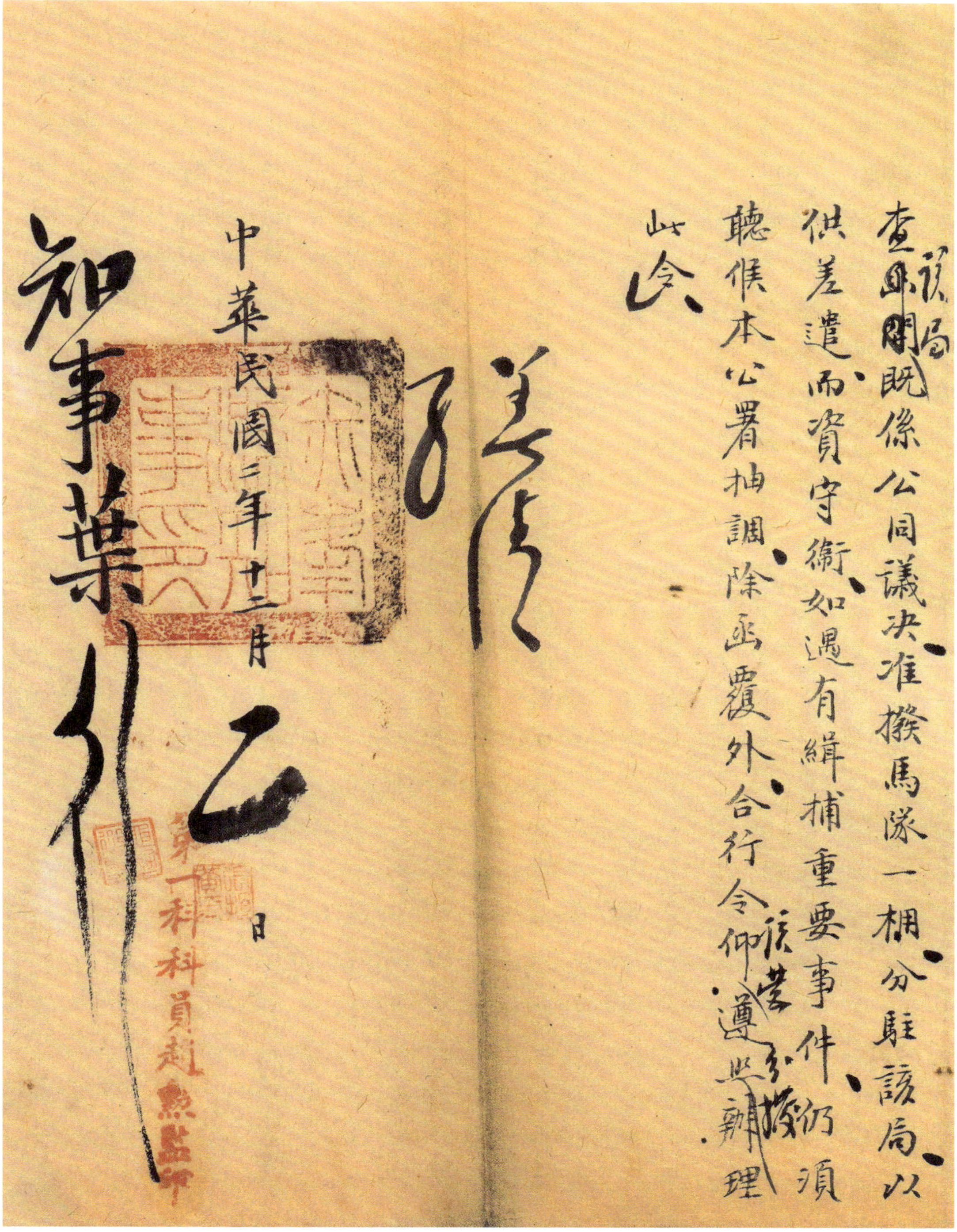
查該局既係公同議決、准撥馬隊一棚、分駐該局、以供差遣而資守衛、如遇有緝捕重要事件、仍須聽候本公署抽調、除函覆外、合行令仰該營遵照分撥辦理

此令

中華民國二年十二月　日

知事葉　行

第一科科員趙熙監印

○二五　翁牛特王旗署印協理臺吉哈清阿爲撥領秋季山分銀事致赤峰縣公署移（1913 年 12 月 5 日）

3-1-1793-2

翁牛特札薩克親王旗署印協理台吉哈　為移請就近撥領事

查得敝旗地面向有煤窑三座歷年應交山分銀四百兩按春秋兩季

稟明由赤屬包收煤窑抽釐商人處就近撥領以期捷便而免疎虞

屢經具領在案茲查應領民國二年秋季山分銀貳百兩自應備

具印領擬合移請為此合移

貴縣煩查文內事理希將印領轉呈熱河礦務局備查並祈諭飭

包釐商人照章就近撥交秋季山分銀貳百兩以充餉需望切施行

計移送

印領一紙

右　移

赤峯縣公署知事葉

○二五　翁牛特王旗署印協理臺吉哈清阿爲撥領秋季山分銀事致赤峰縣公署移（1913 年 12 月 5 日）

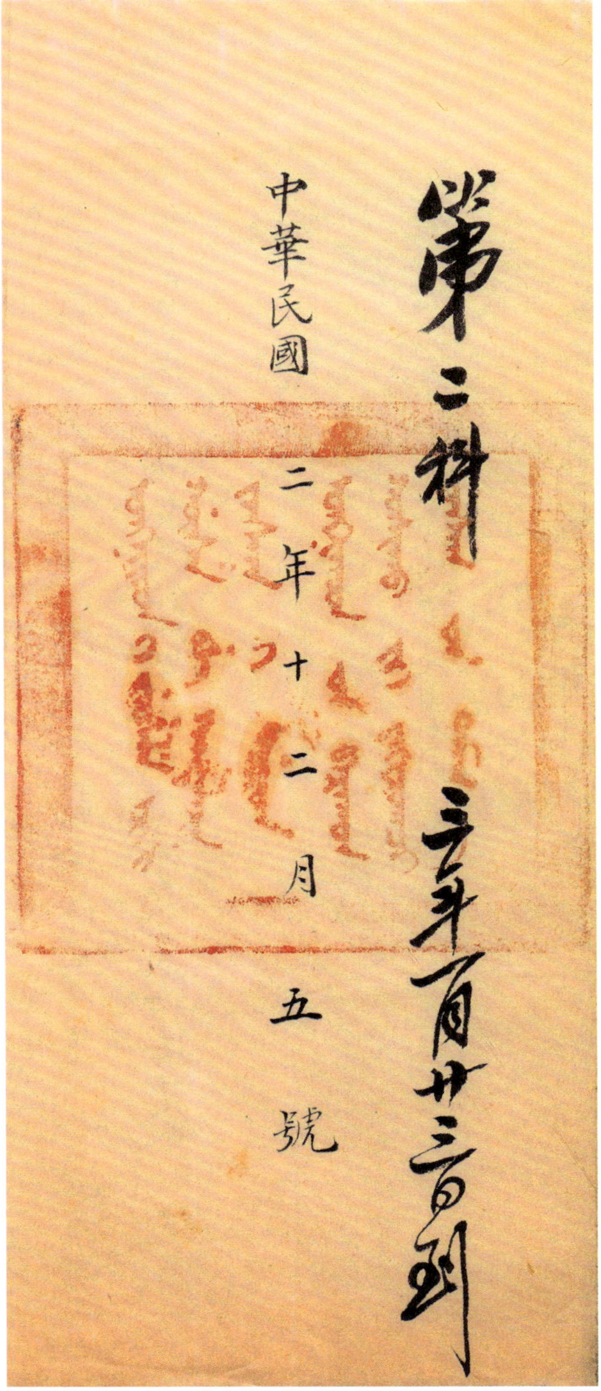

○二六 赤峰縣公署爲撥給翁牛特王旗秋季山分銀事致包辦煤課商人李翰臣指令稿（1914 年 1 月 23 日）

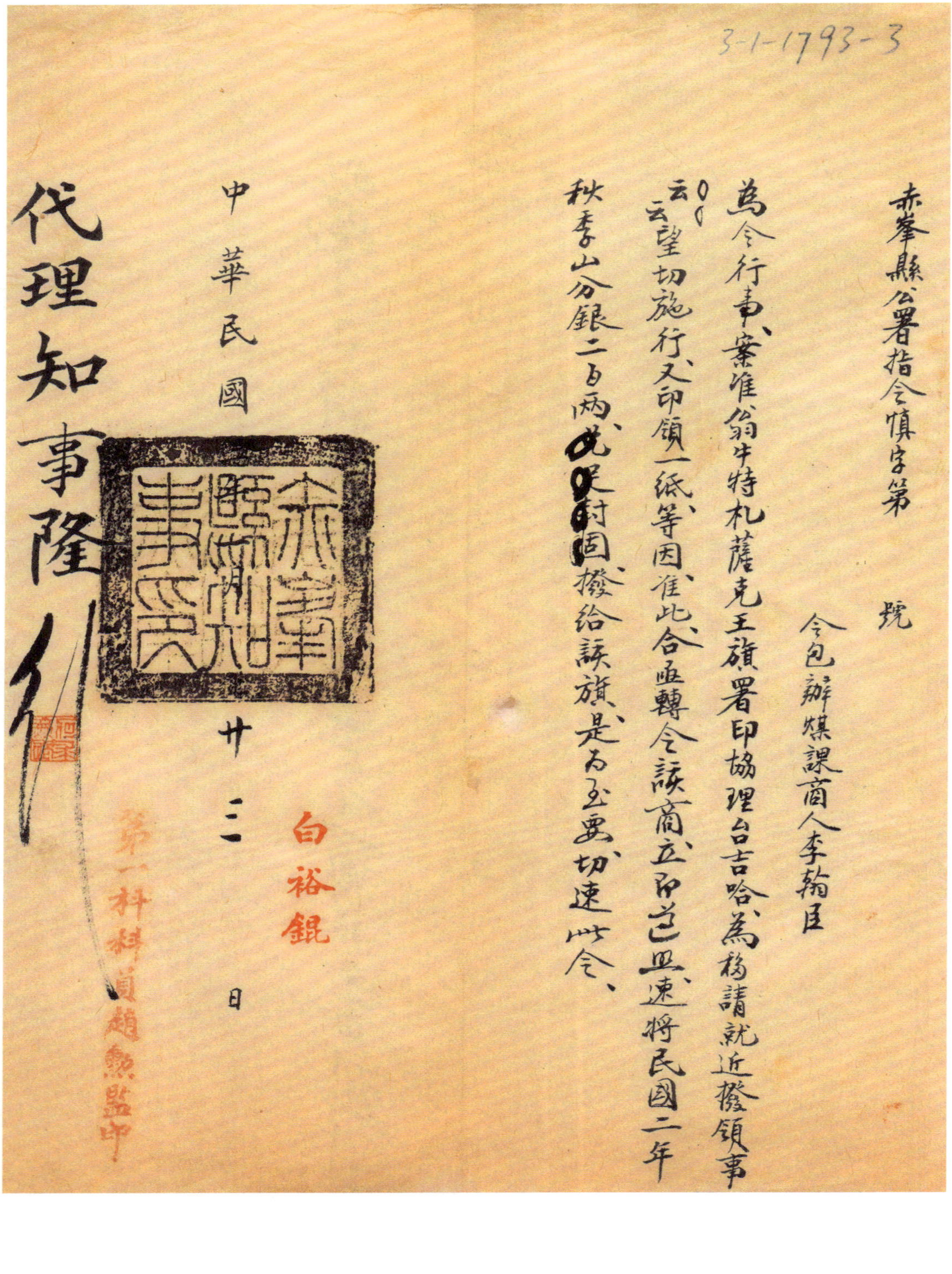
3-1-1793-3

赤峯縣公署指令慎字第　號

令包辦煤課商人李翰臣

爲令行事。案准翁牛特札薩克王旗署印協理台吉哈，爲務請就近撥領事云云。望切施行。又印領一紙等因。准此，合亟轉令該商立卽遵照，速將民國二年秋季山分銀二百兩，兌足封固，撥給該旗，是爲至要，切速此令。

赤峯縣知事印

中華民國　廿三日

代理知事隆

白裕錕

第一科科員趙熙監印

〇二七 赤峰縣商務分會、商事公斷處爲選舉成立公斷處并報送辦事細則及各員資格表事致赤峰縣公署呈（1913 年 12 月 8 日）

3-1-225-3(1)

呈

〇二七 赤峰縣商務分會、商事公斷處爲選舉成立公斷處并報送辦事細則及各員資格表事致赤峰縣公署呈（1913年12月8日）

商務分會總理朱錫棻
商事公斷處處長郭縉之會
呈爲呈覆事。竊於本年七月九號奉
熱河都統公署第六百一十二號通令内開：爲通令事。案准實業廳案呈民國
二年六月二十四日准
工商部咨開：爲咨行事。案查商事公斷處章程，前經本部會同司
法部公布，轉飭各商會遵照在案。查此項章程第五條内載：公斷處
辦事細則由各商會擬定，報明各該地方長官核准後，轉報司法部、工商
部會核等語。乃近來各處商會往往不遵章呈由各地方長官核
轉，逕自呈部，且有並無辦事細則者，辦法未免兩歧。應請由貴都統
通飭各商會，嗣後組織商事公斷處，所有辦事細則應先呈由地方長官
核定，如有不妥之處，應行飭令更正後，再行咨部，以符定章，相應咨行
貴都統查照，轉飭遵照可也等因。准此，除通令外，合亟指令。令到，仰

〇二七　赤峰縣商務分會、商事公斷處爲選舉成立公斷處并報送辦事細則及各員資格表事致赤峰縣公署呈（1913年12月8日）

該商會一体查照遵行切切此令同日並奉
貴知事函知前因嗣於十一月五號奉
貴知事慎字第十二號公函内開第二科案呈前奉
熱河行政公署第三千五百七十一號訓令内開爲通行事實業廳案呈准
工商部咨開爲咨行事案查商事公斷處章程及該章程内更正
各條均已先後公布政府公報在案惟近來各省均以尚未奉到此項章
程請部補發諒因偏僻地方尚未知購閲公報或有公報而不甚注意
本部現已會同司法部彙集修正各條將此項章程仍照從前習慣
印發專本通行各省以資遵守而利進行相應將該章程十本咨行貴
都統查照飭遵可也此咨准此合行令仰該縣轉飭該商會遵照此令計
發司法工商部會訂商事公斷處章程二本等因奉此相應函知貴會查
照遵辦計發司法工商部會訂商事公斷處章程一本各等因奉此本會

○二七　赤峰縣商務分會、商事公斷處爲選舉成立公斷處并報送辦事細則及各員資格表事致赤峰縣公署呈（1913年12月8日）

當即招集全体到會投票選舉會董郭縉之爲公斷處處長並選
舉評議員十六員調查員四員仿照部章參酌商情詳訂辦事
細則十四條呈蒙核准並造具處長各員資格表懇請查核轉呈
熱河行政公署咨部立案外所有本公斷處於本月八號爲施行日期合
併聲明爲此呈請
貴知事希即核轉實爲公便須至呈者
計呈送
細則四紙　資格表四張
右　呈
赤峯縣知事葉

○二七　赤峰縣商務分會、商事公斷處爲選舉成立公斷處并報送辦事細則及各員資格表事致赤峰縣公署呈（1913 年 12 月 8 日）

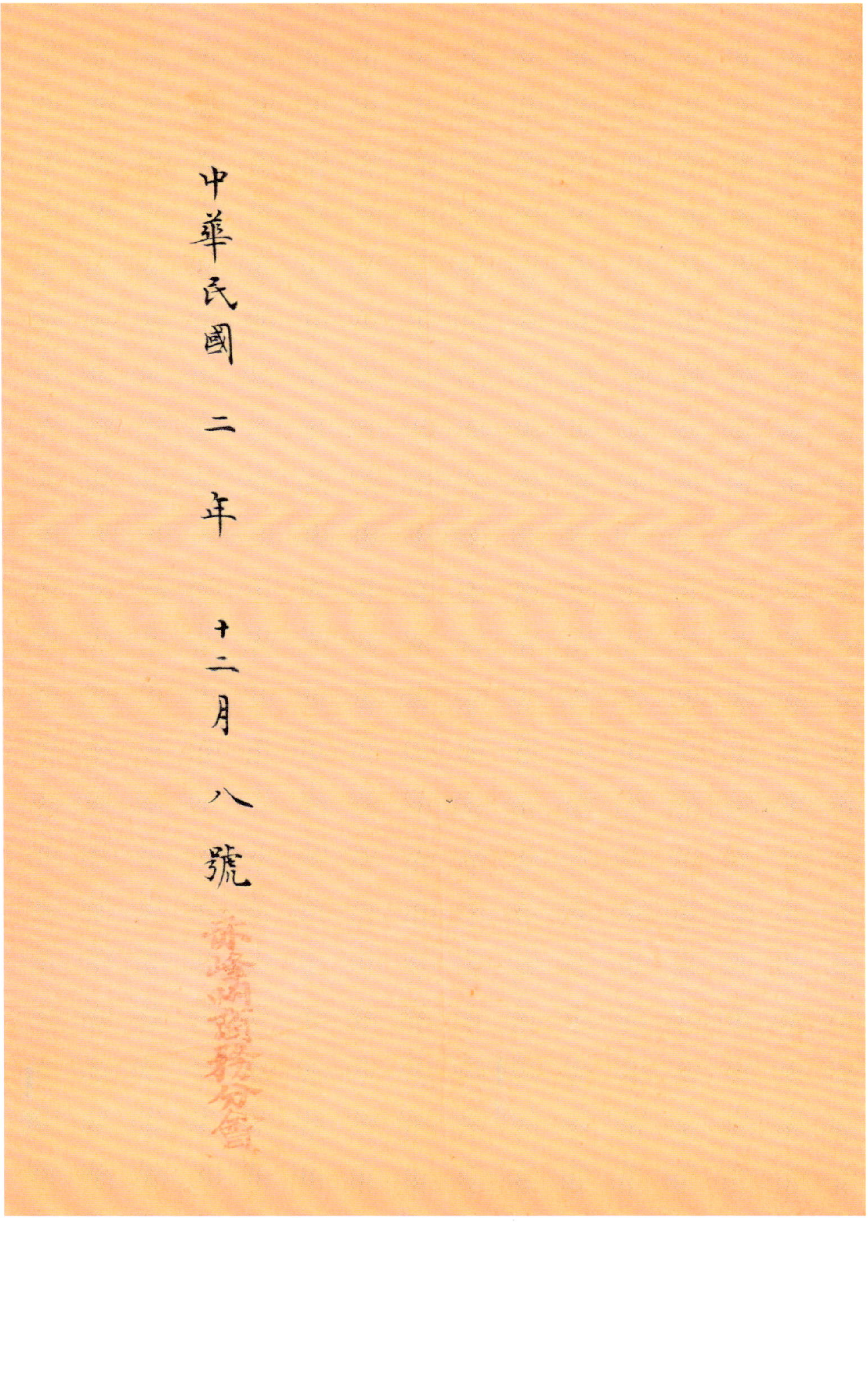
中華民國二年十二月八號

○二七　赤峰縣商務分會、商事公斷處爲選舉成立公斷處并報送辦事細則及各員資格表事致赤峰縣公署呈（1913 年 12 月 8 日）

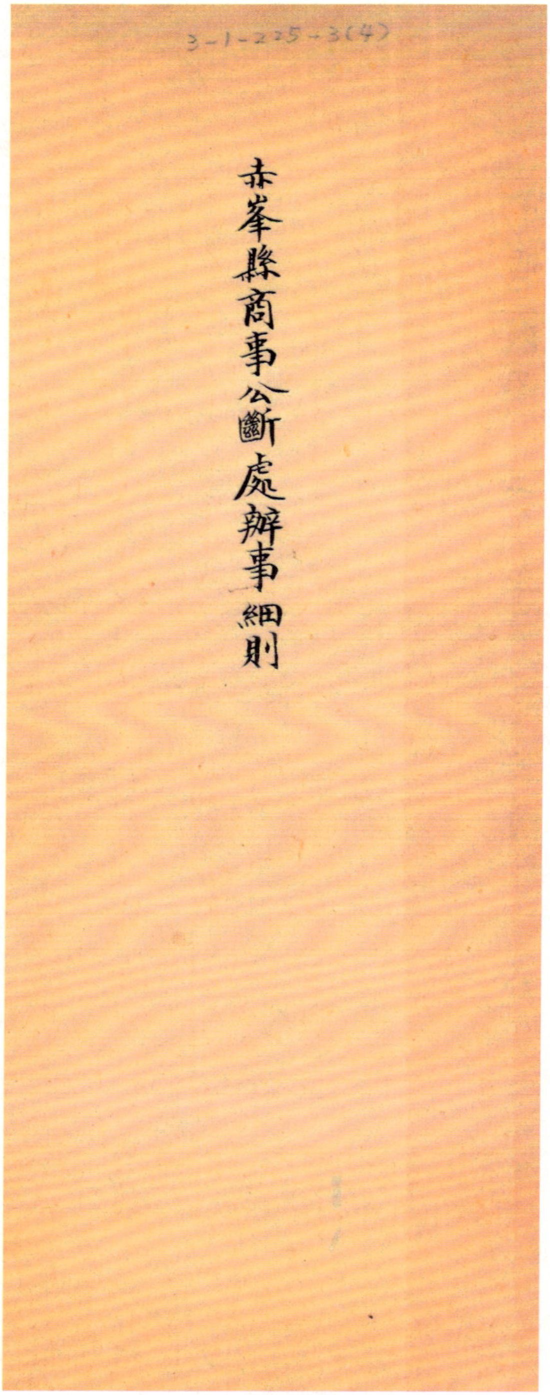
3-1-225-3(4)

赤峯縣商事公斷處辦事細則

○二七　赤峰縣商務分會、商事公斷處爲選舉成立公斷處并報送辦事細則及各員資格表事致赤峰縣公署呈（1913年12月8日）

赤峯縣商事公斷處辦事細則

第一條
公斷處附設商會定名為赤峯縣商事公斷處

第二條
本公斷處以部定總則第一章第二條以息訟和解為宗旨

第三條
本公斷處設處長一人評議員十六人調查員四人均由商會全體會員選舉之

第四條
處長總攬處內一切事務

第五條
處長評議員調查員概係名譽職現在創辦伊始事務簡單酧
金亦不必酌定

〇二七 赤峰縣商務分會、商事公斷處爲選舉成立公斷處并報送辦事細則及各員資格表事致赤峰縣公署呈（1913年12月8日）

第六條
評議長襄助處長遇有處長有事故不能理處務時得代行其職權
設處長評議長均有事故時得由名次在前之評議員代理之
第七條
處長評議長爲常駐會員遇有部定章程第十五條左列一二兩
項事件得招集各員到會秉公處斷
第八條
公斷處必須照會議通例章程迅開議時應由處長爲主席評議調
查各員須有過半之數方可開議至議事之法假如一人建議更有一人贊議復
有人起立而駁議總之不論人數若干均須令言者畢其詞而後更迭置
議應從多數由處長表决即當發生效力
第九條

○二七　赤峰縣商務分會、商事公斷處爲選舉成立公斷處并報送辦事細則及各員資格表事致赤峰縣公署呈（1913 年 12 月 8 日）

處内各員均有裁判事理之責如有意見須當場聲明毋得瞻徇情面容忍不言

第十條　職員調查之事項相對人到處亦應爲必要之證明始能得其真相否則恐失當事人之利益

第十一條　收發謄録案卷一切事宜商會司事兼理之事務紛繁時得添聘書記員

第十二條　本處之職員如違背職守義務及行止不檢或喪失職員信用處長得命其退職

第十三條　本公斷處細則自呈請法院核准後即爲施行日期

第十四條　本公斷處所擬細則如有未盡事宜可以隨時酌訂

○二七　赤峰縣商務分會、商事公斷處爲選舉成立公斷處并報送辦事細則及各員資格表事致赤峰縣公署呈（1913 年 12 月 8 日）

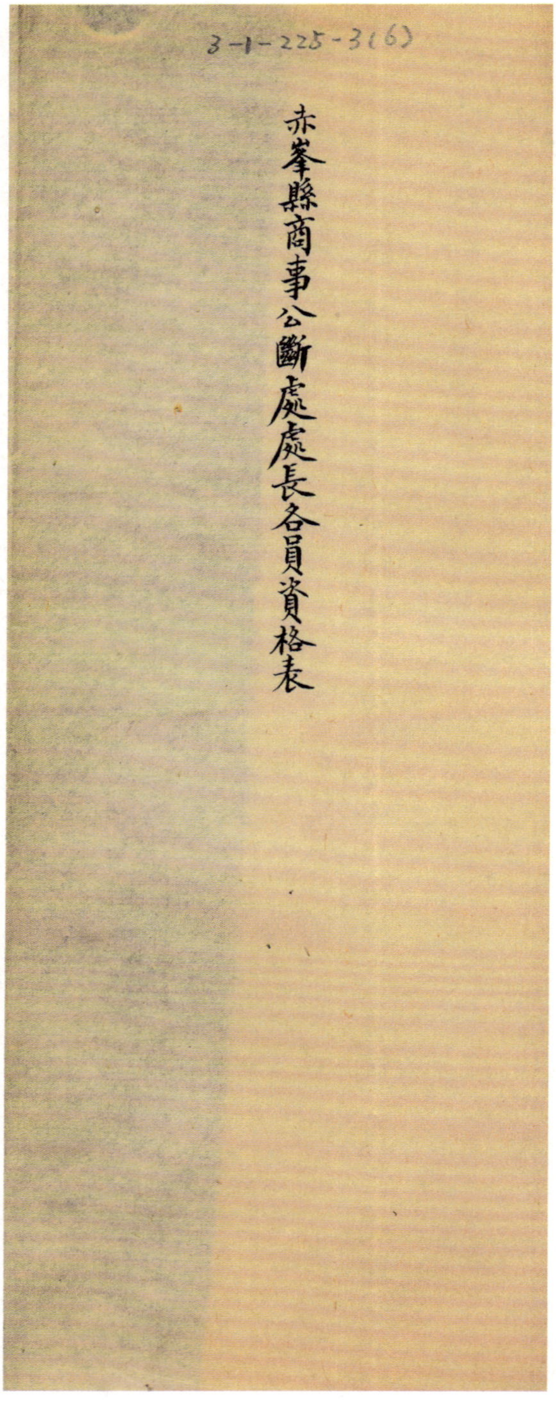
3-1-225-3(6)

赤峯縣商事公斷處處長各員資格表

○二七　赤峰縣商務分會、商事公斷處爲選舉成立公斷處并報送辦事細則及各員資格表事致赤峰縣公署呈（1913年12月8日）

赤峯縣商事公斷處處長各員資格表

職名	姓名	年歲	資格
處長	郭縉之	三十八	前任商會總理現任會董
評議員			
	王馥中	五十六	係商會會董
	朱錫棻	四十二	係商會總理
	李翰臣	四十一	係商會會董
	陳紹羲	四十六	係商會會董
	張文琳	三十七	係商會會董
	朱雲彭	六十二	係商會會董
	鄭芝齡	四十二	係商會會董
	馬憲明	五十六	係商會會員
	馬廷喆	四十九	係商會會員

〇二七 赤峰縣商務分會、商事公斷處爲選舉成立公斷處并報送辦事細則及各員資格表事致赤峰縣公署呈（1913年12月8日）

調查員

馬德貴	六十	係商會會員
李　功	四十八	係商會會員
呂學斌	六十二	係商會會員
孫永瑞	三十	係商會會員
常福祥	三十九	係商會會員
石中蛟	四十八	係商會會員
陳維璽	三十六	係商會會員
許宗琛	三十二	係商會會員
杜　湧	五十	係商會會員
閻登翰	五十	係商會會員
楊在田	四十二	係商會會員

○二八 赤峰鎮守使署爲哨隊分防駐扎事致赤峰縣公署公函（1913年12月22日）

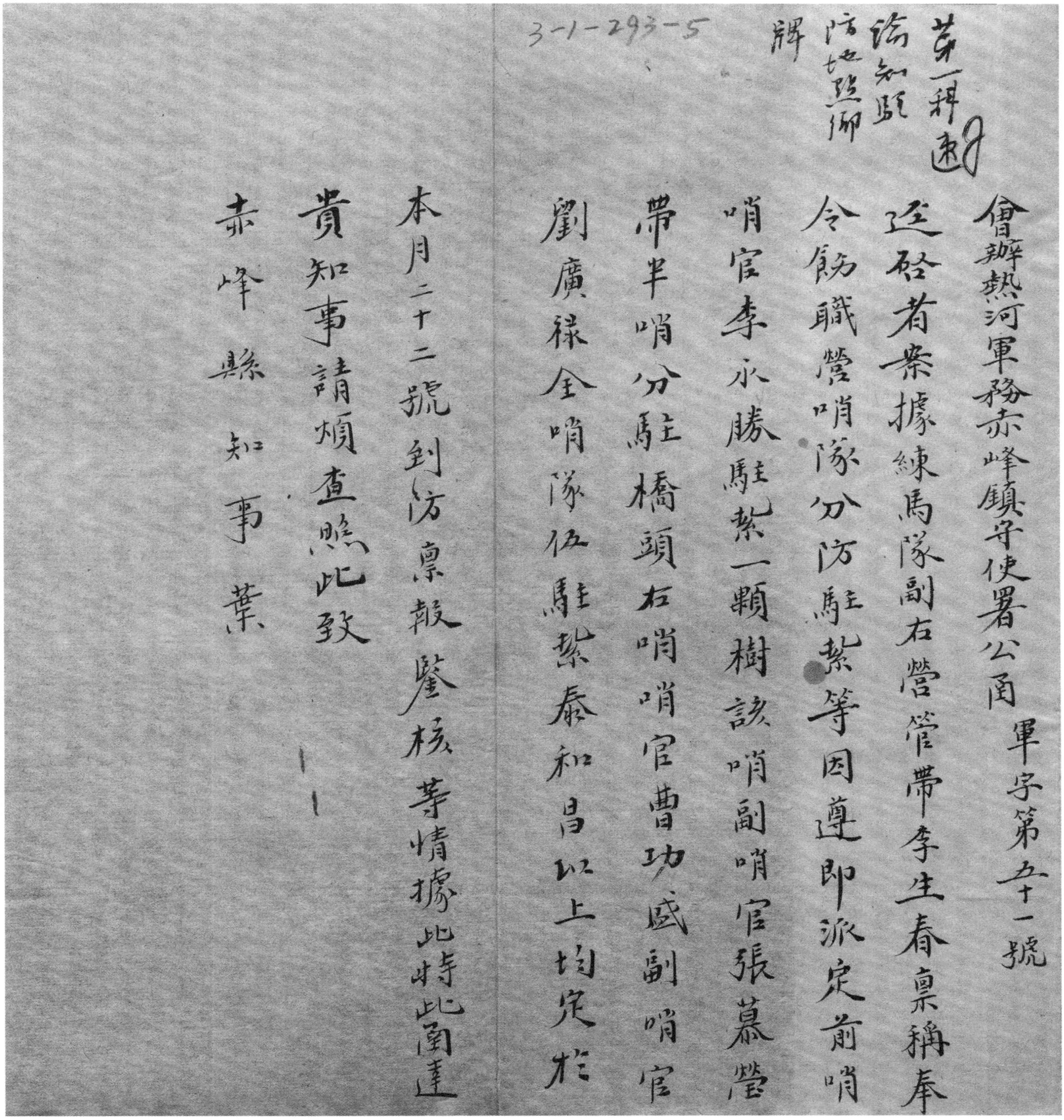
3-1-293-5

第一科 速

給知縣防地照例牌

會辦熱河軍務赤峰鎮守使署公函 軍字第五十一號

逕啓者案據練馬隊副右營管帶李生春稟稱奉令飭職營哨隊分防駐紮等因遵即派定前哨哨官李永勝駐紮一顆樹該哨副哨官張慕營帶半哨分駐橋頭右哨哨官曹功盛副哨官劉廣禄全哨隊伍駐紮泰和昌以上均定於本月二十二號到防稟報鑒核等情據此特此函達

貴知事請煩查照此致

赤峰縣知事葉

○二八 赤峰鎮守使署爲哨隊分防駐扎事致赤峰縣公署公函（1913 年 12 月 22 日）

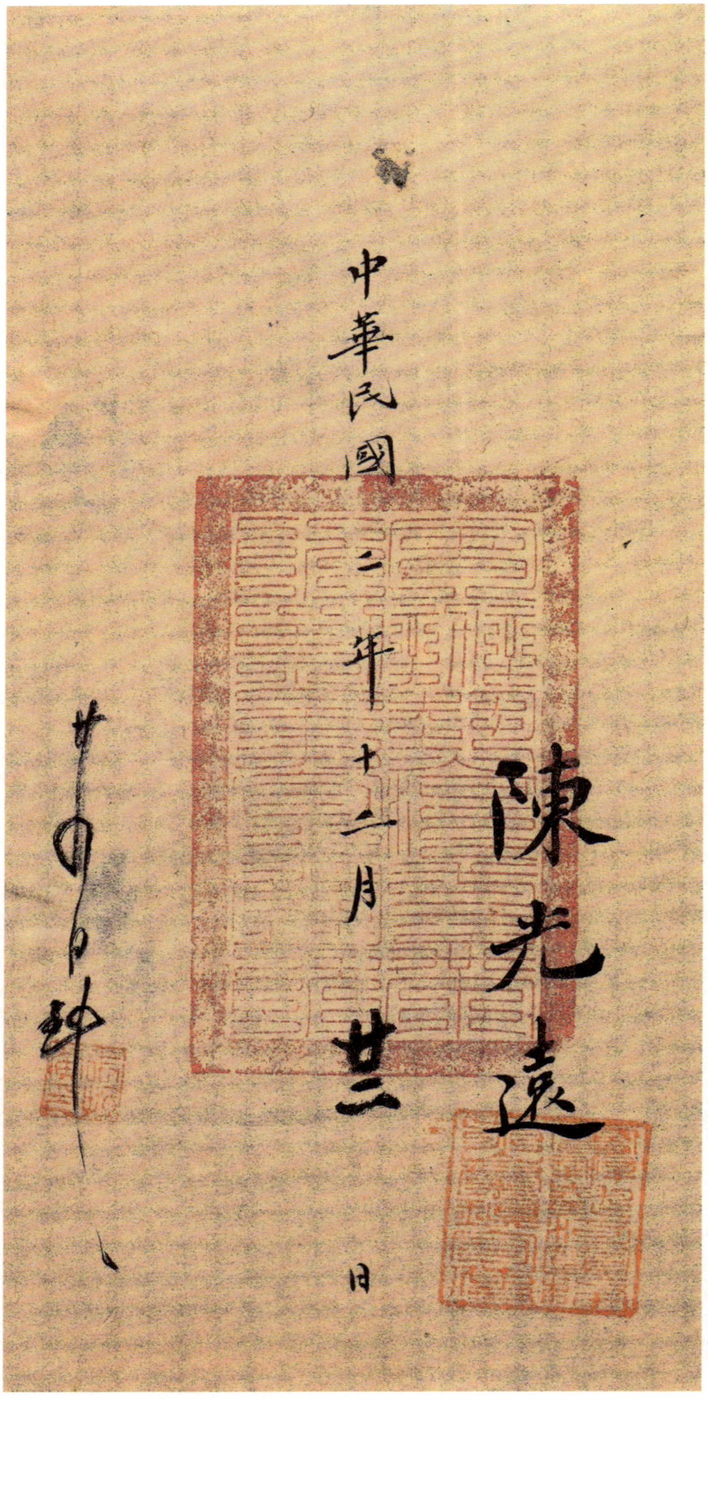
中華民國二年十二月廿二日

陳光遠

廿四日到

○二九 熱河行政公署爲委任徐顯章爲烏丹警務分所長事致赤峰縣公署訓令（1913 年 12 月 24 日）

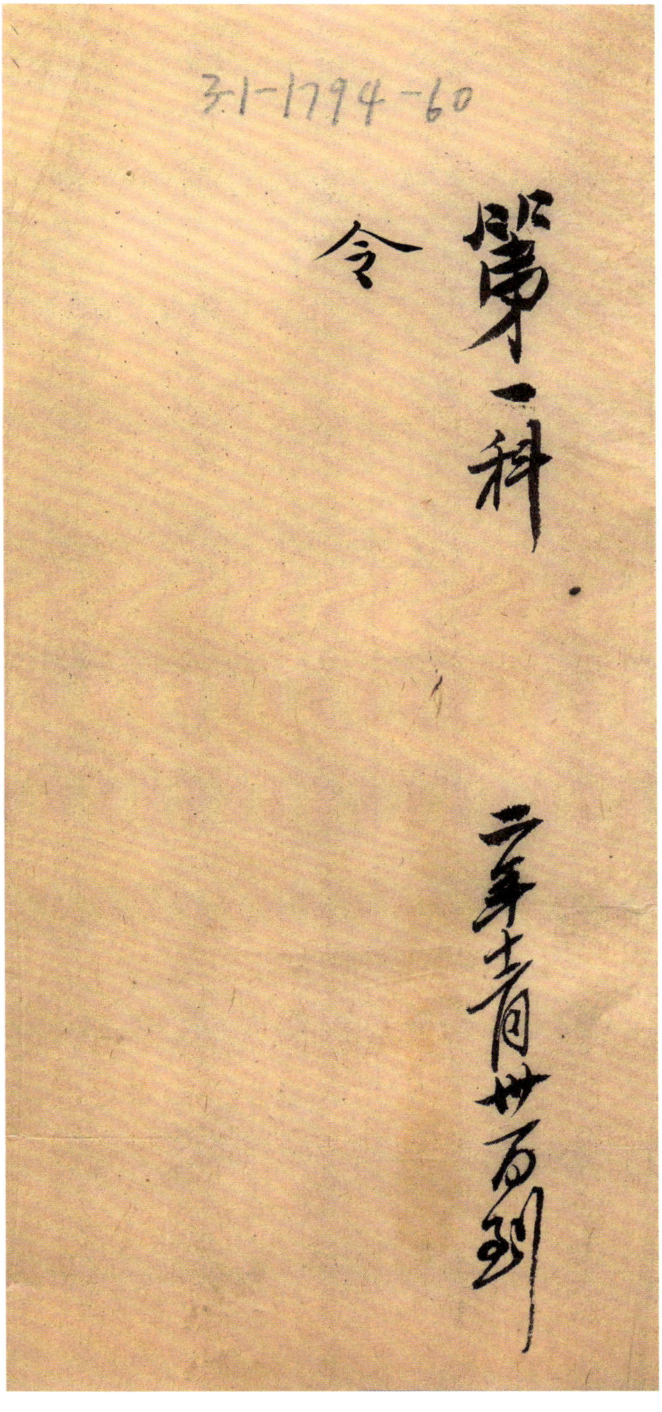
31-1794-60

警第一科

令

二年十二月廿[illegible]到

〇二九　熱河行政公署爲委任徐顯章爲烏丹警務分所長事致赤峰縣公署訓令（1913年12月24日）

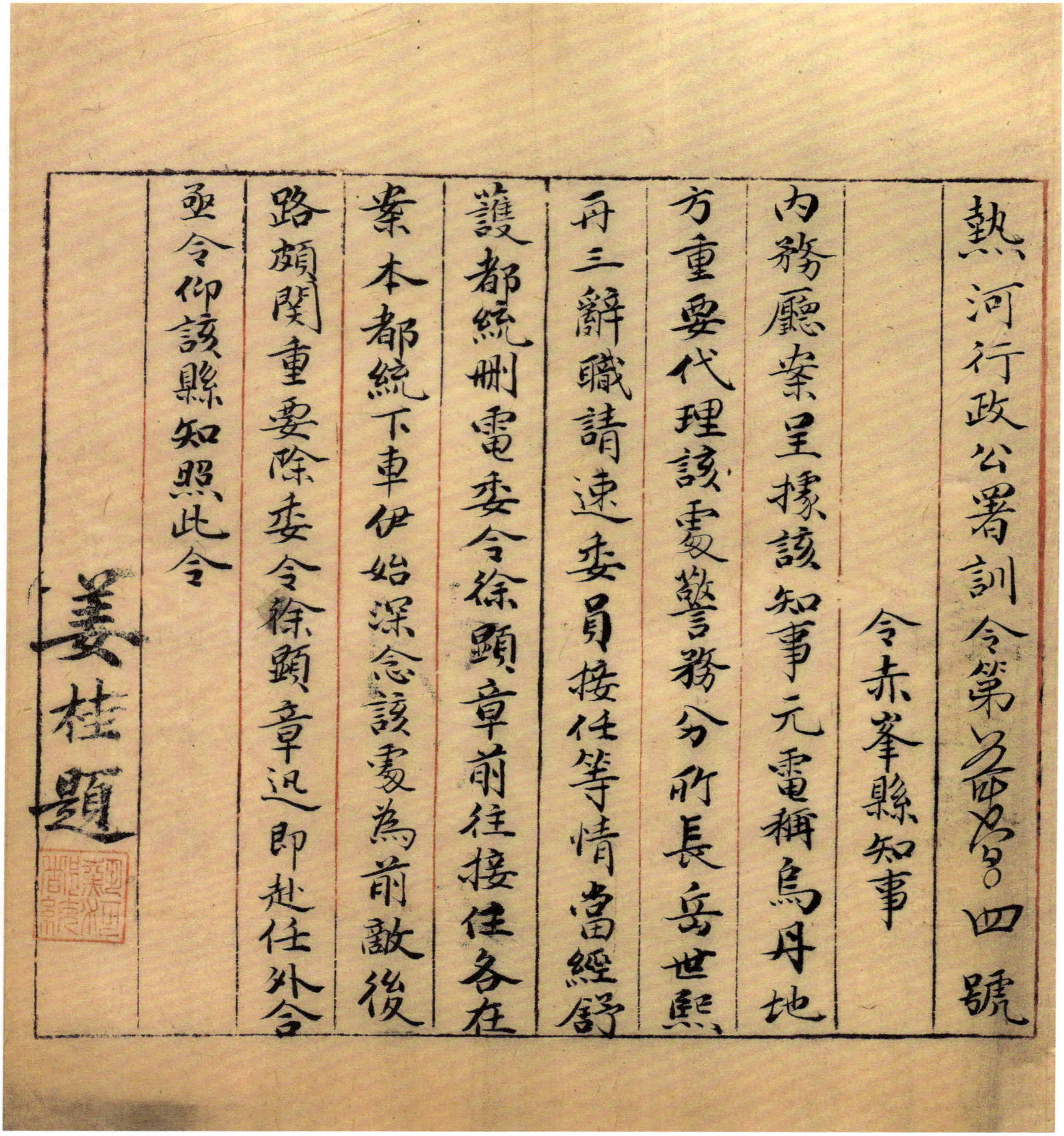
熱河行政公署訓令第五百五十四號
令赤峯縣知事
內務廳案呈據該知事元電稱烏丹地
方重要代理該處警務分所長岳世熙
再三辭職請速委員接任等情當經呈
護都統刪電委令徐顯章前往接任各在
案本都統下車伊始深念該處為前敵後
路頗關重要除委令徐顯章迅即赴任外合
亟令仰該縣知照此令
姜桂題

○二九 熱河行政公署爲委任徐顯章爲烏丹警務分所長事致赤峰縣公署訓令（1913年12月24日）

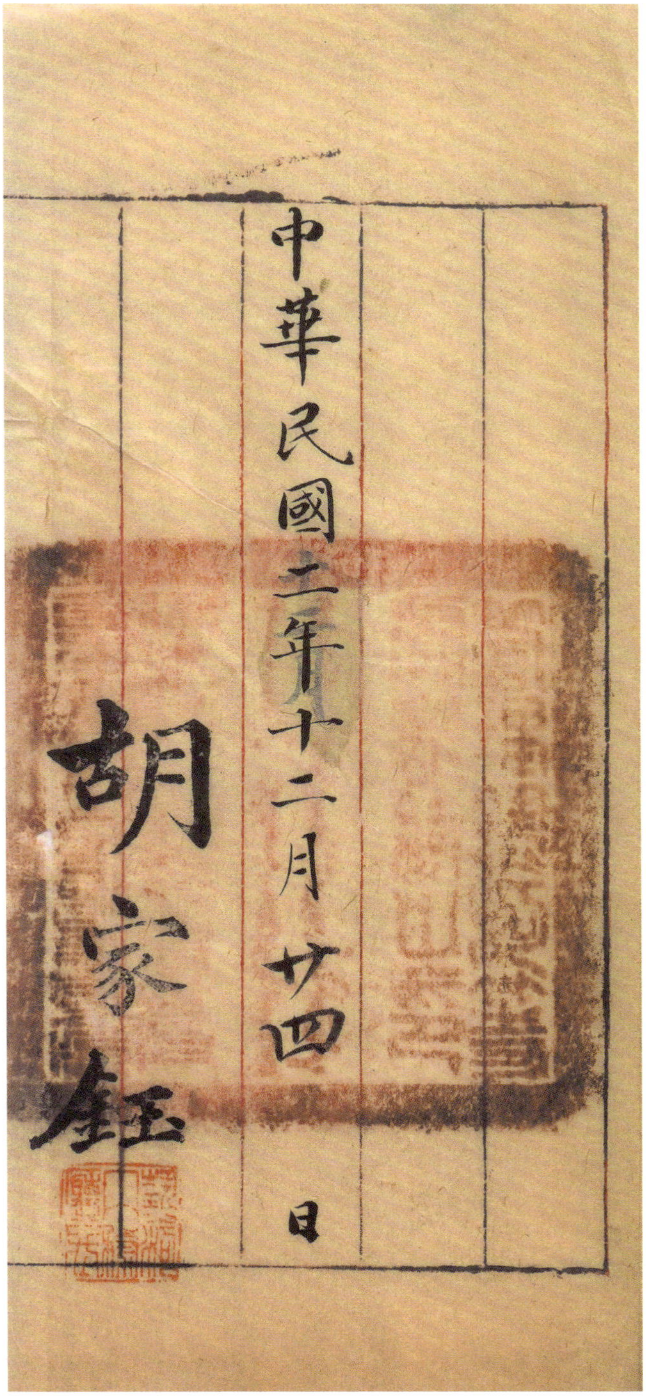
中華民國二年十二月廿四日

胡家鈺

○三○　赤峰縣公署爲商民務須照章完納印花税事布告稿（1913年12月31日）

3-1-178-4

赤峰縣行政公署佈告　慎字第　　號

為佈告事、照得國富而後民殷、國存而後民泰、國家以財政而存在、人民藉經濟而生活、西歐重稅而民樂捐輸、北美重農則民知效法、惟因民智日開、乃識民仰國之保衛、定由國權已固、更知國賴民以護持、在閉關時代、財政無甚用途、中國古時實有其例、一年耕而有三載之儲蓄、百畝田可養八口之生命、厥後文化漸進、慾望頻增、每歲所收不敷所用、而國家之財政亦猶是乎、自海禁大開、強鄰逼處、行政經費較前頓增、編練海軍陸軍、以擴國勢、建修炮台戰艦、而衛邊疆、教育振興、以開民智、講求實業、而養民生、在在所需、罔非吾民之擔負、納稅之義務、固有益於國家、然亦不病斯民也、查印花稅一項、迭奉熱河國稅廳飭催興辦在案、赤峰地處邊塞、漢蒙雜居、既無田賦之可徵、于印花之收入、尤當踴躍、查印花稅法第二条第一類內開、如發貨票、寄存貨物文契之憑據等七種、價值銀元十元以上者、每張只貼印花一分、舖戶所出各項貨物憑單、租賃及承頂各種舖底之憑據等六種、價值銀圓十元以上者、每張只貼印花二分、支取銀錢貨物之憑摺與各種貿易所用之帳簿二種、每

〇三〇　赤峰縣公署爲商民務須照章完納印花稅事布告稿（1913年12月31日）

但每年只貼印花二分，第二類之提貨承攬各種單據銀數十元以上未滿一百元者，僅貼印花二分，百元以上未滿五百元者，僅貼印花四分，餘可類推，其至五萬元以上者，僅貼印花一元五角為止，不再加貼，以此扣算貼用印花之分數，不過千分中之一二，稅率可謂極輕，若能全國通行，在商民僅出些須之微費，在國家可以驟得無數之鉅款，國家殷富，而人民亦因之而保全，此有益於民者一也。又第六条第七条內所開應貼稅花之契據帳簿，如不依本法貼寫盖章畫押者，於法庭上無合法憑證之效力，若皆依法貼用之，則法庭上絕無不生效力之道理，此有益於民者二也。又第八条內所開應貼印花之件，如不依本法貼用或貼用時未曾盖章畫押者，按照應貼數目罰貼印花百倍，如已貼印花盖章畫押而所貼不足定數者，照應補之數罰貼印花五十倍，若皆依法貼用之，貿易因有信用必然暢銷，產業因有憑據，無人覬覦，不第無罰貼之理由，而且得急公之名譽，此有益於民者三也。有此三益而無一損，國家因之而強盛，人民因之而歡愉，不獨不仰給外人，而並可抗衡歐美，為此布告，仰闔商民人等一体知悉，自此佈告爾等即應遵照印花稅花稅法則分別等次，前赴赤街商務分會照章完納，倘有偷漏及隱匿情形，一經查

〇三〇 赤峰縣公署爲商民務須照章完納印花税事布告稿（1913 年 12 月 31 日）

出示干嚴懲、絕不姑寬、勿謂言之不預也此佈、

中華民國二年十二月卅一日

白裕錕

知事葉

第一科科員趙

〇三一　赤峰縣公署爲備妥房院物件以便駐軍并轉飭商民公平買賣事致步步屯等約鄉牌諭稿（1914 年 1 月 3 日）

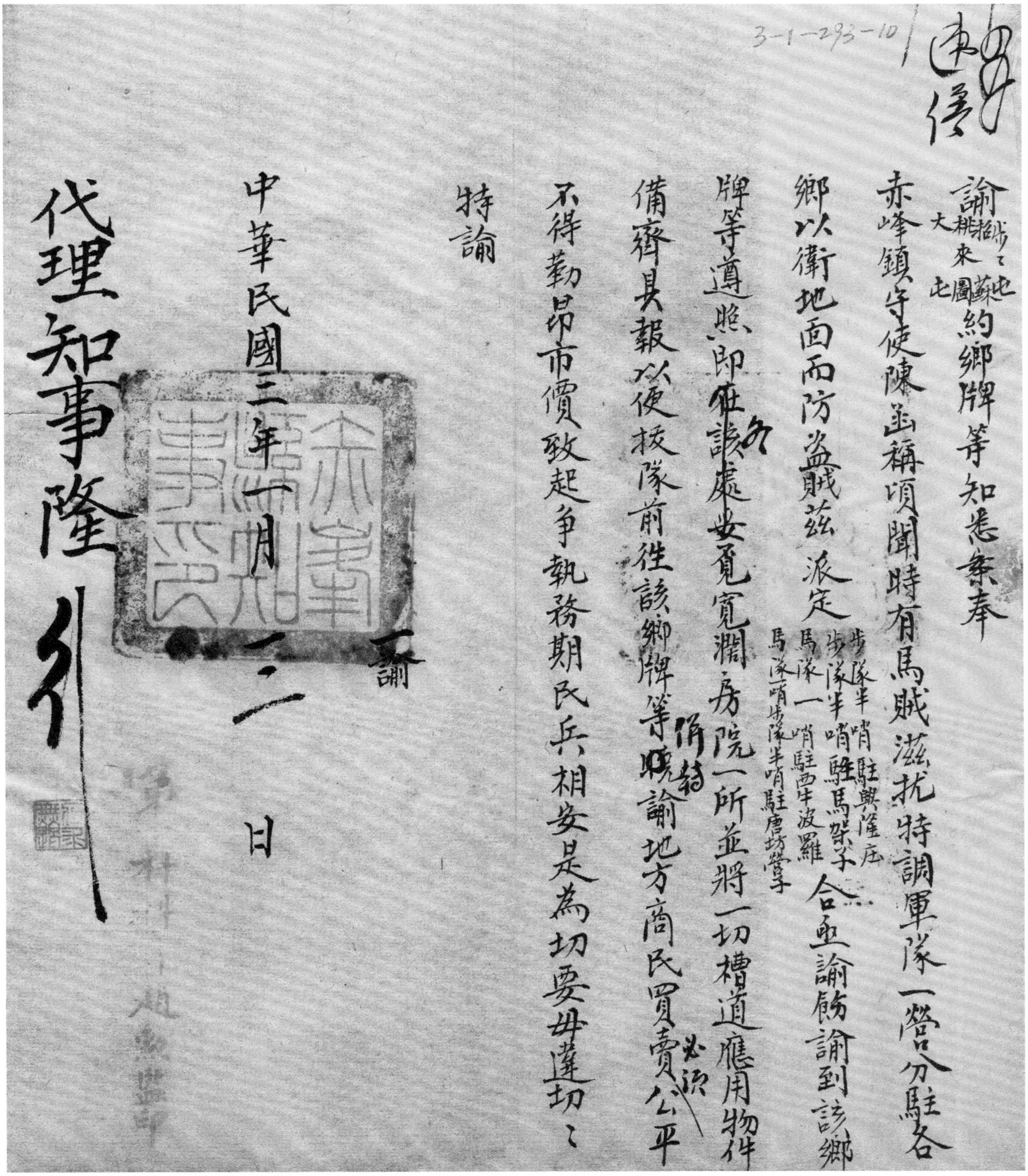

3-1-293-10

速　存

諭步步屯、搭搭蘇、桃來圖、大屯約鄉牌等知悉。案奉

赤峰鎮守使陳函稱：頃聞時有馬賊滋擾，特調軍隊一營分駐各鄉，以衛地面而防盜賊。茲派定步隊半哨駐興隆庄，步隊半哨駐馬架子，馬隊一哨駐西牛波羅，馬隊一哨、步隊半哨駐唐坊營子，合亟諭飭。諭到，該鄉牌等遵照，即在該處妥覓寬濶房院一所，並將一切槽道應用物件備齊具報，以便該隊前往。該鄉牌等傳約曉諭地方商民買賣必須公平，不得勒昂市價，致起爭執，務期民兵相安，是爲切要。毋違。切切。

特諭

中華民國三年一月　日

代理知事隆

赤峰縣知事印

〇三二 赤峰縣公署爲呈覆警政辦理情形事致熱河行政公署呈稿（1914年3月11日）

3-1-1771-5

爲呈覆事本年二月二十七日奉到
鈞署第三百七十八號訓令飭將各該縣向辦警務的情形
并現在地方警務情狀應如何整頓改良通籌詳議慎
重妥籌迅速具覆以憑核辦各等因奉此仰見
都統維持秩序関念地方
垂詢不厭求詳之至意曷勝欽佩伏思查赤峰雖屬
蒙疆小邑實為熱境第一大鎮又為内蒙六盟各
蒙旗往來交通之中心點五方雜處人民良莠不齊
去年又值此邊軍事近雖粗平逃匪間有時或混跡
其間況於閭閻商埠與夫商賈麕集尤為匪類所必
窺伺若不預將警務認真整頓則地方受害何窮
惟赤峰本街警費自開辦以迄於今皆係商家担任

〇三二 赤峰縣公署爲呈覆警政辦理情形事致熱河行政公署呈稿（1914年3月11日）

先出後入先用後措並飭地方人民全體所措納亦未
該籌分文的款存鋪生息稱乃卿警費始由民间按
畝均攤均而他處警務情形異有不同開辦已有數
年其警務之所以未能起色者蓋用一錢亦必仰商
界之鼻息始能支給辦一事亦必求商界之允諾
始克有成此即赤峰警務進行之一大障礙也由此
力求善法在縣安全無論如何認真整頓警務俾
難期其有效今謹將赤峰警政創始暨中间廢弛情
形並現在改革原由以及將來着手進行辦法一一為
都院縷晰陳之
查赤峰警務創始於前清光緒三十三年二月經
前都院廷　委派趙以高專警務學堂班畢業

○三二 赤峰縣公署爲呈覆警政辦理情形事致熱河行政公署呈稿（1914年3月11日）

生巡警，此赤克巡警傳習所專練員招募警生八
十名，傳習四個月畢業後，遂仿照熱河警務分區設
置巡警局，即以專練員派充巡警，改充總局巡官，節經
宣統二年六月十八日籌辦在案
○處写时留一空
前都統衙○規定熱河所屬城鎮巡警劃一章程，將保
局巡及內外警務屬本街，分中、西、東三區，各置區長
一員，每區置巡警二十人，各設七個四鄉，分為十四區，各
置警董一員，管理本區警務，每區各置巡長一員，巡
弁一二員，巡警十人、八人、十二人不等，本街巡警即以專練
所畢業生充補，四鄉巡警則就地招募，名曰槍馬戶
以廿一家出人，一家出槍，一家出馬，故也全未訓練，并
有僅用於來之人能用槍炮者，名曰炮手，各鄉不過

○三二 赤峰縣公署爲呈覆警政辦理情形事致熱河行政公署呈稿（1914年3月11日）

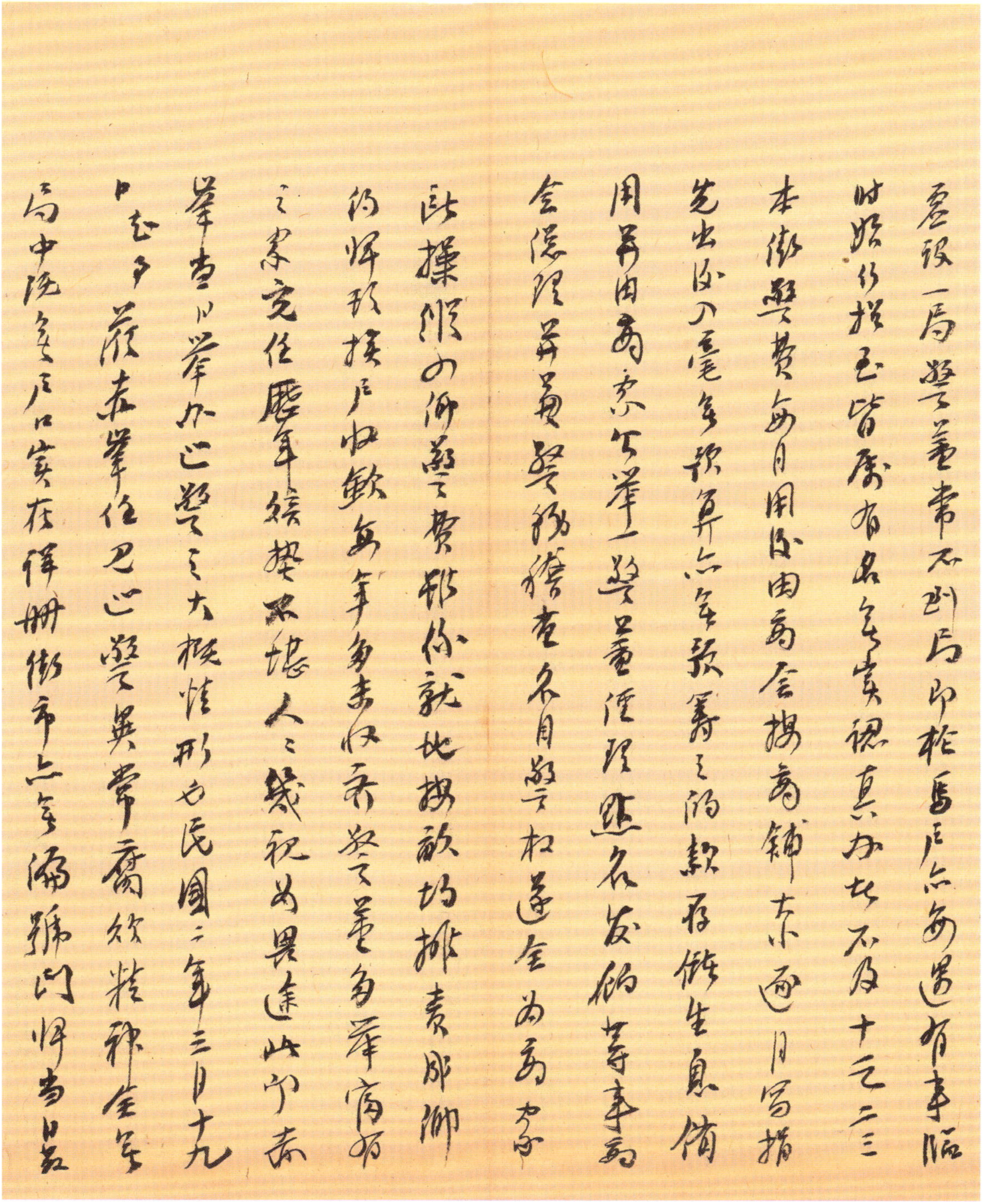

○三二 赤峰縣公署爲呈覆警政辦理情形事致熱河行政公署呈稿（1914 年 3 月 11 日）

練之警士已去錯屋巡警半有一半不識此關樓內設
有坐柜 起戶 至令撤去而巡警往往離開遠行甚有坐臥
於左右鋪家之內者此皆成習慣為通常門政者有之人
亦全不適向巡警班頭有八十名數而掛名領薪者約十
餘人其實與巡警差者不過六十餘人每區班止七個
晝圍巡覺不彀分配夜間查且日處設者查橫行幾於
晝夜無備 起戶 吾三某 起戶 每為令一日兩為籌的以歡壞支絀
為詞因將 起戶 原中衛隊全行裁撤其衛隊月餉亦仍為
家担任遴選撥歸於衙署此項偏巡警所以其款移作增
添巡警之費將掛名領薪者全數除名將所充巡警
增添至一百四十名之多分配三區每區增派至十二個九
曾民等悉按為衛署監卡均增個任晝夜一律上關站

皆夫住六
不夠副
張六子

○三二　赤峰縣公署爲呈覆警政辦理情形事致熱河行政公署呈稿（1914年3月11日）

飭警務長繼克衡總其成練習巡警始覺稍就範圍
自去年三月起至今共查獲竊犯廿餘起烟犯廿餘起
賭犯十餘起至于各四鄉警區巡長等係紳董舉用勢力
互相保衛於自己身家性命外何有是非輕弱之
分警區更迭來往更換數月之間得義役逐廿餘名
非係成績堪言然亦未能稍加整頓之效果也赤峰
爲商務繁盛之區馬隊八十名分作第一隊第二隊
每月薪餉亦係由商家擔任其馬隊亦未經時訓練至乃
本知事作馬巡勤加訓練爲檢巡各鄉之用去年正月間
商會詳商適值接西軍務大隊失時遺誤馬隊赴鄉
派車護送來往收員晝夜無時得息因亦未能爲
認真行自來

○三二　赤峰縣公署爲呈覆警政辦理情形事致熱河行政公署呈稿（1914年3月11日）

令改編團練，團練係支分局長均急欲先收本街巡警及
義勝營改編，力主先办鄉團，并反覆開導習巡警義
勝營月餉皆係商家担任，其他人民并未捐納分文，若派
改團練，範圍太廣，第一商家不允担任經費，欵從何
出，經該支分局長與商會之間量商，會亦竭力反对本街
先改團練之議，始罷。本年先從本街改編，當於西軍
防守之時，赤峰街市秩序之未至紊亂者，均賴本
處巡警及義勝營馬隊之力，前次匪連結赤峰數十起，實
屬往來均係責成巡警，幸無料理，始終未聞有衝突
之事。及支分局收回鄉巡警改編團練，舊日雜巡警之
人，匪害退赴各團練之人，有據土匪乘機窃發，地方扰
亂，職於一月有餘始能平靜。本年十一月接奉停办團

○三二 赤峰縣公署爲呈覆警政辦理情形事致熱河行政公署呈稿（1914 年 3 月 11 日）

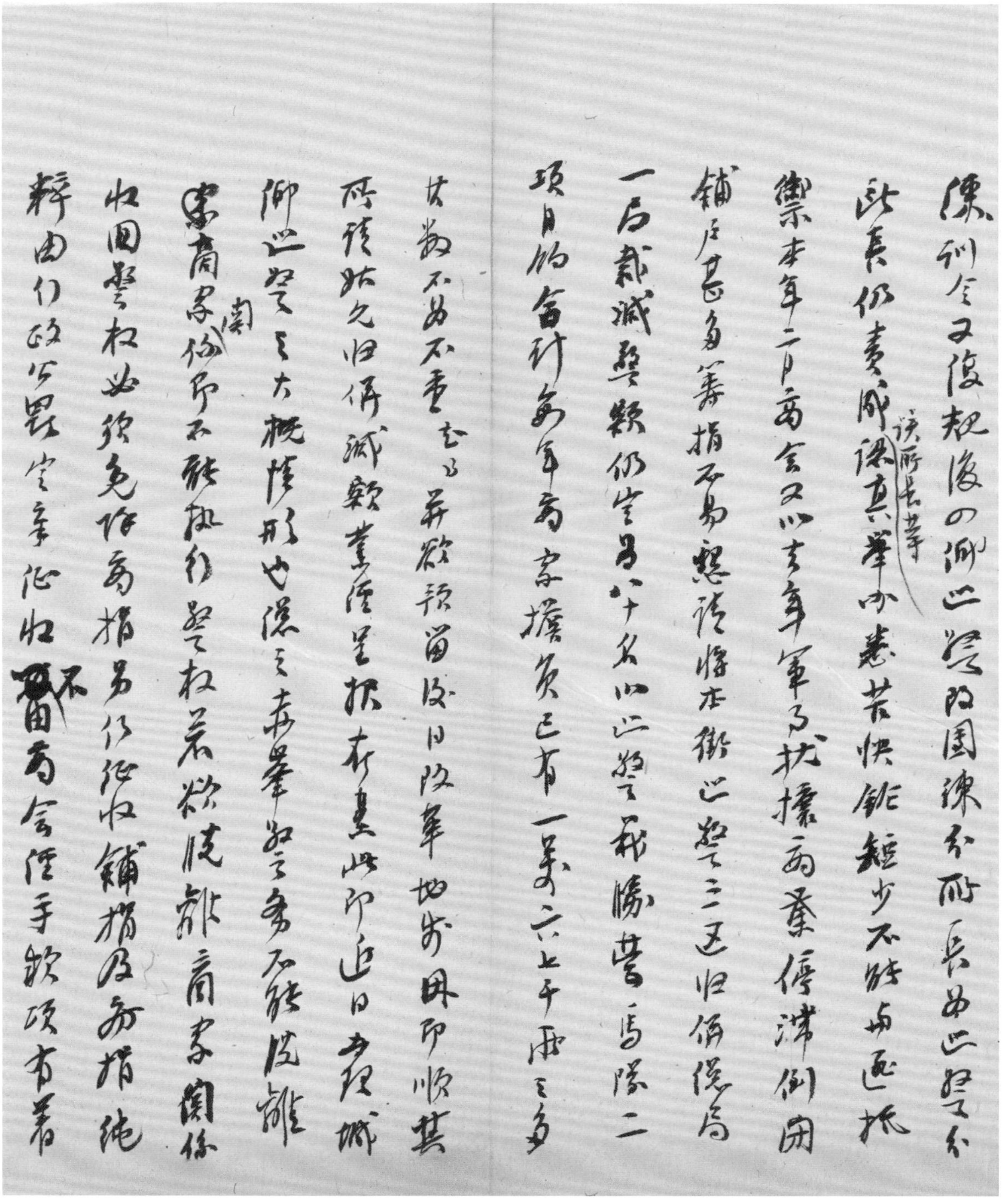

○三二 赤峰縣公署爲呈覆警政辦理情形事致熱河行政公署呈稿（1914年3月11日）

然後方能稽查無多擾乃無於即地方一切事宜亦
為整理然其中有不能驟亦不能即辦之原因有二所
謂不能驟辦者赤峰警費每月由商會捐納先出
後乃多用則商多捐少用則商少捐合計全年
一商共有捐錢四千餘吊若照市價合官銀一千餘
兩捐二千餘吊比亦合銀五六百兩捐一千餘吊比
亦復不少若照行鋪捐數雖仍令商家捐此無定之
銀數必須將全街商家分於上中下三等詳查明確
通盤合算酌定捐數計上等商鋪有若干家每家
每月須納鋪捐錢若干中等商鋪有若干家每家每
月應納鋪捐錢若干下等商鋪有若干家每家每
月應納鋪捐錢若干合計上中下三等鋪捐共六能收

〇三二 赤峰縣公署爲呈覆警政辦理情形事致熱河行政公署呈稿（1914 年 3 月 11 日）

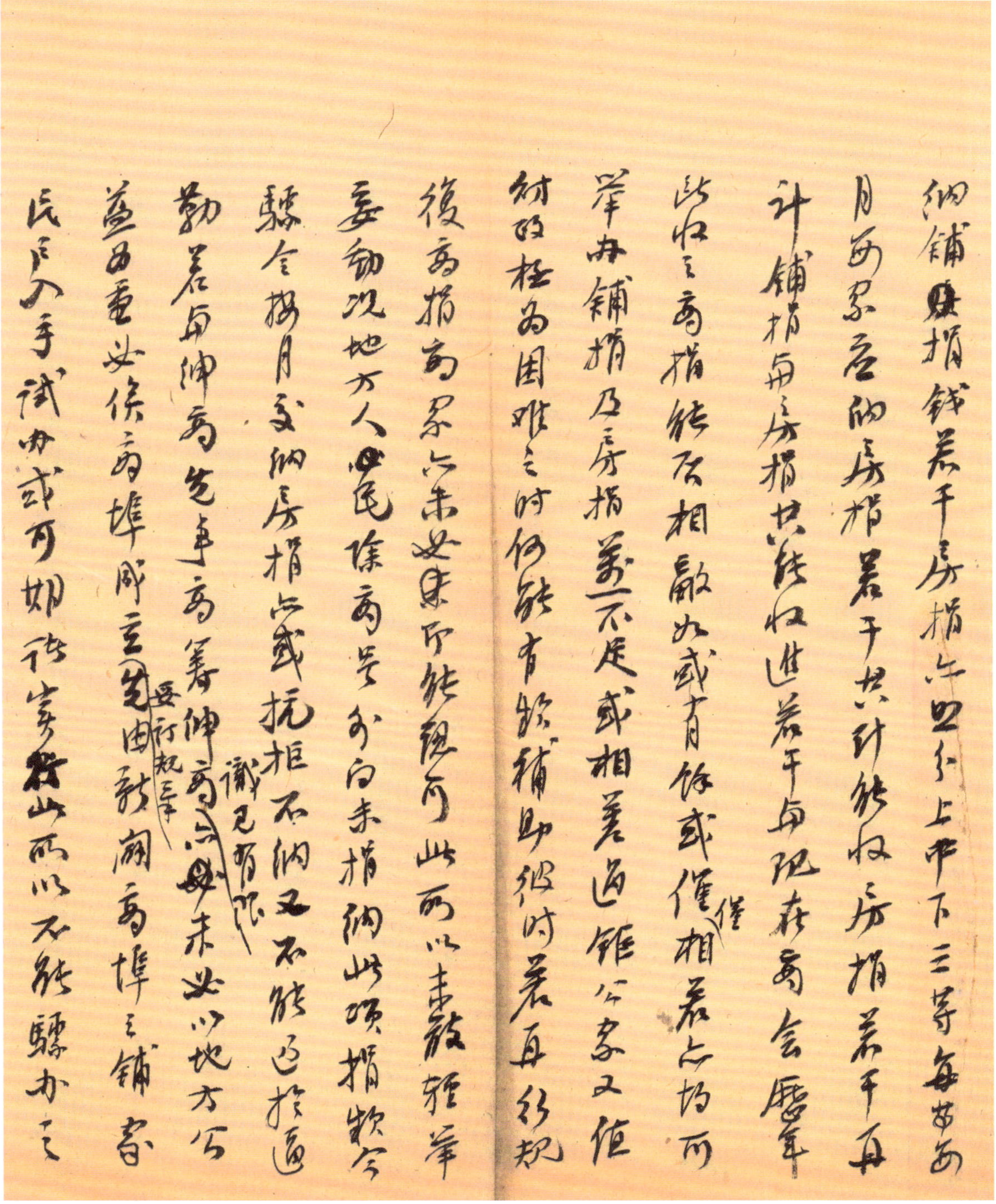

細鋪每捐錢若干分捐亦照上中下三等每戶每
月每家應納分捐若干共計能收分捐若干再
計鋪捐與分捐共能收進若干與現在商會歷年
所收之商捐能否相敷如或有餘或僅相若亦均所
舉辦鋪捐及分捐萬一不足或相差過鉅公家又值
財政極為困難之時何能有款補助彼時若再行規
復商捐商家亦未必樂從能復行此所以未敢輕舉
妄動況地方人民除商號外向未捐納此項捐款今
驟令按月交納分捐亦或抗拒不納又不能過於逼
勒若與紳商先事籌備紳商識見有限亦未必以地方公
益為重必俟商埠成立先妥訂規章由新闢商埠之鋪家
民之入手試辦或可期收實效此所以不能驟辦之

〇三二　赤峰縣公署爲呈覆警政辦理情形事致熱河行政公署呈稿（1914年3月11日）

原因也所謂不敢即辦於赤峯警費向系的欸他由
商界用攤派鋪捐房捐等等論商民有意
反對一經宣佈勢必停止商捐影響所及縣警
馬隊之月餉立即無欸交付若猶有風潮向
來之捐欸任不可得抑收之捐欸又無著落不惟
無益反貽壞已成之局此所以不敢即辦之原因也
雖然事不慮其艱難只要銳意進行從緩善圖
終有完成結果之日現時所最急者即在調查本
街商等之等差及戶口之大小尤要者亦即整頓
商埠以後詳訂收捐之級章整頓埠政能可行
舊章也然漸次得人心中之所期量赤峯
必可永無起色欲收回警權在即在此也是否有當

○三二 赤峰縣公署爲呈覆警政辦理情形事致熱河行政公署呈稿（1914年3月11日）

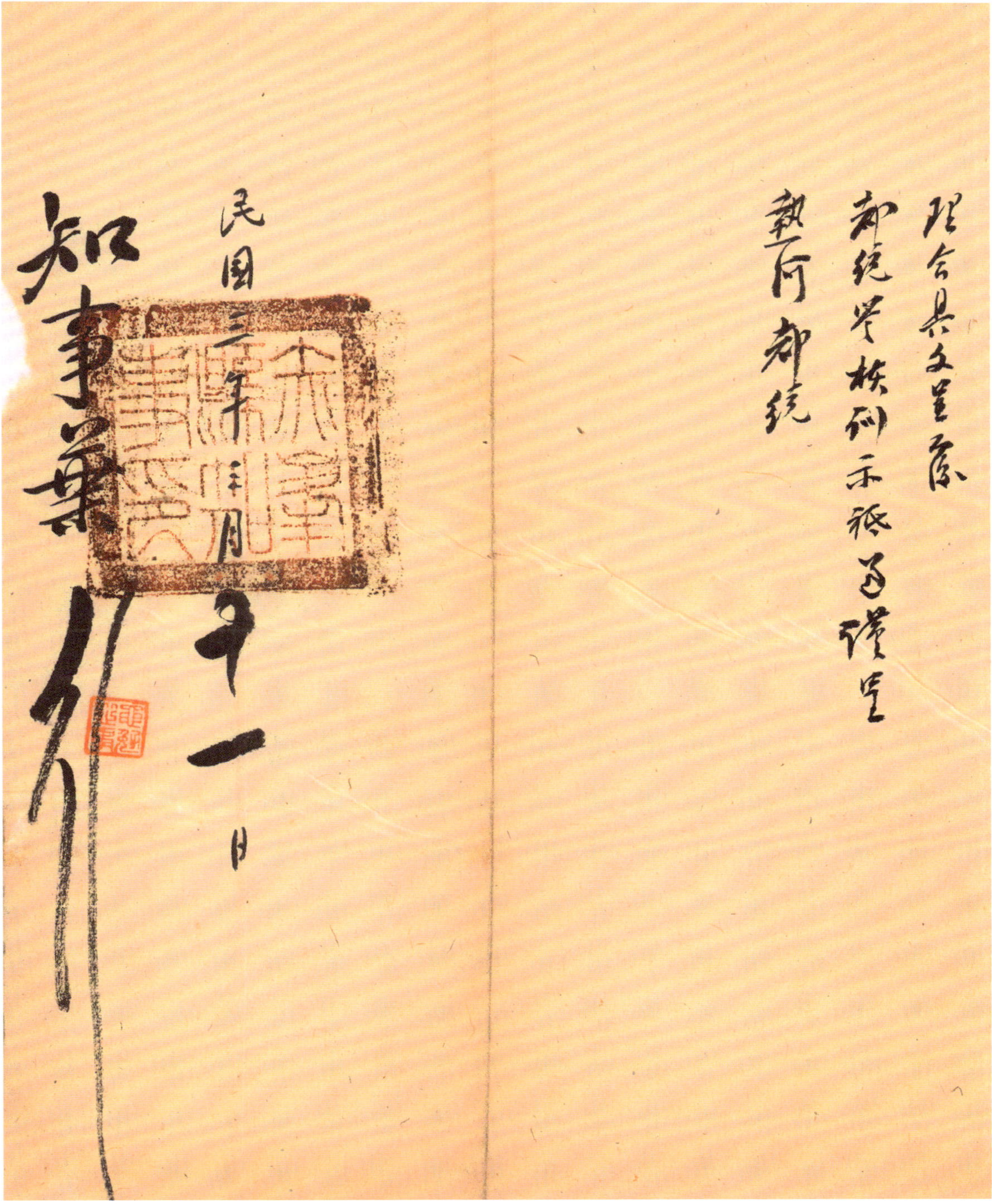
理合具文呈覆

都統鑒核飭示祗遵謹呈

熱河都統

民國三年三月十一日

知事葉

○三三 熱河行政公署爲斟酌地方現情籌畫整頓警政辦法事致赤峰縣公署指令（1914 年 3 月 28 日）

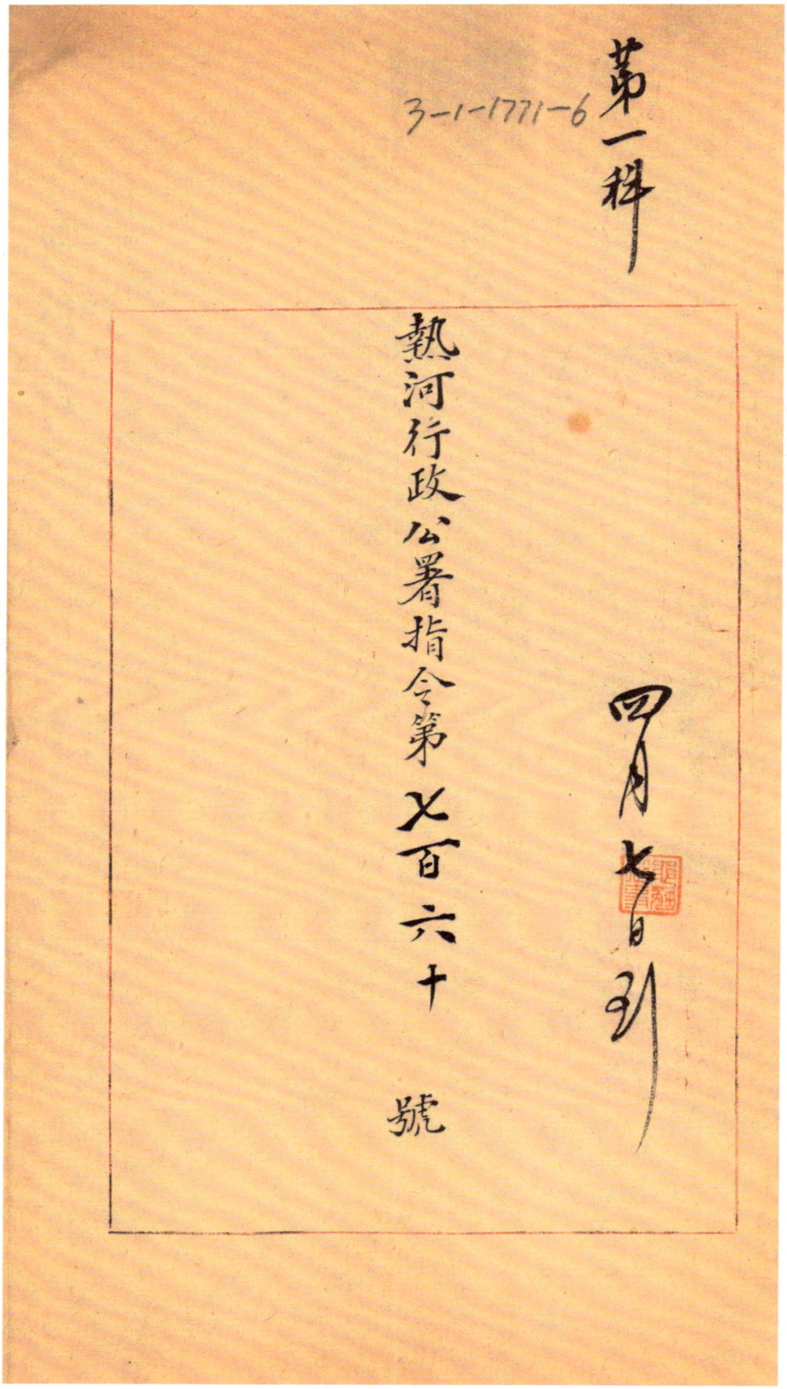
第一科

3-1-1771-6

四月七日到

熱河行政公署指令第七百六十號

○三三 熱河行政公署爲斟酌地方現情籌畫整頓警政辦法事致赤峰縣公署指令（1914 年 3 月 28 日）

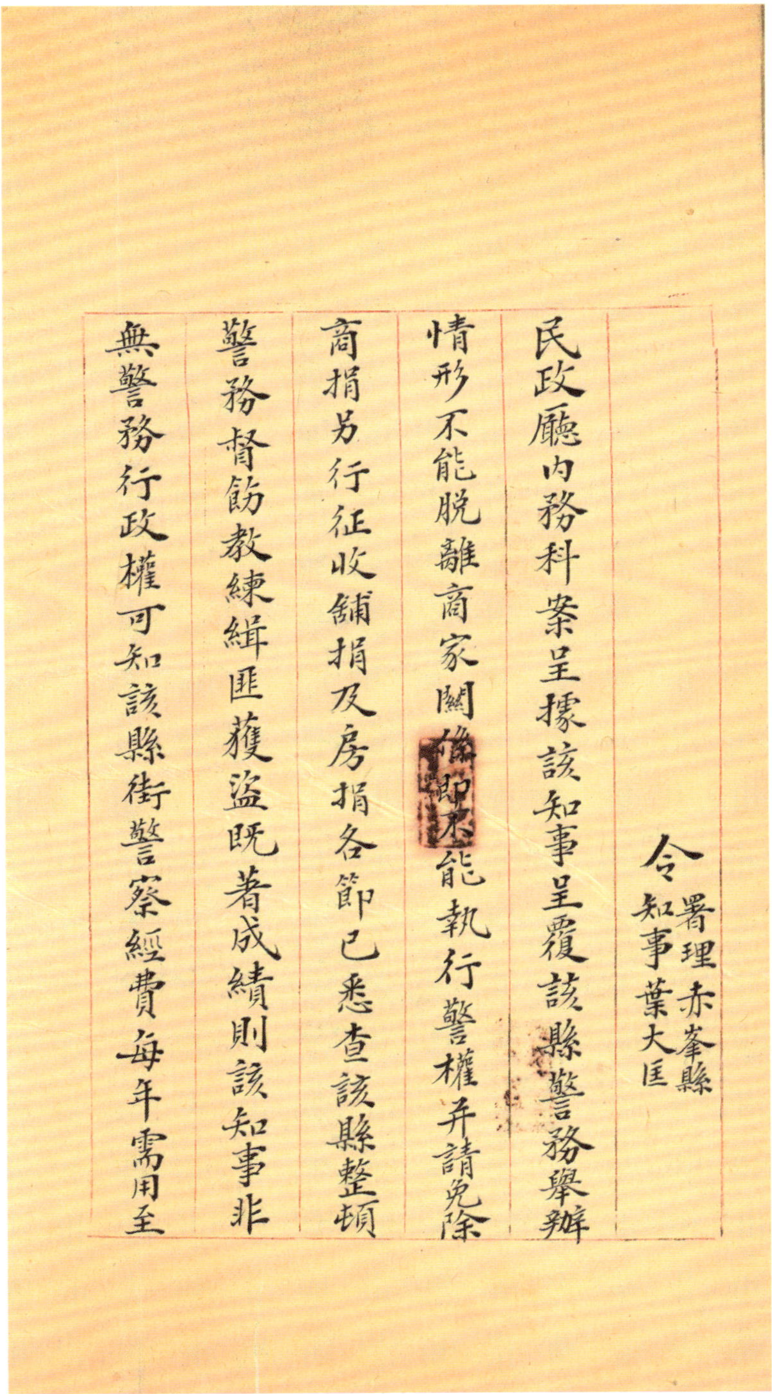

令署理赤峯縣知事葉大匡

民政廳內務科案呈據該知事呈覆該縣警務舉辦情形不能脫離商家關係即不能執行警權幷請免除商捐另行征收鋪捐及房捐各節已悉查該縣整頓警務督飭教練緝匪獲盜既著成績則該知事非無警務行政權可知該縣街警察經費每年需用至

○三三　熱河行政公署爲斟酌地方現情籌畫整頓警政辦法事致赤峰縣公署指令（1914年3月28日）

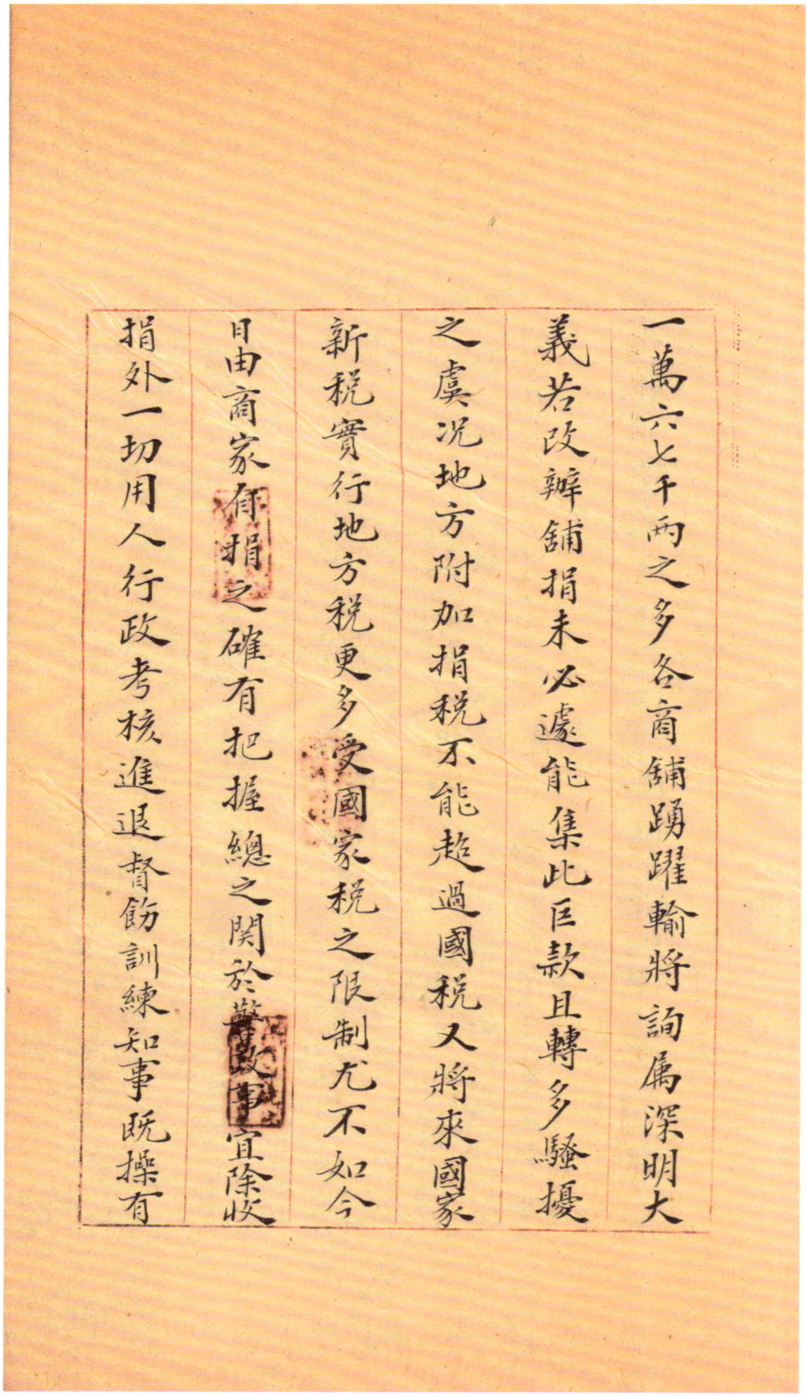
一萬六七千兩之多各商舖踴躍輸將詢屬深明大
義若改辦舖捐未必遽能集此巨款且轉多騷擾
之虞況地方附加捐稅不能超過國稅又將來國家
新稅實行地方稅更多受國家稅之限制尤不如今
日由商家所捐之確有把握總之關於警政事宜除收
捐外一切用人行政考核進退督飭訓練知事既操有

○三三 熱河行政公署爲斟酌地方現情籌畫整頓警政辦法事致赤峰縣公署指令（1914年3月28日）

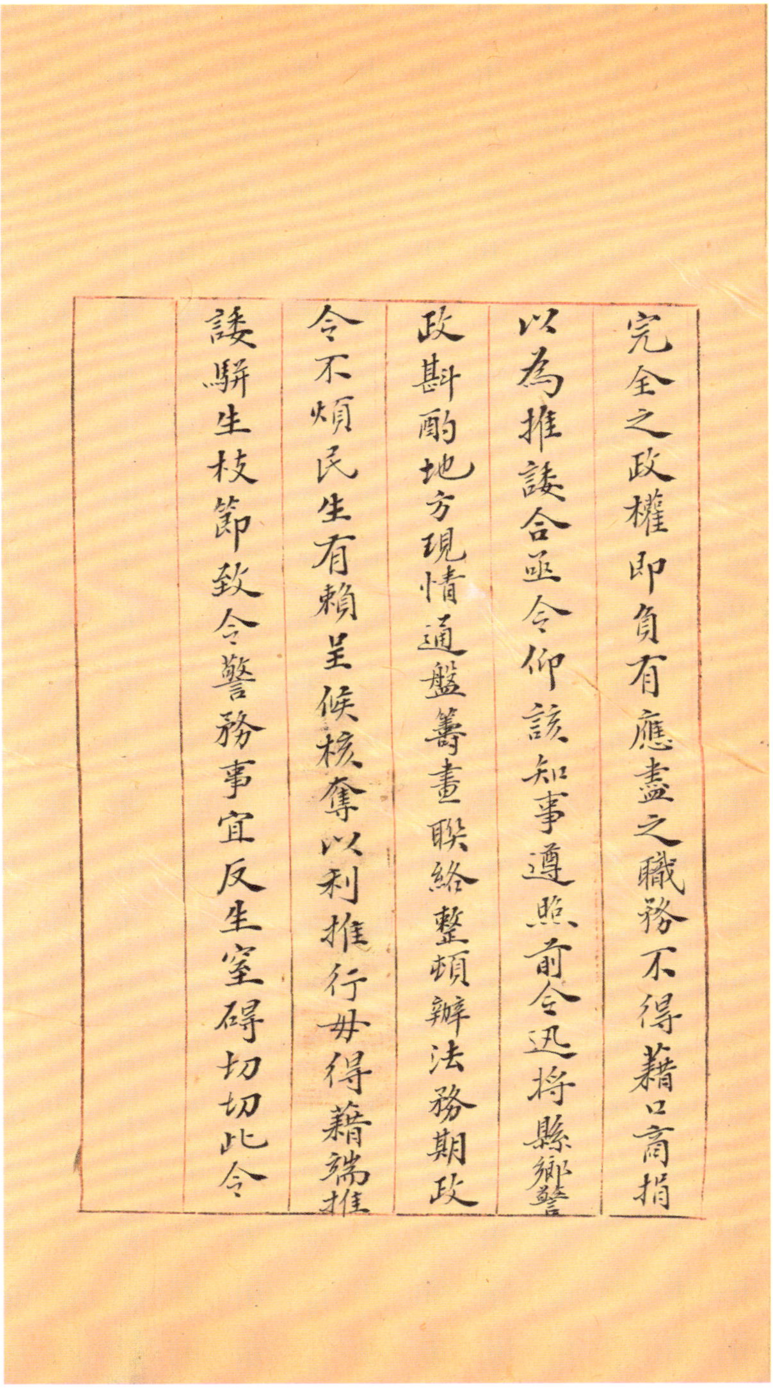

完全之政權即負有應盡之職務不得藉口商捐
以為推諉合亟令仰該知事遵照前令迅將縣鄉警
政斟酌地方現情通盤籌畫聯絡整頓辦法務期政
令不煩民生有賴呈候核奪以利推行毋得藉端推
諉駢生枝節致令警務事宜反生窒碍切切此令

○三三 熱河行政公署爲斟酌地方現情籌畫整頓警政辦法事致赤峰縣公署指令（1914年3月28日）

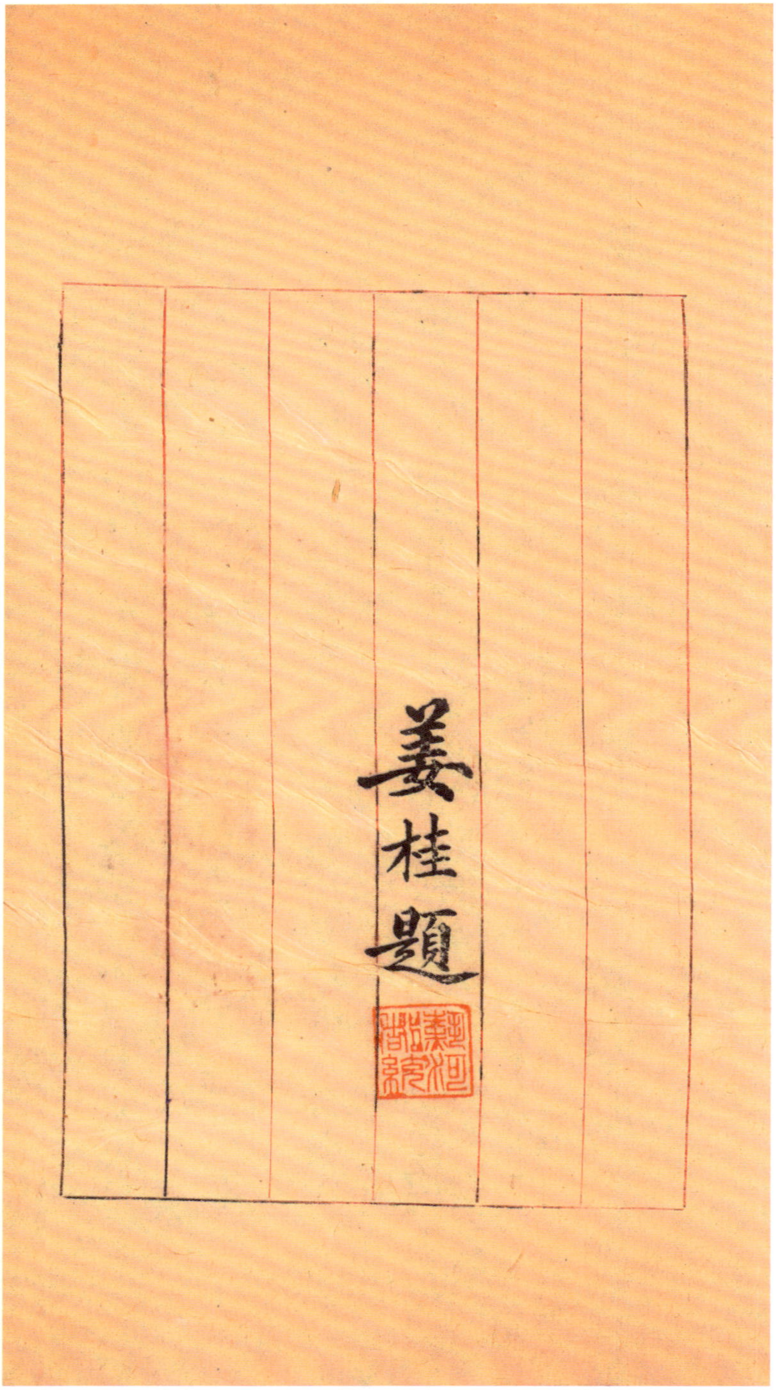

姜桂題

○三三 熱河行政公署爲斟酌地方現情籌畫整頓警政辦法事致赤峰縣公署指令（1914 年 3 月 28 日）

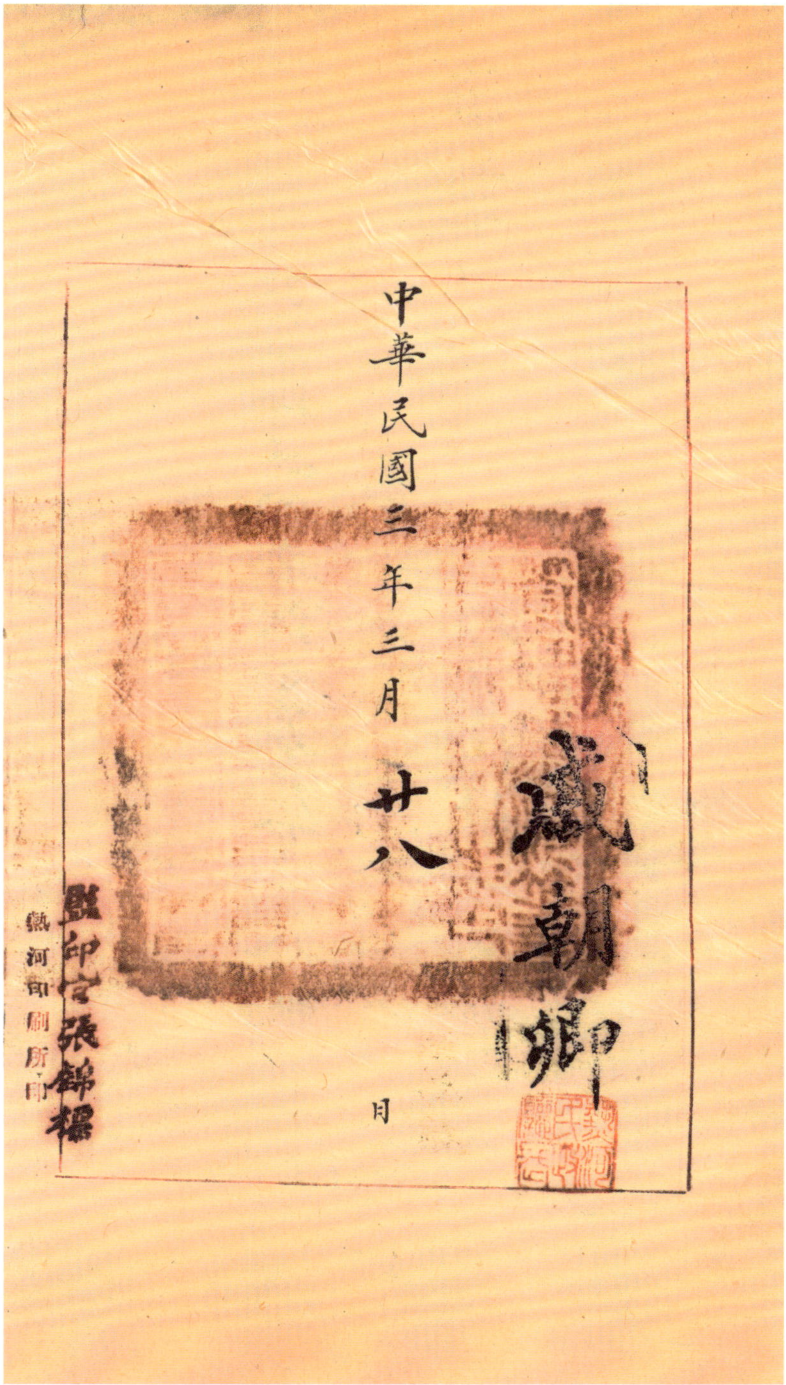
中華民國三年三月廿八日

盛朝卿

監印官張錦標

熱河印刷所印

○三四 熱河行政公署爲剋期遵章辦理清鄉事致赤峰縣公署訓令（1914年4月15日）

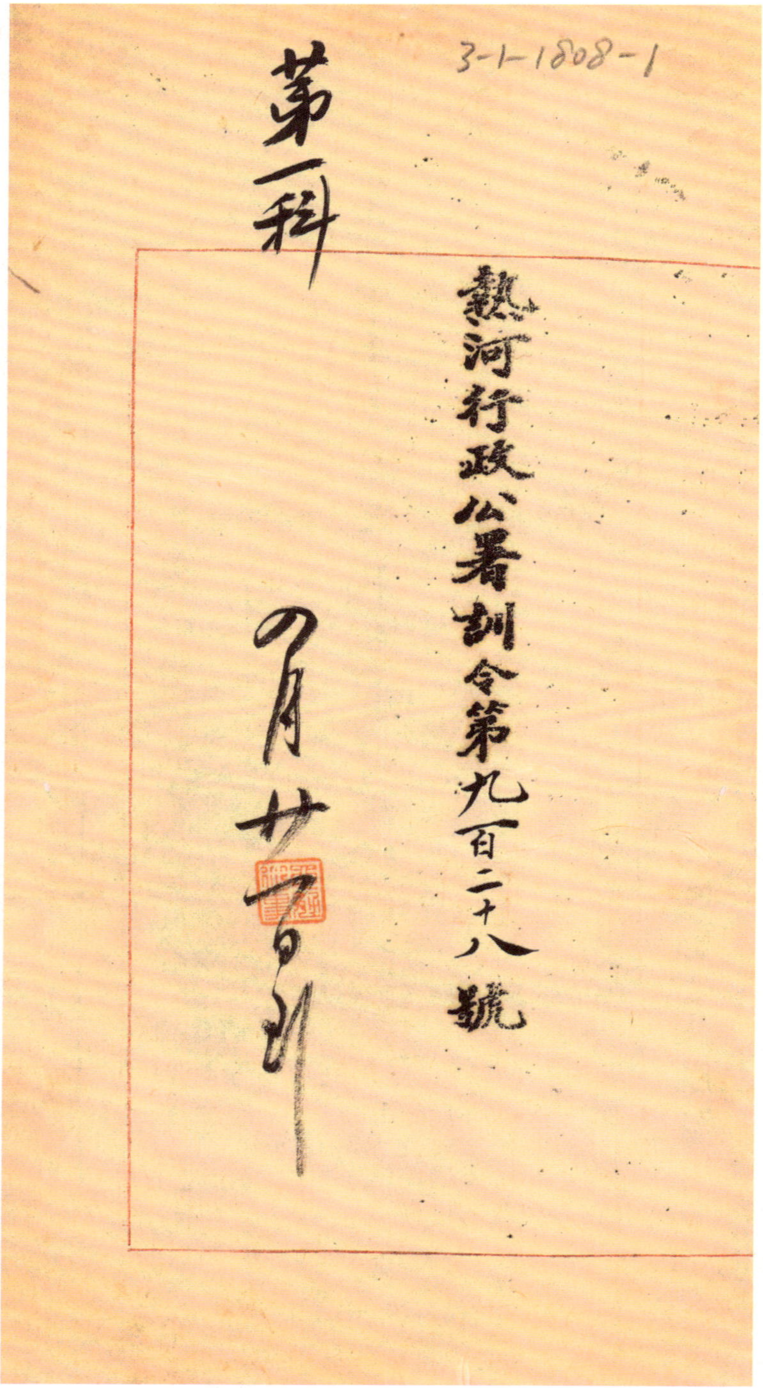
3-1-1808-1

熱河行政公署訓令第九百二十八號

第一科

四月廿日到

〇三四　熱河行政公署爲剋期遵章辦理清鄉事致赤峰縣公署訓令（1914年4月15日）

令

署理赤峰縣
知事葉大匡

爲令知事案查熱河各屬地方遼濶值此兵燹之後盜賊繁興不有以清其源將害馬不去良善何能得安本都統擬就清鄉簡章仍寓昔人保甲之法清查戶口挐辦盜寓務使外匪無所托足內匪不敢竊發至

○三四 熱河行政公署爲剋期遵章辦理清鄉事致赤峰縣公署訓令（1914 年 4 月 15 日）

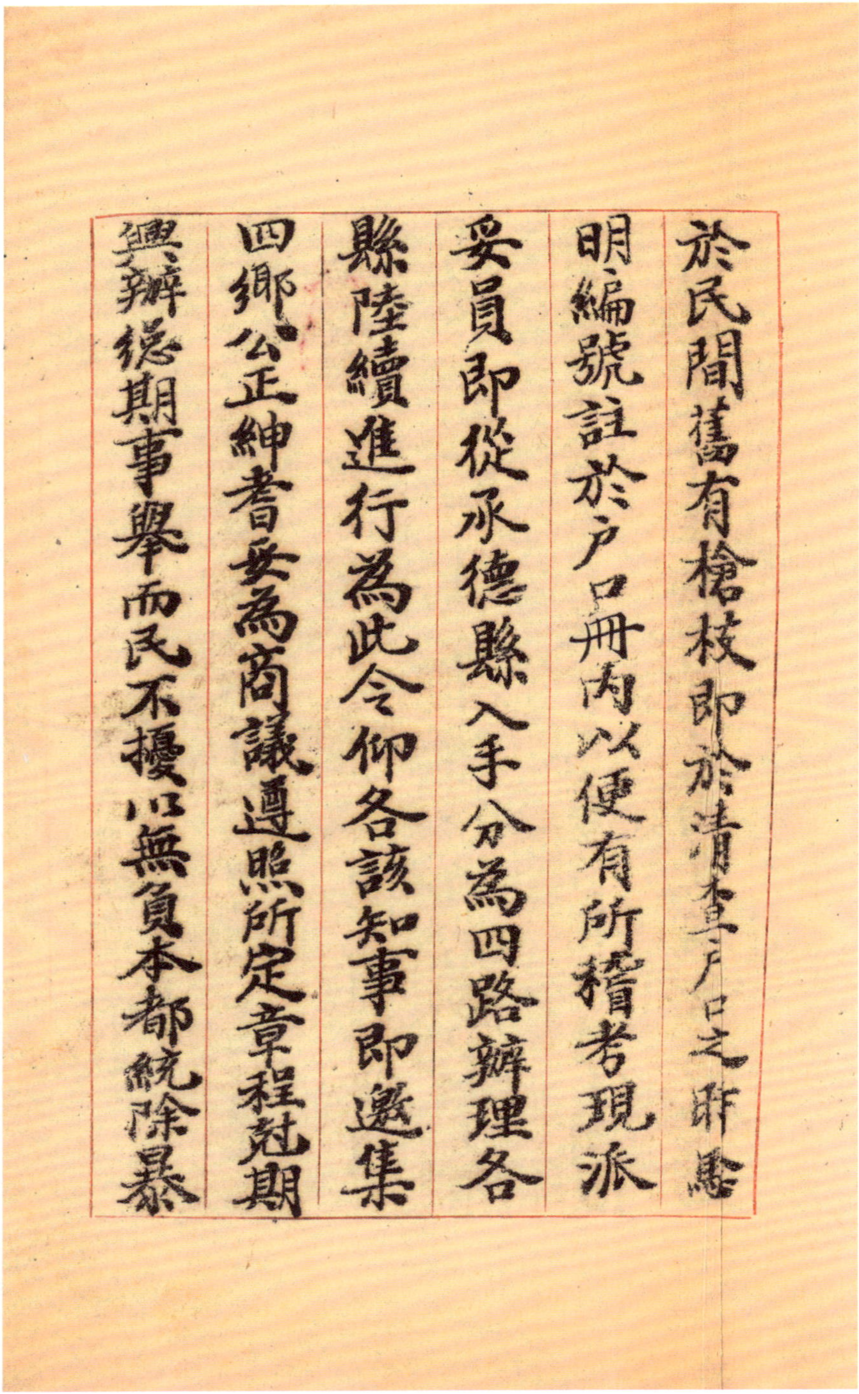
於民間舊有槍枝即於清查户口之時懸
明編號註於户口册内以便有所稽考現派
委員即從承德縣入手分為四路辦理各
縣陸續進行為此令仰各該知事即邀集
四鄉公正紳耆妥為商議遵照所定章程剋期
興辦總期事舉而民不擾以無負本都統除暴

○三四 熱河行政公署爲剋期遵章辦理清鄉事致赤峰縣公署訓令（1914年4月15日）

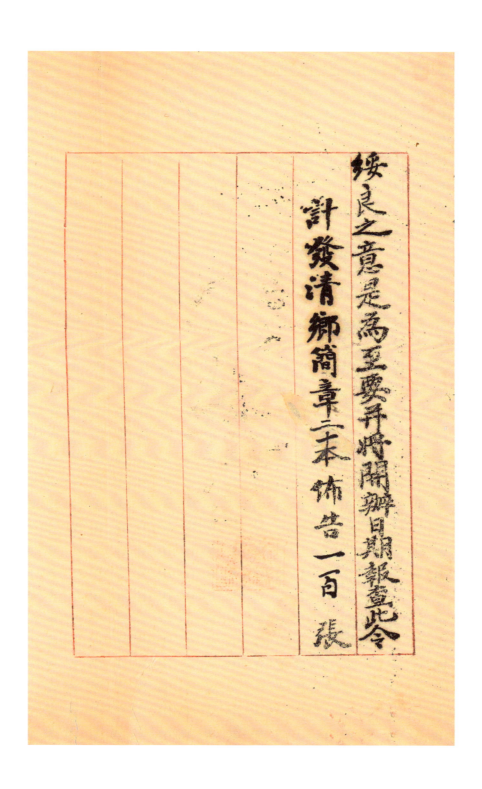

綏良之意是為至要并將開辦日期報查此令

計發清鄉簡章二十本佈告一百張

○三四 熱河行政公署爲剋期遵章辦理清鄉事致赤峰縣公署訓令（1914年4月15日）

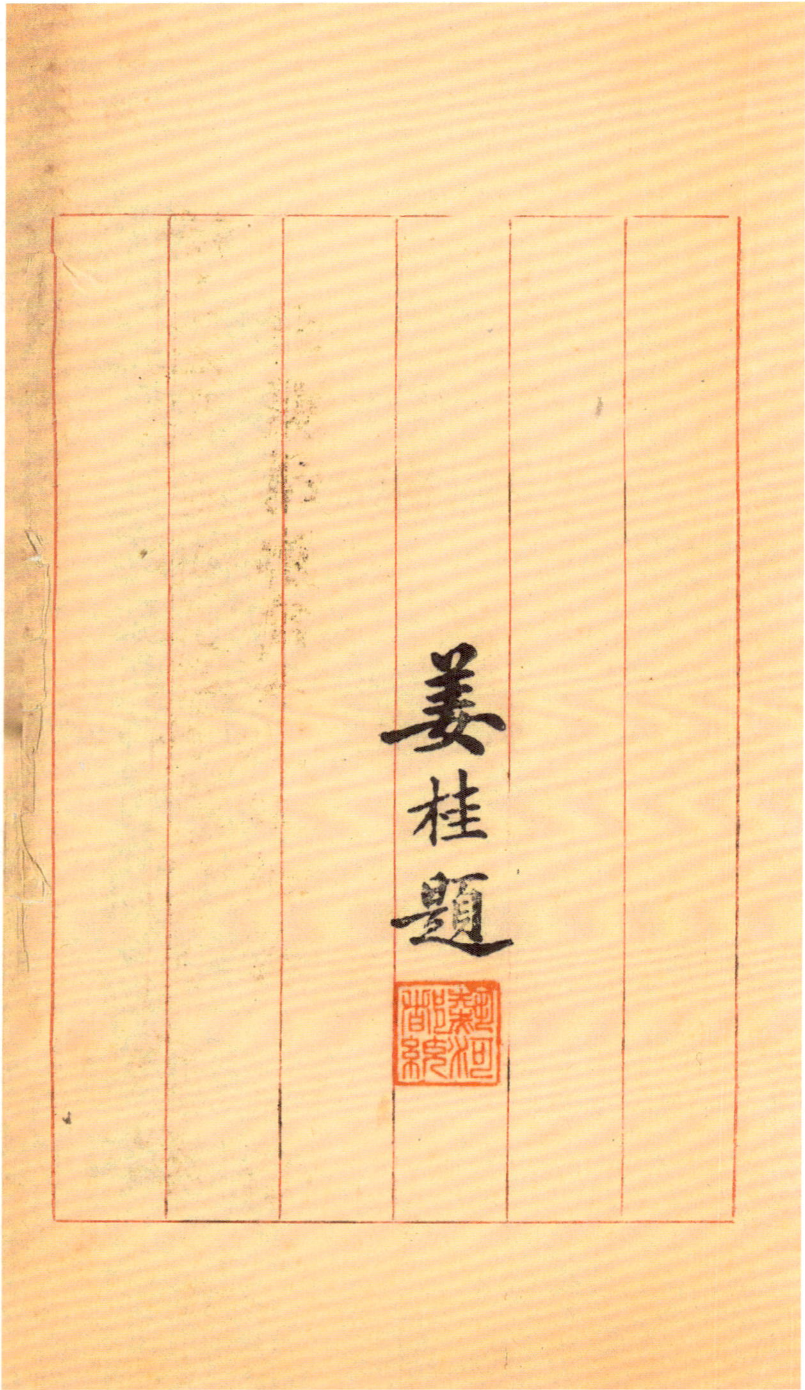

姜桂題

〇三四 熱河行政公署爲剋期遵章辦理清鄉事致赤峰縣公署訓令（1914 年 4 月 15 日）

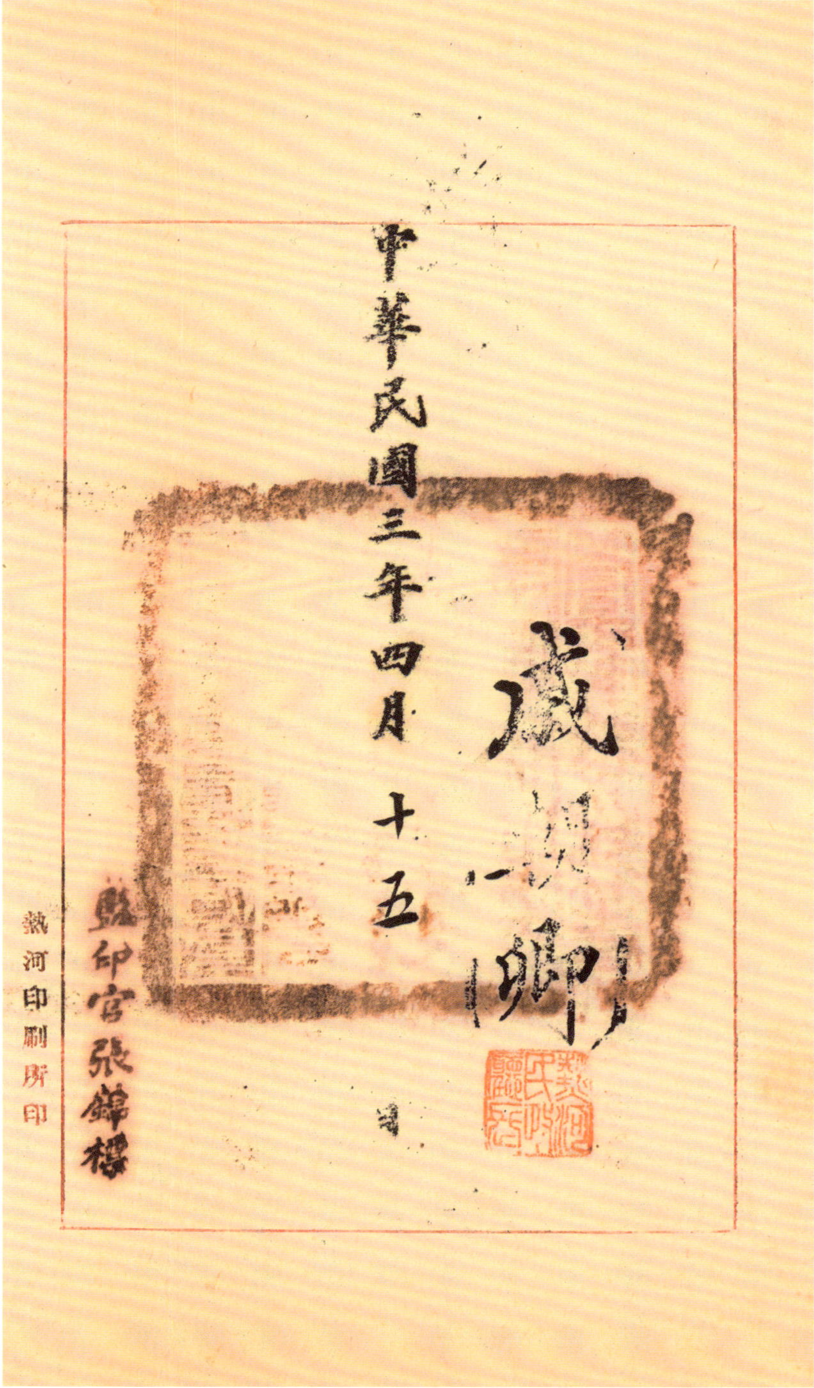
中華民國三年四月十五日

監印官張錦標

熱河印刷所印

○三五 赤峰縣公署爲呈報清鄉總分各局開辦情形暨辦事細則事致熱河行政公署呈稿（1914年5月23日）

3-1-1808-3

為呈報事本年四月二十日奉到
鈞署訓令第九百二十八號令開清查戶口舉辦盜窩令邀集四鄉公正
紳耆妥為遵照所定章程剋期興辦等因奉此知事遵飭召集四鄉紳耆
鄉牌巡董縣街巡警總局商務分會旋於五月初一日四鄉紳耆巡董鄉
牌齊集巡警總局知事蒞會與之公同討論清鄉辦法并舉定清鄉
委員當即遵照清鄉簡章次第議決擬議細則數條於本月十五日
闔境清鄉總分各局一律成立清鄉委員已由本縣發給委任狀以專
責成除飭認真編查戶口驗註槍枝并將細則錄札繕呈外所有本縣
清鄉總分局成立日期及擬呈細則各緣由理合呈報再清鄉一項經費
可否由自治會所收爐炮烟捲兩項捐款項下支銷之處一併呈請
鑒核批示祇遵謹呈
熱河都統

○三五 赤峰縣公署爲呈報清鄉總分各局開辦情形暨辦事細則事致熱河行政公署呈稿（1914年5月23日）

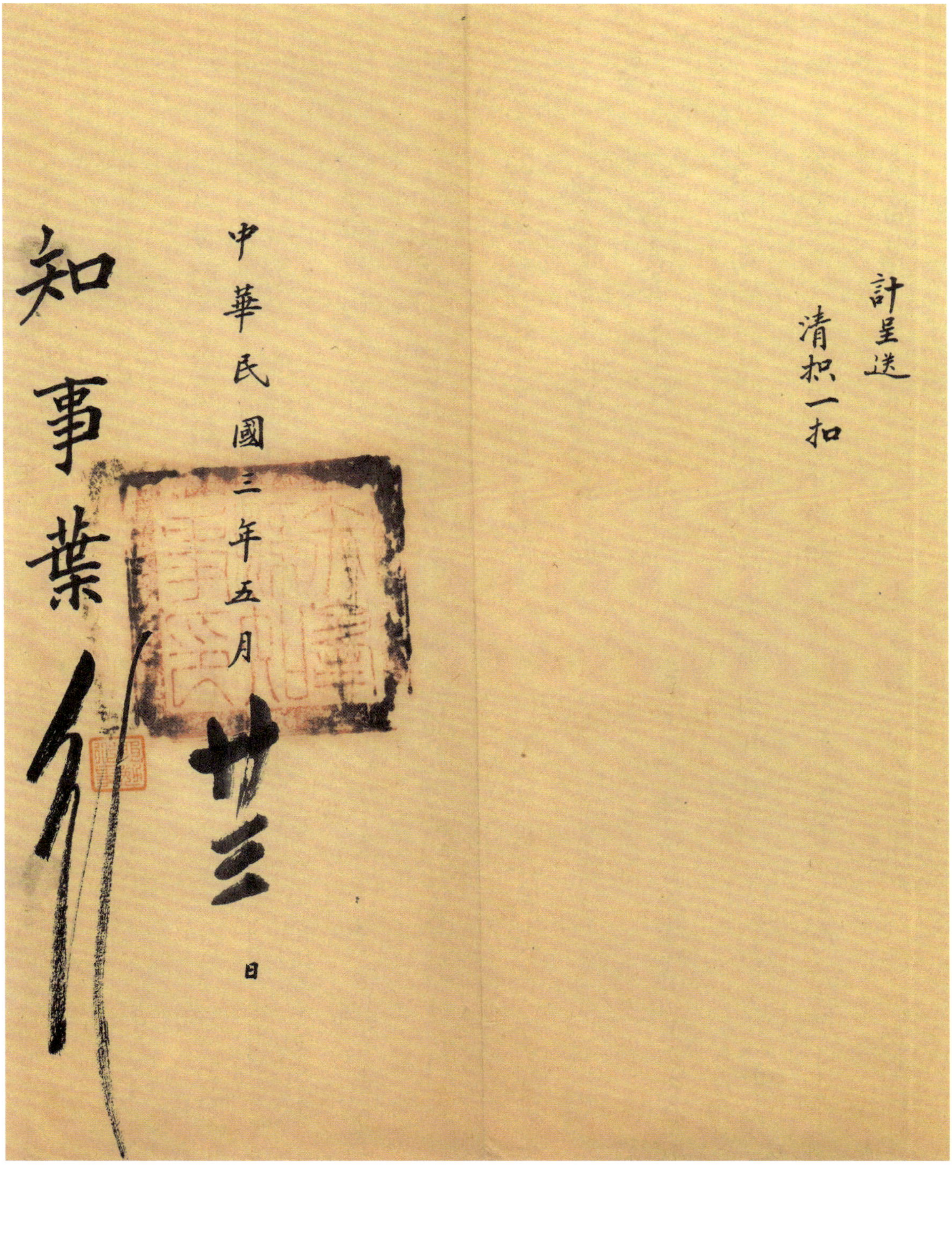
計呈送
清折一扣
中華民國三年五月廿三日
知事葉

○三五　赤峰縣公署爲呈報清鄉總分各局開辦情形暨辦事細則事致熱河行政公署呈稿（1914 年 5 月 23 日）

3-1-1808-2

赤峰縣清鄉總分各局辦事細則

一赤峰縣設立清鄉總局一處四鄉地面遼濶按照巡警區域設立分局十五處辦理清鄉事宜

一赤峰縣清鄉總局設在縣署各分局附設各區巡警分所内

一總局設局長一員由縣知事担任主管訊辦案件督率各區清鄉委員清理户籍如遇有剿捕賊匪隨時會同防營辦理

一總局設清鄉委員二員即派　　充當承局長命令規畫總分各局一切進行事宜

一總局設清查員一員即派　　充當專任清查縣治附近户口事宜

一各分局各設清鄉委員一員第一分局即派　　充當第二分局即派　　充當第三分局即派　　充當第四分局即派　　充當第五分局即派　　充當第六分局即派　　充當第七

〇三五　赤峰縣公署爲呈報清鄉總分各局開辦情形暨辦事細則事致熱河行政公署呈稿（1914年5月23日）

分局即派

充當第八分局即派　充當第九分局即派

充當第十分局即派　充當第十一分局即派　充當第十

二分局即派　充當第十三分局即派　充當第十四分局即派

充當第十五分局即派　充當隨時稟承局長命令辦理

分局一切事宜

一總局設文牘一員即派科員　兼充會計一員即派科員

兼充承局長命令掌理文牘及收支事宜

一總局繕寫文件即以錄事　兼充

一總局設保衛兵十名即由本地巡警撥充各分局亦由本區鄉巡

撥充

一清鄉人員除錄事巡警原有薪餉外均係義務不支薪水如紙

張筆墨燈油柴炭以及一切零費或僱用臨時書記擬由

〇三五　赤峰縣公署爲呈報清鄉總分各局開辦情形暨辦事細則事致熱河行政公署呈稿（1914年5月23日）

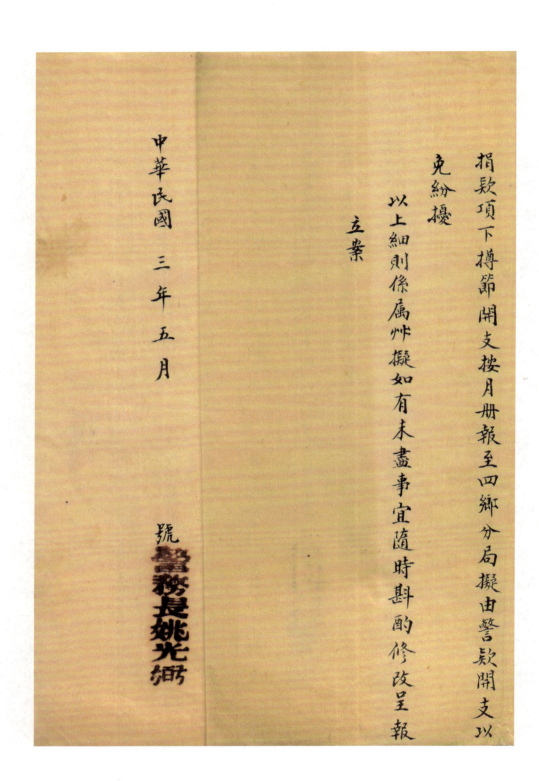

捐款項下撙節開支按月册報至四鄉分局擬由警款開支以
免紛擾

以上細則係屬艸擬如有未盡事宜隨時斟酌修改呈報
立案

中華民國　三　年　五　月　　號

警務長姚光緝

〇三六 熱河行政公署爲照准清鄉經費由鞭炮烟捲捐款項下支銷事致赤峰縣公署批（1914年6月）

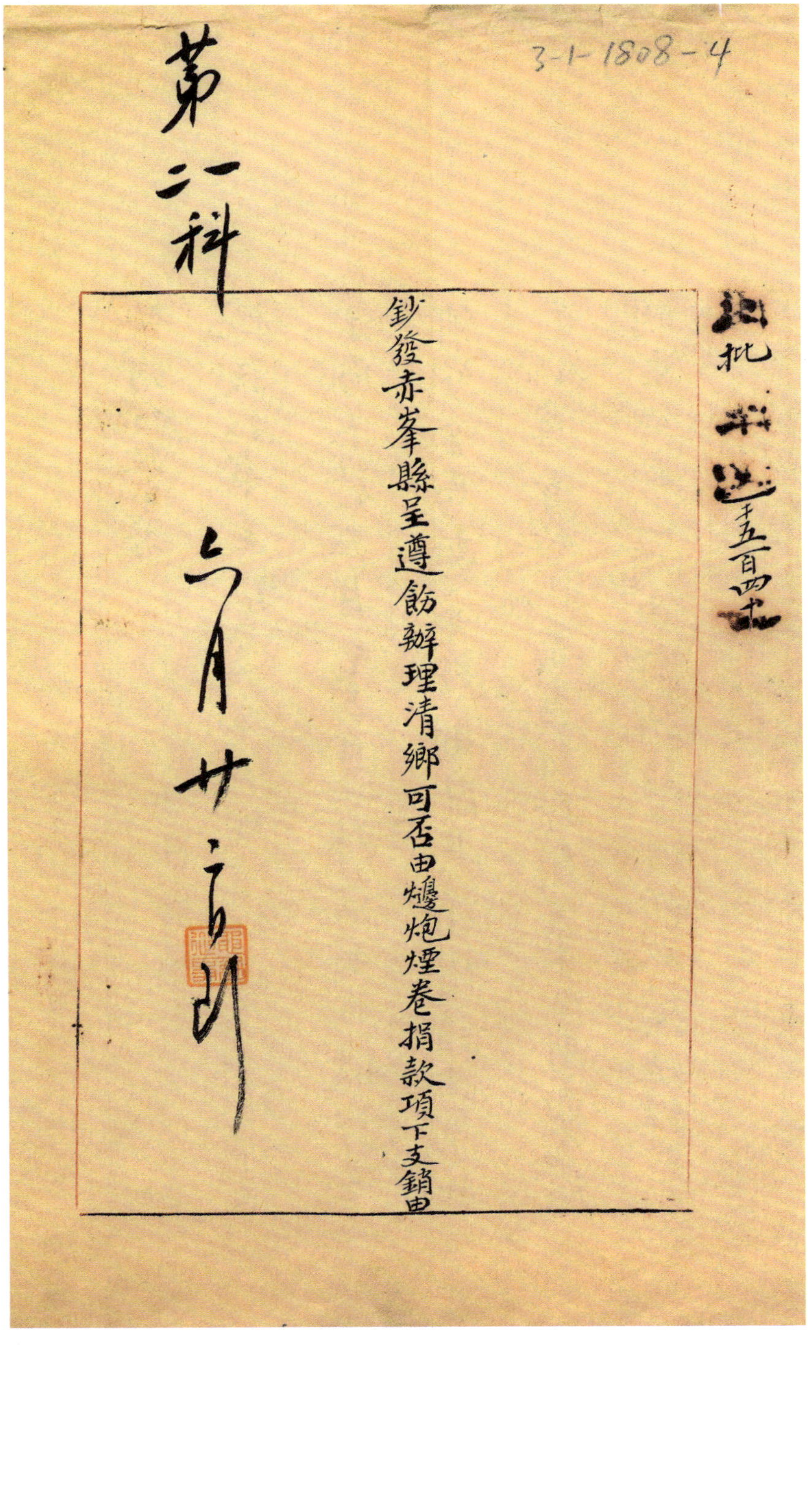
3-1-1808-4

鈞批 第 號 二千五百四十

鈔發赤峯縣呈遵飭辦理清鄉可否由爆炮煙卷捐款項下支銷由

第二科

六月廿六日

〇三六 熱河行政公署爲照准清鄉經費由鞭炮烟捲捐款項下支銷事致赤峰縣公署批（1914年6月）

熱河行政公署　批

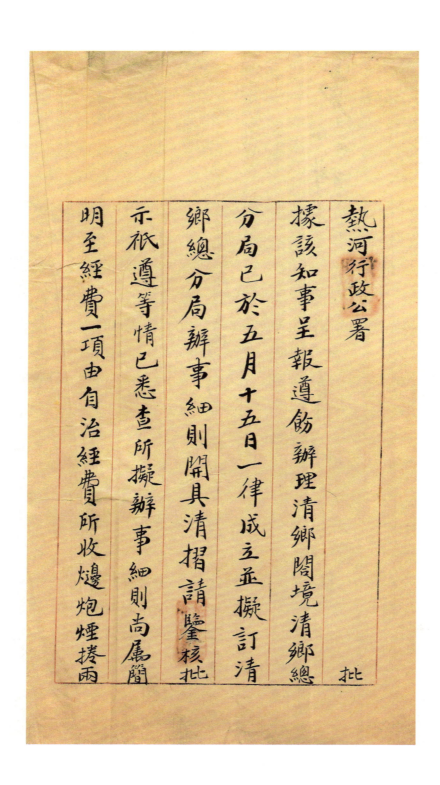

據該知事呈報遵飭辦理清鄉闔境清鄉總分局已於五月十五日一律成立並擬訂清鄉總分局辦事細則開具清摺請鑒核批示祇遵等情已悉查所擬辦事細則尚屬簡明至經費一項由自治經費所收鞭炮煙捲兩

〇三六 熱河行政公署爲照准清鄉經費由鞭炮烟捲捐款項下支銷事致赤峰縣公署批（1914年6月）

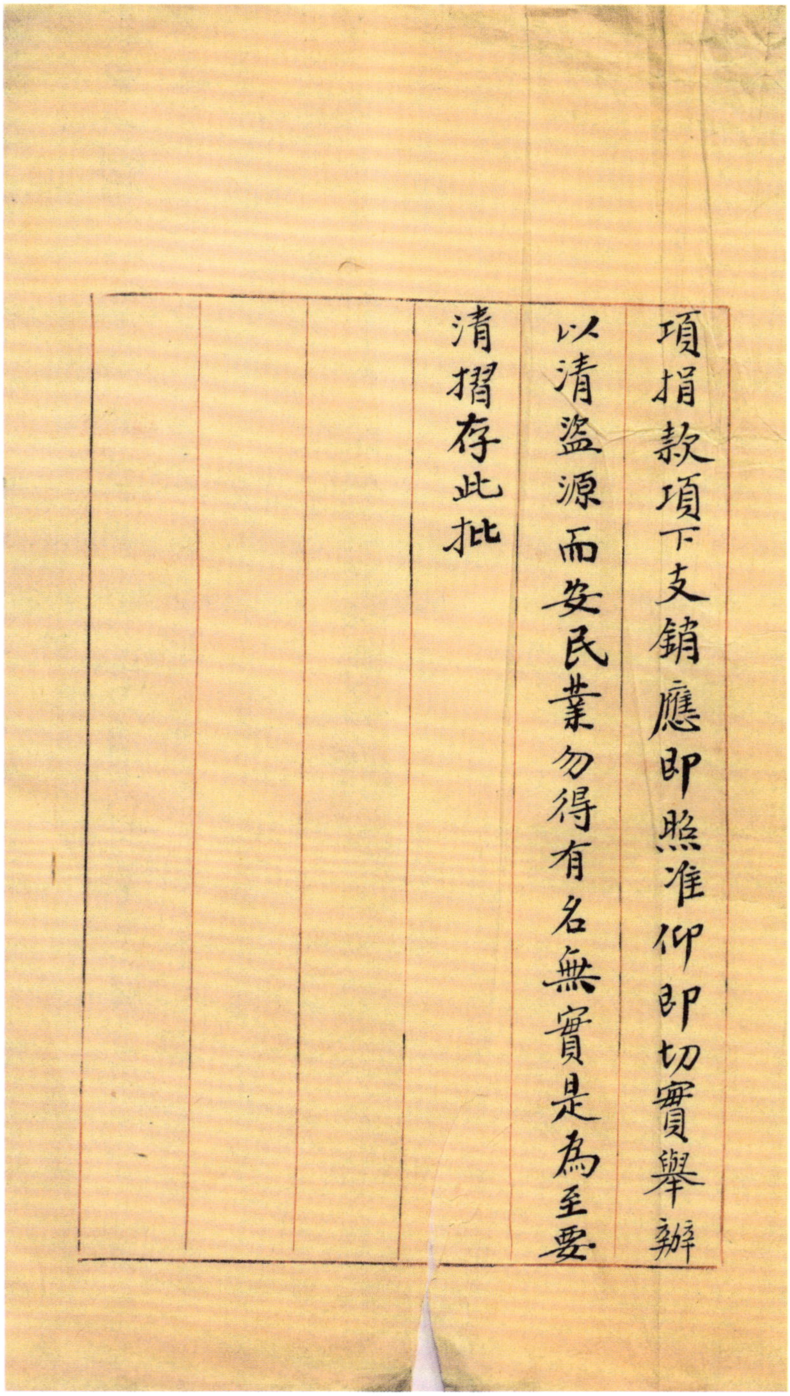
項捐款項下支銷應即照准仰即切實舉辦
以清盜源而安民業勿得有名無實是為至要
清摺存此批

〇三七　赤峰徵收局爲啓用關防事致赤峰縣公署公函（1914 年 4 月 22 日）

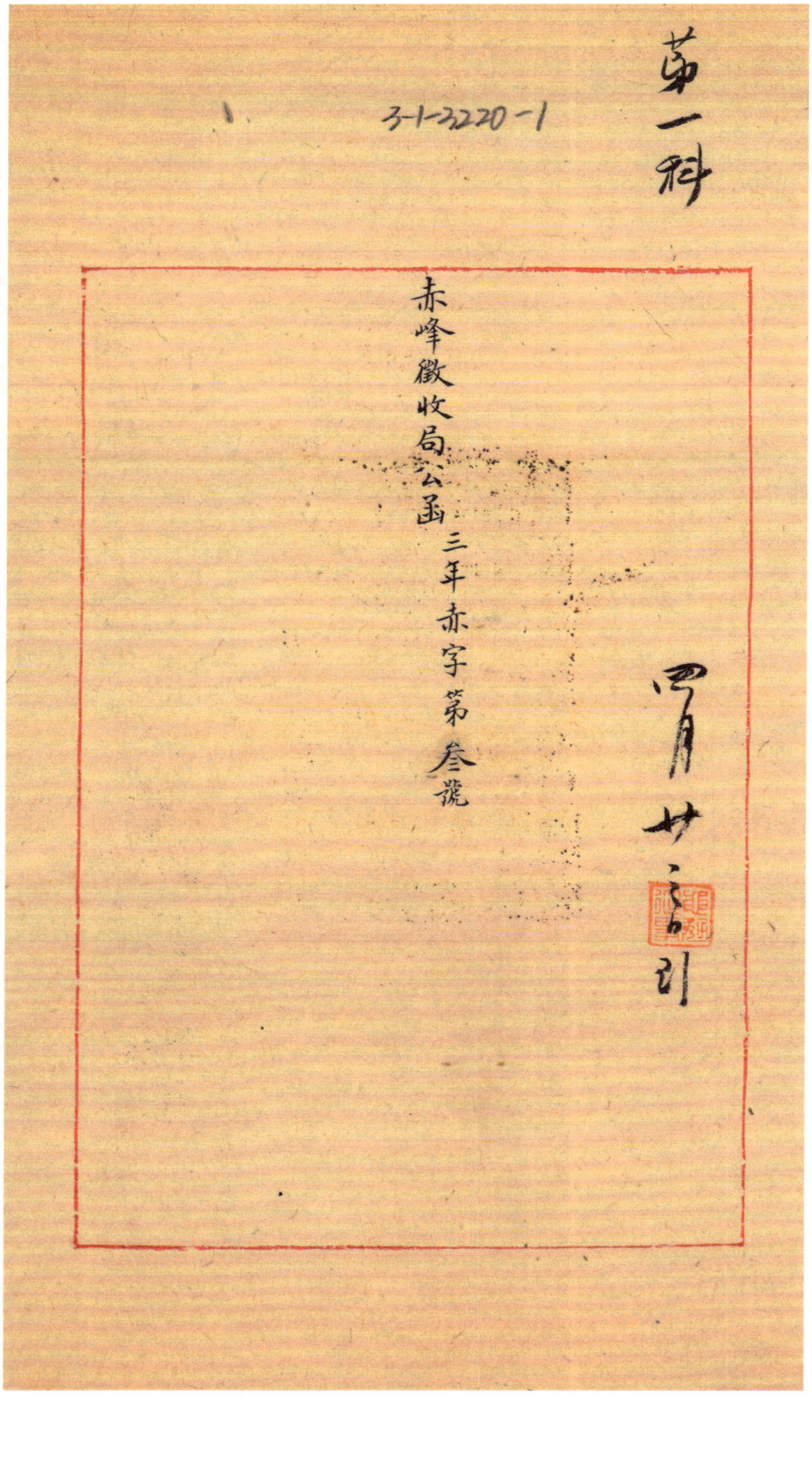

第一科

3-1-3220-1

赤峰徵收局公函 三年赤字第叁號

四月廿二到

○三七　赤峰徵收局爲啓用關防事致赤峰縣公署公函（1914年4月22日）

逕啟者案奉

熱河國稅廳籌備分處第一百五十九號訓令內開本分處改組徵收

官吏呈奉

財政部照准在阜新縣增設徵收局將清河門分局劃歸就近管轄以資

策應其建平地方之殊碌科分局向隸朝陽鞭長莫及應請升為建平

徵收局又圍場所屬之錐子山向由商會抽捐以充公用現在自治機關既

○三七 赤峰徵收局爲啓用關防事致赤峰縣公署公函（1914年4月22日）

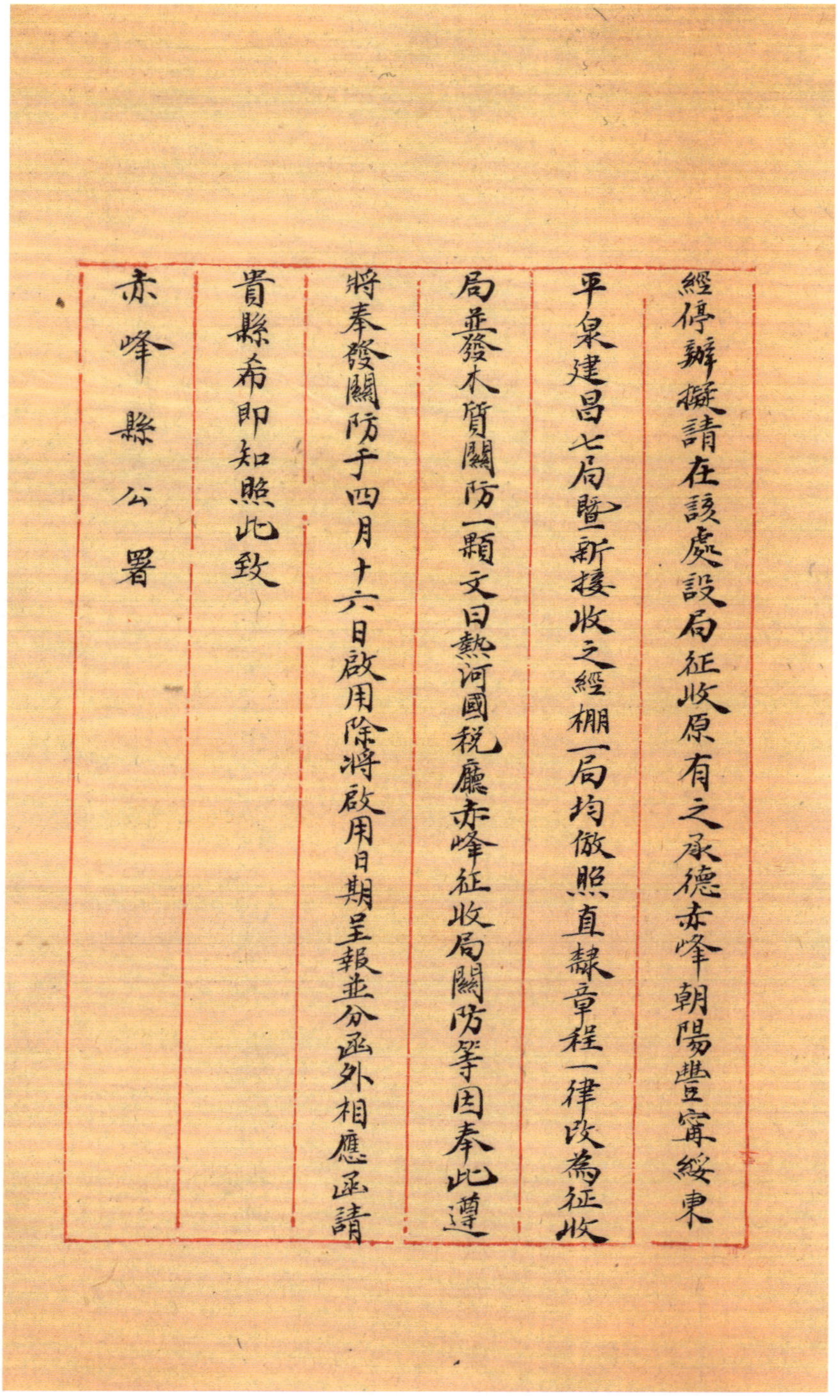
經停辦擬請在該處設局征收原有之承德赤峰朝陽豐寧綏東
平泉建昌七局暨新接收之經棚一局均倣照直隸章程一律改爲征收
局並發木質關防一顆文曰熱河國稅廳赤峰征收局關防等因奉此遵
將奉發關防于四月十六日啟用除將啟用日期呈報並分函外相應函請
貴縣希即知照此致
赤峰縣公署

○三七 赤峰徵收局爲啓用關防事致赤峰縣公署公函（1914年4月22日）

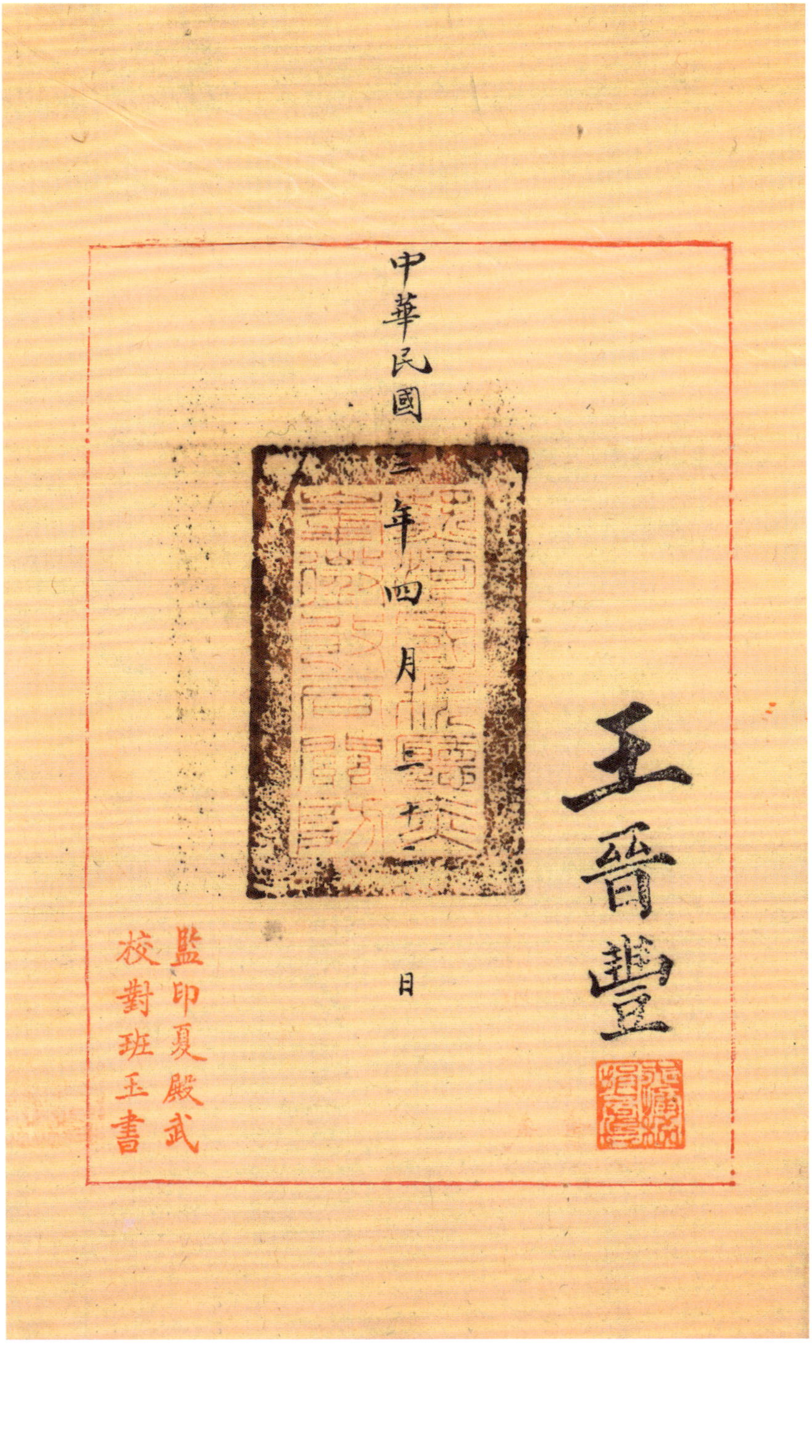
王晉豐

中華民國三年四月二十二日

監印夏殿武

校對班玉書

○三八 林西鎮守使前敵司令部爲米振標領副都統銜事致赤峰縣公署公函（1914年5月11日）

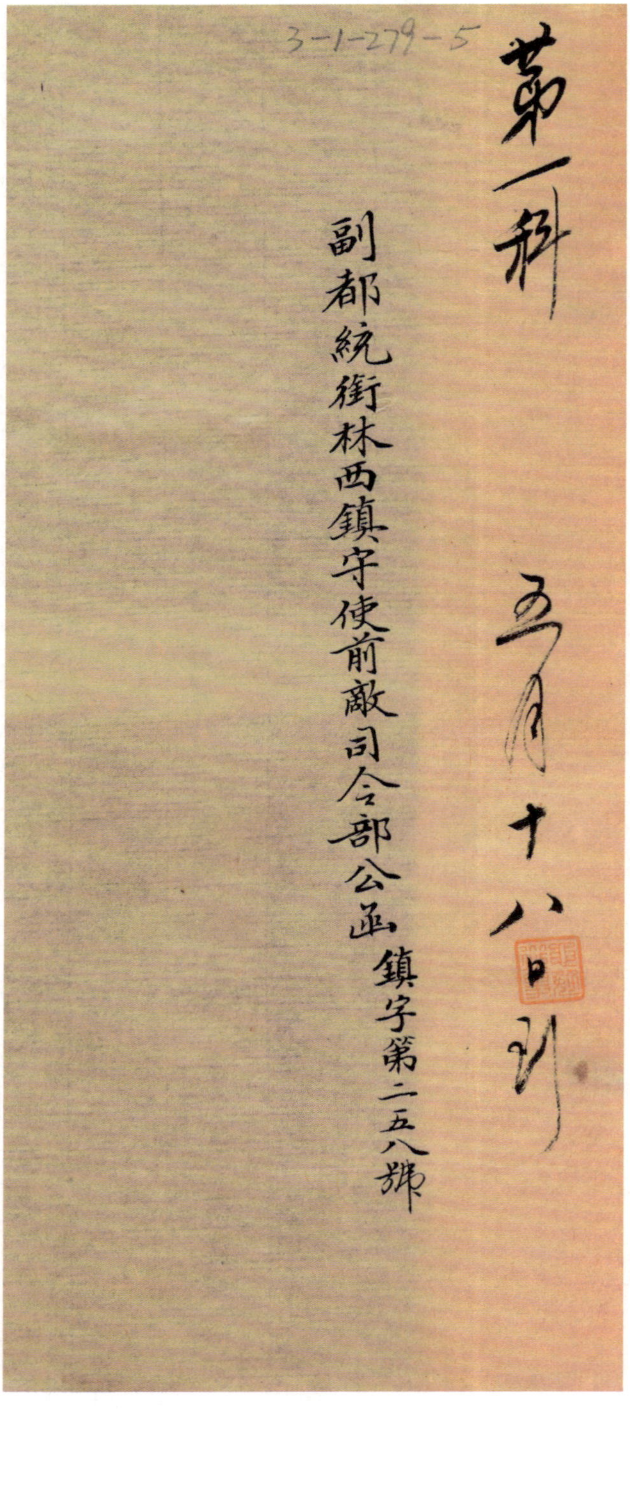
3-1-279-5

第一科

五月十八日到

副都統銜林西鎮守使前敵司令部公函

鎮字第二五八號

○三八　林西鎮守使前敵司令部爲米振標領副都統銜事致赤峰縣公署公函（1914年5月11日）

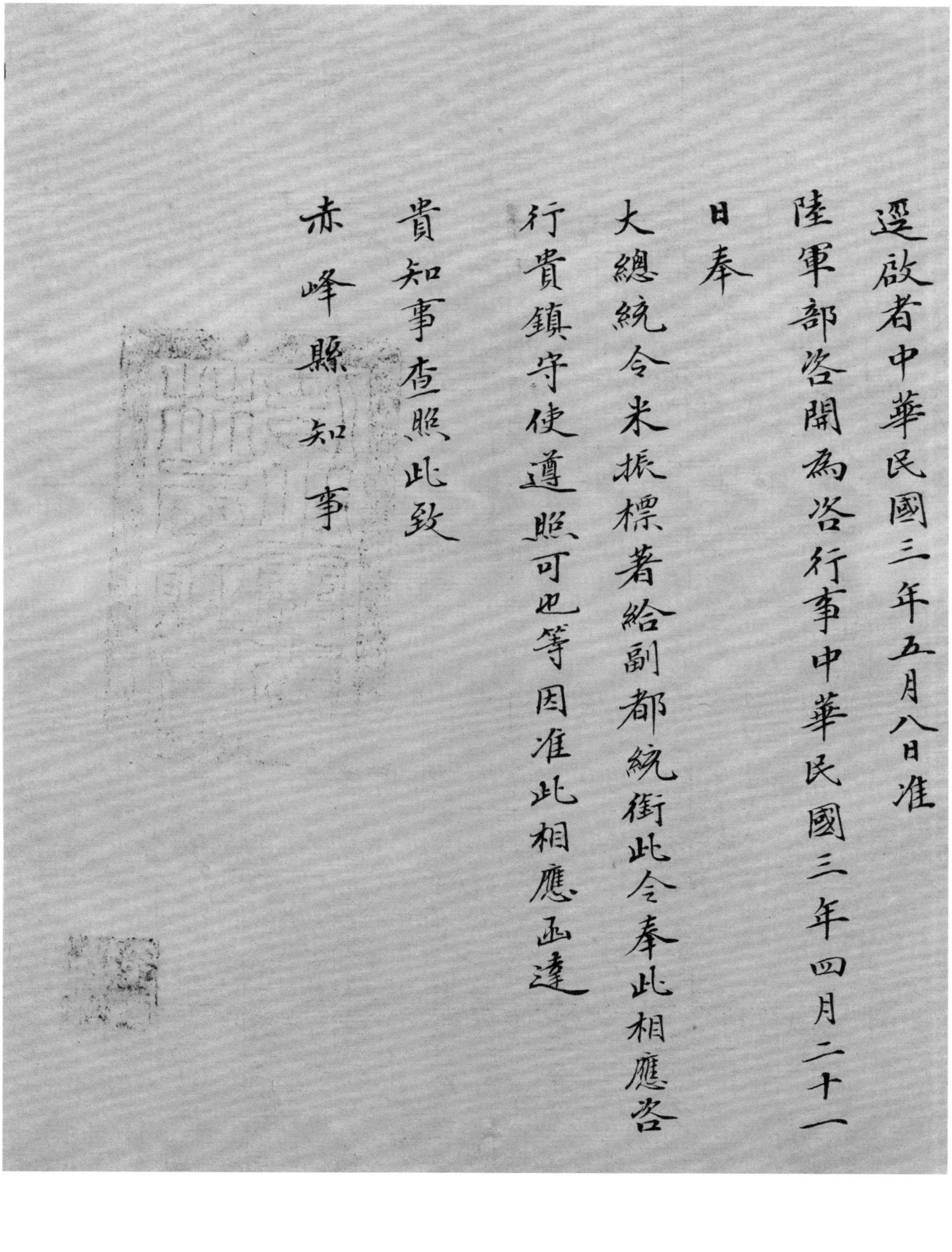

逕啟者中華民國三年五月八日准

陸軍部咨開為咨行事中華民國三年四月二十一

日奉

大總統令米振標著給副都統銜此令奉此相應咨

行貴鎮守使遵照可也等因准此相應函達

貴知事查照此致

赤峰縣知事

○三八 林西鎮守使前敵司令部爲米振標領副都統銜事致赤峰縣公署公函（1914年5月11日）

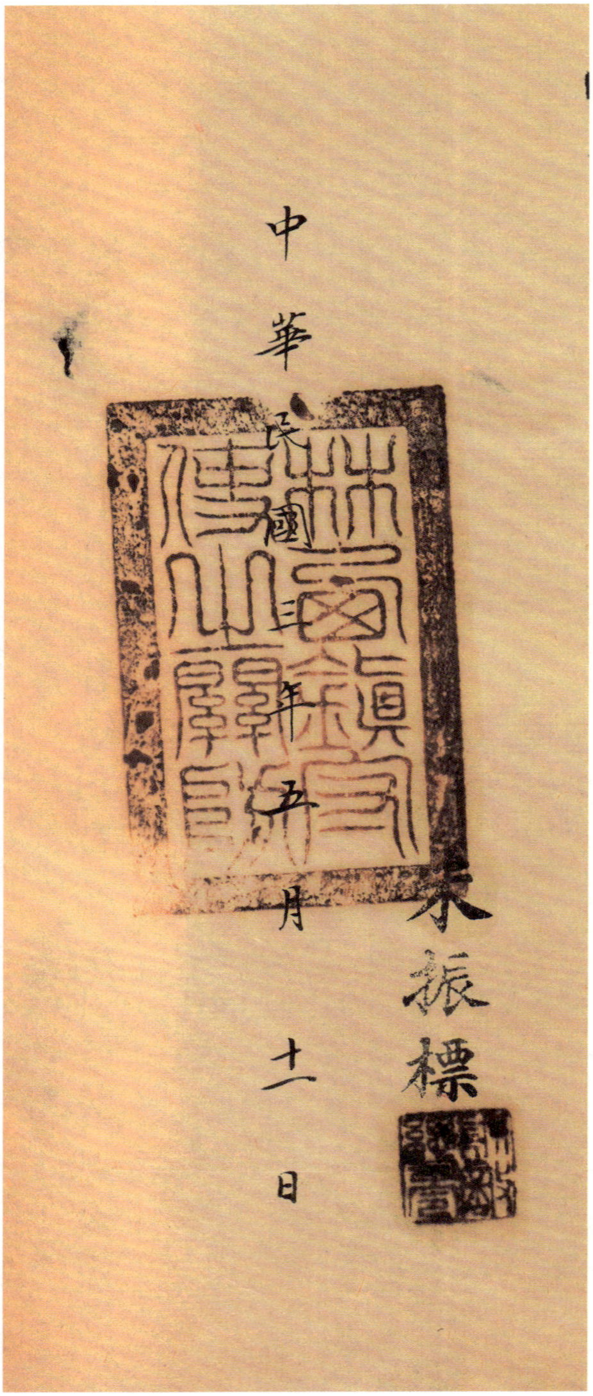
米振標
中華民國三年五月十一日

○三九 熱河行政公署爲組織成立審判處并由都統直接管理司法行政事項事致赤峰縣公署訓令（1914 年 5 月 13 日）

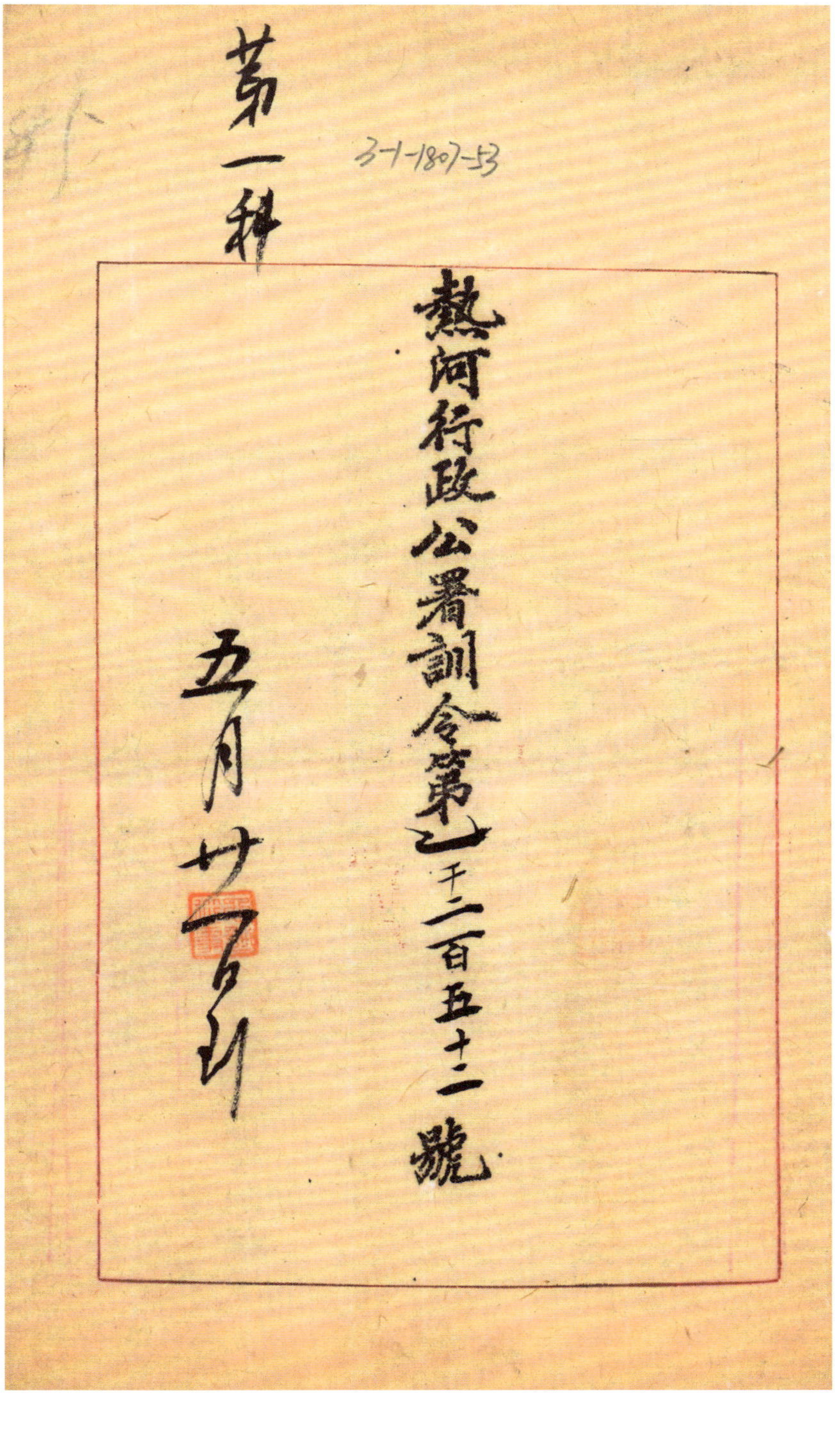
第一科

3-1-1807-53

熱河行政公署訓令第一千二百五十二號

五月廿一日到

○三九 熱河行政公署爲組織成立審判處并由都統直接管理司法行政事項事致赤峰縣公署訓令（1914 年 5 月 13 日）

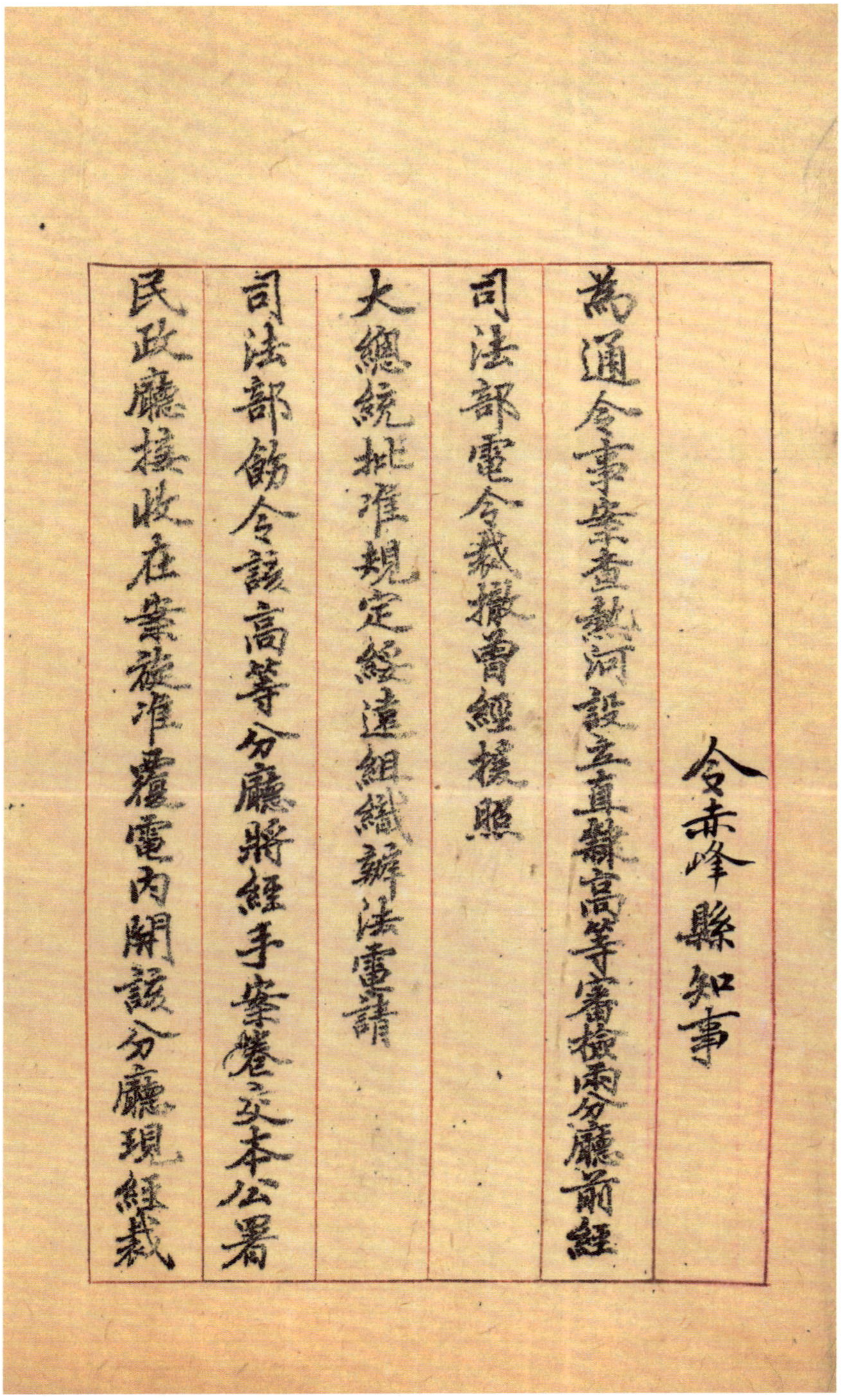
令赤峰縣知事
爲通令事案查熱河設立直隸高等審檢兩分廳前經
司法部電令裁撤曾經援照
大總統批准規定經達組織辦法電請
司法部飭令該高等分廳將經手案卷〻交本公署
民政廳接收在案旋准覆電內開該分廳現經裁

〇三九 熱河行政公署爲組織成立審判處并由都統直接管理司法行政事項事致赤峰縣公署訓令（1914年5月13日）

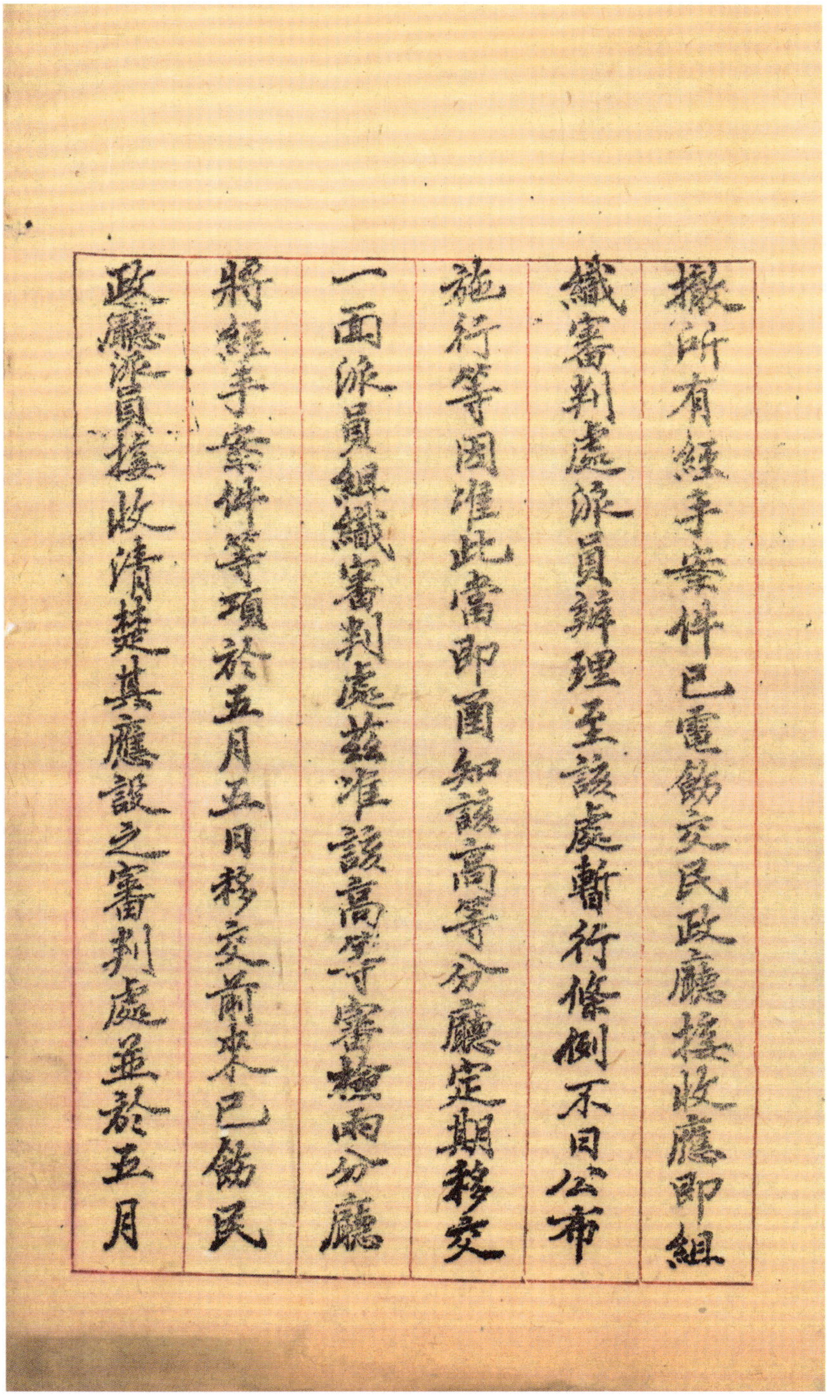
撤所有經手案件已電飭交民政廳接收應即組
織審判處派員辦理至該處暫行條例不日公布
施行等因准此當即函知該高等分廳定期移交
一面派員組織審判處茲准該高等審檢兩分廳
將經手案件等項於五月五日移交前來已飭民
政廳派員接收清楚其應設之審判處並於五月

○三九 熱河行政公署爲組織成立審判處并由都統直接管理司法行政事項事致赤峰縣公署訓令（1914 年 5 月 13 日）

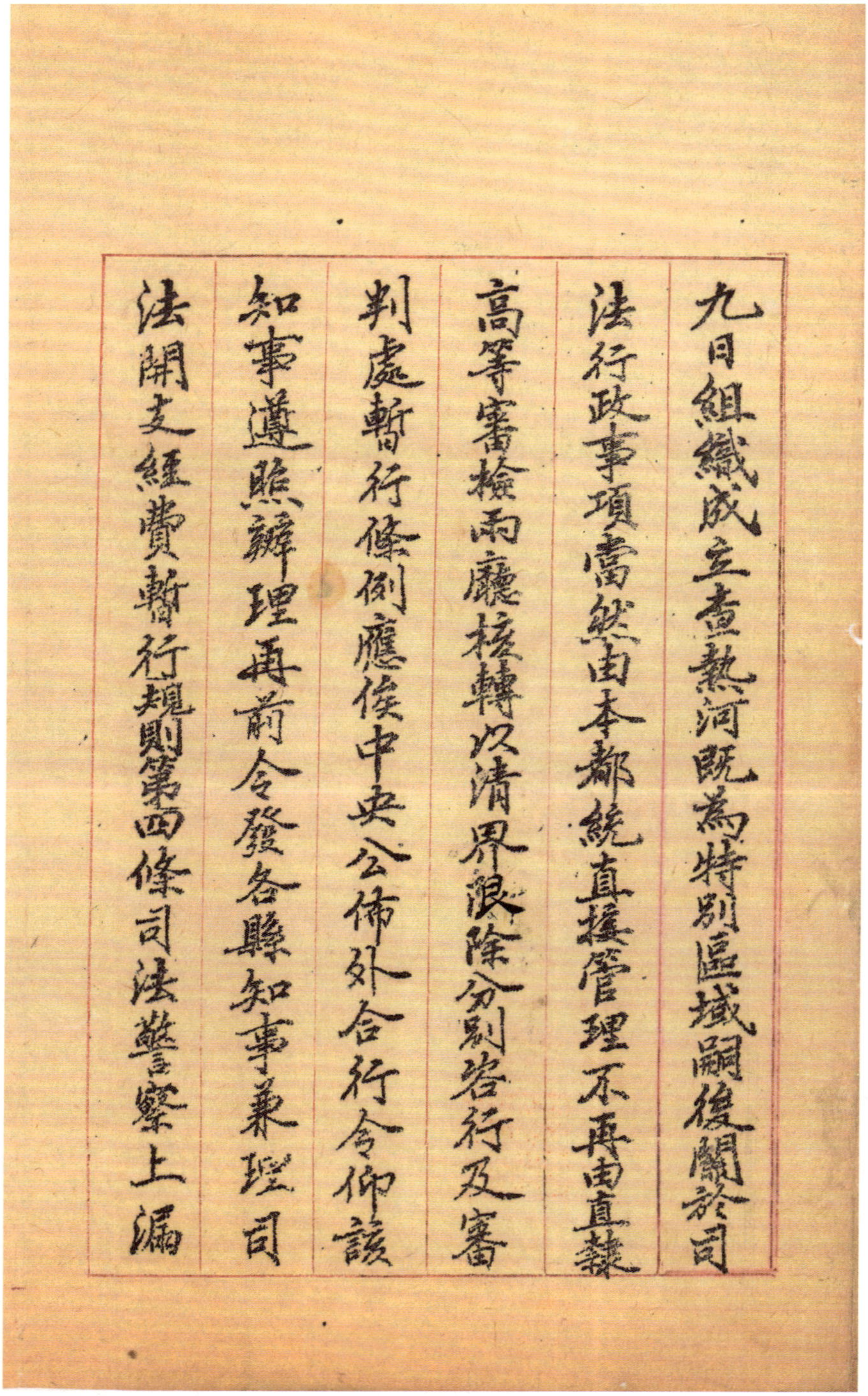
九日組織成立查熱河既為特別區域嗣後關於司
法行政事項當然由本都統直接管理不再由直隸
高等審檢兩廳核轉以清界限除分别咨行及審
判處暫行條例應俟中央公佈外合行令仰該
知事遵照辦理再前令發各縣知事兼理司
法關支經費暫行規則第四條司法警察上漏

○三九 熱河行政公署爲組織成立審判處并由都統直接管理司法行政事項事致赤峰縣公署訓令（1914 年 5 月 13 日）

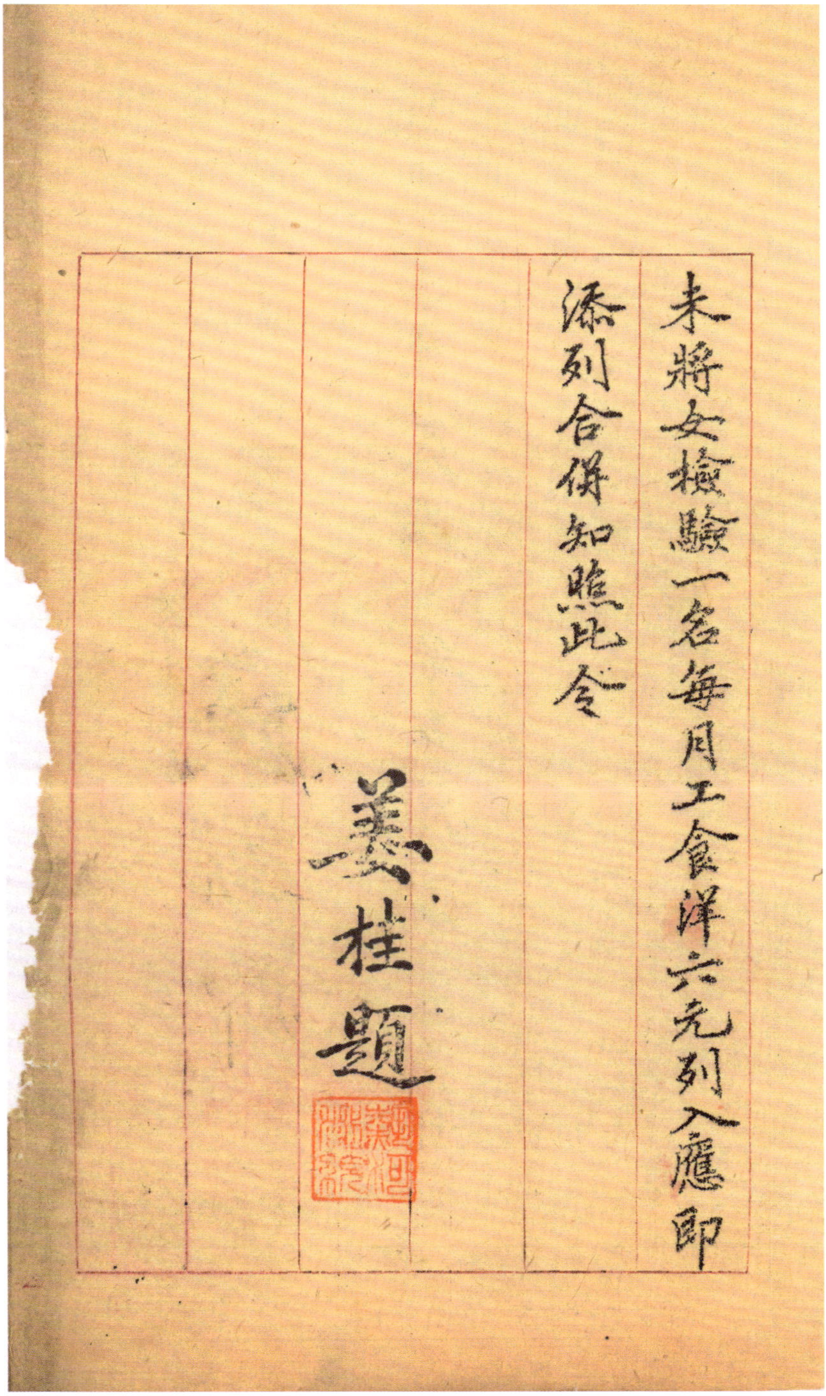

未將女檢驗一名每月工食洋六元列入應即
添列合併知照此令

姜桂題

〇三九 熱河行政公署爲組織成立審判處并由都統直接管理司法行政事項事致赤峰縣公署訓令（1914 年 5 月 13 日）

臧朝卿
中華民國三年五月十三日
校對孟尚志

○四○ 赤峰縣公署爲羊屠須遵章納捐事布告稿（1914年6月25日）

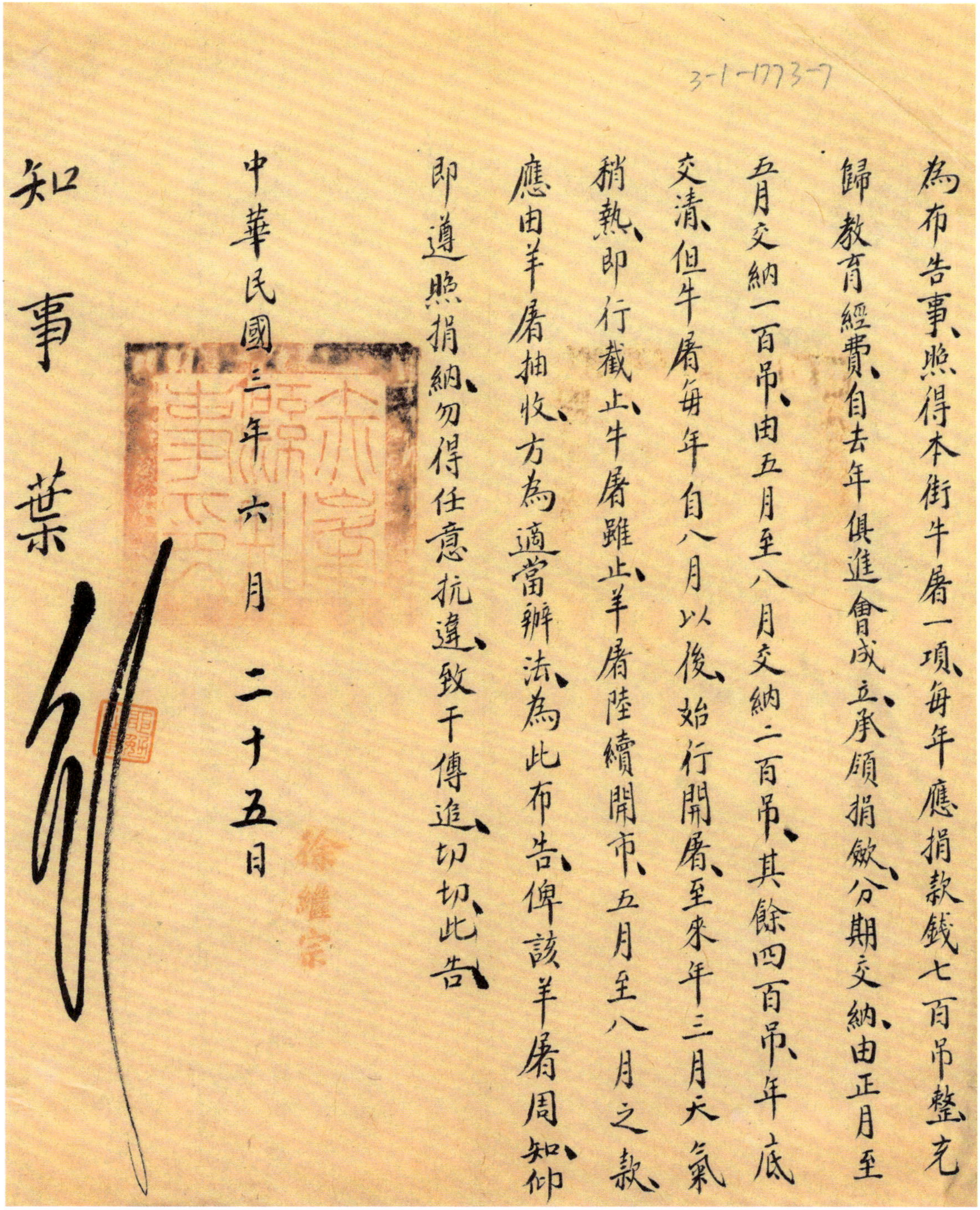

3-1-1773-7

為布告事、照得本街牛屠一項、每年應捐款錢七百吊整充
歸教育經費、自去年俱進會成立、承頒捐斂、分期交納、由正月至
五月交納一百吊、由五月至八月交納二百吊、其餘四百吊、年年底
交清、但牛屠每年自八月以後、始行開屠、至來年三月天氣
稍熱、即行截止、牛屠雖止、羊屠陸續開市、五月至八月之款、
應由羊屠抽收、方為適當辦法、為此布告、俾該羊屠周知、仰
即遵照捐納、勿得任意抗違、致干傳追、切切此告

中華民國三年六月二十五日

徐維宗

知事葉

○四一 赤峰縣公署爲填送地方捐稅一覽表事致赤峰徵收局咨稿（1914年7月12日）

為咨覆事。案准

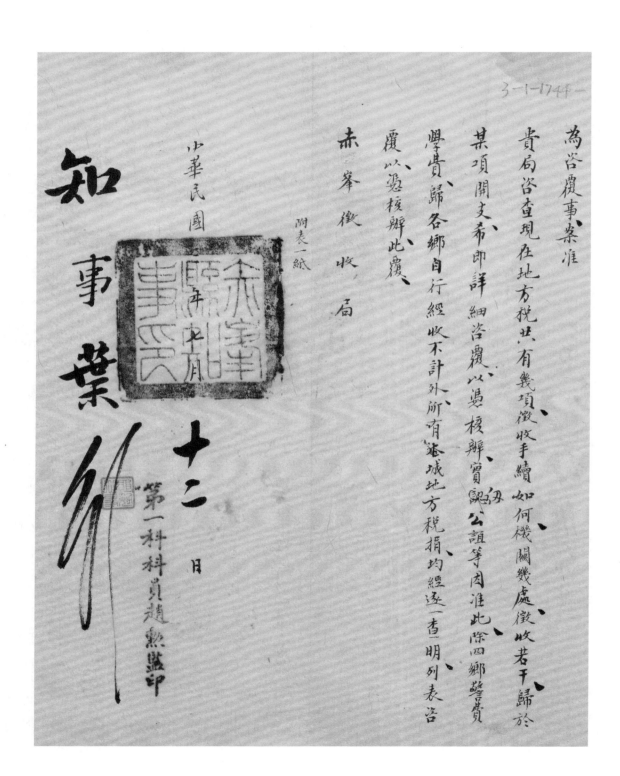

貴局咨查現在地方稅共有幾項，徵收手續如何，機關幾處，徵收若干，歸於

某項開支，希即詳細咨覆，以憑核辦，實紉公誼等因，准此。除四鄉警費、

學費歸各鄉自行經收不計外，所有本城地方稅捐均經逐一查明，列表咨

覆，以憑核辦。此覆。

赤峰徵收局

附表一紙

中華民國三年七月十二日

知事葉

第一科科員趙熙監印

〇四一　赤峰縣公署爲填送地方捐税一覽表事致赤峰徵收局咨稿（1914年7月12日）

3-1-1744-5　1744

赤峯縣地方捐税一覽表

名稱	徵收機關	徵收方法	平均收數	用途	備攷
車馱捐	車捐局	凡進街之騾馬每匹捐京錢六十文牛一頭捐錢四十文驢十頭捐錢四十文	民國二年全年共捐京錢九千七百一十一吊九百七十八文	每月捐款統油粮三宗之總數按成分配學務二成警務二成自治二成習藝所一成統計處一成五其餘一成五歸該局經費	自民國元年內地方不靖編練義衛營將學警自治應分六成捐款俱歸該營餉項及民國二年餉項不足儘數截撥尚欠商會墊款四千餘吊仍由車捐分款每月除撥銀號一成外儘數撥還商會俟還清後再將分款與各機關撥回再者該局董事俱係本街富紳信用素孚且俱係義務不支薪金若驟歸官辦恐啟猜疑是在辦理得宜
油捐	同	每百斤捐京錢四十文	民國二年全年共捐京錢五百零六吊六百二十六文	同	議董兩會取銷後淨虧官銀分號借款銀五百兩因將自治應分車捐之二成撥一成歸還銀號一成歸還商會
糧捐	同	粗粮每石捐京錢七十二文細粮每石捐京錢一百四十四文	民國二年全年共捐京錢四千二百一十四吊九百五十二文	同	同
團練費	商會	每月由商會量出爲入向本街各商號挨門捐斂	民國二年全年共赤平松銀一萬三千八百一十七兩五錢九分二厘	義勝營餉項銀八千七百七十九兩二錢巡警局餉項銀五千零三十八兩三錢九分二厘	該會經理餉項歷有年所若歸官辦恐多窒碍是在妥爲辦理

○四一　赤峰縣公署爲填送地方捐税一覽表事致赤峰徵收局咨稿（1914年7月12日）

高等學校學款	高等小學校	每年分四季徵收	全年赤平松銀一千八百兩	高等小學經費	成本銀一萬五千兩月利一分發交錢舖當舖雜貨舖按月生息
工藝捐	工務分會	由該會董事向手工各商號按户捐斂	全年京錢五百餘吊	工會經費	該會董事俱係義務不支薪金所收捐款係夫役薪工紙張筆墨等費
烟葉捐	農務分會	由該會董事向種烟葉各民户按畝均攤按户捐斂	全年京錢八百餘吊	農會經費	該會董事俱係義務不支薪金所收捐款係夫役薪工筆墨紙張等費而歷年捐款不能收齊屢次呈請傳追
烟捲捐	前由董事會經收自自治取銷後改歸公署第二科	正牌每大盒一盒捐京錢四百文雜牌每大盒一盒捐京錢二百文	全年京錢三千餘吊	向歸義董兩會經費自自治取消奉文將該會經費存儲備用	自本署接收共收京錢二千五百九十六千六百五十文除奉文撥還自治借用學款京錢二千零八十吊外其餘俱墊辦本署行政京費
皮毛捐	前由勸學所經收自官廳改組該所取消後改歸本署第二科	由皮毛店公舉行頭按四季捐斂呈交	全年赤平松銀一千兩	預備中學經費	勸學所所收之款俱經該所借用聲名在案改歸本署後共收捐銀五百兩亦經教育科與本街各初等塾辦開支
輸入爐炮捐	前由董事會經收自自治取消後改歸公署第二科	每包捐京錢二吊文	全年捐京錢一千餘吊文	向歸義董兩會經費自自治取消奉文將該會經費存儲備用	自本署接收共收京錢後並未收款
本街炮捐	前由勸學所經收自該所取消後改歸公署	每月由該行行頭呈交	全年京錢三百吊文	地方教育費	以下六項俱歸本城初等小學十二處開支經費因將車捐二成撥歸商會每月虧款三百餘吊現正設法籌措

○四一 赤峰縣公署爲填送地方捐稅一覽表事致赤峰徵收局咨稿（1914 年 7 月 12 日）

牛羊屠	同	每年按三節呈交由俱進會經理	全年京錢七百吊文	同
猪屠	同	每月由該行行頭呈交	全年京錢一千二百吊文	同
點心鋪	同	按月向該鋪捐斂	全年京錢八百六十四吊文	同
首飾樓	同	同	全年共京錢二百五十八吊文	同
飯鋪	同	同	全年共京錢七百九十八吊文	同

○四二 熱河行政公署爲將擅采煤窑封閉并查勘詳情事致赤峰縣公署飭（1914年7月13日）

3-1-1768-7
第二科
飭
七月十七日

○四二 熱河行政公署爲將擅采煤窑封閉并查勘詳情事致赤峰縣公署飭（1914年7月13日）

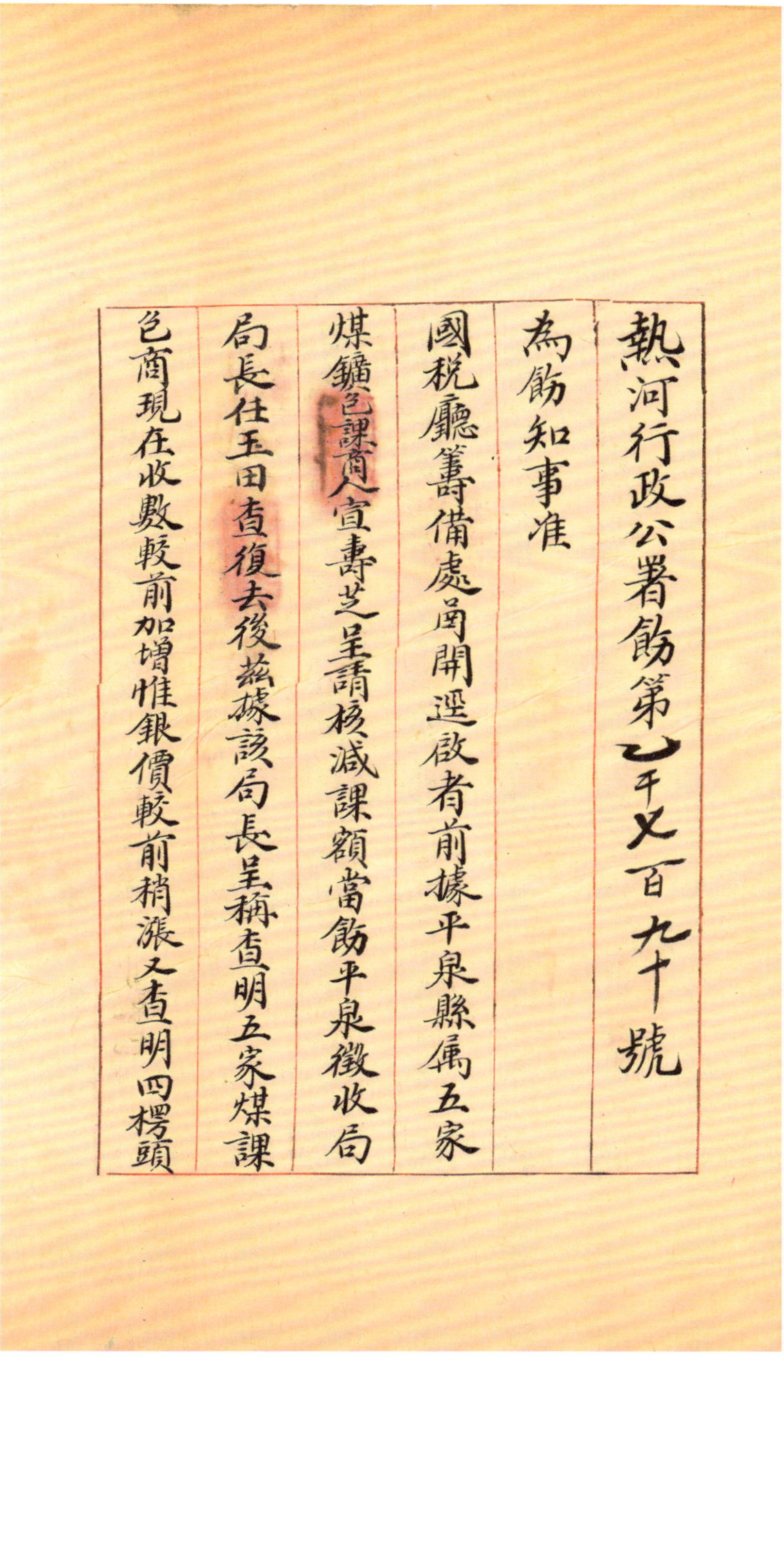

熱河行政公署飭第七千又百九十號

爲飭知事准

國稅廳籌備處函開逕啟者前據平泉縣屬五家

煤鑛包課商人宣壽芝呈請核減課額當飭平泉徵收局

局長任玉田查復去後茲據該局長呈稱查明五家煤課

包商現在收數較前加增惟銀價較前稍漲又查明四楞頭

○四二 熱河行政公署爲將擅采煤窑封閉并查勘詳情事致赤峰縣公署飭（1914年7月13日）

溝頭道井子等處新開煤窰均未領照各等因據此除由本
分廳分飭平泉徵收局知照並赤平昌鑛務調查局轉飭該商
遵照外查四楞頭溝等處新開各窰是否已報試採本分
廳無案可稽案關實業應隸行政範圍爲此鈔錄平泉局原
呈函請貴公署查明核辦並祈見覆等因准此查閱原呈四
龍頭溝之倪鍾麟及頭道井子之李文藻二商前擬採該處煤鑛

○四二 熱河行政公署爲將擅采煤窑封閉并查勘詳情事致赤峰縣公署飭（1914年7月13日）

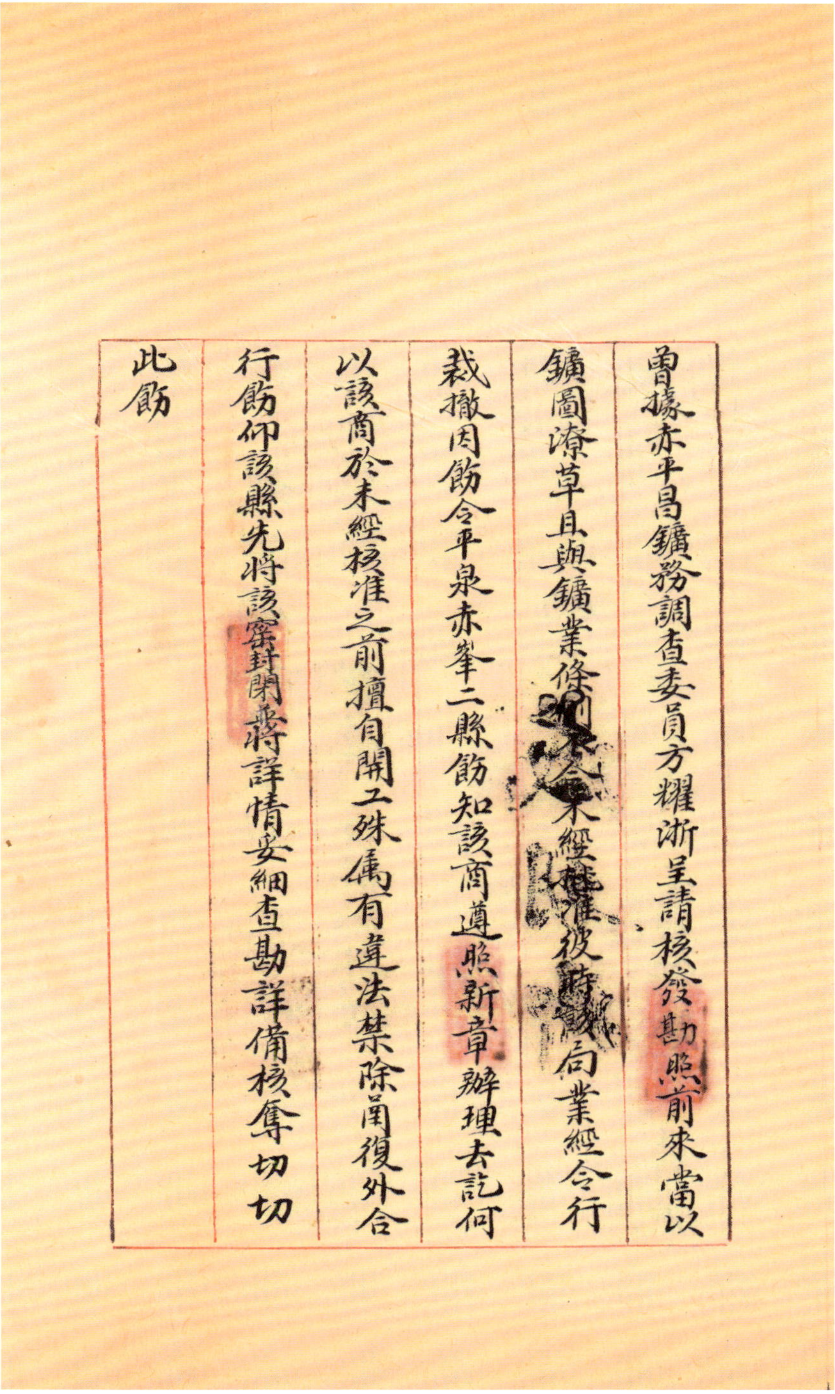

曾據赤平昌鑛務調查委員方耀淅呈請核發勘照前來當以鑛圖潦草且與鑛業條例不合未經核准彼時該向業經令行裁撤因飭令平泉赤峯二縣飭知該商遵照新章辦理去訖何以該商於未經核准之前擅自開工殊屬有違法禁除留復外合行飭仰該縣先將該窑封閉并將詳情妥細查勘詳備核奪切切

此飭

○四二 熱河行政公署爲將擅采煤窑封閉并查勘詳情事致赤峰縣公署飭（1914 年 7 月 13 日）

計抄發國稅廳籌備分處函送原呈一紙
熱河都統姜桂題
軍政廳長舒和鈞代
民政廳長袁朝卿
右飭赤峯縣知事葉大匡准此

○四二 熱河行政公署爲將擅采煤窑封閉并查勘詳情事致赤峰縣公署飭（1914年7月13日）

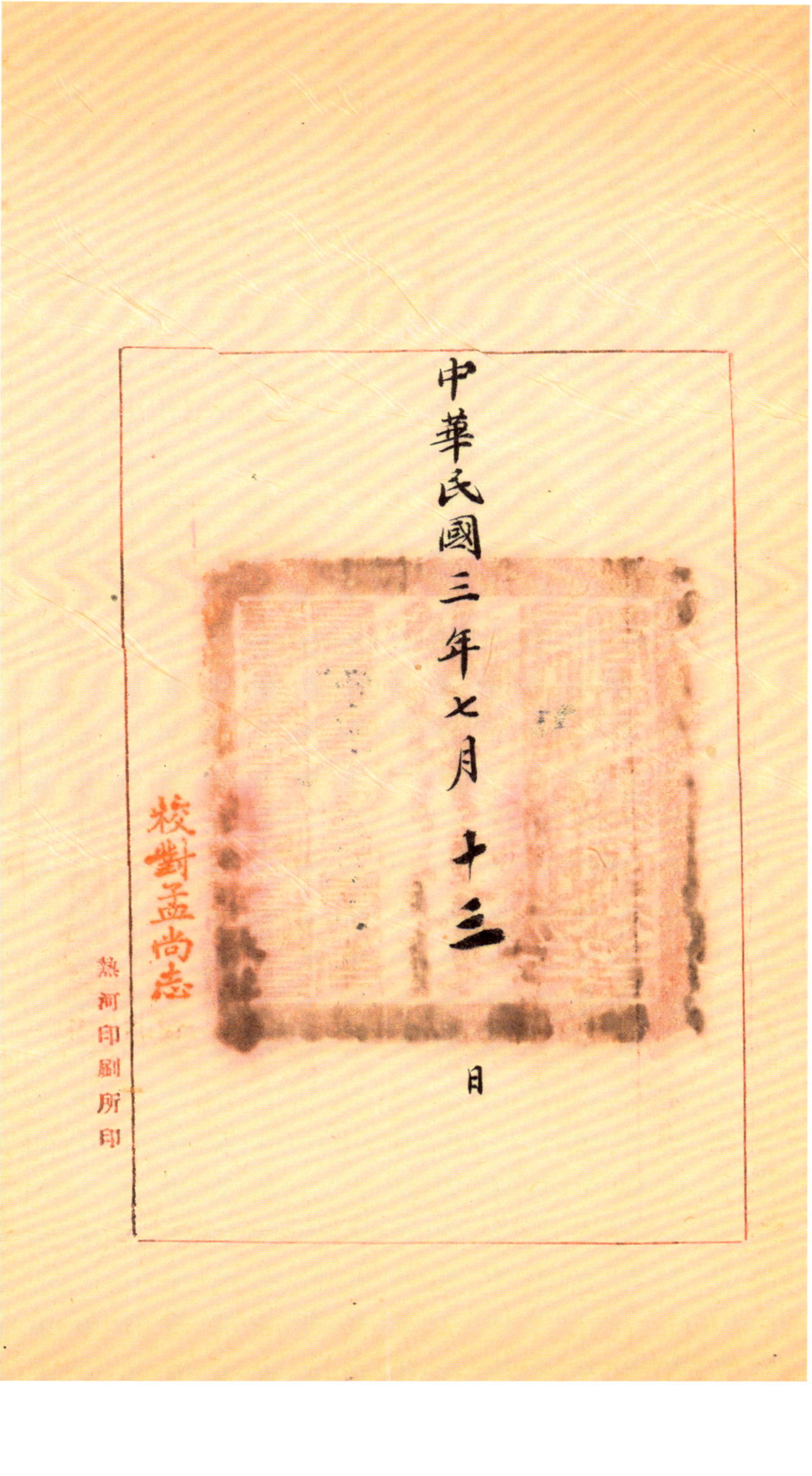

中華民國三年七月十三日

校對孟尚志

熱河印刷所印

〇四三　熱河行政公署爲蒙旗開荒熟地由民人領種者應繳納地租事致赤峰縣公署飭（1914 年 7 月 28 日）

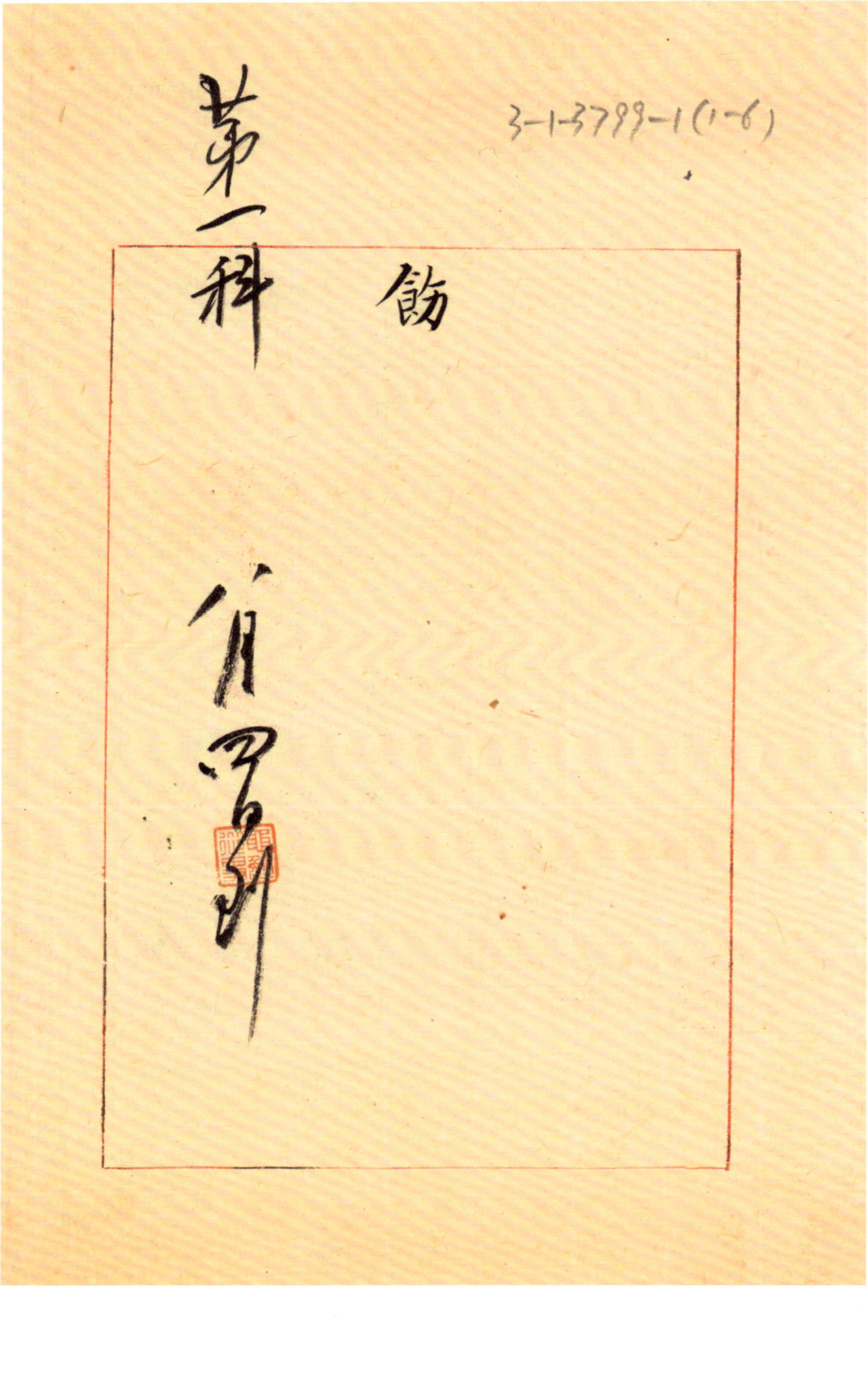

第一科

3-1-3799-1(1-6)

飭

八月四日到

○四三 熱河行政公署爲蒙旗開荒熟地由民人領種者應繳納地租事致赤峰縣公署飭（1914年7月28日）

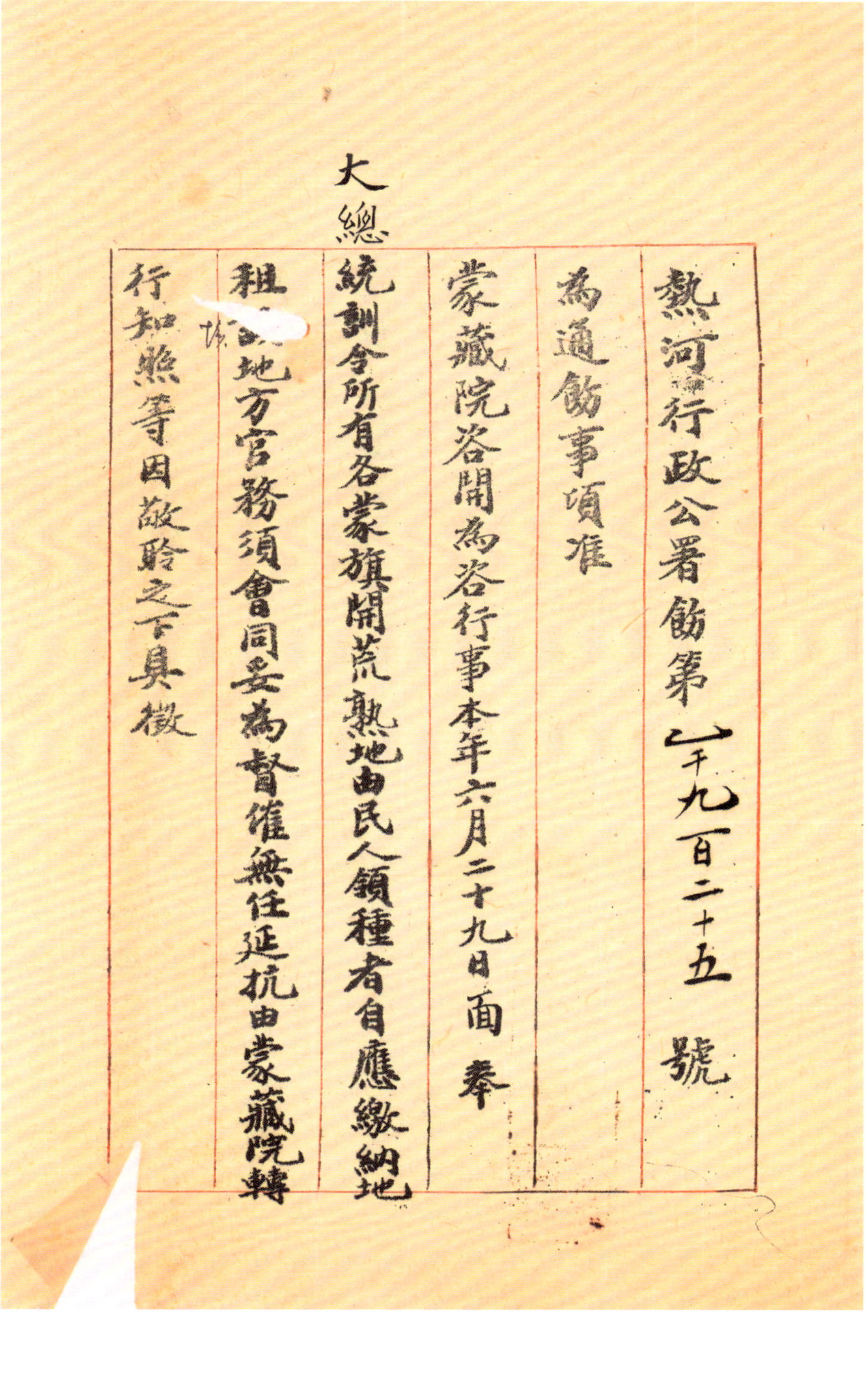
熱河行政公署飭第一千九百二十五號
為通飭事項准
蒙藏院咨開為咨行事本年六月二十九日面奉
大總統訓令所有各蒙旗開荒熟地由民人領種者自應繳納地
租[illegible]該地方官務須會同妥為督催無任延抗由蒙藏院轉
行知照等因敬聆之下具徵

○四三　熱河行政公署爲蒙旗開荒熟地由民人領種者應繳納地租事致赤峰縣公署飭（1914年7月28日）

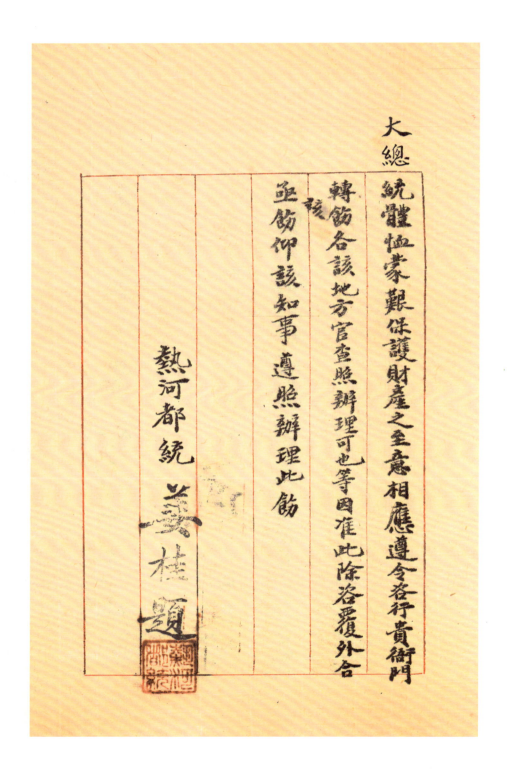

大
總
統體恤蒙艱保護財產之至意相應遵令咨行貴衙門
轉飭各該地方官查照辦理可也等因准此除咨覆外合
亟飭仰該知事遵照辦理此飭

熱河都統　姜桂題

○四三　熱河行政公署爲蒙旗開荒熟地由民人領種者應繳納地租事致赤峰縣公署飭（1914 年 7 月 28 日）

軍政廳長舒和鈞代
民政廳長 戚朝卿
右飭赤峯縣知事葉大匡 准此

○四三　熱河行政公署爲蒙旗開荒熟地由民人領種者應繳納地租事致赤峰縣公署飭（1914 年 7 月 28 日）

中華民國三年七月廿八日

監印宗毓松

校對孟尚志

熱河印刷所印

○四四 赤峰縣公署爲報送赤峰街道圖等事致熱河都統署詳稿（1914年9月5日）

3-1-27

為詳送事查赤峯一縣比較他處乃係北方巨鎮四通八達為遠來貨
商靡集競賣之場由赤峯而林西而經棚而開魯更為必經之孔道其
於軍事上尤有密切之關係於去年軍事吃緊之際後路不靖往來
商民時有被賊匪擾害之事迨調客軍追擊又苦於不知道路
往往失利知事去年兼轉運總局局長辦理運輸亦頗受困於此故
赤峯全境輿圖為不可少因搜查舊日草圖并知事隨時勘察
所記路綫略圖及去年蒙匪起時各軍經過地方所繪草圖無不
一一搜羅考證始將赤峯全境輿圖製成赤街為商賈靡集之區既無城郭街道
又復延長振興警務亦非圖莫辦緣併製赤峯街道圖共付石印多
張分散各處俾意有所往按圖可稽除駐防軍隊及鄉屯學校各分給
一分外所有繪成本縣全境及本街街道圖各十張詳送
鈞署查核備案以資稽核實為公便謹詳

○四四 赤峰縣公署爲報送赤峰街道圖等事致熱河都統署詳稿（1914年9月5日）

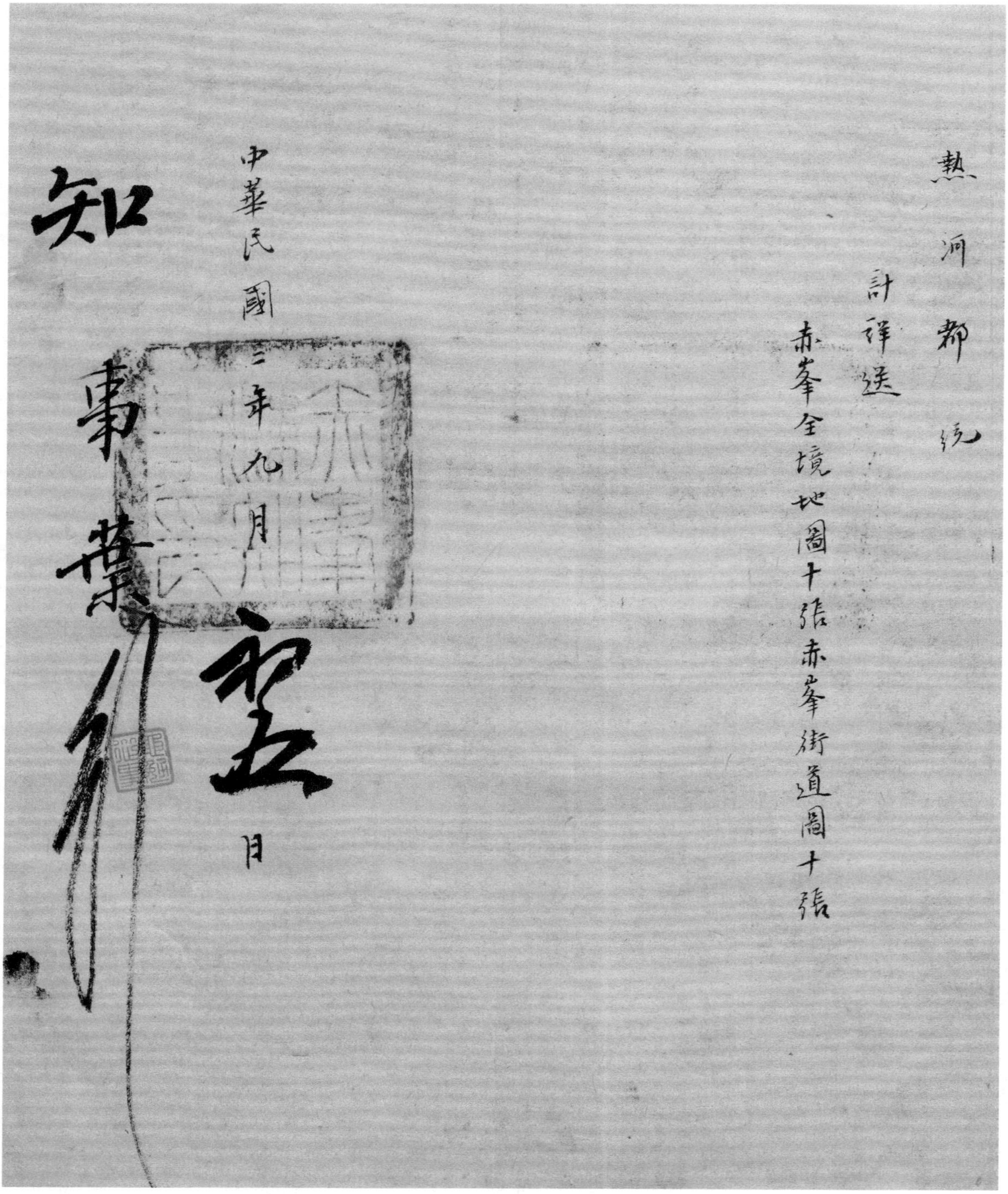
熱河都統

計詳送

赤峰全境地圖十張赤峰街道圖十張

中華民國三年九月五日

知事葉

○四四　赤峰縣公署爲報送赤峰街道圖等事致熱河都統署詳稿（1914年9月5日）

○四五 熱河都統署爲都統姜桂題奉委監督司法行政事務事致赤峰縣公署飭（1914 年 9 月 20 日）

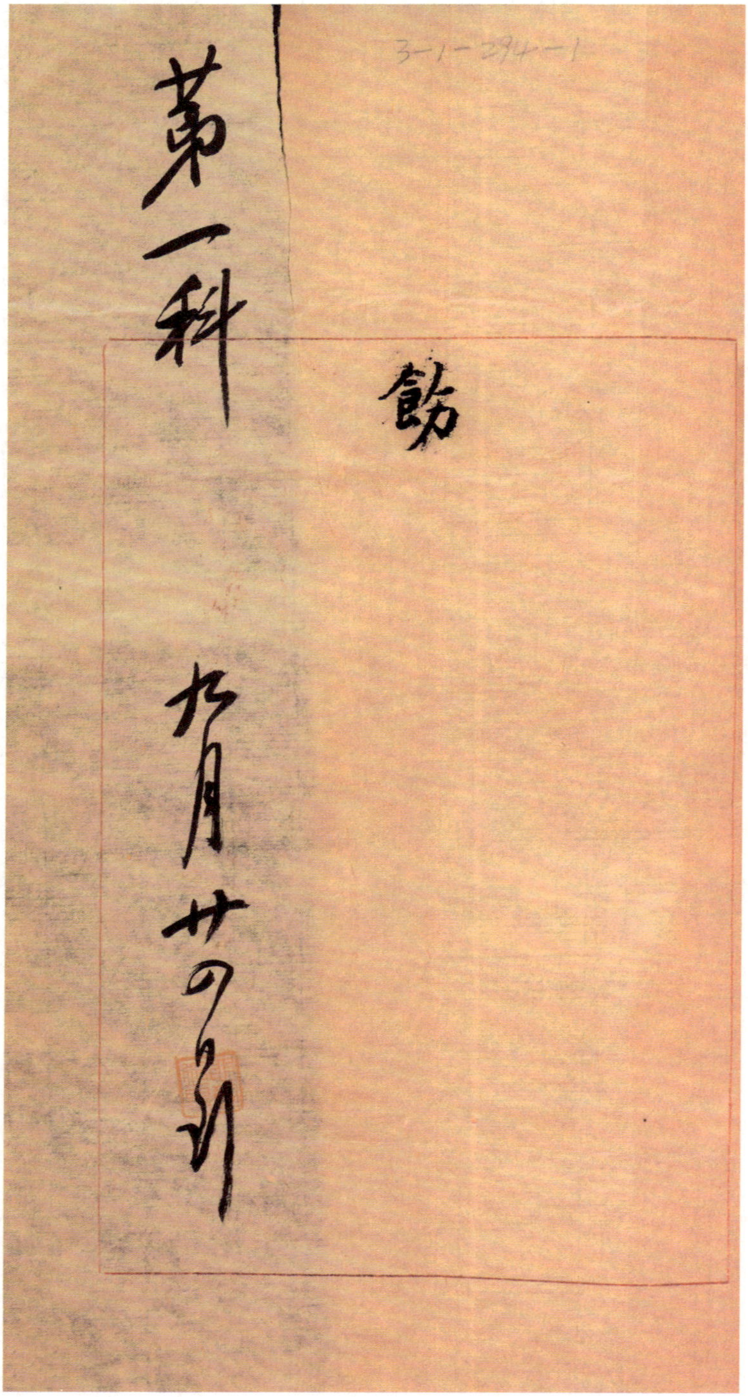
3-1-294-1

第一科

飭

九月廿四日到

〇四五　熱河都統署爲都統姜桂題奉委監督司法行政事務事致赤峰縣公署飭（1914年9月20日）

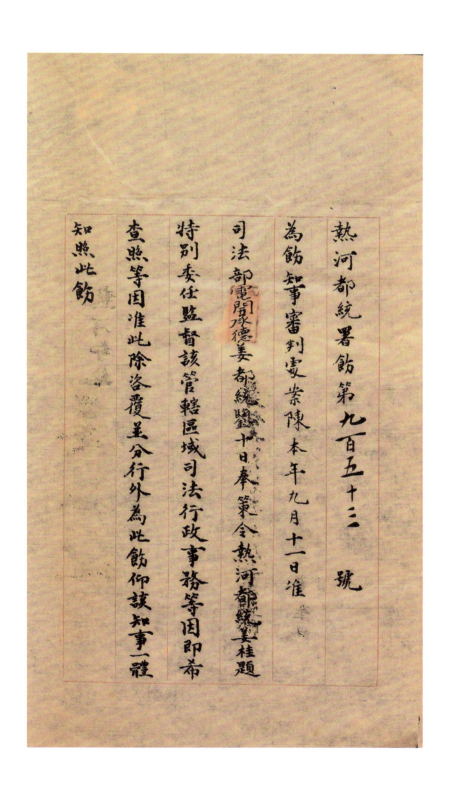

熱河都統署飭第九百五十三號

為飭知事審判處案陳本年九月十一日准

司法部電開承德姜都統鑒十日奉策令熱河都統姜桂題

特别委任監督該管轄區域司法行政事務等因即希

查照等因准此除咨覆並分行外為此飭仰該知事一體

知照此飭

○四五 熱河都統署爲都統姜桂題奉委監督司法行政事務事致赤峰縣公署飭（1914年9月20日）

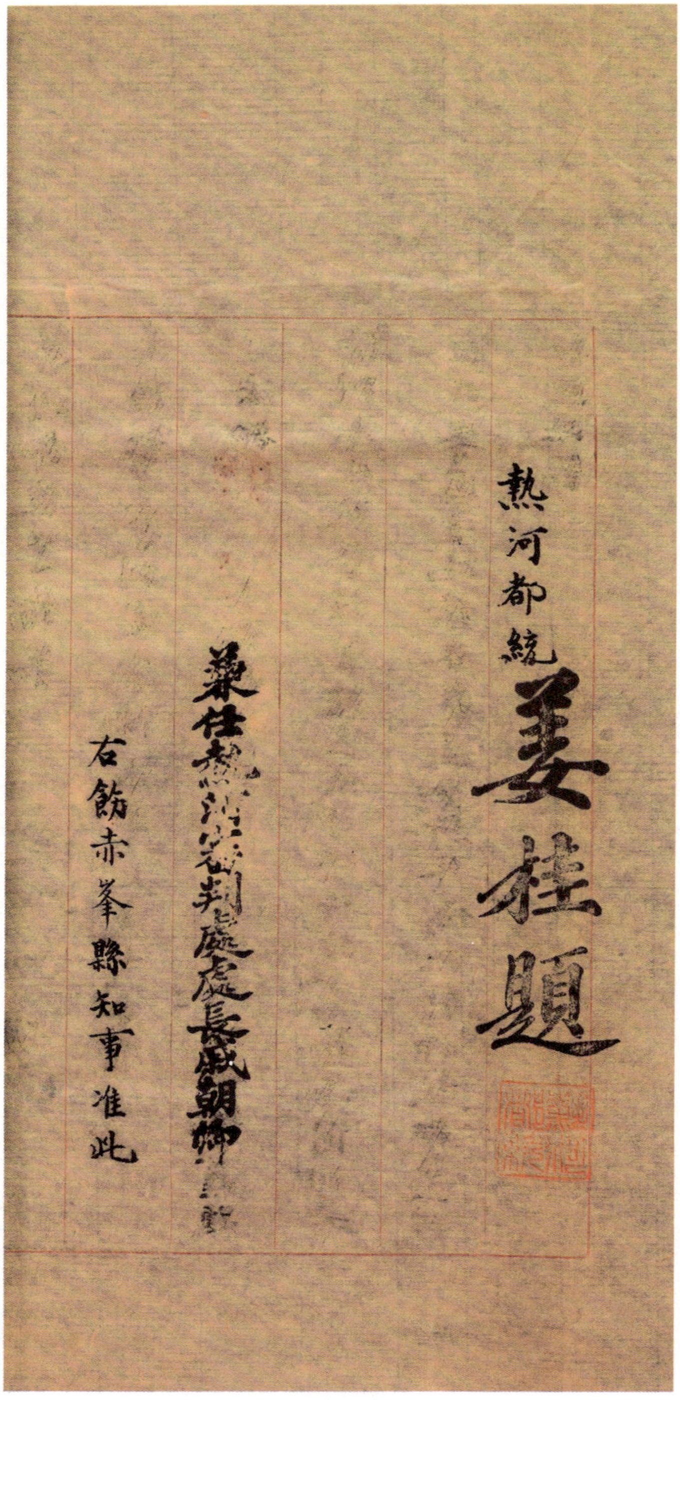
熱河都統姜桂題
兼任熱河審判處處長戚朝卿
右飭赤峯縣知事准此

○四五 熱河都統署爲都統姜桂題奉委監督司法行政事務事致赤峰縣公署飭（1914年9月20日）

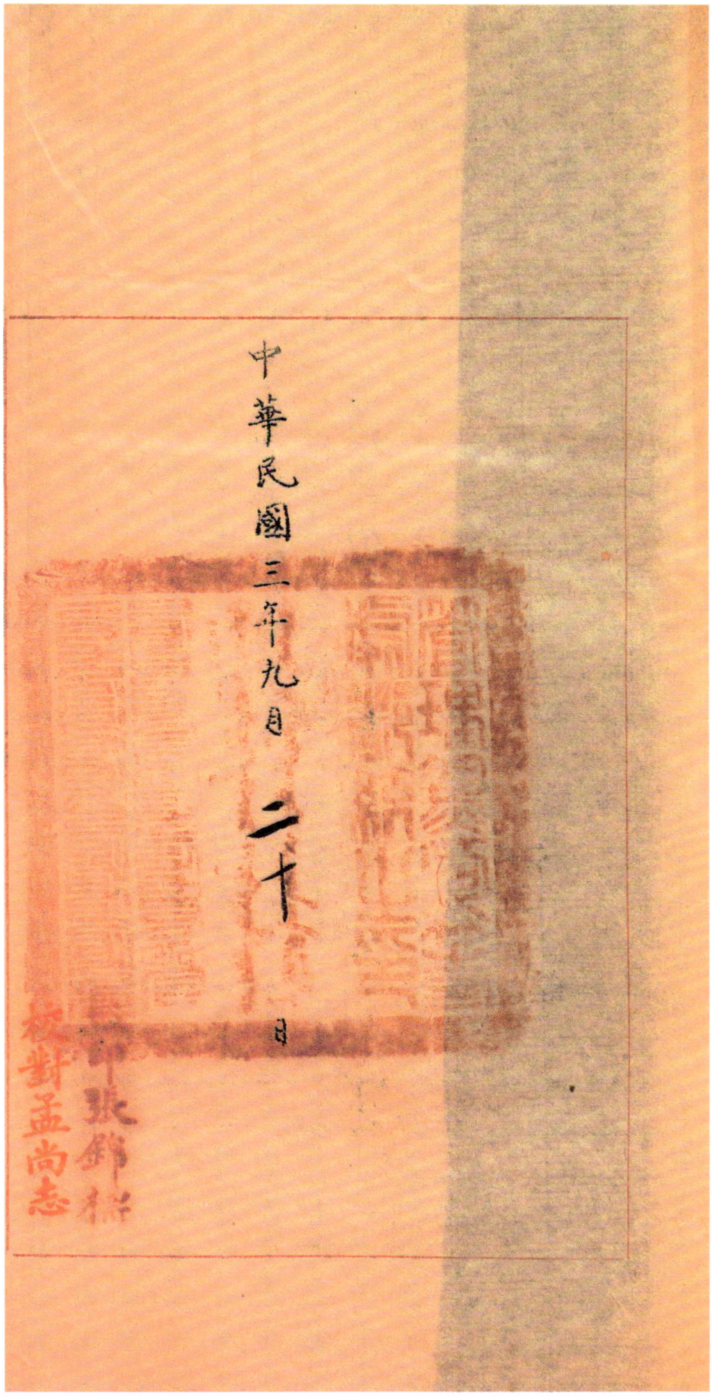
中華民國三年九月二十日

校對孟尚志

張[illegible][illegible]

○四六 熱河榷運局爲凡持有赤峰榷運分局護照之運鹽蒙人請飭屬保護驗照放行事致赤峰縣公署公函（1914年9月21日）

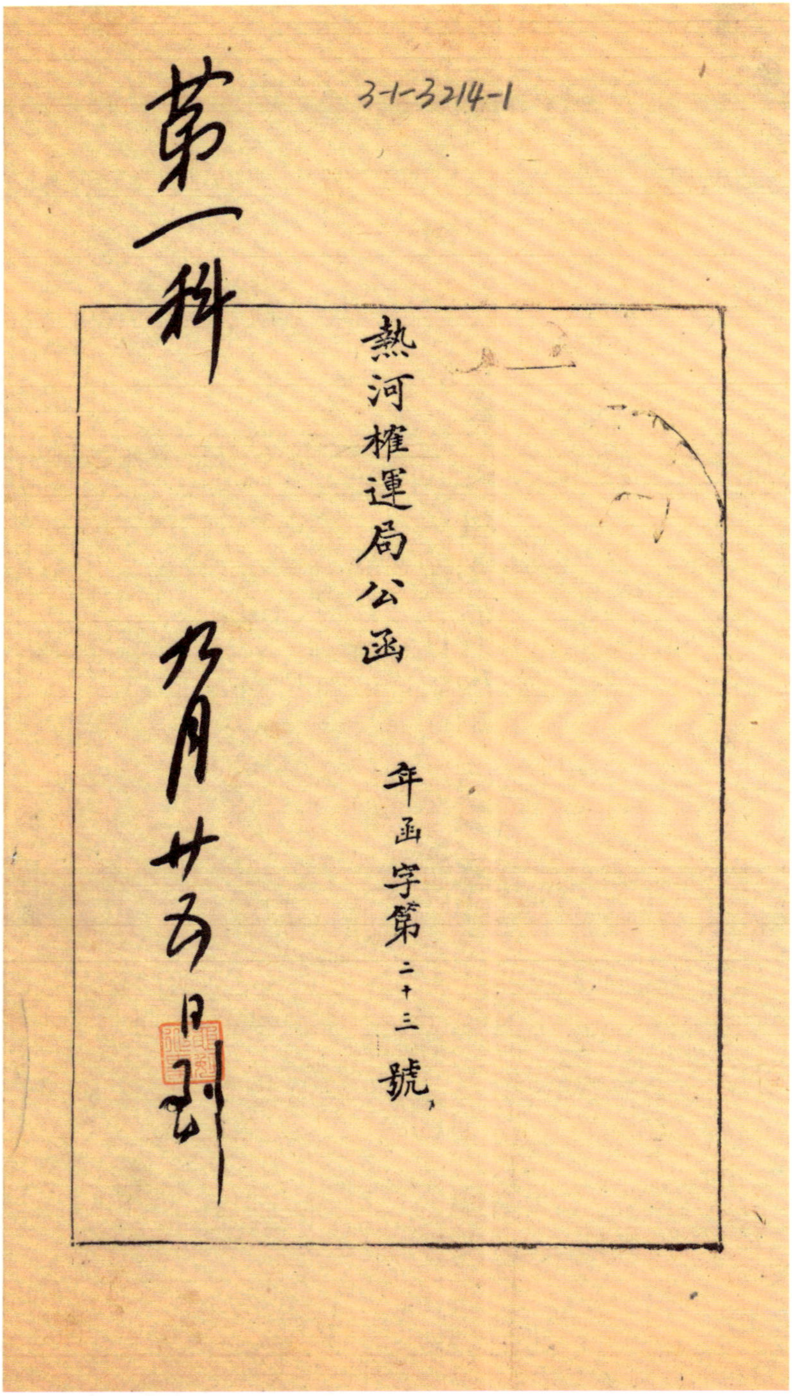

3-1-3214-1

熱河榷運局公函

年函字第二十三號

第一科

九月廿五日到

○四六 熱河榷運局爲凡持有赤峰榷運分局護照之運鹽蒙人請飭屬保護驗照放行事致赤峰縣公署公函（1914年9月21日）

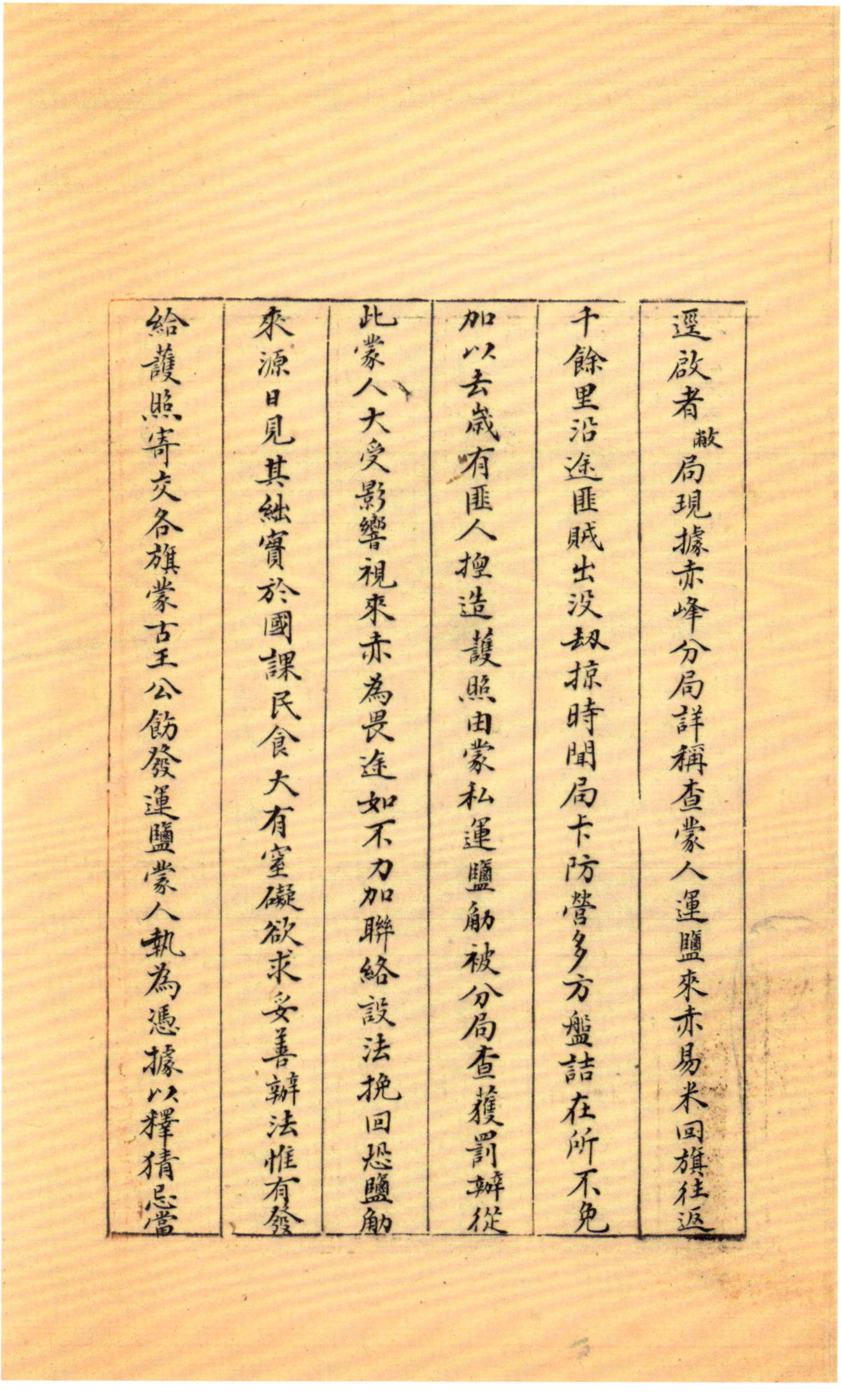
逕啟者敝局現據赤峰分局詳稱查蒙人運鹽來赤易米回旗往返千餘里沿途匪賊出没刼掠時聞局卡防營多方盤詰在所不免加以去歲有匪人揑造護照由蒙私運鹽觔被分局查獲罰辦從此蒙人大受影響視來赤為畏途如不力加聯絡設法挽回恐鹽觔來源日見其絀實於國課民食大有窒礙欲求妥善辦法惟有發給護照寄交各旗蒙古王公飭發運鹽蒙人執為憑據以釋猜忌當

○四六 熱河榷運局爲凡持有赤峰榷運分局護照之運鹽蒙人請飭屬保護驗照放行事致赤峰縣公署公函（1914年9月21日）

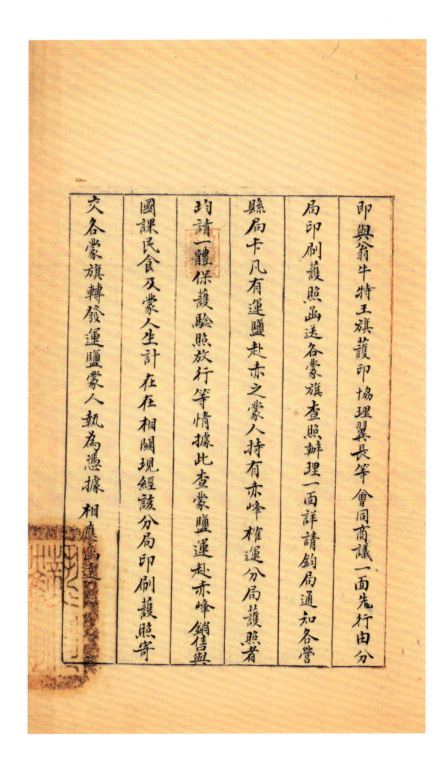

即與翁牛特王旗護印協理翼長等會同商議一面先行由分
局印刷護照函送各蒙旗查照辦理一面詳請鈞局通知各營
縣局卡凡有運鹽赴赤之蒙人持有赤峰榷運分局護照者
均請一體保護驗照放行等情據此查蒙鹽運赴赤峰銷售與
國課民食及蒙人生計在在相關現經該分局印刷護照寄
交各蒙旗轉發運鹽蒙人執為憑據相應函達

○四六　熱河榷運局爲凡持有赤峰榷運分局護照之運鹽蒙人請飭屬保護驗照放行事致赤峰縣公署公函（1914年9月21日）

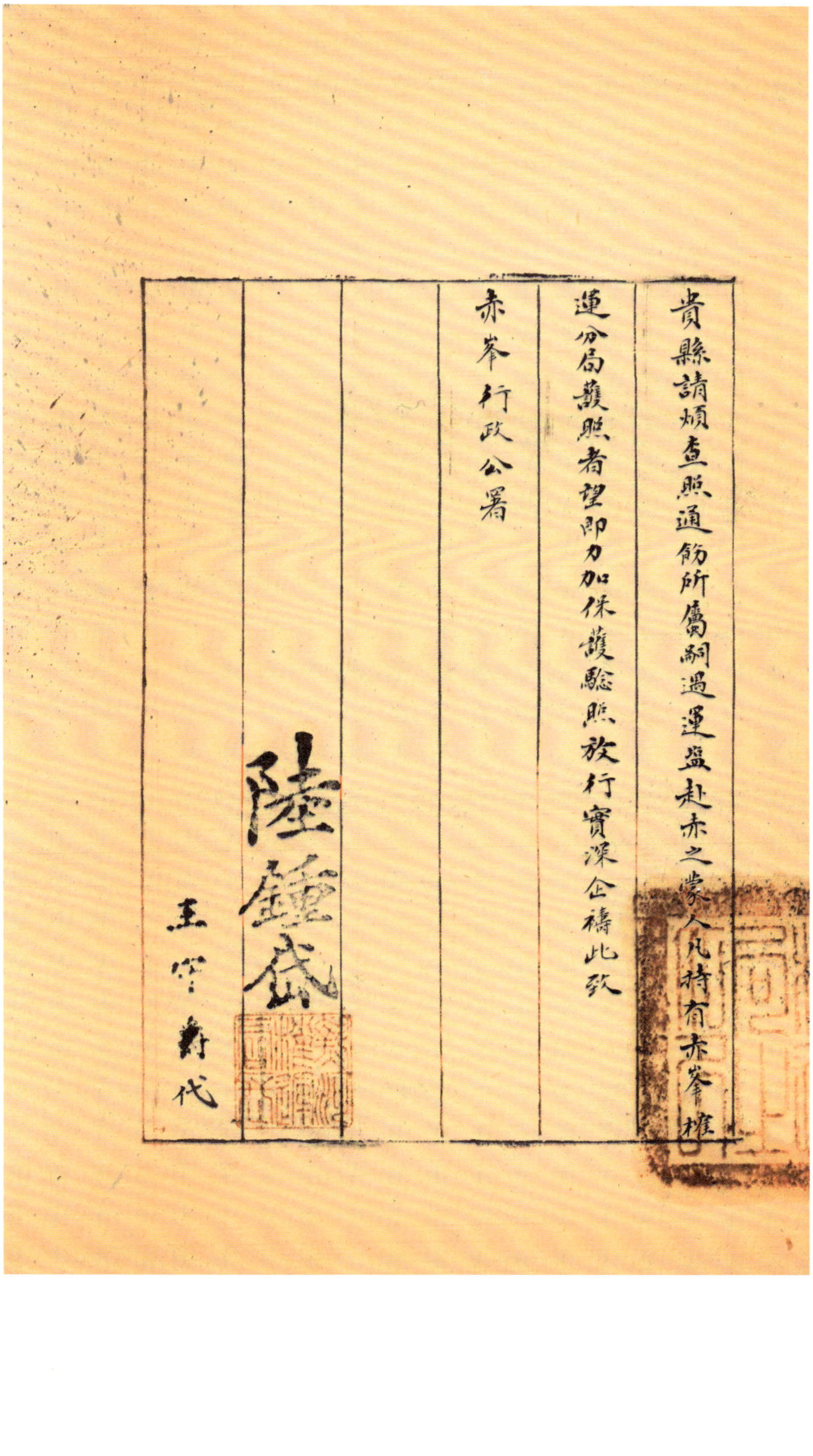

貴縣請煩查照通飭所屬嗣過運鹽赴赤之蒙人凡持有赤峯榷運分局護照者望即力加保護驗照放行實深企禱此致

赤峯行政公署

陸鍾岱

主管尉代

〇四六 熱河榷運局爲凡持有赤峰榷運分局護照之運鹽蒙人請飭屬保護驗照放行事致赤峰縣公署公函（1914 年 9 月 21 日）

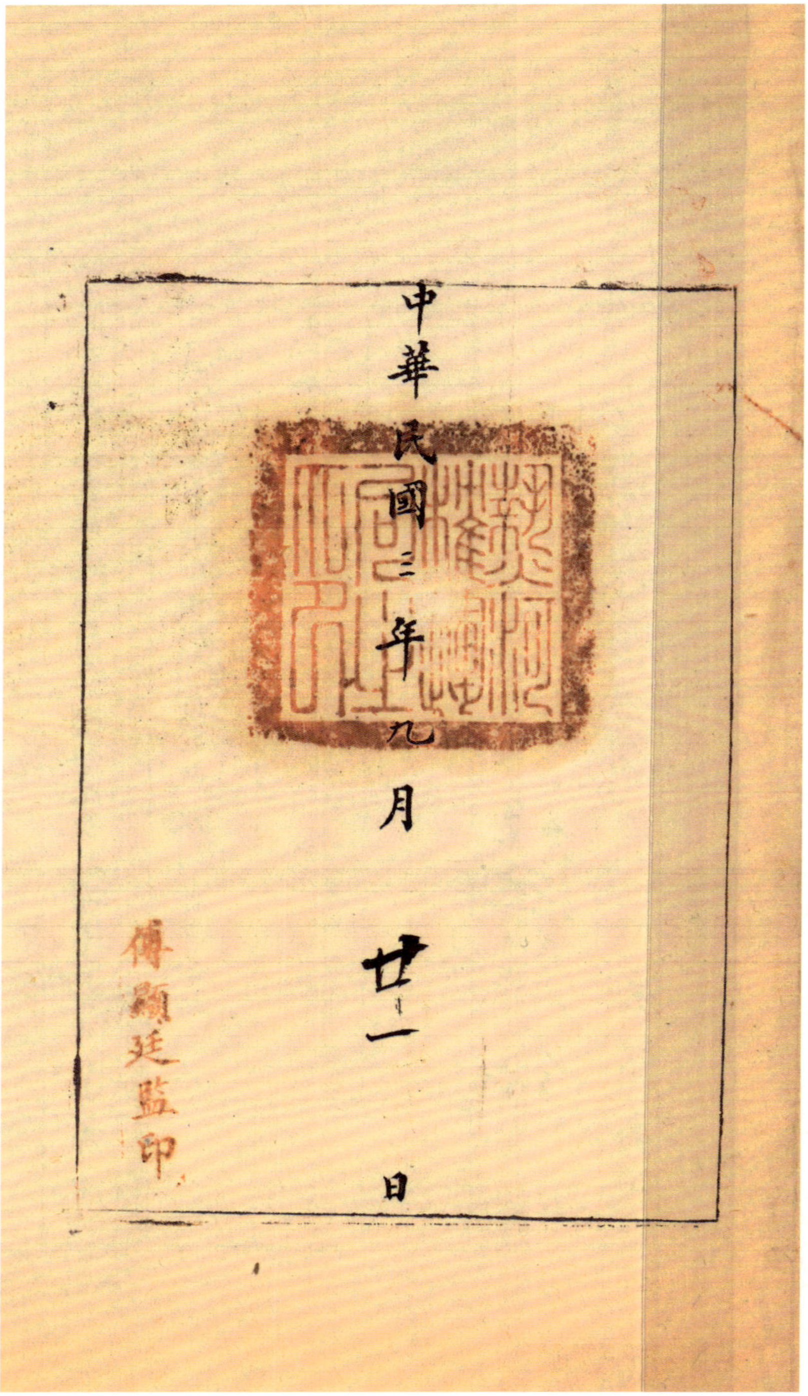
中華民國三年九月廿一日

傅顯廷監印

〇四七 熱河道道尹公署爲轉發赤峰縣警察所鈐記事致赤峰縣公署飭（1914 年 10 月 27 日）

〇四七 熱河道道尹公署爲轉發赤峰縣警察所鈐記事致赤峰縣公署飭（1914年10月27日）

熱河道道尹公署飭第壹零叁號
為飭發事查該縣繳銷赤峯州巡警總局鈐記
並請另發圖記一案奉
都署抄由批開據詳該縣現因改州為縣所有從
前頒發巡警鈐記自難適用擬請另發圖記以昭
信用等情已悉應即准如所請查照縣警察所
官制刊刻木質鈐記一顆文曰赤峯縣警察所鈐記
仰該道尹即行轉發該縣執掌啟用可也此批計發
赤峯縣警察所鈐記一顆等因奉此除備案並詳復外
合亟將該縣警察所鈐記一顆飭發該知事祗領啟用

○四七　熱河道道尹公署爲轉發赤峰縣警察所鈐記事致赤峰縣公署飭（1914年10月27日）

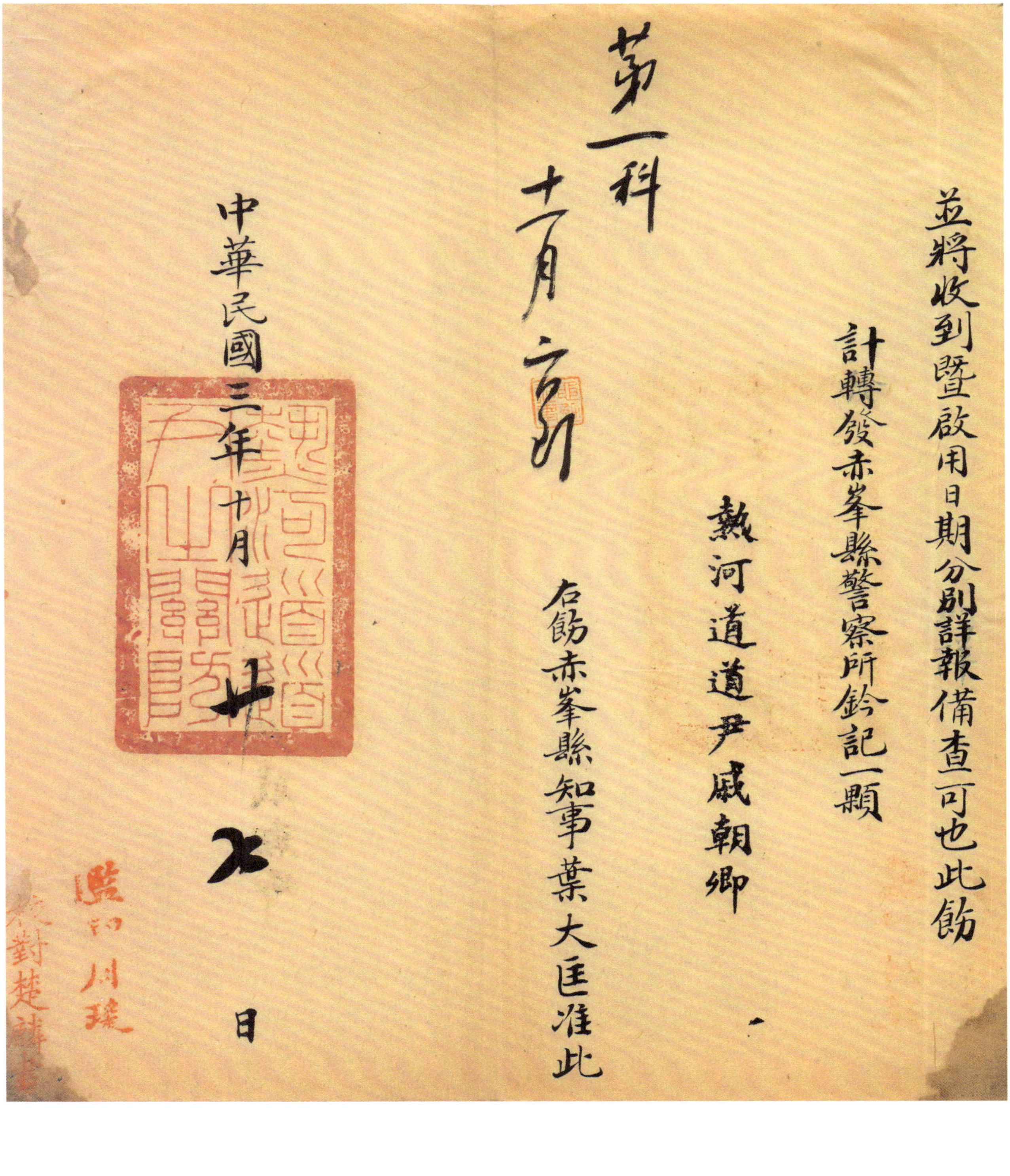

並將收到暨啟用日期分別詳報備查可也此飭

計轉發赤峯縣警察所鈐記一顆

熱河道道尹戚朝卿

右飭赤峯縣知事葉大匡准此

第一科

十一月二日到

中華民國三年十月廿七日

熱河道道尹關防

監印　周璣

校對　楚瑋

○四八 熱河都統署審判處爲按月依式報送民事案件判决書事致赤峰縣公署飭（1914 年 11 月 4 日）

3-1-274-15(1)

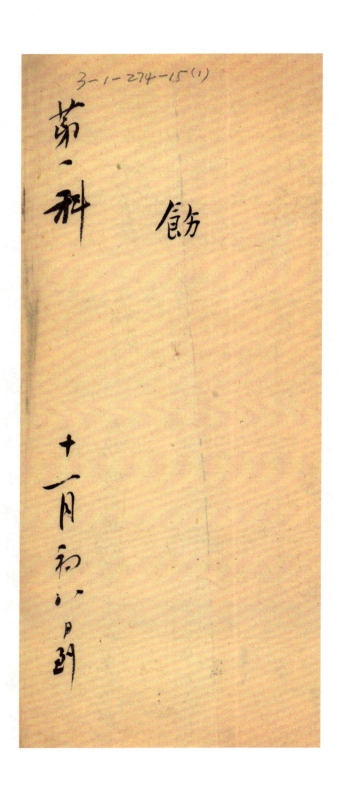

飭

第一科

十一月初八日到

○四八 熱河都統署審判處爲按月依式報送民事案件判決書事致赤峰縣公署飭（1914年11月4日）

熱河都統署審判處飭第四十四號

爲飭知事案奉

司法部飭開爲飭知事查刑事案件報部册式業於二年七月十八日第九七號公布歷經京外各審判衙門遵辦在案民事案件目下僅憑部訟月表稽核件數而事實真相及判決理由尚未特定報部此時自應亟予案行自本年十二月起凡有左列各款之案件均應按月將各該案之判決書抄印一份并遵照本飭附屬之卷面格式填註分類裝訂成册（每月分物權爲一册債權爲一册婚姻繼承爲一册）册面標簽記明某廳處彙送某年某月分

○四八 熱河都統署審判處爲按月依式報送民事案件判决書事致赤峰縣公署飭（1914年11月4日）

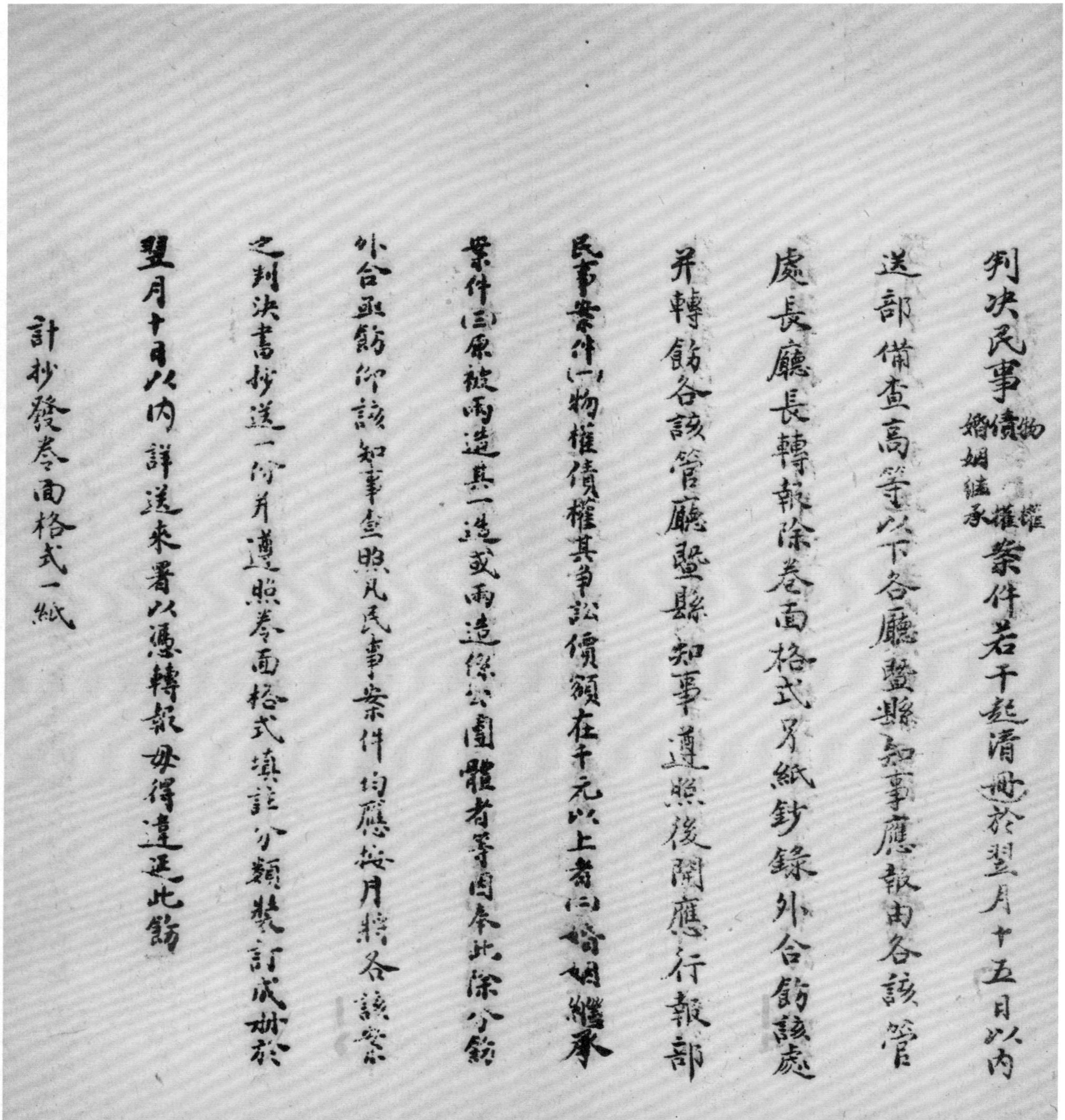
判決民事債權物權婚姻繼承案件若干起清冊於翌月十五日以內
送部備查高等以下各廳暨縣知事應報由各該管
處長廳長轉報除卷面格式另紙鈔錄外合飭該處
并轉飭各該管廳暨縣知事遵照後開應行報部
民事案件（一）物權債權其爭訟價額在千元以上者（二）婚姻繼承
案件（三）原被兩造其一造或兩造係公團體者等因奉此除分飭
外合亟飭仰該知事查照凡民事案件均應按月將各該案
之判決書抄送一份并遵照卷面格式填註分類裝訂成冊於
翌月十日以內詳送來署以憑轉報毋得遲延此飭
計抄發卷面格式一紙

○四八 熱河都統署審判處爲按月依式報送民事案件判決書事致赤峰縣公署飭（1914年11月4日）

兼任熱河審判處處長戚朝卿

右飭赤峰縣知事准此

中華民國三年十一月四日

○四八 熱河都統署審判處爲按月依式報送民事案件判決書事致赤峰縣公署飭（1914年11月4日）

卷面格式（尺寸以此為度）

某年某月某日受理	審理幾次	某年某月某日判決	有無上訴

主任推事（或審理員）某人

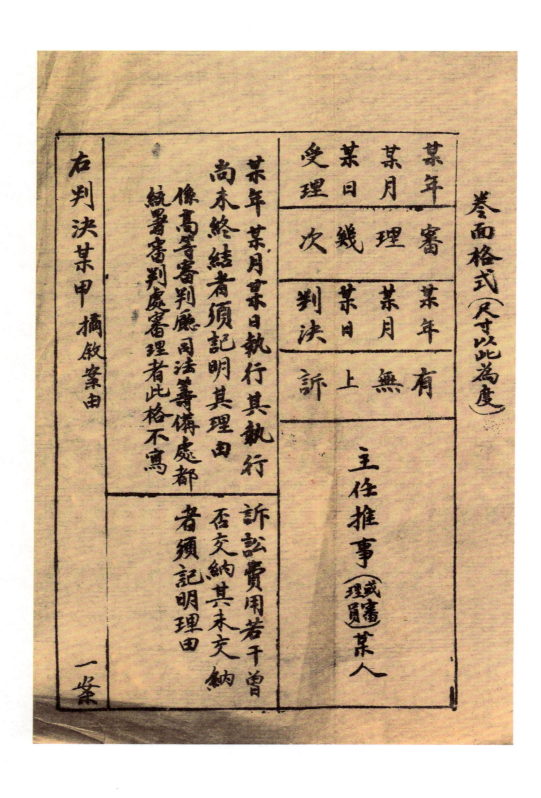

某年某月某日執行其執行尚未終結者須記明其理由

係高等審判廳司法籌備處都統署審判處審理者此格不寫

訴訟費用若干曾否交納其未交納者須記明理由

右判決某甲摘敘案由 一案

○四九 赤峰監獄爲呈報舊監獄改良辦法事致赤峰縣公署詳（1914年11月30日）

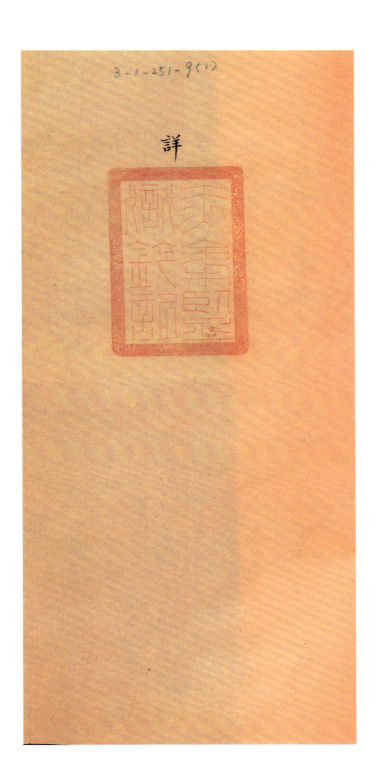
3-1-251-9(1)

詳

○四九　赤峰監獄爲呈報舊監獄改良辦法事致赤峰縣公署詳（1914 年 11 月 30 日）

赤峰縣管獄官爲詳報事案查前奉
鈞署訓令所有監獄機關應遵照
部定舊監獄改良辦法八條悉心籌畫亟謀整頓並每年分
二五八十一月爲四期屆期逐條造具説帖呈報彙轉等
因在案現届十一月造報之期應即遵照舊監獄改良辦
法八條詳細籌畫並參酌往日狴犴情形因革損益逐加
改良用符救焚拯溺之良規而收化莠爲良之效果除
各條辦法另具説帖附呈外所有按期造送舊監獄改良辦
法緣由理合備文詳請
鈞署查核彙轉施行謹詳
赤峰縣行政公署
附呈　説帖一扣

○四九　赤峰監獄爲呈報舊監獄改良辦法事致赤峰縣公署詳（1914年11月30日）

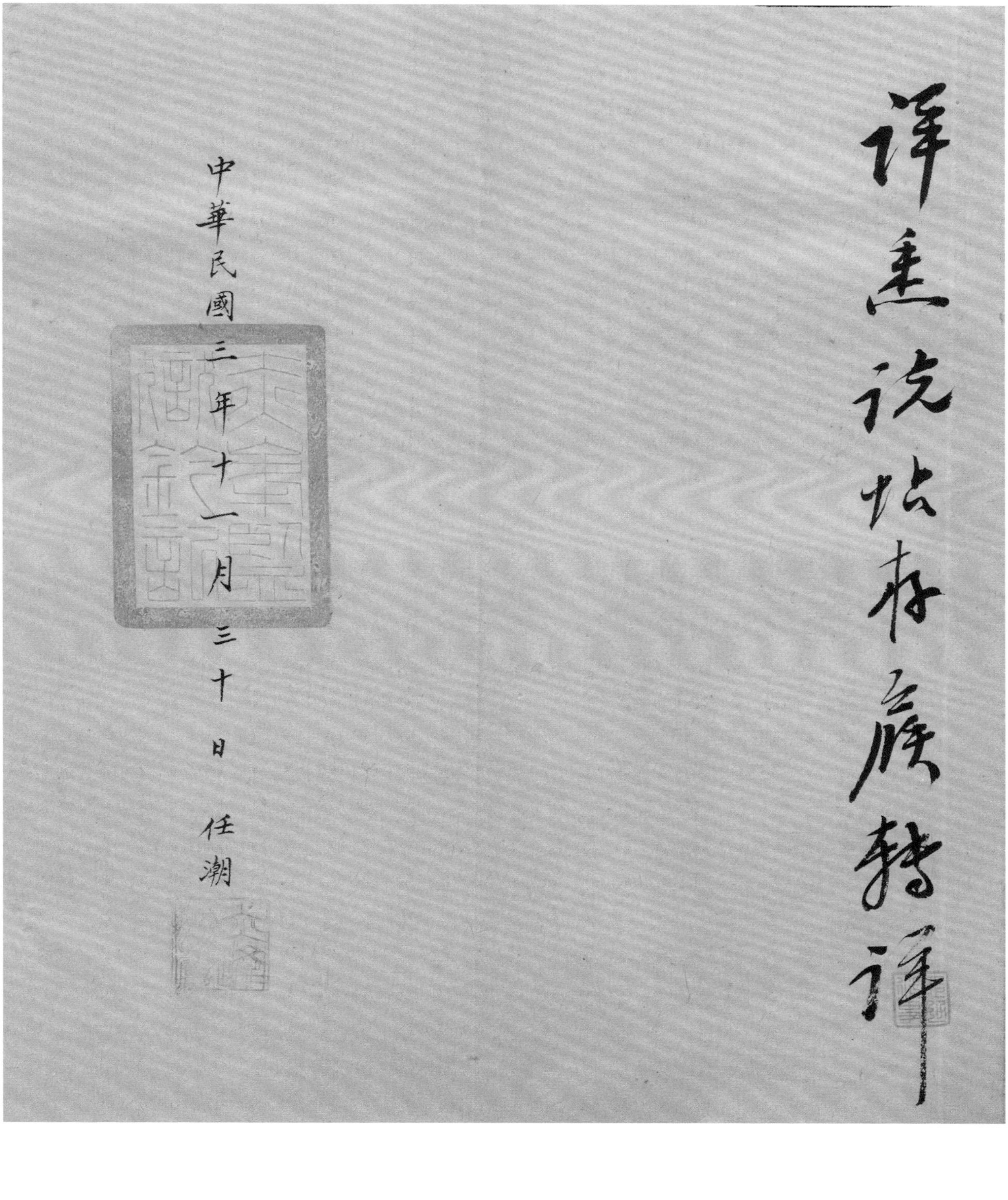

詳送說帖存候轉詳

中華民國三年十一月三十日　任潮

○四九 赤峰監獄爲呈報舊監獄改良辦法事致赤峰縣公署詳（1914年11月30日）

3-1-251-9(2)

說帖

○四九　赤峰監獄爲呈報舊監獄改良辦法事致赤峰縣公署詳（1914年11月30日）

謹將赤峰縣舊監獄改良辦法八條逐條附具説明恭呈
鈞鑒
計開
第一條　各舊監獄專收已定罪之人犯但未設有看守所地方
所有刑事被告人亦得羈禁於此惟須另行劃分一部嚴行離隔
查舊監獄與看守所之性質既屬不一而已決未決犯人之待
遇亦應有别自應劃分部居以清界限本監獄前已酌量犯
人之類别將監房另劃出看守所一處定名曰舊監獄内附
設看守所其已決人犯拘禁於監房而未決人犯羈押於附
設之看守所以免混淆之弊而獲離隔之益
第二條　各監獄除雜居房外應酌設分房
按監獄設分房之制旨在離隔罪惡之傳染以期化莠爲良誠

〇四九　赤峰監獄爲呈報舊監獄改良辦法事致赤峰縣公署詳（1914年11月30日）

為監獄改良切要之圖但本監獄內範圍狹窄無法擴充舊有之監房甚尠修置又苦於款艱無米為炊其何能濟前於無可如何之中而籌權宜之法按照犯人之罪名籍貫及有無關係各項分配得宜以免串通之弊雖其依舊雜居仍屬有分房之意也

第三條　各舊監獄之雜居房如係漫無區劃者即須酌量形勢實行離隔

查已往舊監獄之情形皆係雜居漫無區劃本監獄亦然自奉改良新章後始漸次酌量形勢實行離隔其離隔之辦法大要俾已決未決各犯各分部居然因籠少人多不敷分配而未決一案數犯者又須酌量形勢雜入已決犯內以為就全之計總之務宜使各犯斷絕關係克免教唆串供等弊為得

〇四九　赤峰監獄爲呈報舊監獄改良辦法事致赤峰縣公署詳（1914年11月30日）

策也

第四條　各舊監獄須視收人之多少設相當之工場

按監獄設置工場實屬切要之圖於道德於教育於經濟各方面均有絕大關係前已經具文呈請建設在案現尚未奉部令故暫行闕如

第五條　各舊監獄應劃設病室

案監獄設病室乃衛生之所必要前已將空置之女籠改設病室惟其中面積似覺狹窄俟籌有的款再行修置

第六條　各舊監獄大都空氣缺乏光線不足地勢卑濕即須設法整理

查往日狴犴情形空氣缺乏等弊勢所難免奈基礎既久完善補苴難望周全惟有隨時設法俾其清濁之氣易於輸

○四九　赤峰監獄爲呈報舊監獄改良辦法事致赤峰縣公署詳（1914年11月30日）

通冀免宿弊而已前已將各監房遍置風斗而籠內亦時
常洒掃亮封並散佈石灰以除濕潮逐加整理庶前弊可
免萬一也

第七條　刑事被告人收入各舊監獄者應按本部第七號部
令看守所暫行規則辦理

按此條早經照辦凡屬刑事之被告人即收入舊監獄內之附
設看守所現已決各犯已逾百名之多舊有五籠均經佔滿
前復呈請修設一籠專為羈禁刑事被告人之所以符定章
而示區別

第八條　管獄各職員應在監獄內值宿辦事

按管獄職員在獄內值宿辦公固屬當然惟以實際論之礙難
照辦查本監獄內共房十二間除獄神廟一間內更夫室一

○四九 赤峰監獄爲呈報舊監獄改良辦法事致赤峰縣公署詳（1914年11月30日）

間附設看守所二間東西監房各四間病室一間外籠三間外別無空置閒房現在職員等在署內辦公獄內猶患人滿若照章移置獄內實無下榻處所籌思至再惟有分派看丁在獄值宿監視其內部管獄職員仍居署內防衛其外部以爲權宜之計俟款源有自或擴張範圍或另行修造再爲規定

查以上各條本屬切要似不宜淡漠視之但因國款支絀兼
大總統有禁止修繕之令工無利器善事爲難故其中難免因陋就簡之處一俟籌有巨款再爲隨時整理逐加改良合併聲明

○四九 赤峰監獄爲呈報舊監獄改良辦法事致赤峰縣公署詳（1914年11月30日）

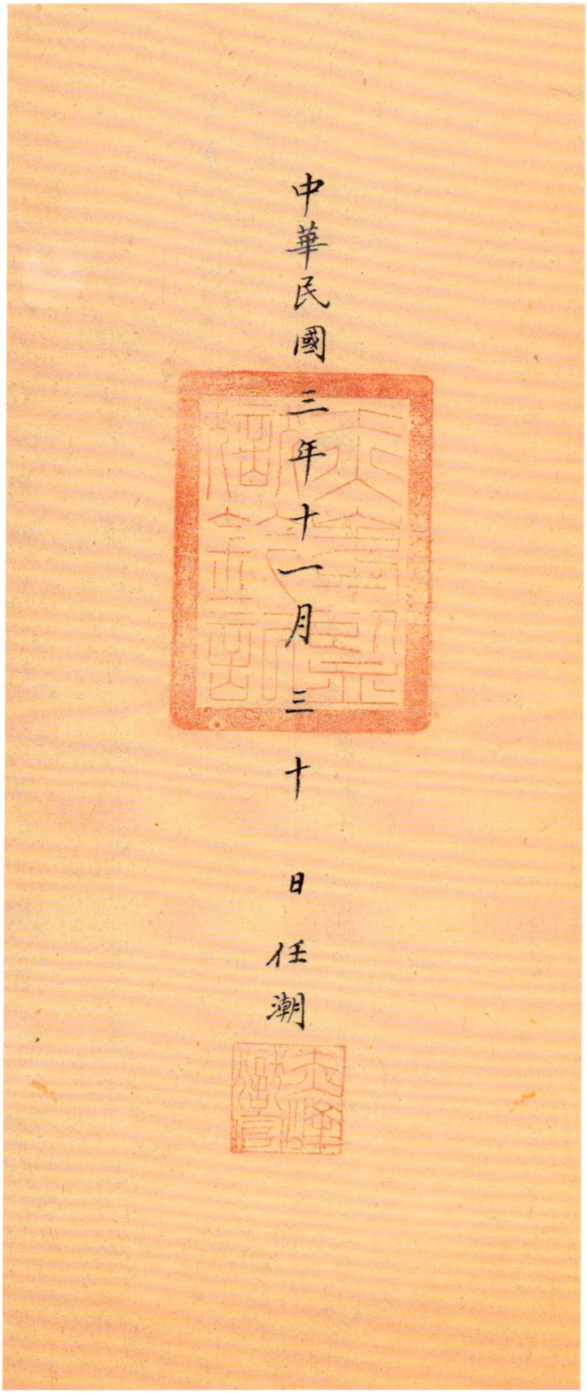
中華民國三年十一月三十日 任潮

○五○ 赤峰商會爲依限遵章改組請轉詳立案事致赤峰縣公署呈（1914 年 12 月 26 日）

3-1-1772-4(1)

呈

○五○ 赤峰商會爲依限遵章改組請轉詳立案事致赤峰縣公署呈（1914 年 12 月 26 日）

赤峯商會

呈案查本年九月十三號政府公報内載商會法第五十九條本法施行前所成立之商務總分會自本法施行之日起以六箇月為限須依本法改組商會十一月二十八號政府公報所載商會法施行細則第六條各商會圖章式樣應遵照内務部所定圖章式樣長營造尺一寸五分闊如之周圍邊寬一分文曰某某商會之章不得沿用印字關防等字樣於稟報立案時先將圖章式樣附同章程稟報備核各等語自應遵照依限改組當經投票選得朱錫棻為正會長郭縉之為副會長公訂辦事規則五十條及刊刻圖章文曰赤峯商會之章造具會長會董年歲籍貫資格表圖章式樣各三份理合呈送

貴公署查核轉詳咨部立案實為公便謹呈

○五○ 赤峰商會爲依限遵章改組請轉詳立案事致赤峰縣公署呈（1914 年 12 月 26 日）

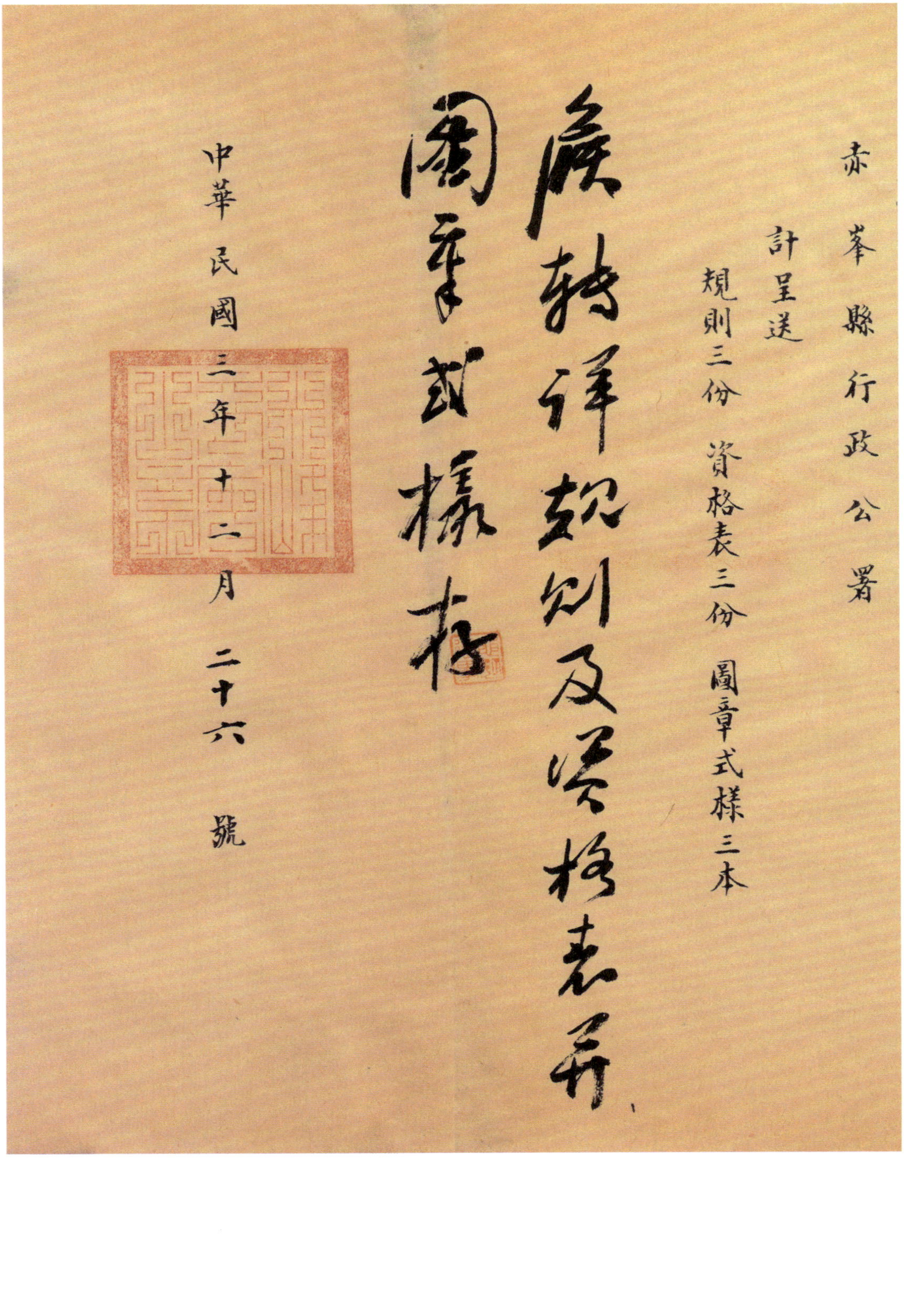

赤峯縣行政公署

計呈送

規則三份 資格表三份 圖章式樣三本

候轉詳規則及資格表并

圖章式樣存

中華民國三年十二月二十六號

〇五〇　赤峰商會爲依限遵章改組請轉詳立案事致赤峰縣公署呈（1914 年 12 月 26 日）

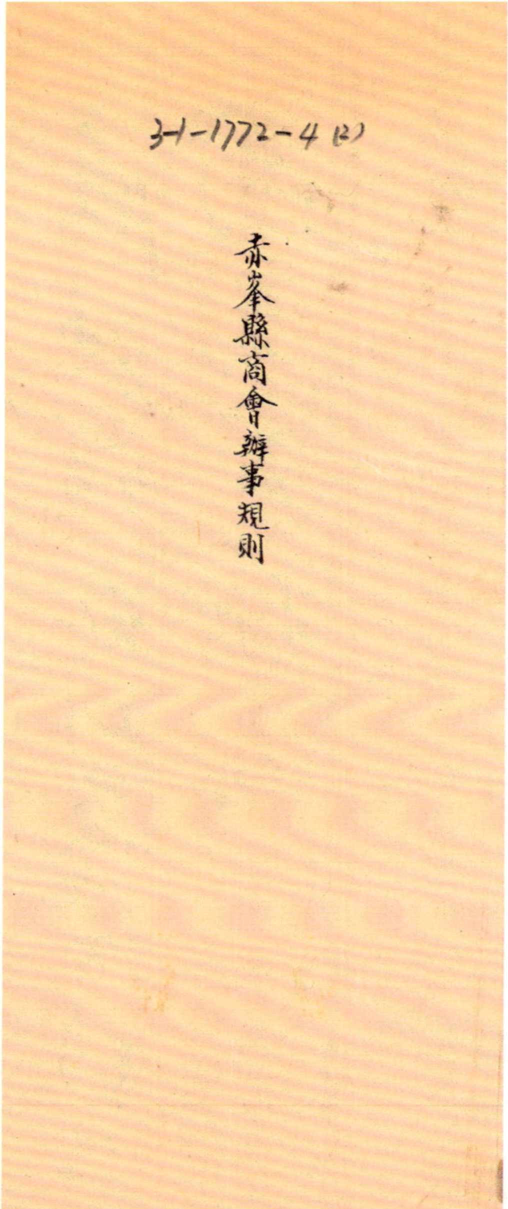
3-1-1772-4(2)

赤峯縣商會辦事規則

○五○　赤峰商會爲依限遵章改組請轉詳立案事致赤峰縣公署呈（1914年12月26日）

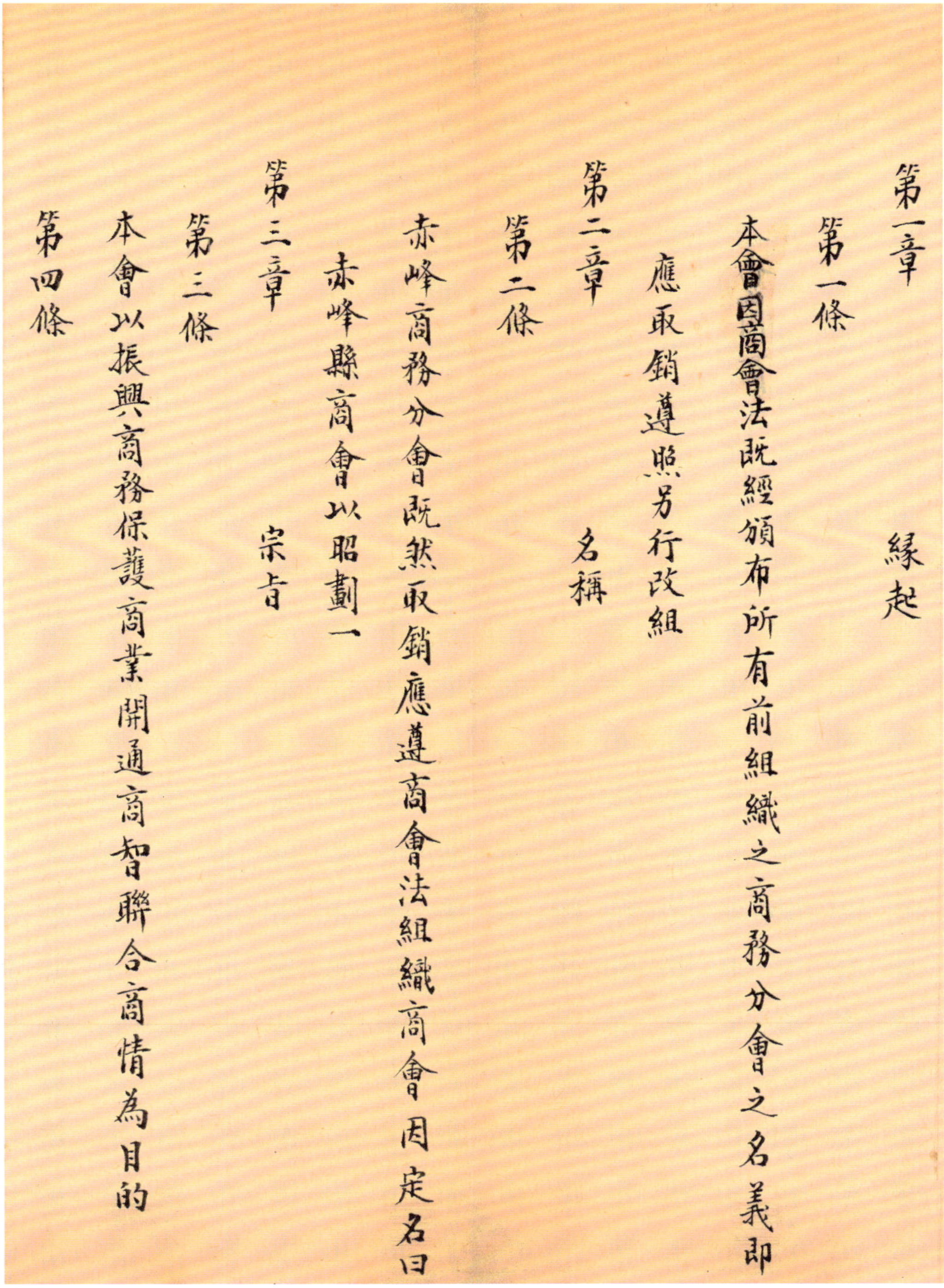

第一章　緣起

第一條

本會因商會法既經頒布所有前組織之商務分會之名義即

應取銷遵照另行改組

第二章　名稱

第二條

赤峰商務分會既然取銷應遵商會法組織商會因定名曰

赤峰縣商會以昭劃一

第三章　宗旨

第三條

本會以振興商務保護商業開通商智聯合商情爲目的

第四條

○五○ 赤峰商會爲依限遵章改組請轉詳立案事致赤峰縣公署呈（1914年12月26日）

本會之設雖有前條之規定然凡提倡一事必經會議議決一事必
詳由地方長官或轉達或推行之
第五條
本會除本細則規定應辦各事以外仍遵行商會法第六條
規定之職務
第四章　地點
第六條
本會仍在縣署東租賃燒行房院為會所
第五章　區域
第七條　本會區域以赤峰縣所屬為區域而區域內商務繁盛之
處只烏丹城一處將來認為有成立事務所之必要與否另議訂之
第六章　選任及解任

○五○ 赤峰商會爲依限遵章改組請轉詳立案事致赤峰縣公署呈（1914年12月26日）

第八條
本會當選舉時預期通知縣屬區域内普通商號各舉其本號有選
舉資格者爲代表齊集會所投票公舉
第九條
本會届選舉期必先期詳明地方長官當投票時亦必詳請地方
長官監督
第十條
本會選舉用記名聯記投票法以得票數最多者爲當選
第十一條
本會由普通商號之代表人選出會董三十人
第十二條
會董選出三十人由三十人中再選正副會長各一人

第十三條
本會會長會董選出詳由地方長官轉呈高級行政長官咨請
農商部立案
第十四條
本會遵照商會法第四條第四第五第六各欵得選定會計會董
四員庶務會董六員特别會董六員
第十五條
本會選舉正副會長會董必具有左列資格爲限
一品行端方爲各商號推重居多數者
二年在三旬以上者
三係行號鉅東或經理人者
四受破産之宣告已撤銷者

○五○ 赤峰商會爲依限遵章改組請轉詳立案事致赤峰縣公署呈（1914年12月26日）

五、素無嗜好者

六、無精神病者

第十六條

會長副會長會董特別會董遵照商會法均以二年爲一任期其中

途補充者仍接算前任日期

第十七條

前條所列各職員期滿再被選時照章連任一次

第十八條

會董每年改選十五人

第十九條

特別會董任期滿時如經會董議決亦得連任

第二十條

○五○ 赤峰商會爲依限遵章改組請轉詳立案事致赤峰縣公署呈（1914年12月26日）

本會職員無論如何除名及請退職均得開會議決方可行之

第二十一條

本會職員會董等照章如有不得已事故准其退職及遇第十四條所列

情事之一者或農商部或地方長官依法律令其退職亦遵行之

第二十二條

本會職員任期屆滿選新職員如就職接理舊職員方得退職

第七章　規制

第二十三條

本會因赤峰商務稍盛於熱河各屬事務不免繁鉅職員自應從

多規定遵照商會法第十條以三十人為限

一會長一員副會長一員

二會計會董四員

〇五〇 赤峰商會爲依限遵章改組請轉詳立案事致赤峰縣公署呈（1914年12月26日）

三庶務會董六員
四會董十八員由十八員内公舉常駐會董八員特别會董六員
尋常會董四員此項會董開會時均臨時招集之
第二十四條
本會常川駐會辦事只有會長一員副會長一員常駐會董八員書記
一員文牘一員書記由正副會長遴選文牘由正副會長會議公舉
第二十五條
正會長總理會中一切事務及負有監察之責
第二十六條
副會長襄助正會長總理一切事務及負有監察之責
第二十七條
會計會董撿察出入各款每月終日開會當衆宣示

○五○ 赤峰商會爲依限遵章改組請轉詳立案事致赤峰縣公署呈（1914年12月26日）

第二十八條
庶務會董承會長委任關於公斷調查商業上爭議及會內一切事宜
第二十九條
常駐會董由常駐會董八員內公推四人二人管理銀錢二人登記賬
簿其餘四人經理會中一切事宜
第三十條
文牘掌管文牘信件一切事宜
第三十一條
尋常特別會董担任商業上調查報告公斷等項事宜
第三十二條
書記管理謄錄公文信件及收發文件一切事宜
第八章
會議

○五○ 赤峰商會爲依限遵章改組請轉詳立案事致赤峰縣公署呈（1914年12月26日）

第三十三條

本會分通常會特別會臨時會三種

第三十四條

本會開通常會每月一次應由本會正副會長預定日期招集會

董到會公議會期以三日為率

第三十五條

本會開特別會由會員額數在二十人以上欲開特別會議先期由正

副會長審查是否與商業有關係與商會權限有無反背審查

後方准招集開會其開議時會員亦須三分之二以上其議决事件

亦必由會員三分之二以上同意方為有效不拘定時

第三十六條

本會臨時會正副會長遇有事件認為緊要時不能待至會期准由

○五○ 赤峰商會爲依限遵章改組請轉詳立案事致赤峰縣公署呈（1914年12月26日）

正副會長斟酌招集之一日不能議完得再延長一日至多不得逾三日

第三十七條

本會開會時由正副會長為主席如正會長因事故不到時副會長得代之如正副會長均有事故不能到會由會董公推一人為主席

第三十八條

本會開會時須約鐘點到會如有事不能到會先期聲明理由

第三十九條

本會開會非有會員過三分之二出席不得開議

第四十條

本會會員提議非有二人以上贊同不得提出議案

第四十一條

本會對於所議事件表決時以可否最多數為準可否同數

○五○　赤峰商會爲依限遵章改組請轉詳立案事致赤峰縣公署呈（1914年12月26日）

取決會長

第四十二條

本會通常會開會期間除開臨時及特別會外會內職員得

照常辦理會務及議決案及其他事項

第九章　　關於公斷事項

第四十三條

本會遇有商號因商事爭議事件時為之公斷調處

第四十四條

本會之調處無論地方長官之飭委或當事人之要求調處完畢與

否均得詳呈地方長官

第十章　　職務

第四十五條

○五○　赤峰商會爲依限遵章改組請轉詳立案事致赤峰縣公署呈（1914年12月26日）

本會如因商家要求及商家受不利益之侵害並遇有利害關係及市面有因其他事件生出恐慌時得開會討論議决後詳請地方長官維持或申辦之

第四十六條

本會職務雖如前條規定如與商會法第六條之規定相當之職務亦得遵行之

第四十七條

本會如會董等或因疏忽或因故意有徇情偏袒情事 為本會會員或衆商號查出或他人舉發者得詳請地方長官或論以相當罰金或除名

第十一章　經費

本會經費以從前各號年捐之款充用分活支額支二項如左

○五○　赤峰商會爲依限遵章改組請轉詳立案事致赤峰縣公署呈（1914年12月26日）

第四十八條

本會額支款由會計編列預算表交付議案公同討論議決後發

字虧則得申理由開會公議如何追加餘則留備下届

第四十九條

本會活支款在五十兩以内由正副會長與會董議決發字照發

五十兩以外須開特别會全體公議

第十二章　附則

第五十條

本會規則自呈請地方長官核准轉詳奉　批後即　爲施行

如有未盡事宜開會時公同酌訂

○五○ 赤峰商會爲依限遵章改組請轉詳立案事致赤峰縣公署呈（1914 年 12 月 26 日）

31-1772-4B1

赤峯縣商會會長會董資格表

職名	姓名	年歲	籍貫	資格
正會長	朱錫棻	四十四	赤峯縣	係晋升豫 晋昌源 晋和源之鋪東
副會長	郭縉之	三十九	平泉縣	係泰萃豫 泰謙豫 泰升豫 泰晋豫 泰恒豫 福聚成之股東
會董	喬鍾傑	五十一	薊縣	係聚清隆 聚興隆 聚昌隆 裕德隆 福聚恒 聚德店 義成園之股東
	王履中	五十六	永平府	係善長久經理人
	朱寶琮	三十九	赤峯縣	係復盛當 復和永 復盛成 復盛隆 德盛成之股東
	陳紹義	四十七	赤峯縣	係晋恒泰 晋豐泰 恒升豫 恒豐豫 通興永之股東
	張文琳	三十五	赤峯縣	係元隆號 萬源德 乾元泰之股東
	許汝明	四十九	赤峯縣	係公元店 公順店 錦元局 公聚德 廣德公之股東
	鄭芝齡	四十	天津縣	係官銀分號經理人

○五○　赤峰商會爲依限遵章改組請轉詳立案事致赤峰縣公署呈（1914年12月26日）

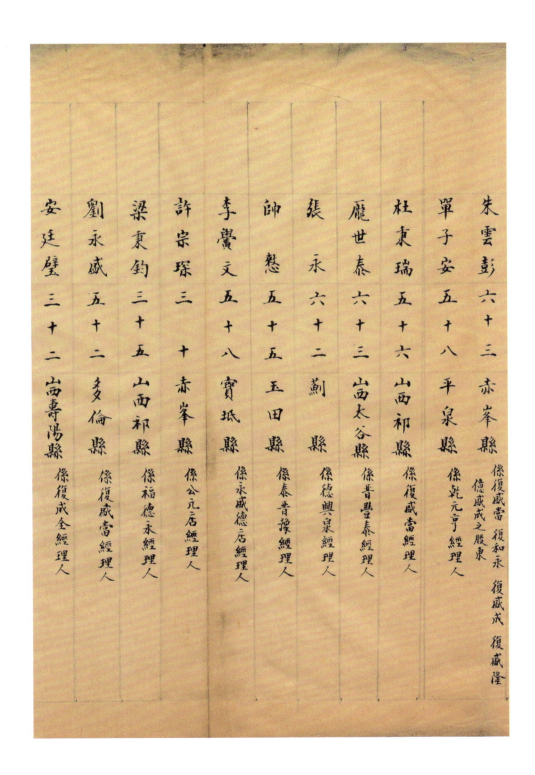

朱雲彭	六十三	赤峯縣	係復盛當　復和永　復盛成　復盛隆 德盛成之股東
單子安	五十八	平泉縣	係乾元亨經理人
杜東瑞	五十六	山西祁縣	係復盛當經理人
龐世泰	六十三	山西太谷縣	係晋豐泰經理人
張永	六十二	薊縣	係德興泉經理人
師懋	五十五	玉田縣	係泰晋豫經理人
李贇文	五十八	寶坻縣	係永盛德々店經理人
許宗琛	三十	赤峯縣	係公元々店經理人
梁東鈞	三十五	山西祁縣	係福德永經理人
劉永盛	五十二	多倫縣	係復盛當經理人
安廷璧	三十二	山西壽陽縣	係復成全經理人

〇五〇　赤峰商會爲依限遵章改組請轉詳立案事致赤峰縣公署呈（1914年12月26日）

韓懋貞	三十九	玉田縣	係萬源德經理人
趙會元	四十六	饒陽縣	係福興永經理人
董秀	五十二	遷安縣	係德盛成經理人
王永明	三十八	寶坻縣	係復盛成經理人
楊培書	五十八	山西平定縣	係義和公經理人
于德廣	六十	玉田縣	係協泰亨經理人
韓大用	四十五	玉田縣	係福恒長棧經理人
馮宏	四十	寶坻縣	係廣興店經理人
劉維志	四十九	玉田縣	係洪興號經理人
夏之貢	六十二	河南項城縣	係永安堂經理人

○五○ 赤峰商會爲依限遵章改組請轉詳立案事致赤峰縣公署呈（1914年12月26日）

圖章式樣

3-1-1772-4(1)

○五○ 赤峰商會爲依限遵章改組請轉詳立案事致赤峰縣公署呈（1914年12月26日）

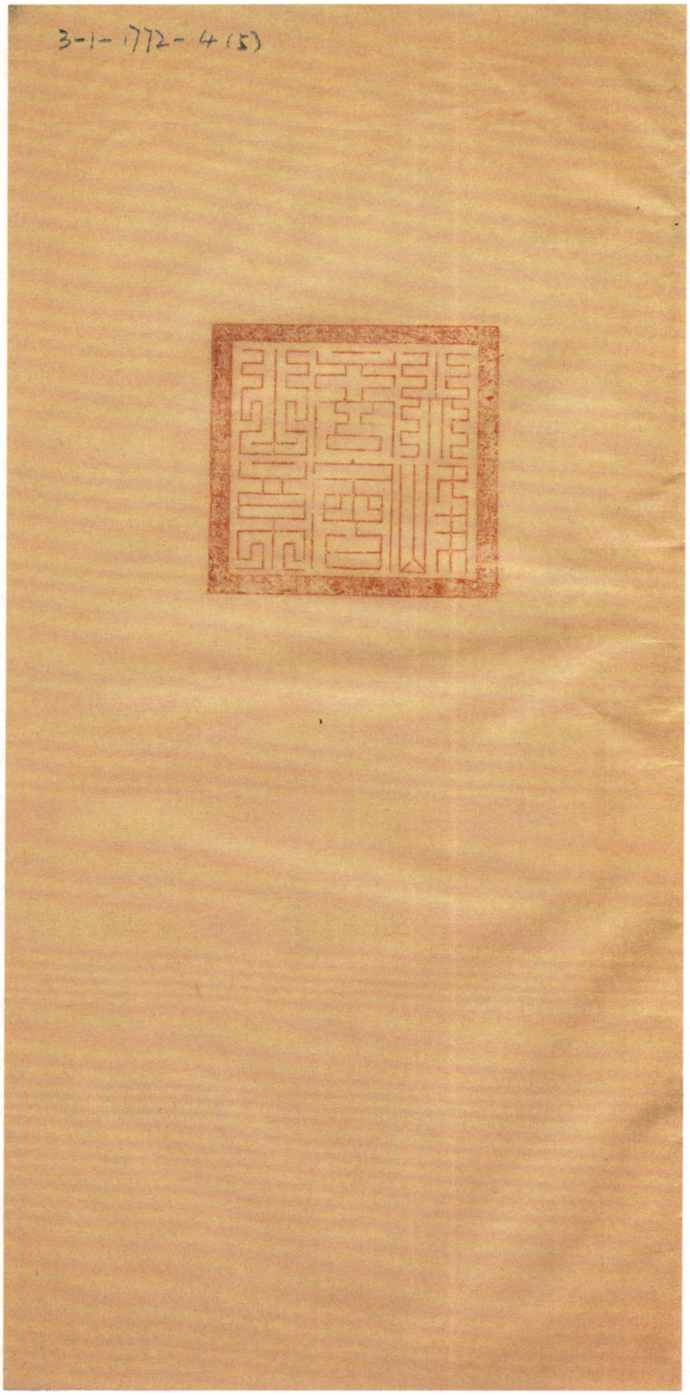

○五一 熱河都統公署爲蒙旗放賣荒地須經核准立案禁止私相授受事致赤峰縣公署飭（1915年1月13日）

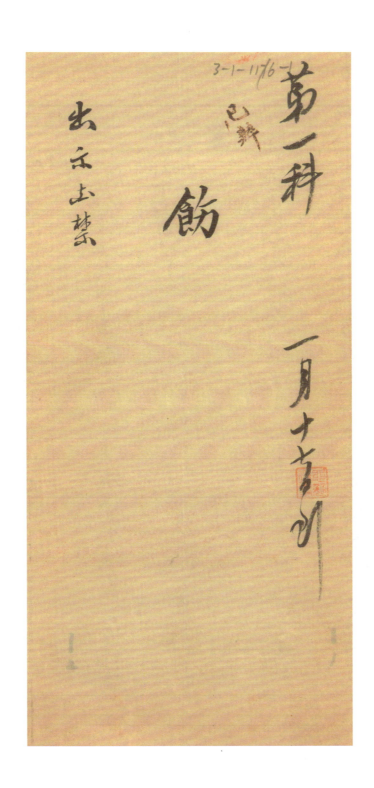
3-1-1176-1
第一科
已辦
飭
出示立禁
一月十三日

○五一　熱河都統公署爲蒙旗放賣荒地須經核准立案禁止私相授受事致赤峰縣公署飭（1915年1月13日）

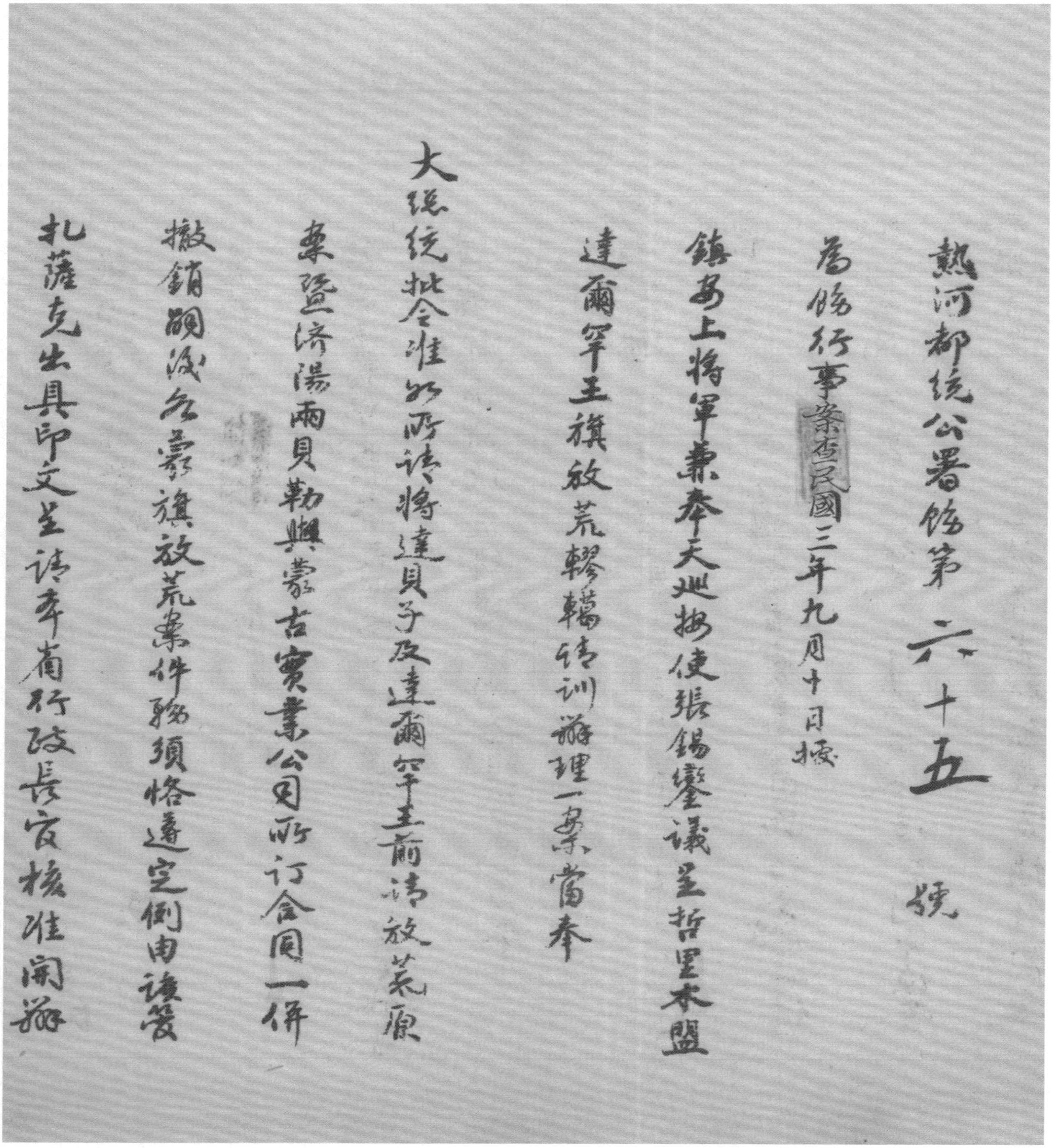
熱河都統公署飭第六十五號
爲飭行事案查民國三年九月十日據
鎮安上將軍兼奉天巡按使張錫鑾議呈哲里木盟
達爾罕王旗放荒轇轕請訓辦理一案當奉
大總統批令准如所請將達貝子及達爾罕王前請放荒原
案暨濟陽兩貝勒與蒙古實業公司所訂合同一併
撤銷嗣後各蒙旗放荒案件務須恪遵定例由該管
扎薩克出具印文呈請本管行政長官核准開辦

○五一 熱河都統公署爲蒙旗放賣荒地須經核准立案禁止私相授受事致赤峰縣公署飭（1915年1月13日）

不得私相授受以杜事端條如所擬辦理交内務部

蒙藏院查照此批等因奉此查私墾荒地滋生事

端到處因熱河各屬蒙地居多墾賣荒地時有

聞見並遵

大總統批令查明定例通飭所屬一體遵辦以杜私相授受

滋事端嗣後凡熱河所屬各蒙旗如遇放賣荒地均須

先由該管札薩克備具印文咨由本都統核准立案

然後開放否則即由該管地方知事查明禁止其私相

○五一　熱河都統公署爲蒙旗放賣荒地須經核准立案禁止私相授受事致赤峰縣公署飭（1915 年 1 月 13 日）

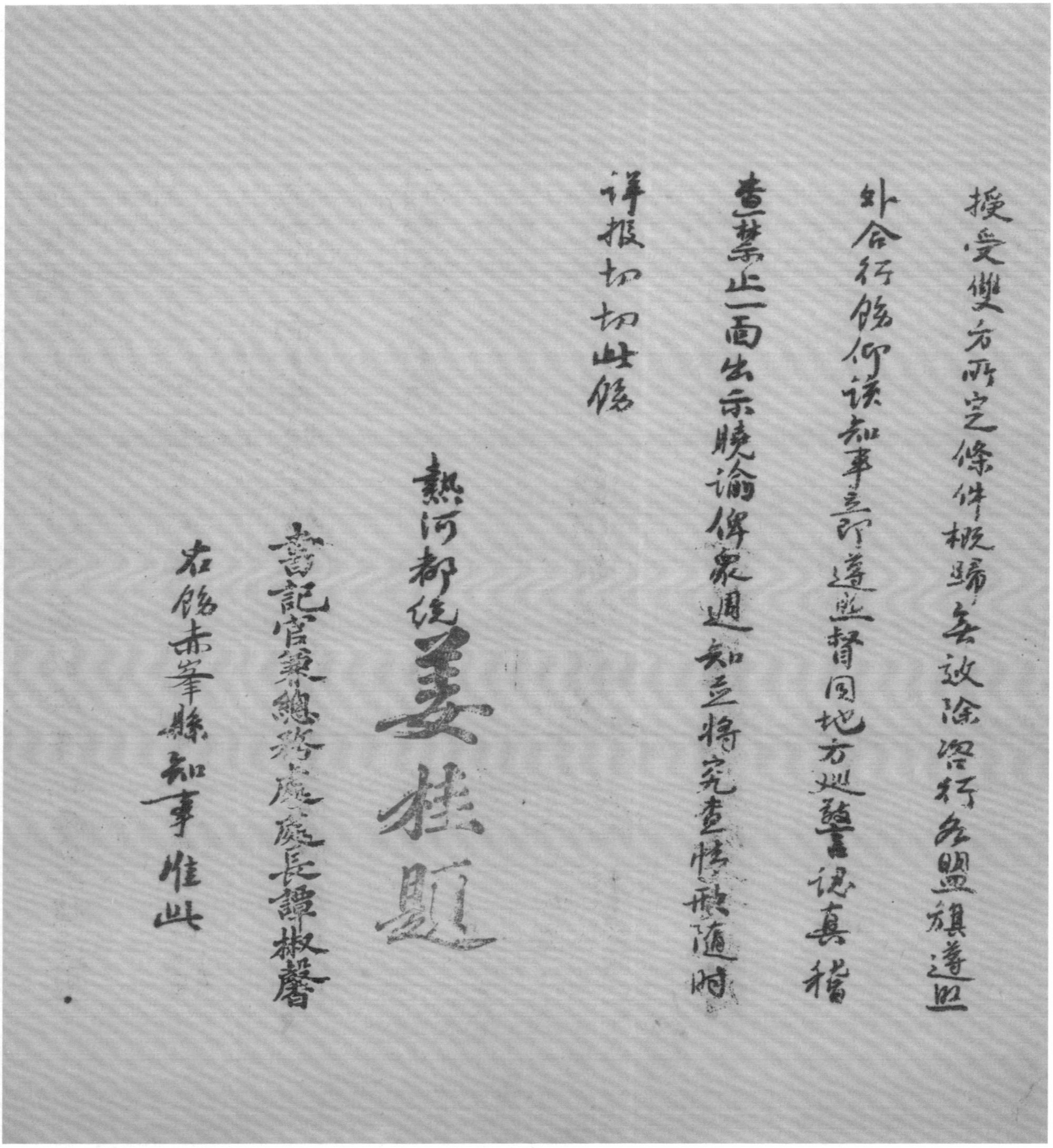

授受變更所定之條件概歸無效除咨行各盟旗遵照
外合行飭仰該知事立即遵照督同地方巡警認真稽
查禁止一面出示曉諭俾衆周知並將究查情形隨時
詳報切切此飭

熱河都統姜桂題

書記官兼總務處處長譚椒馨

右飭赤峰縣知事准此

○五一 熱河都統公署爲蒙旗放賣荒地須經核准立案禁止私相授受事致赤峰縣公署飭（1915年1月13日）

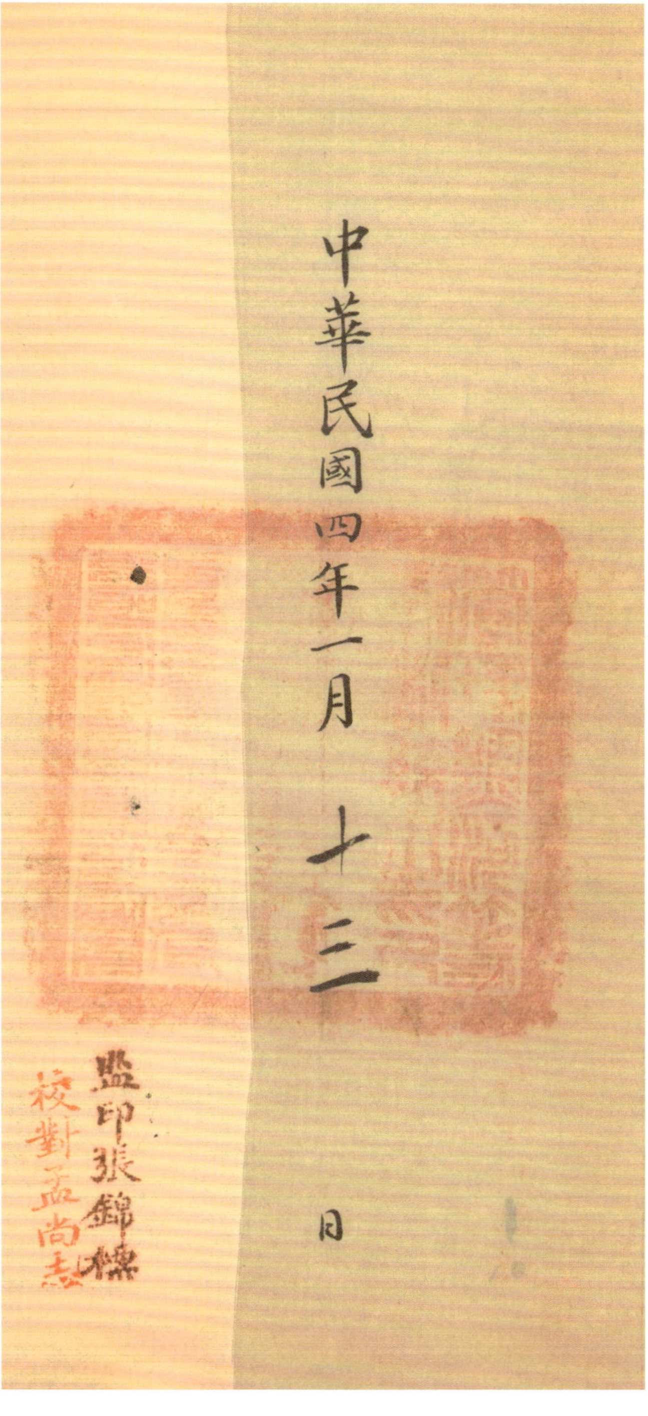
中華民國四年一月十三日

監印張錦標

校對孟尚志

○五二　赤峰縣公署爲蒙旗放賣荒地須經核准立案禁止私相授受事示稿（1915 年 2 月 5 日）

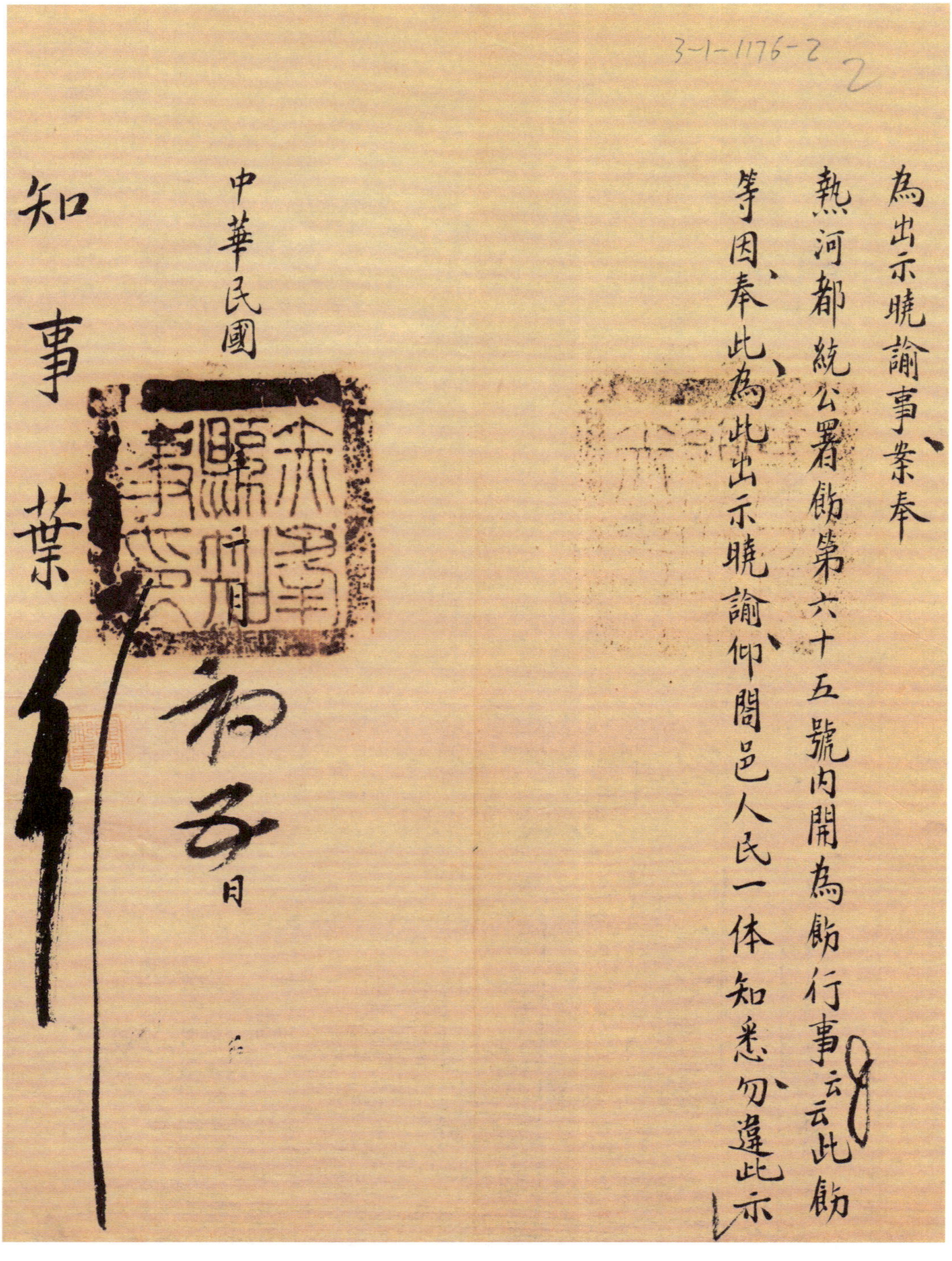

3-1-1176-2

2

為出示曉諭事案奉

熱河都統公署飭第六十五號内開為飭行事云云此飭

等因奉此為此出示曉諭仰闔邑人民一体知悉勿違此示

中華民國　　月初五日

知事葉　行

〇五三 赤峰蒙鹽分局爲請會議能否實行賣鹽經紀事致赤峰縣公署咨（1915 年 1 月 15 日）

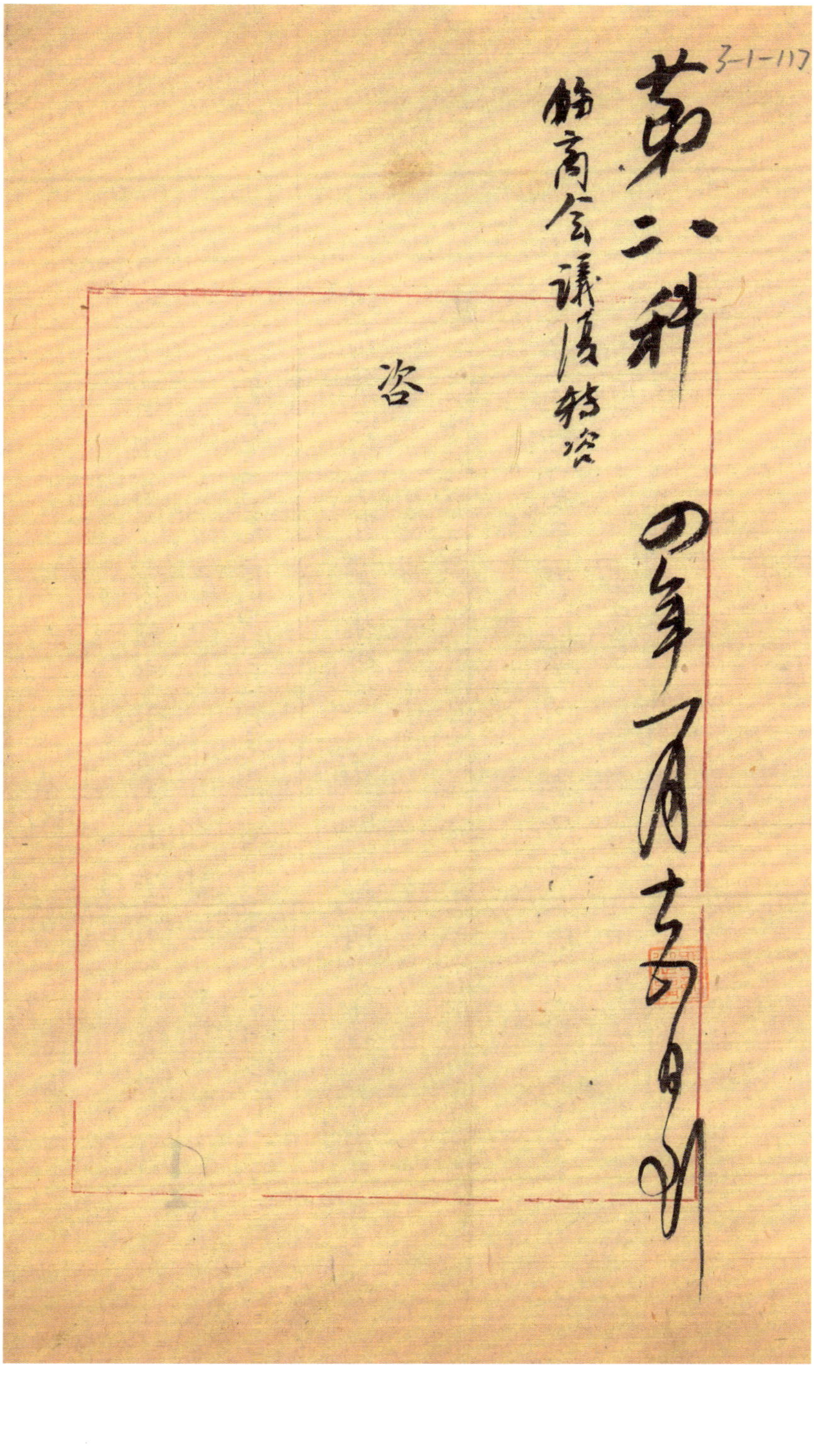
3-1-117

第六科 四年一月十五日

據商会議復轉咨

咨

○五三 赤峰蒙鹽分局爲請會議能否實行賣鹽經紀事致赤峰縣公署咨（1915年1月15日）

赤峰蒙鹽分局為咨請事案據赤街任民賈應新顧承訓
稟稱為稟請賞發諭示充當賣盐經紀稽查偷漏繞越以裕
國課事竊查赤屬來盐現已改章收納稅捐盐斤歸與商賣
其中難保無弊恐於稅捐有虧身等久居赤街稍明買賣商
情若蒙盐來赤至局上稅納捐不過估計大概商家公平買賣
者雖然居多而從中取巧者固屬不少若使盐無偷漏稅捐

○五三 赤峰蒙鹽分局爲請會議能否實行賣鹽經紀事致赤峰縣公署咨（1915年1月15日）

無虧不致積壓遲誤日期非有經紀領取官秤官斗合街遍
售看過斗秤難取公允所有盐觔數目均登冊簿呈總倘有
估計不足者令其照冊補納應使稅捐兩款不致有虧再赤
街未設城池四通八達無處不可入車兩繞越偷漏更得嚴
查將來查有其事即時拿赴局憲罰辦當經紀者決不敢
徇情舞弊致干罪戾身等擬由買盐者每百觔抽工飯錢

○五三　赤峰蒙鹽分局爲請會議能否實行賣鹽經紀事致赤峰縣公署咨（1915 年 1 月 15 日）

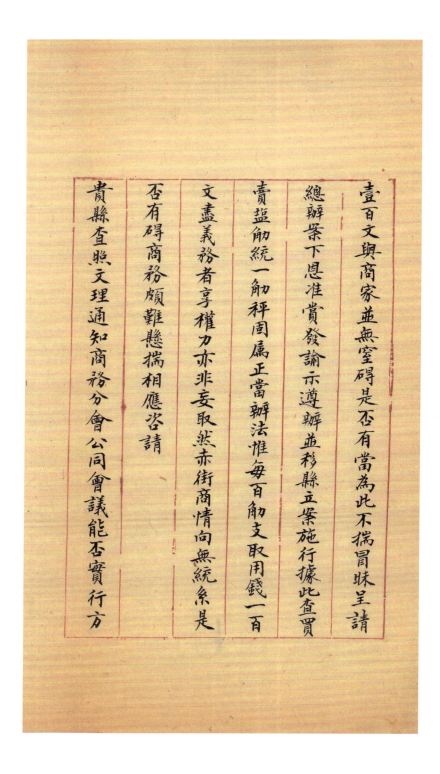

壹百文與商家並無窒碍是否有當爲此不揣冒昧呈請
總辦鑒下恩准賞發諭示遵辦並移縣立案施行據此查買
賣鹽觔統一觔秤固屬正當辦法惟每百觔支取用錢一百
文盡義務者享權力亦非妄取然赤街商情向無統系是
否有碍商務頗難懸揣相應咨請
貴縣查照文理通知商務分會公同會議能否實行方

○五三 赤峰蒙鹽分局爲請會議能否實行賣鹽經紀事致赤峰縣公署咨（1915年1月15日）

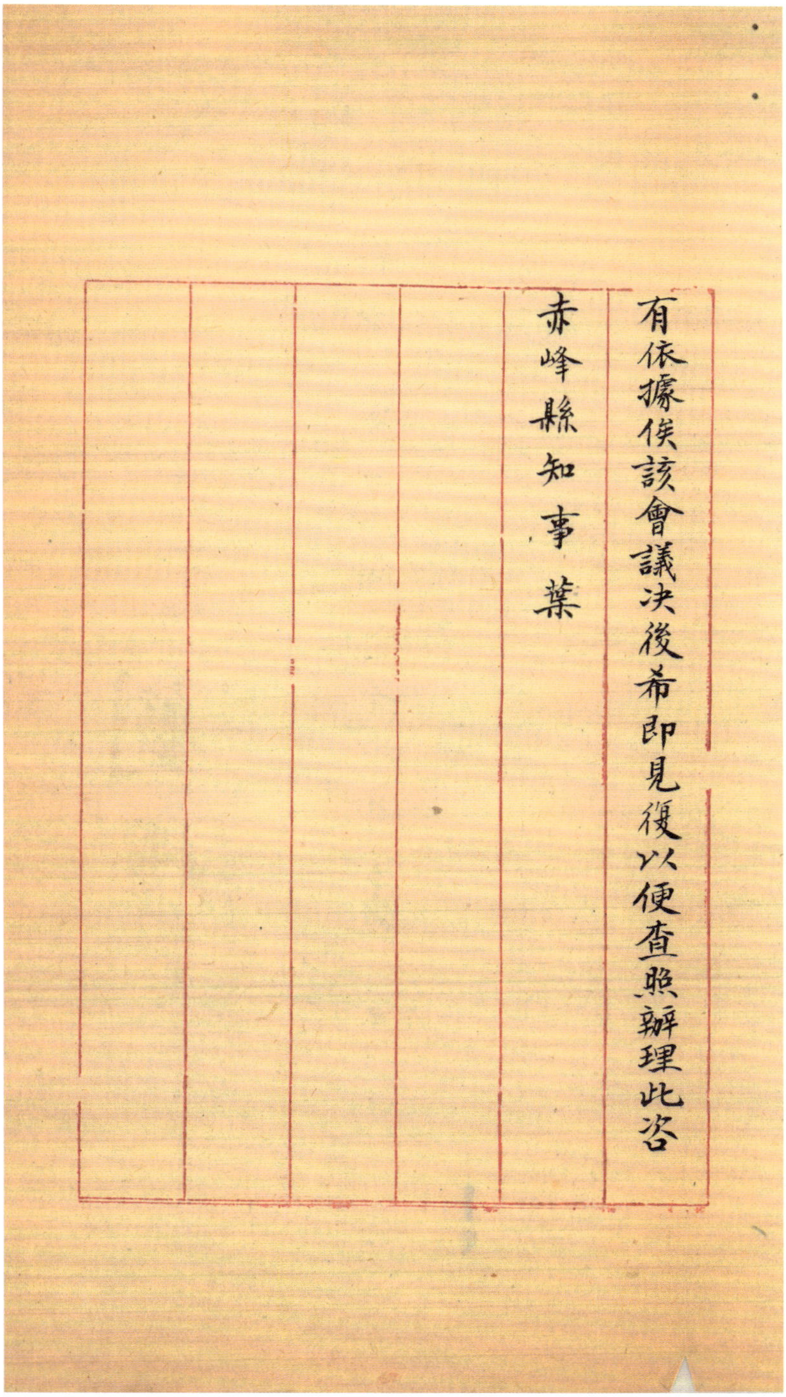

有依據俟該會議決後希即見復以便查照辦理此咨

赤峰縣知事葉

○五三 赤峰蒙鹽分局爲請會議能否實行賣鹽經紀事致赤峰縣公署咨（1915年1月15日）

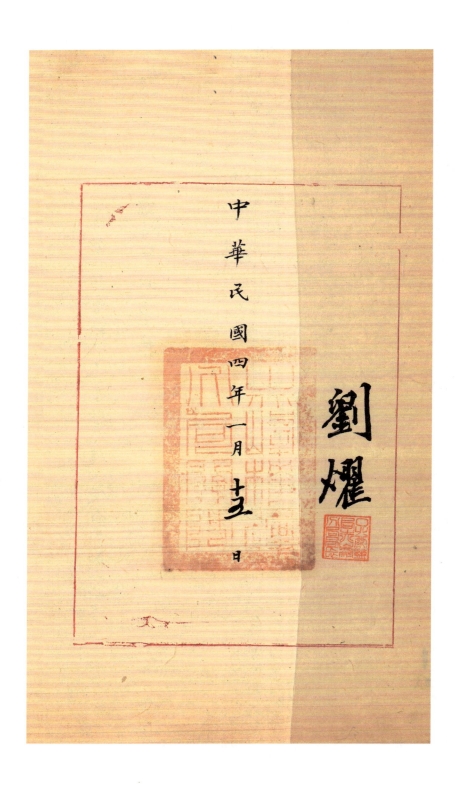

中華民國四年一月十五日

劉燿

○五四　赤峰縣公署爲議覆可否實行賣鹽經紀事致赤峰商會飭稿（1915 年 1 月 16 日）

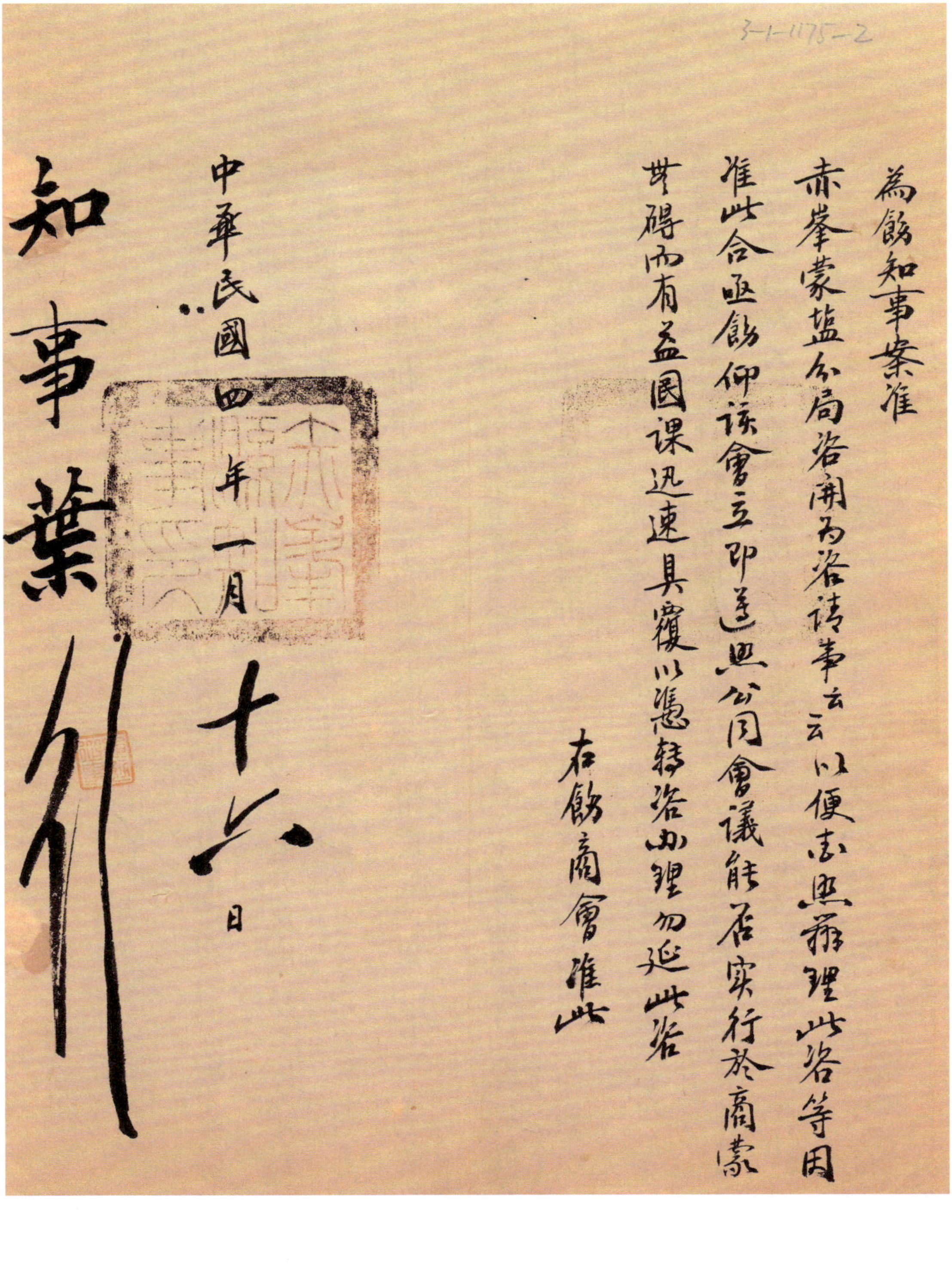
3-1-1175-2

爲飭知事案准

赤峯蒙盐公局咨開爲咨請事云云以便由與辦理此咨等因

准此合亟飭仰該會立即邀與公同會議能否實行於商蒙

無礙而有益國課迅速具覆以憑轉咨辦理勿延此咨

右飭商會准此

中華民國四年一月十六日

知事葉

○五五 赤峰商會爲不可實行賣鹽經紀事致赤峰縣公署呈（1915年2月1日）

赤峰商會
呈案奉飭議蒙鹽分局咨稱賈應新等禀請充當經紀有無窒碍商務情形具
覆核辦等因奉此遵即開會公同討論咸謂蒙鹽雖歸商銷而有蒙鹽分
局專司徵收税課之事事務既然簡单稽查自無疎虞蒙鹽進街又須先
行報局查驗单照相符始能收銷若有不符以私論罰安分商民孰敢以身
試法查賈應新等所言若使鹽無偷漏税捐無虧非有經紀不可試問
輸入物品名目極多凡貨莫不有税若照伊等所言勢必每物均應添設
經紀否則公家即無稽查之法至伊等所云當經紀者不敢徇情舞弊致
干罪戾等語試問商人以莫大之資本收銷蒙鹽其奉公守法尚不能如伊等
支身營鑽藉資謀利之可信任乎鹽乃必需物品税與鹽價將平若
再添設經紀抽取工食鹽價愈昂銷路愈減不惟貧民不堪其苦且
恐日久弊生利歸彼等怨及官箴誠爲公家不取緣奉飭議理合呈覆

〇五五 赤峰商會爲不可實行賣鹽經紀事致赤峰縣公署呈（1915年2月1日）

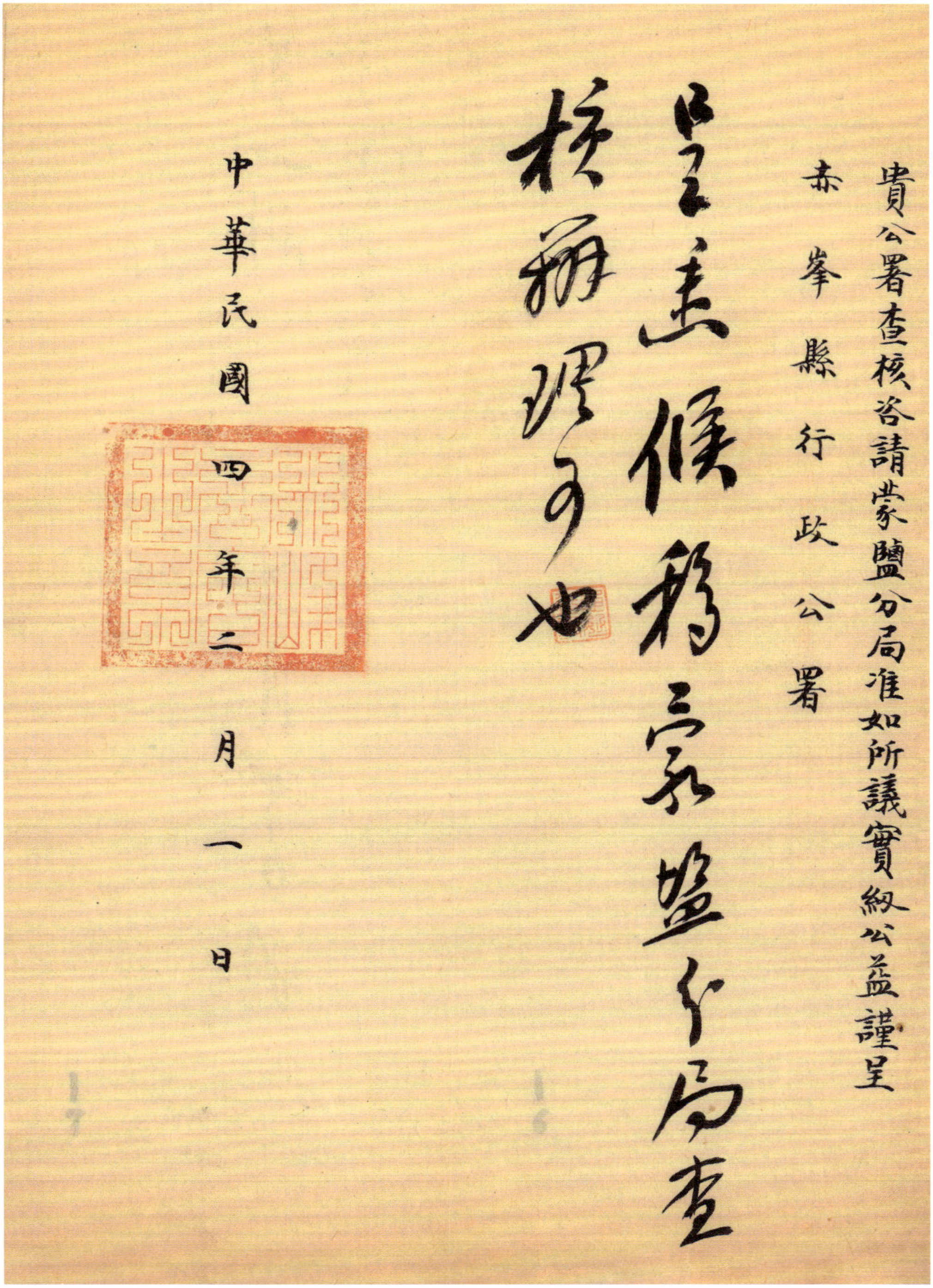

貴公署查核咨請蒙鹽分局准如所議實紉公益謹呈

赤峰縣行政公署

呈悉候移蒙鹽分局查核辦理可也

中華民國四年二月一日

○五六 口北蒙鹽局烏丹分局爲於新地設卡查緝私鹽請出示保護事致赤峰縣公署咨（1915年1月26日）

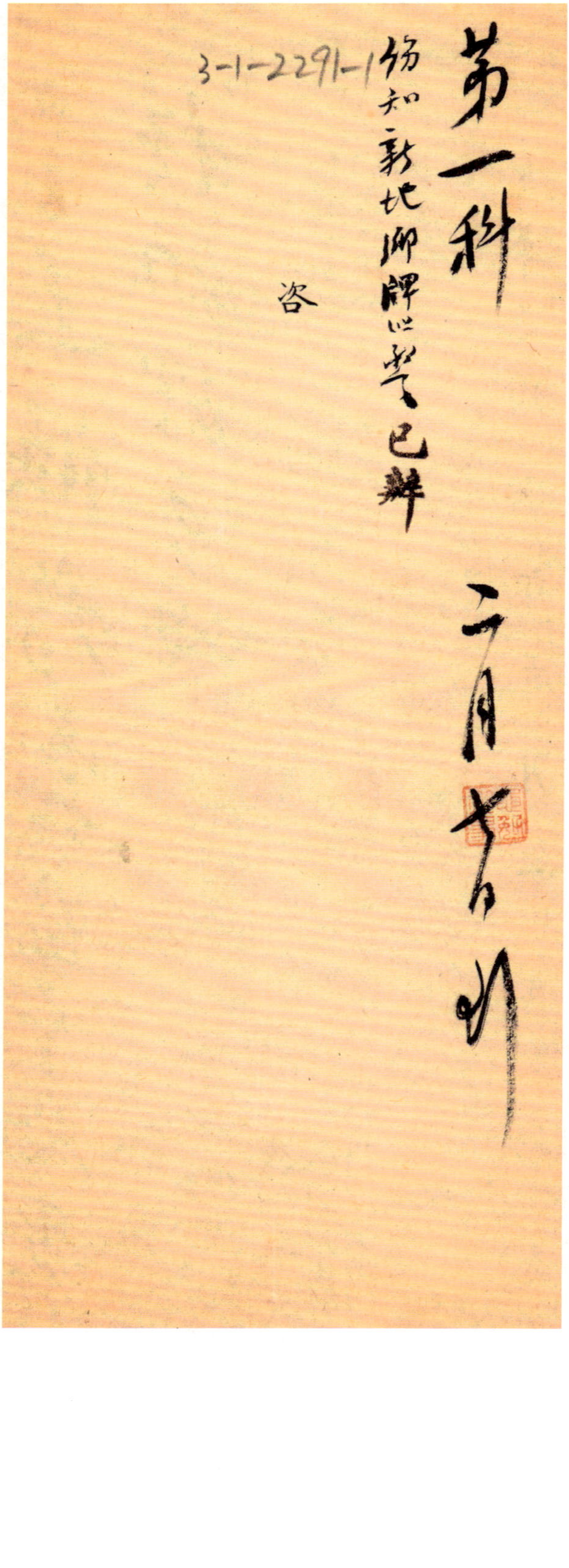

○五六　口北蒙鹽局烏丹分局爲於新地設卡查緝私鹽請出示保護事致赤峰縣公署咨（1915 年 1 月 26 日）

口北蒙鹽局烏丹分局咨第四號

為咨請事案查本局案奉

財政部鹽務署飭將熱河口北兩榷運局所屬各分局歸併改組直隸移駐

多倫口北蒙鹽局屬下各節曾經

口北蒙鹽總局詳報咨行通知各在案查此咨改組邊疆鹽務機關既屬統

一稅章遵照

署飭規定每百觔暫收大洋一元伍角凡運銷蒙鹽商販遵章繳稅給票放

行無論再過何局何卡皆係驗照放行並無他等名目另索分文恤商便商法

誠至善乃聞仍有奸商滑販無知流氓繞越各卡偷漏國稅查有新地地方為

私販偷漏往來必經之路若不設卡巡緝實於國稅商銷兩有影響今派張

○五六 口北蒙鹽局烏丹分局爲於新地設卡查緝私鹽請出示保護事致赤峰縣公署咨（1915 年 1 月 26 日）

巡查福祥帶領司事馬步巡勇前往該處安卡以堵私銷而防偷漏除詳

報備案外相應備文咨請

貴縣請煩

查照文内事理出示保護嚴禁私銷而維税政實級公誼此咨

赤峯縣知事葉

口北蒙鹽局烏丹分局局長魏紹華

〇五六 口北蒙鹽局烏丹分局爲於新地設卡查緝私鹽請出示保護事致赤峰縣公署咨（1915年1月26日）

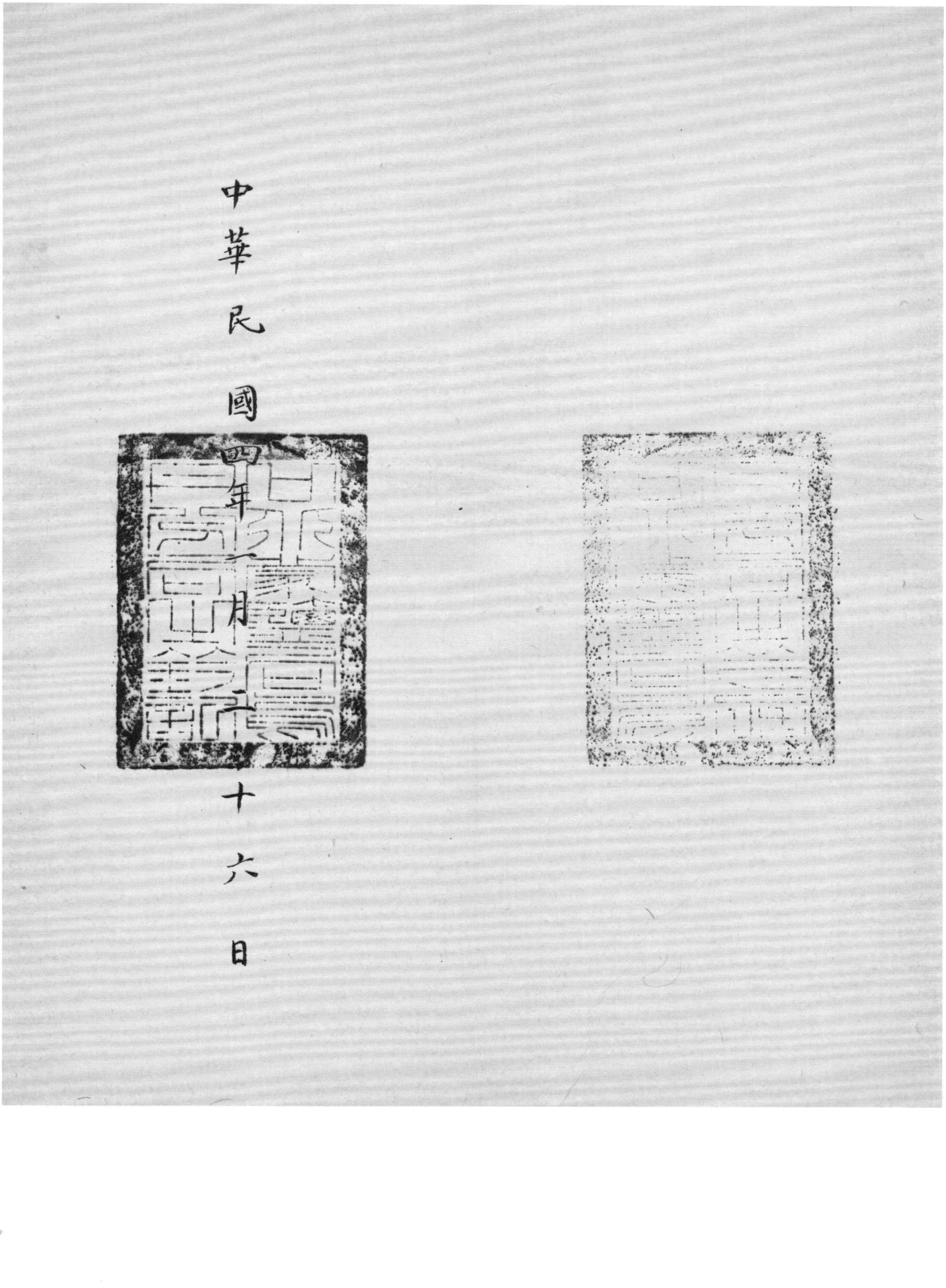

中華民國四年一月二十六日

○五七 赤峰縣公署爲烏丹蒙鹽分局設卡緝私知會居民勿得阻擾事致新地警董、鄉牌飭稿（1915年2月8日）

為飭知事案准

烏丹蒙盐分局咨以該地係屬奸商私販青盐之要道在

該處設立分卡堵截偷漏請出示保護等因准此除分飭

外合亟飭仰該警董鄉牌立即遵照知會附近居民一体妥為

保護勿得阻擾切切此飭

右飭知新地警董鄉牌

中華民國四年二月初八日

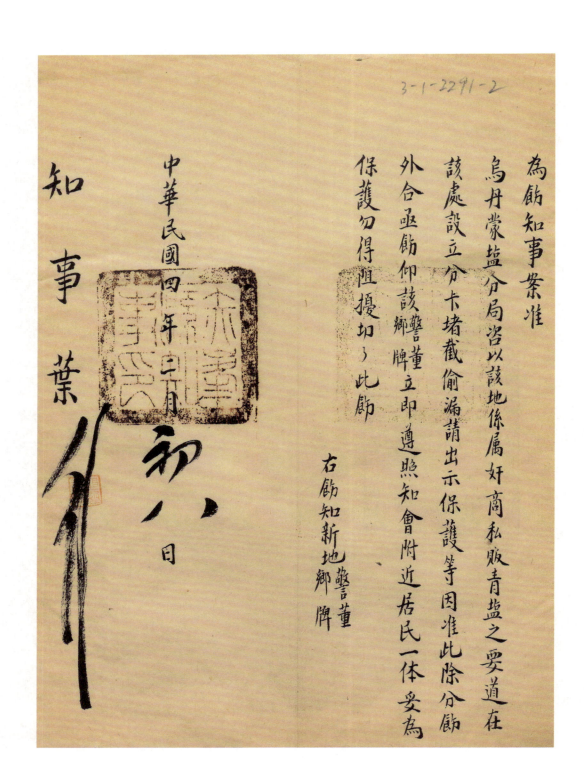

知事葉

○五八 熱河道道尹公署爲徵集大小麥種事致赤峰縣公署飭（1915年4月24日）

飭

〇五八　熱河道道尹公署爲徵集大小麥種事致赤峰縣公署飭（1915 年 4 月 24 日）

3-1-1805-1(1)

熱河道道尹公署飭第八百[illegible]號

爲飭知事案奉

都統飭本年四月一日准

農商部咨開：爲咨行事，查我國自

古重小麥，出產之額甲於世界，比

因四方俶擾，災祲頻聞，農耕事業漸

次衰敗，重以民智未開，墨守舊法，於

選種、保種、傳種諸事，恝置不管，佳

種日趨劣敗，產品安望精良。按東西

洋各國於販賣種子，特設專所，歲時

〇五八 熱河道道尹公署爲徵集大小麥種事致赤峰縣公署飭（1915年4月24日）

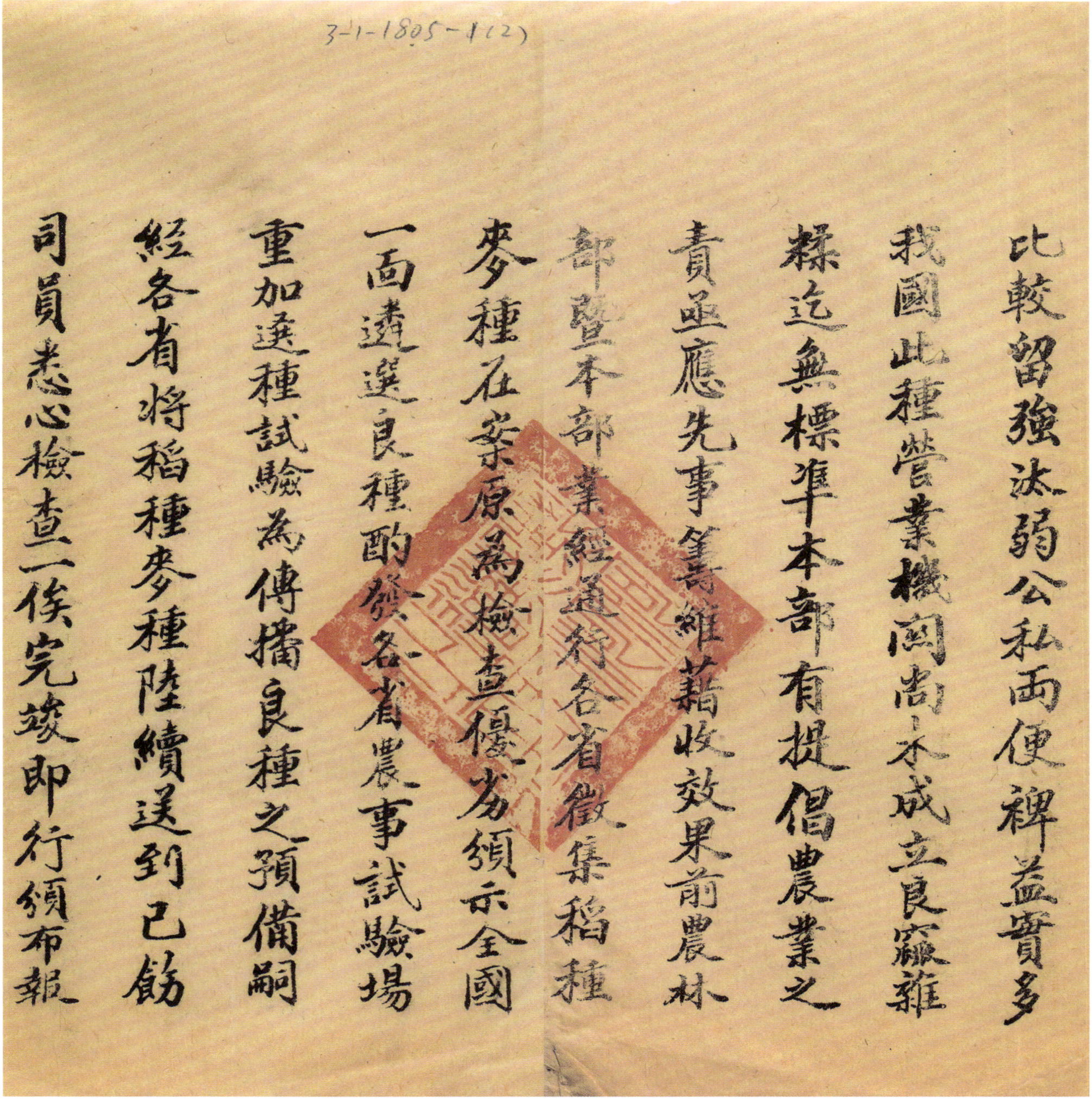

3-1-1805-1(2)

比較留強汰弱公私兩便裨益實多
我國此種營業機關尚未成立良窳雜
糅迄無標準本部有提倡農業之
責亟應先事籌維藉收效果前農林
部暨本部業經通行各省徵集稻種
麥種在案原爲檢查優劣須示全國
一面遴選良種酌發各省農事試驗場
重加遴種試驗爲傳播良種之預備嗣
經各省將稻種麥種陸續送到已飭
司員悉心檢查一俟完竣即行頒布報

〇五八 熱河道道尹公署爲徵集大小麥種事致赤峰縣公署飭（1915年4月24日）

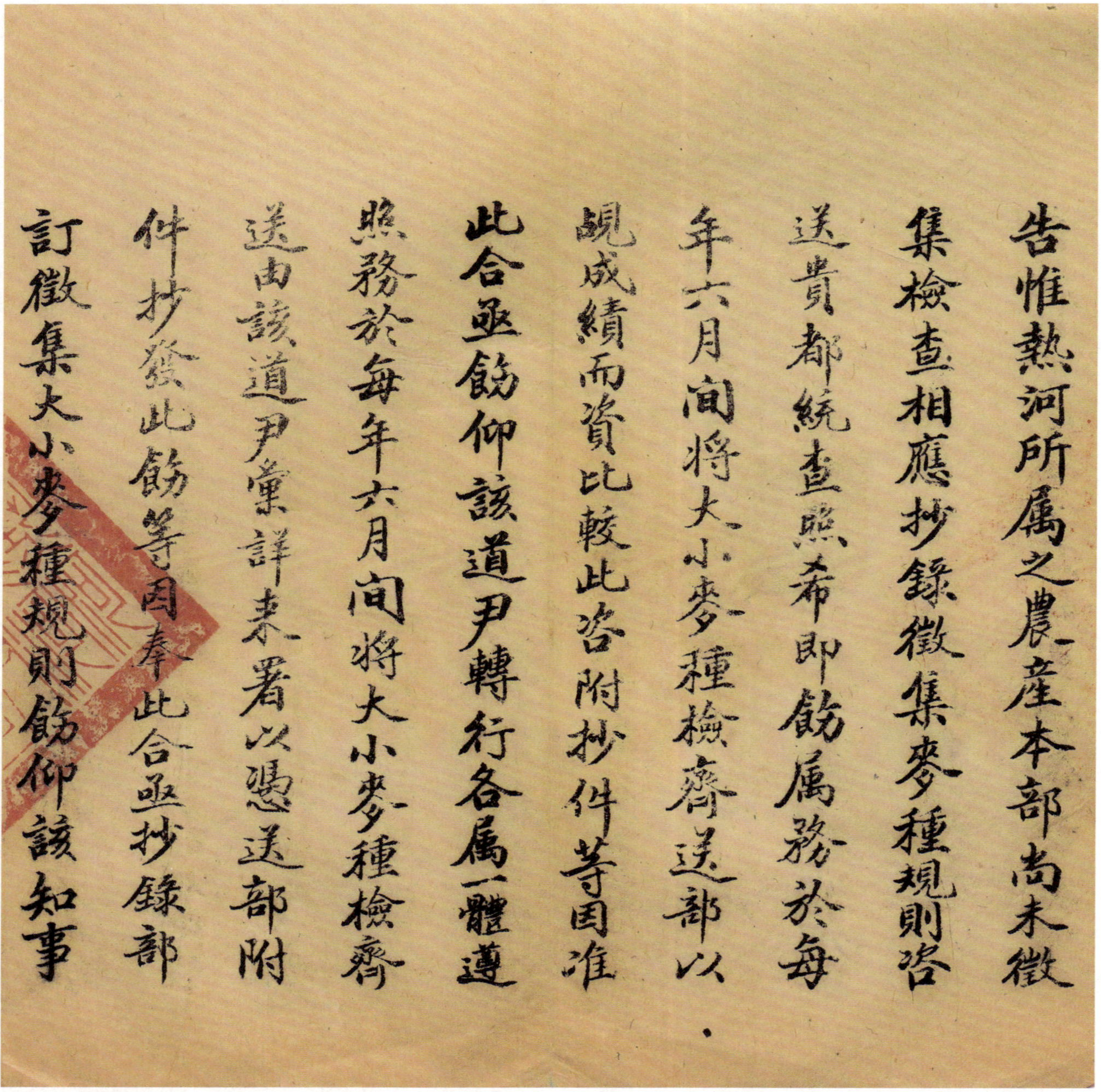
告惟熱河所屬之農產本部尚未徵
集檢查相應抄錄徵集麥種規則咨
送貴都統查照希即飭屬務於每
年六月間將大小麥種檢齊送部以
覘成績而資比較此咨附抄件等因准
此合亟飭仰該道尹轉行各屬一體遵
照務於每年六月間將大小麥種檢齊
送由該道尹彙詳來署以憑送部附
件抄發此飭等因奉此合亟抄錄部
訂徵集大小麥種規則飭仰該知事

○五八　熱河道道尹公署爲徵集大小麥種事致赤峰縣公署飭（1915年4月24日）

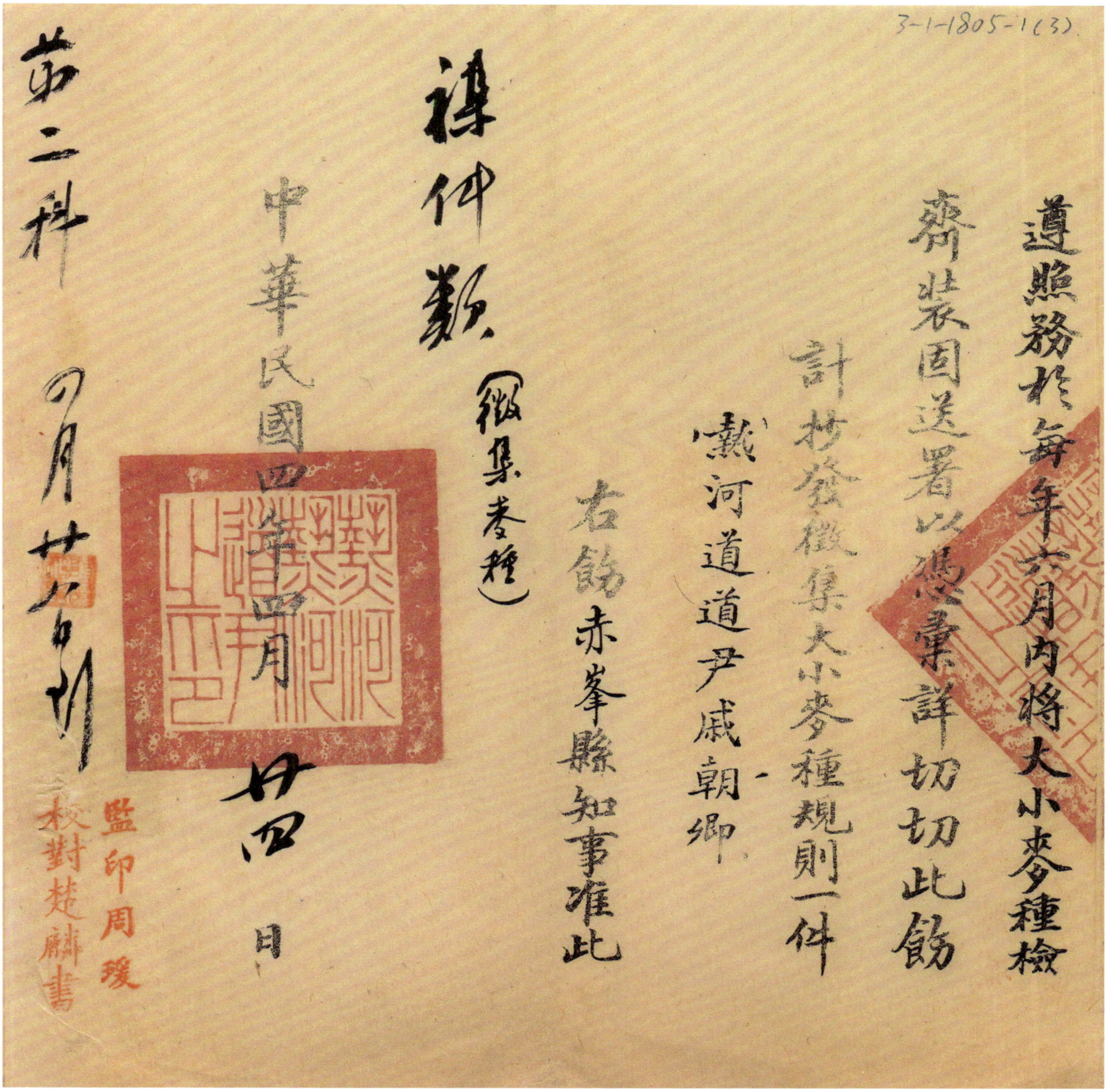
3-1-1805-1(3)

遵照務於每年六月內將大小麥種檢
齊裝囤送署以憑彙詳切切此飭
計抄發徵集大小麥種規則一件
熱河道道尹咸朝卿
右飭赤峯縣知事准此
中華民國四年四月廿四日
據件數
（徵集麥種）
監印周璦
校對楚麟書
第二科
四月廿六日到

○五八 熱河道道尹公署爲徵集大小麥種事致赤峰縣公署飭（1915年4月24日）

3-1-1805-2

徵集大小麥種規則

計開

一每縣所產大小麥每種採集一分寄送本部

一每一分採集二十根為度

一每種須擇其發育中等粒實顆粟可為該種之代表者

採集之

一採集之時桿穗根葉皆須完全洗淨泥土

○五八　熱河道道尹公署爲徵集大小麥種事致赤峰縣公署飭（1915年4月24日）

一採後曝乾用紙或棉包裹裝入木匣或洋鉄匣以免破壞折
損之虞
一梗桿過長不易寄遞者可在中央部位變折之
一每一種類應照左表填列各宗事項

種類		
俗名		
原產地	地名	
	土性	
	氣候	
分布廣狹（是否本地最普通種植者）		
每畝收穫量（指帶殼麥粒）		
播種期		
收穫期		
易罹之病害		
易罹之蟲害		

○五九　赤峰縣公署爲詳送附屬機關調查表事致熱河道道尹公署詳稿（1915年5月27日）

3-1-2283-11

爲詳送事。案查本縣詳送附屬機關沿革調查表

請查核示遵緣由，於本年五月二十七日奉

鈞署一零九七號批開：詳表均悉云云。此批。等因。奉此，遵即

查照另行詳細調查填三份，理合備文詳送

鈞署查核。謹詳

熱河道道尹公署

計詳送

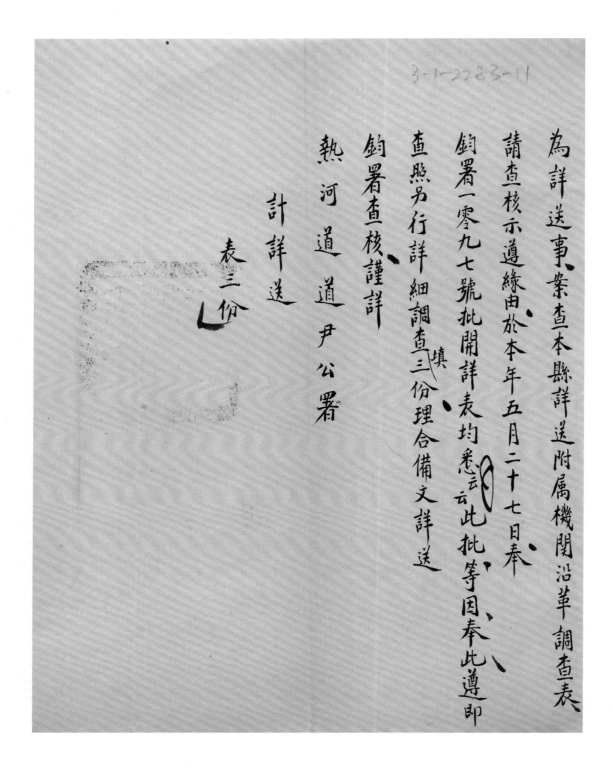

表三份

○五九　赤峰縣公署爲詳送附屬機關調查表事致熱河道道尹公署詳稿（1915 年 5 月 27 日）

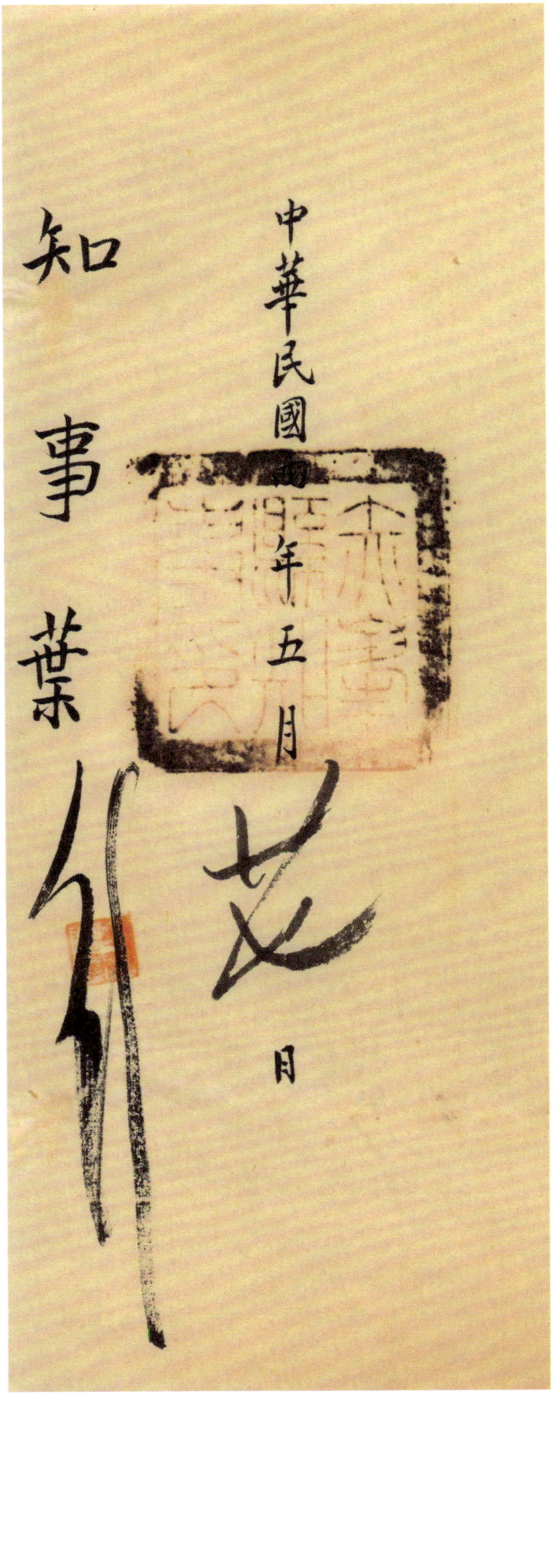
中華民國四年五月廿七日

知事葉

〇五九 赤峰縣公署爲詳送附屬機關調查表事致熱河道道尹公署詳稿（1915年5月27日）

調查赤峯縣附屬機關沿革表

機關名稱	主管官廳	掌理事項	設置年月	設置地點	額支經費	沿革情形	備考
赤峯縣		管理行政司法一切事宜	民國二年八月一日改設	烏蘭哈達	月計行政費七百六十元兼理司法費一百四十元	前為赤峯直隸州於民國二年八月官廳改組裁去赤峯直隸州缺改為赤峯縣	
典獄署	赤峯縣行政公署	管理赤峯縣監獄及看守所一切事宜	民國二年八月一日改設	赤峯縣州吏目衙門	月計大洋一百四十元	本署原係州吏目衙門自民國二年八月一日官廳改組始裁去州吏目缺改設管獄官署現仍繼續存在	
看守所	赤峯縣行政公署	管理赤峯縣看守所一切事宜	民國二年八月一日改設	赤峯縣行政公署內	無	本所自民國二年八月一日官廳改組照章將舊日之班房改為看守所於民國三年四月十四日歸管獄官兼理	
赤峯縣警察所	赤峯縣行政公署	管理違警保安一切事宜	民國三年九月初十日改設	赤峯縣頭道街	月計大洋四百三十五元	前為警局自民國三年九月十號遵照縣警察所官制改為警察所	
俞警察事務分所	赤峯縣行政公署	管理違警保安一切事宜	民國二年八月一日改設	公主陵約大廟街	月計大洋七十八元	前為赤峯縣分縣署於民國二年八月官廳改組裁去分縣缺改設警察事務分所	
烏丹警察事務分所	赤峯縣行政公署	管理違警保安一切事宜	同	前 烏丹城街	月計大洋七十八元	前為赤峯州州判衙署於民國二年八月官廳改組裁去州判缺改設警察事務分所	
赤峯農務會	同	前 管理農務一切事宜	前清宣統三年六月初十日	赤峯縣頭道街老君廟內	月計大洋一十二元	前清宣統三年六月初十日設立現今仍行存在並未更易	
赤峯工務會	同	前 管理工務一切事宜	同	前 赤峯縣頭道街老君廟內	月計大洋一十二元	前清宣統三年六月初十日設立現今仍行存在並未更易	

〇五九 赤峰縣公署爲詳送附屬機關調查表事致熱河道道尹公署詳稿（1915年5月27日）

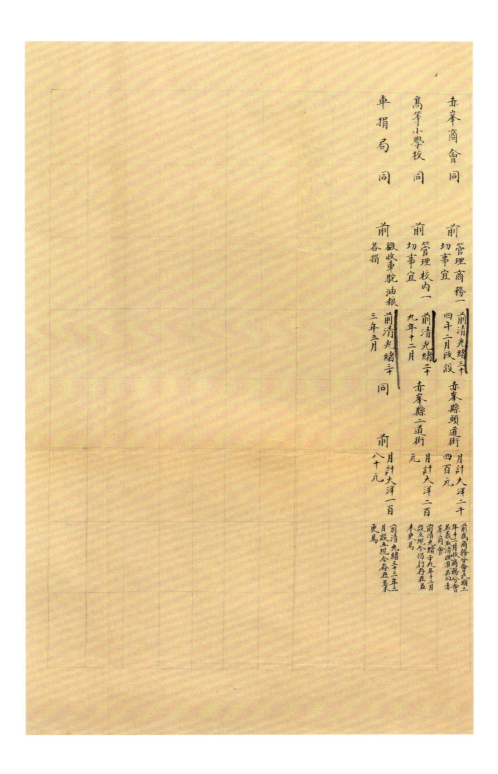

赤峯商會	同	前	管理商務一切事宜	前清光緒三十四年二月改設	赤峯縣頭道街	月計大洋二千四百元	前爲商務分會民國三年十二月改商務分會名義取消改選名曰赤峯商會
高等小學校	同	前	管理校内一切事宜	前清光緒二十九年十二月	赤峯縣二道街	月計大洋二百元	前清光緒二十九年十二月設立現今仍行存在並未更易
車捐局	同	前	徵收車駝油粮各捐	前清光緒三十三年三月	同 前	月計大洋一百八十元	前清光緒三十三年三月設立現今存在並未更易

○六○ 赤峰林業公司爲具報現有地畝樹株及工本花費情形事呈（1915年6月）

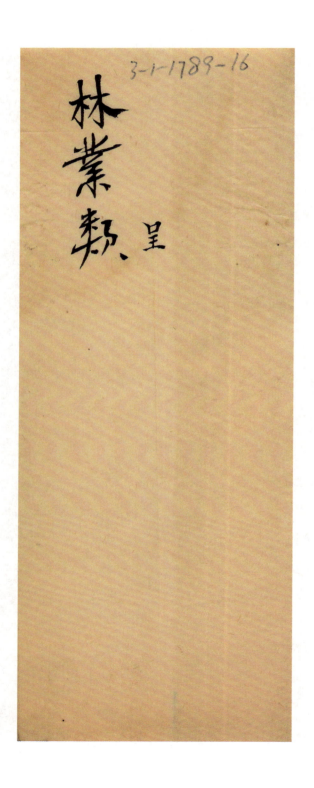
3-1-1789-16

林業[illegible] 呈

○六○ 赤峰林業公司爲具報現有地畝樹株及工本花費情形事呈（1915年6月）

今將林業公司現有地畝樹株開列於後
原有地畝壹拾三頃四十九畝共分四段前於民國元年六月間被水
冲刷娘娘廟河西地畝一段損失楊柳樹兩萬二仟七百餘株當
經報明在案現今祇有地畝三段
第一段坐落在單橋子迤東計地八頃五十畝
第二段坐落在三官廟迤北計地一頃五十畝
第三段坐落在蜘蛛山迤西計地一頃二十畝
以上三段現有成活楊柳樹共計六萬五仟六百餘株内有去歲補栽
楊柳樹一萬株本年又補栽楊柳樹二仟六百株共化費工本大
洋六拾五元再者雇人看守每年工資大洋壹拾二元均由出
售柳條進款動用其不敷之項公司自行籌補此外別無經費
合併聲明

○六○ 赤峰林業公司爲具報現有地畝樹株及工本花費情形事呈（1915年6月）

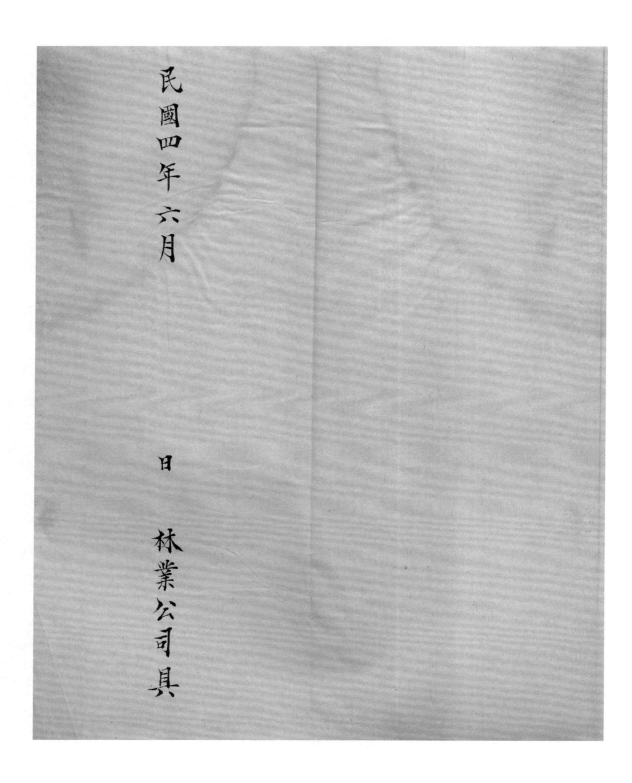

民國四年六月　　日　林業公司具

〇六一　赤峰縣公署爲詳覆教育經費收支及有無裁減挪用各情形事致熱河財政分廳詳稿（1915年7月1日）

3-1-1813-15

爲詳覆事。案奉
鈞廳第二八六號飭開：令將教育經費、宣三項每月關於學務各款現在撥作他用若干、或裁減若干，暨向由地方開支省款名數若干，並有無撥用裁減之處，查明造冊詳送，以憑彙案詳咨等因。奉此。查赤峰學務只設有高等、初等兩種學校，所有各該校經費，當開辦時伊始皆由地方富紳巨商以及奢侈品鋪各號捐助。查高等小學經費，前於前清光緒廿九年間開辦，經張前縣錫鴻在本縣城鄉紳商各戶共計勸捐款銀一萬伍千兩，發交本縣錢當各商按月一分生息，常年以所得息銀一千八百餘兩僅足該校常年經費，現仍舊辦理，亦無撥作他用及裁減情事。查初等小學經費，係由勸學所籌款開支。該所於前清光緒三十三年間開辦，先由本城設立初等小學數處，經文前縣俊會同勸學總董在本城各奢侈品鋪號並牛羊猪各屠勸捐學款，以資經費，於每月開支，按月臨時現斂，其捐款遇各該鋪號開者必增，關閉

○六一　赤峰縣公署爲詳覆教育經費收支及有無裁減挪用各情形事致熱河財政分廳詳稿（1915年7月1日）

者必減，此等鋪號開閉無常，以致未能認定為確定之款。始復由本城車捐
局每月分劈捐款三成，按月由該局所收之數照成均劈，亦無定額。又由
本城商會常年補助京錢一千二百吊文，分為四季繳納。以上各款皆係列入宣
三預算之款，迨後亦無更易。嗣於民國二年八月一日公署改組，即將勸學所
取消，一切學務統由第三科經理。所有學款仍舊收歛，交由第二科存儲
備用。至民國三年春間，該商會因市面蕭疎，商力艱窘，請將補助常年
學款京錢一千二百吊文盡數取消，願將該會舊有每月所分之車捐
一成撥作學款，以資抵補。知事查車捐一成常年所分之數，核與該會
補助之數不相上下，始暫准權照所請。再查舊有屠捐原定牛羊屠常年
捐納京錢七百吊文，猪屠常年捐納京錢一千貳百吊文，照數捐納，歷有年
訖。今奉飭征收屠獸捐，即將此項舊有屠捐取消，改歸現在屠獸
捐內，按照地方捐收納。至各鄉村等小學經費，查自設立以來，皆係按照

○六一　赤峰縣公署爲詳覆教育經費收支及有無裁減挪用各情形事致熱河財政分廳詳稿（1915 年 7 月 1 日）

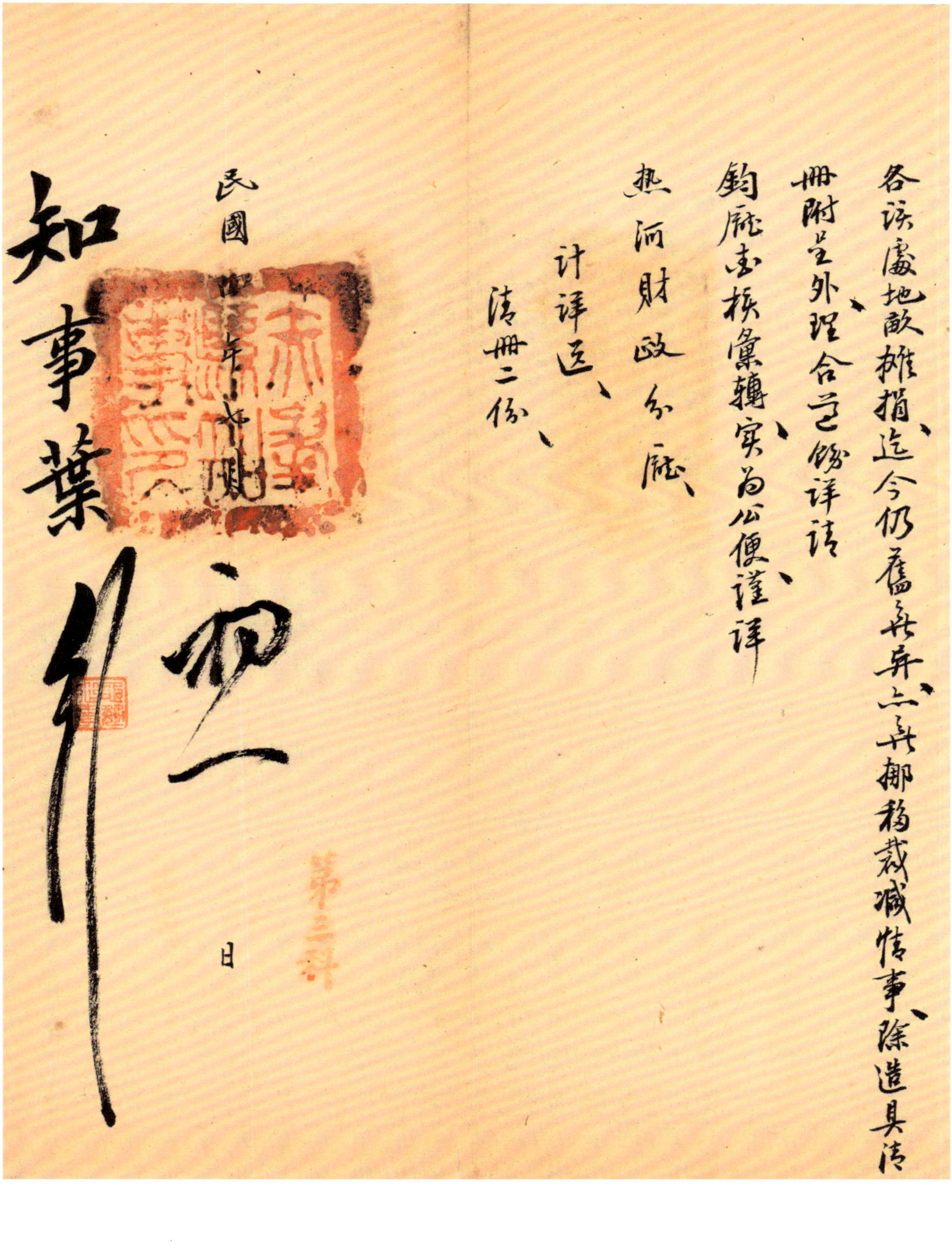
各該處地畝攤捐，迄今仍舊無异，亦無挪移裁減情事。除造具清冊附呈外，理合照錄詳請
鈞廳查核彙轉，實爲公便。謹詳
熱河財政分廳
計詳送
清冊二份
民國四年七月一日
知事葉
第三科

○六二 赤峰縣縣立高等小學校爲甲班學生應行畢業請查照轉報事致赤峰縣公署呈（1915 年 7 月 2 日）

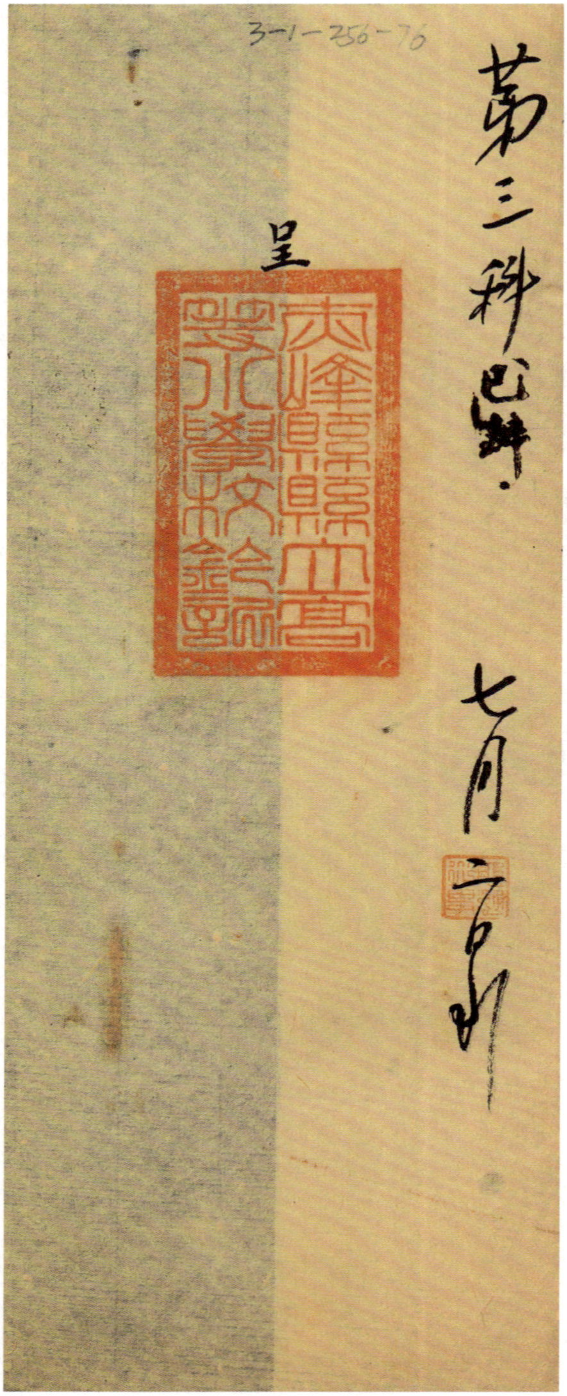
3-1-256-76

第三科已辦

呈

赤峰縣縣立高等小學校鈐記

七月二日

○六二 赤峰縣縣立高等小學校爲甲班學生應行畢業請查照轉報事致赤峰縣公署呈（1915年7月2日）

赤峯縣縣立高等小學校校長董承榮為呈請轉報事竊依
教育部令四十五號學校舉行畢業應行呈報本管教育官
廳之布告內載有小學校舉行畢業勿庸報部在縣立或城
鎮鄉立學校應呈報縣行政長官但高等小學校應轉報省
行政長官等語奉此查本縣縣立高等小學校甲班學生李雲
祥等八人皆於民國元年八月十六號入校肄業至本年暑假肄
業滿足三學年所授各項課程業已教授完竣應照定章舉
行畢業至於學生履歷教授用書起止各表册另附以憑核奪合
併聲明謹將甲班學生應行畢業各緣由理合備文呈請
總辦查照文理轉報候批祗遵

計呈

學生履歷表一分　教授用書及起止册一本

○六二　赤峰縣縣立高等小學校爲甲班學生應行畢業請查照轉報事致赤峰縣公署呈（1915 年 7 月 2 日）

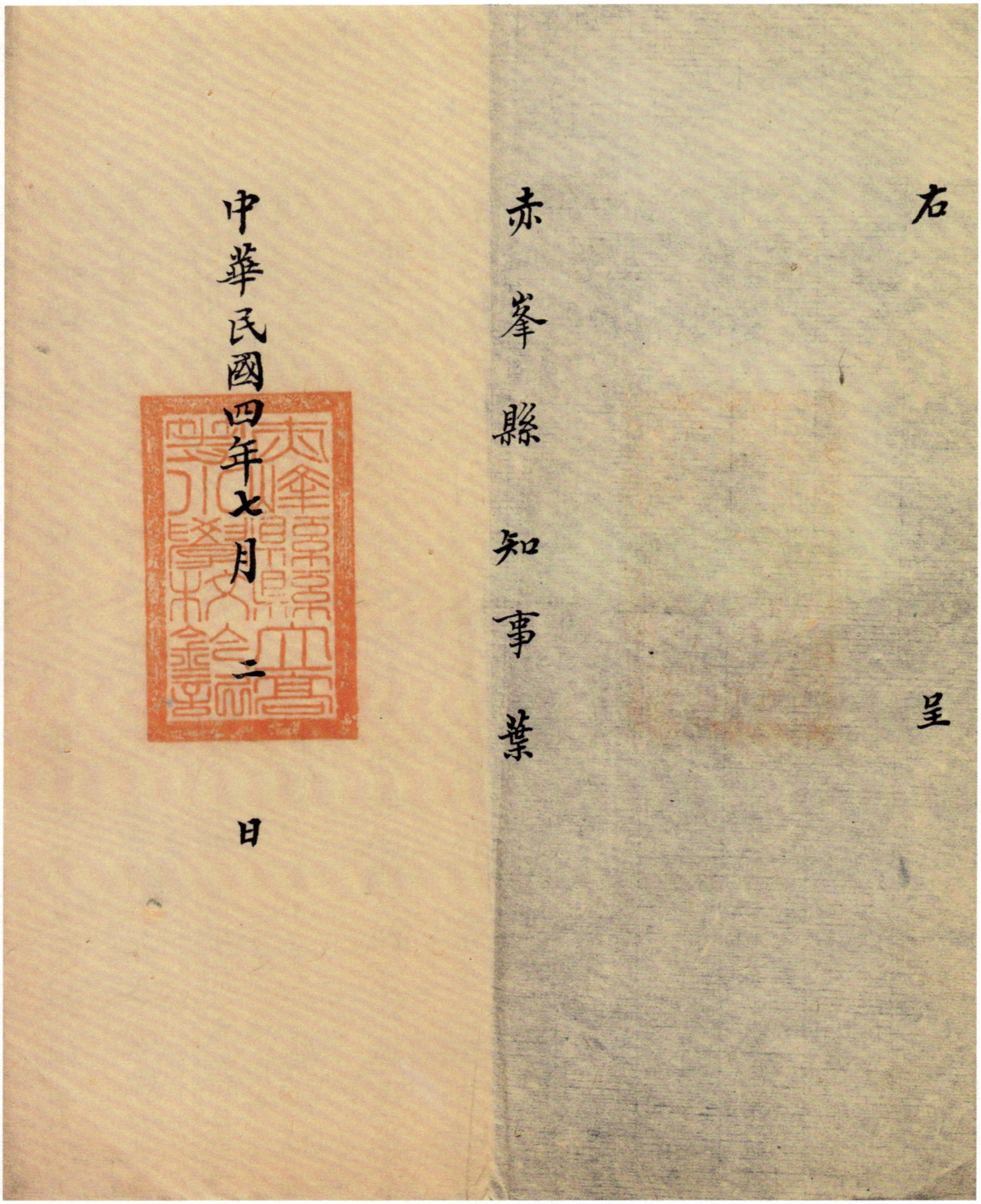
右　　呈

赤峯縣知事葉

中華民國四年七月二日

〇六三　赤峰縣公署爲詳覆分區設警及籌款各情形事致熱河都統公署、道尹公署詳稿（1915年9月18日）

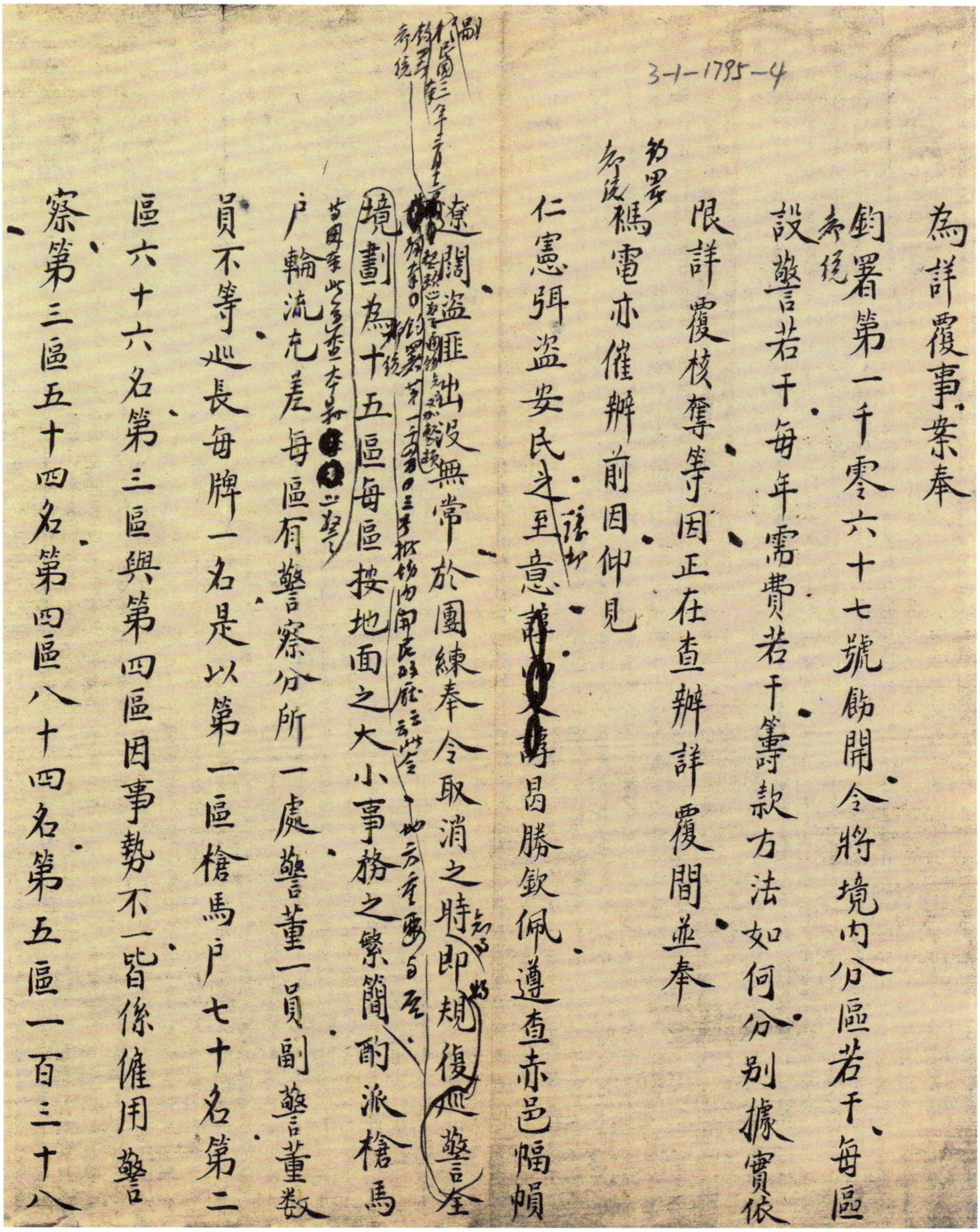

3-1-1795-4

為詳覆事。案奉

鈞署第一千零六十七號飭開，令將境內分區若干、每區設警若干，每年需費若干，籌款方法如何，分別據實依限詳覆核奪等因，正在查辦詳覆間，並奉

鈞電亦催辦前因，仰見

仁憲弭盜安民之至意，壽昌勝欽佩。遵查赤邑幅幀遼闊，盜匪出沒無常，於團練奉令取消之時，即規復巡警，全境劃為十五區，每區按地面之大小、事務之繁簡，酌派槍馬戶輪流充差，每區有警察分所一處，警董一員，副警董數員不等，巡長每牌一名，是以第一區槍馬戶七十名，第二區六十六名，第三區與第四區因事勢不一，皆係僱用警察，第三區五十四名，第四區八十四名，第五區一百三十八

○六三　赤峰縣公署爲詳覆分區設警及籌款各情形事致熱河都統公署、道尹公署詳稿（1915年9月18日）

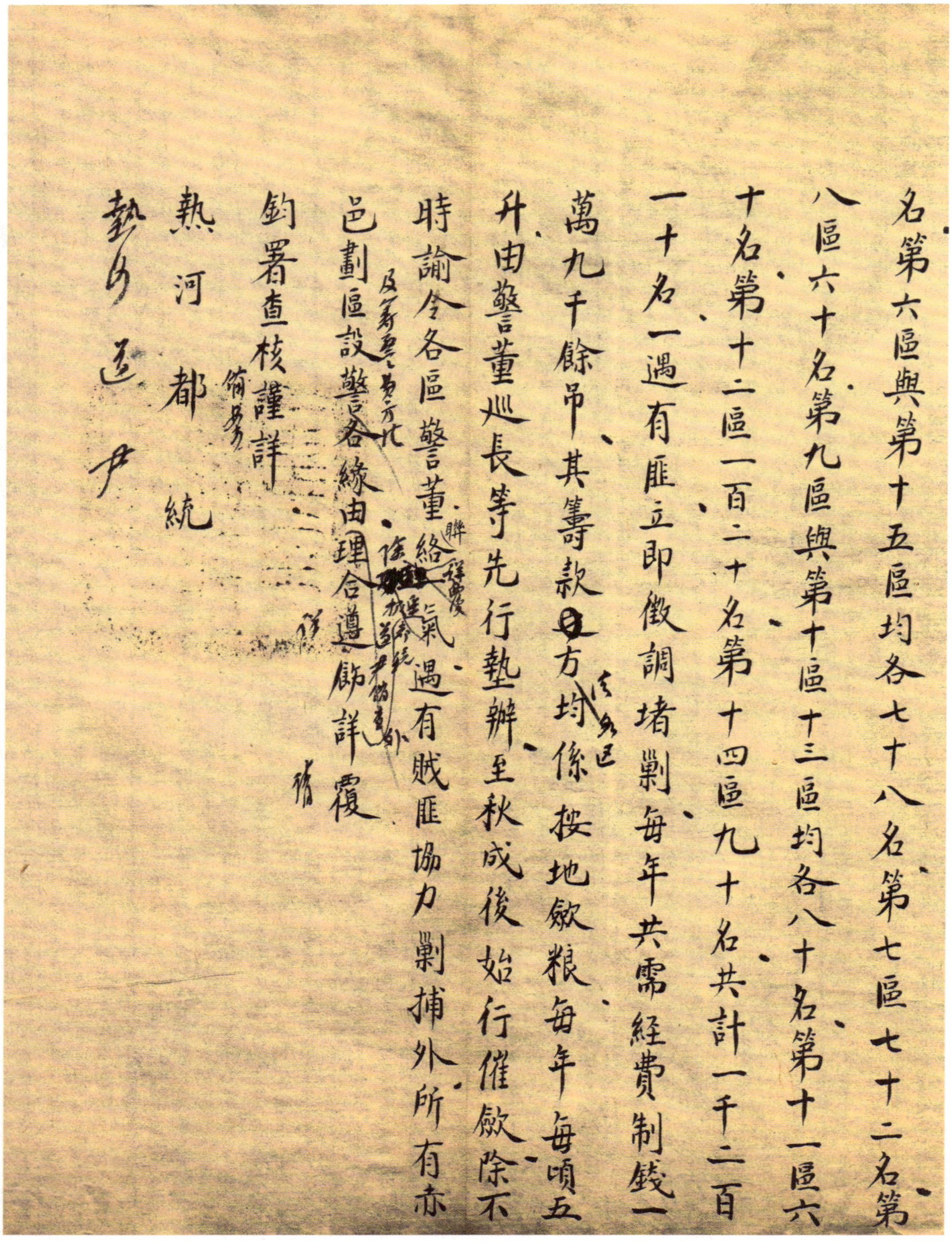
名第六區與第十五區均各七十八名、第七區七十二名、第八區六十名、第九區與第十區十三區均各八十名、第十一區六十名、第十二區一百二十名、第十四區九十名、共計一千二百一十名、一遇有匪立即徵調堵剿、每年共需經費制錢一萬九千餘吊、其籌款方均係按地斂粮、每年每頃五升、由警董巡長等先行墊辦、至秋成後始行催斂、除不時諭令各區警董聯絡聲氣、遇有賊匪協力剿捕外、所有赤邑劃區設警各緣由、理合遵飭詳覆

鈞署查核、謹詳

熱河都統

熱河道尹

〇六三　赤峰縣公署爲詳覆分區設警及籌款各情形事致熱河都統公署、道尹公署詳稿（1915年9月18日）

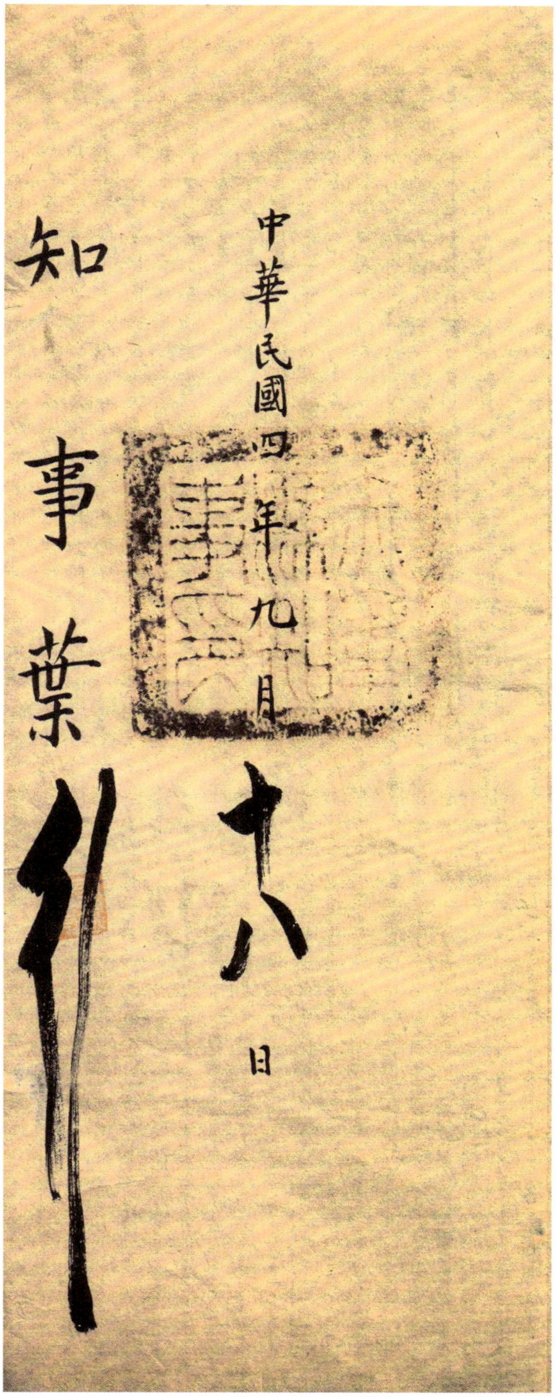
中華民國四年九月十八日
知事葉

〇六四　翁牛特王旗署印協理哈清阿爲撥領春季山分銀事致赤峰縣公署移（1915年）

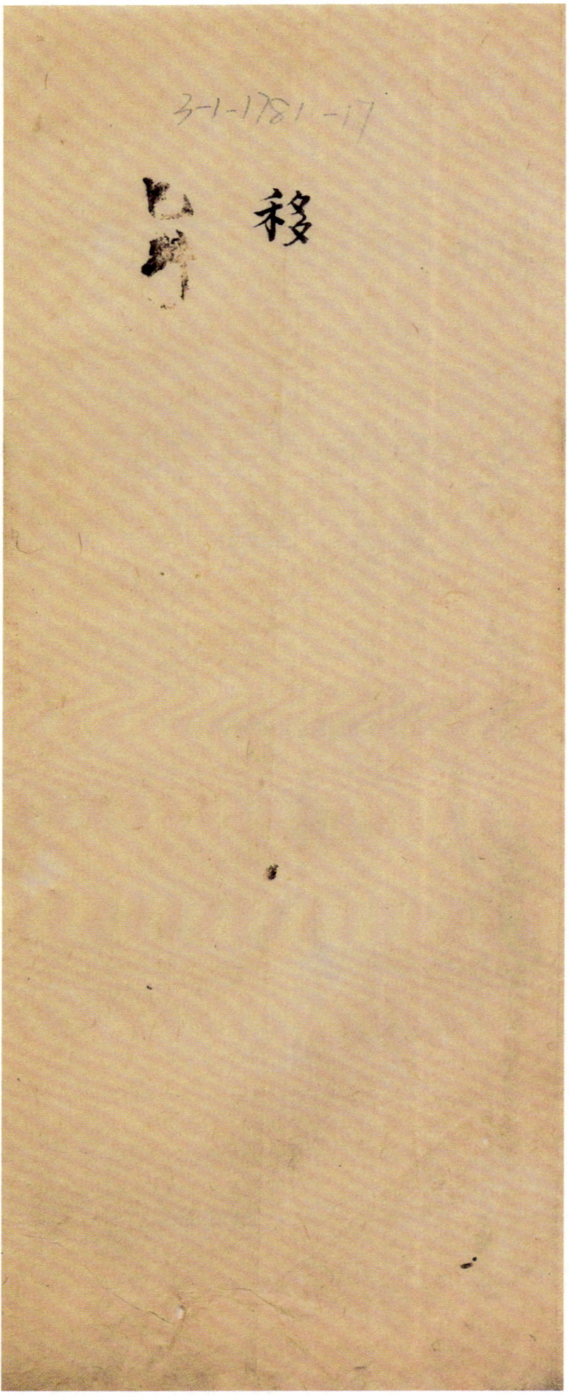
3-1-1781-17

移

○六四　翁牛特王旗署印協理哈清阿爲撥領春季山分銀事致赤峰縣公署移（1915年）

翁牛特札薩克親王旗署印協理哈清阿　爲移請就近撥領事查敝
旗地面向有煤窑三座歷年應交山分銀四百兩按春秋兩季稟明請
由赤屬包收煤窑抽釐商人處就近撥交承領以期捷便而免踈虞屢
經具領在案茲查應領民國四年春季山分銀貳百兩自應備具印領
擬合移請爲此合移
貴縣煩查文内事理希將印領轉呈熱河礦務局備查並祈諭飭包釐商
人照章就近撥交春季山分銀貳百兩以充餉需望切施行

計移送

印領一紙

右　移

赤峯縣知事葉

○六四 翁牛特王旗署印協理哈清阿爲撥領春季山分銀事致赤峰縣公署移（1915 年）

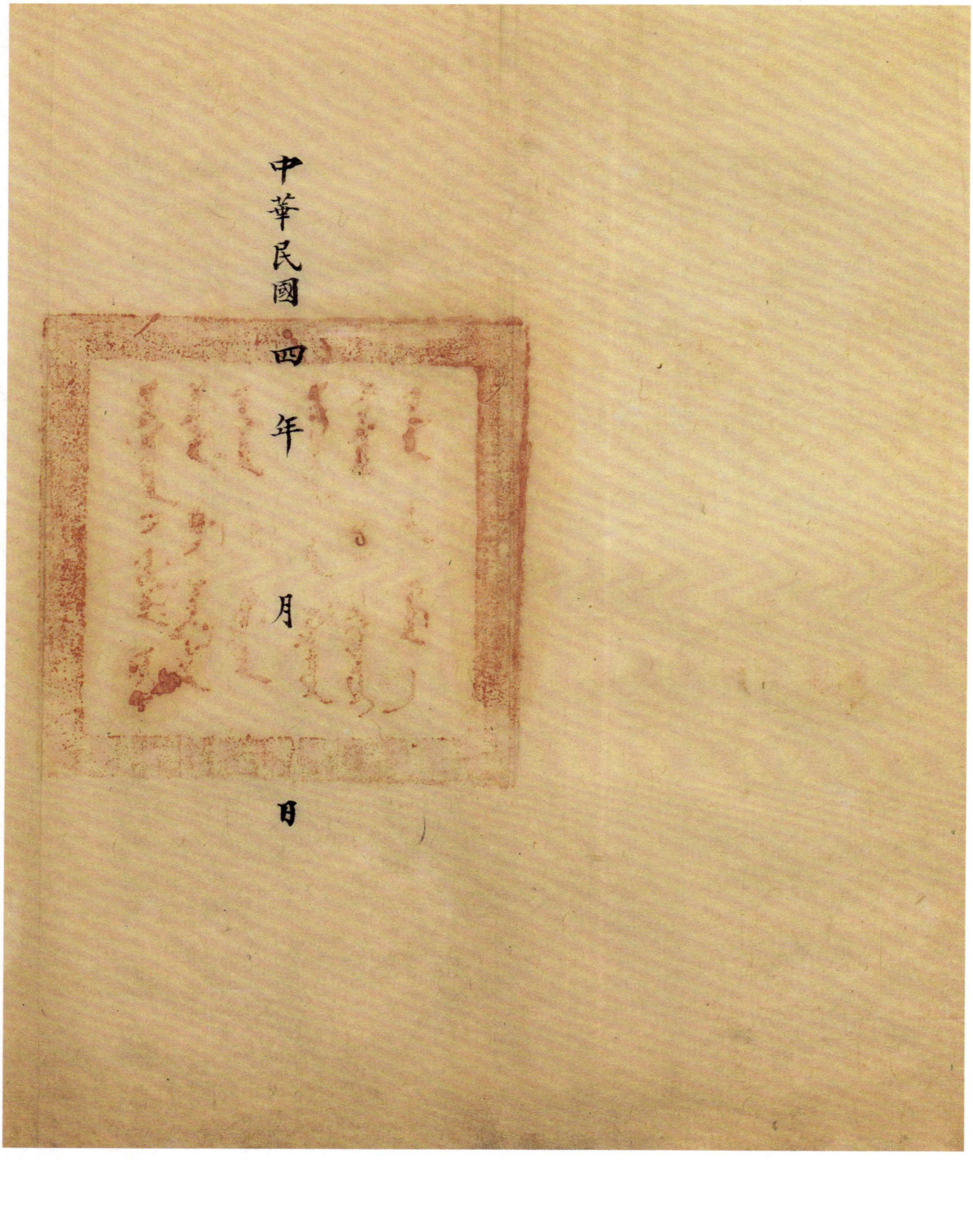

中華民國四年 月 日

○六五 熱河道道尹公署爲抄發商會章程應改各條仰轉行商會遵照更正并繳鈐記公費事致赤峰縣公署飭（1916年3月21日）

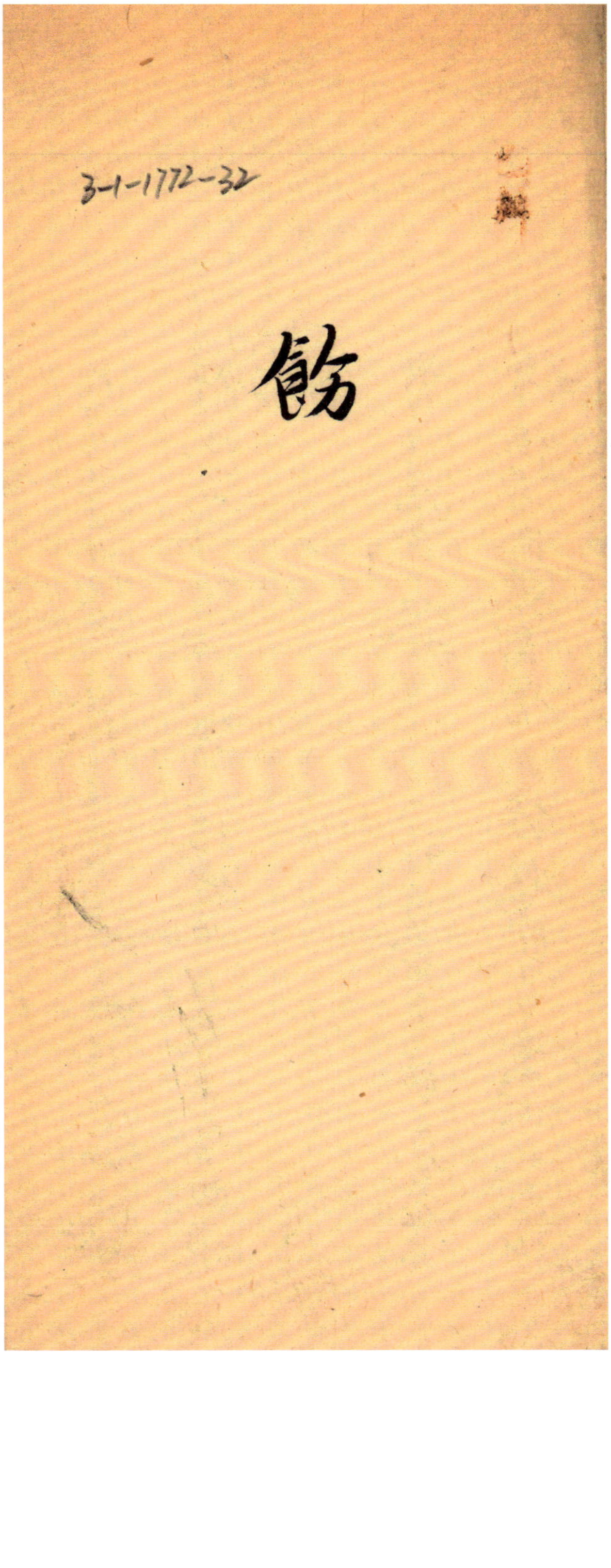

○六五　熱河道道尹公署爲抄發商會章程應改各條仰轉行商會遵照更正并繳鈐記公費事致赤峰縣公署飭（1916 年 3 月 21 日）

熱河道道尹公署飭第六一一號

為飭行事洪憲元年三月十二日奉

都統飭以准

農商部咨開為咨行事案准咨稱據熱河道尹

詳送赤峰經棚凌源圍場建平五縣商會改組

章程圖式名冊請核復飭遵等因前來查赤

峰凌源兩縣商會前經核准有案此次改組

自應照准經棚建平兩縣商會從前未經咨

部應即作為新設准其一併備案除圍

場縣會應俟查明咨復到部再行另案核

○六五　熱河道道尹公署爲抄發商會章程應改各條仰轉行商會遵照更正并繳鈐記公費事致赤峰縣公署飭（1916年3月21日）

議外所有赤峯凌源經棚建平四縣商会所
訂章程尚多未合應改各條分别開列於後
請飭遵照更正補報備核至圖章式樣修
正商会法施行細則內已規定商会鈐記由部
刊頒並經本部公宗定爲鈐記每顆應繳公
費銀十五元希飭照繳咨送到部即行刊給
相應咨行查照飭遵可也此咨等因准此合亟
鈔錄該列條改章程飭仰該道尹分别
轉飭所屬各該商会遵照更正送核連同
刊費鈐記公費銀元一併照繳詳候咨部

○六五　熱河道道尹公署爲抄發商會章程應改各條仰轉行商會遵照更正并繳鈐記公費事致赤峰縣公署飭（1916年3月21日）

此飭等因奉此除分行外合亟鈔錄後列修
改章程飭仰該知事轉行該縣商会遵照
更正連同刊發鈐記公費銀元數一併詳
繳來署以憑核轉咨部勿延此飭

計鈔商会章程應改各條

第四條內詳由應改為送由
第五條內所引商會法第六條應改為第十六條
第七條內成立事務所句應改為成立分事務所
第八條應改為本会每屆選舉時應先期十五日以
前通知縣屬各商號有選舉資格之会員

○六五　熱河道道尹公署爲抄發商會章程應改各條仰轉行商會遵照更正并繳鈐記公費事致赤峰縣公署飭（1916年3月21日）

屆期齊集会所親自投票公舉即日當衆開票

第九條內詳明應改為報明

第十一條內由普通商號之代表人句應改為由各商

號中有選舉資格之会員

第十二條應改為会董由会員投票選出後再由会董

互選会長副会長

第十三條內会長下應加副会長三字又詳由應改報明

第十四條應改為本会遵照商会法第十條得置特

別会董並得遵照商会法第十五條設辦事職員

第十五條應改為本会会員具有商会法第六條所列資

○六五　熱河道道尹公署爲抄發商會章程應改各條仰轉行商會遵照更正并繳鈐記公費事致赤峰縣公署飭（1916年3月21日）

拾之一者為限
第十八條應刪
第十九條末句之下應加但以一次為限六字
第二十條應改為本会職員之退職及除名應遵
照商会法第二十九條第三十條辦理
第二十三條内所引商会法第十條應改為第九條
又第二款應改為会董三十員第三款應改為特
别会董六員第四款應改為庶務会計書記等
辦事職員由会長副会長会同会董遴用
第二十四條應刪

○六五　熱河道道尹公署爲抄發商會章程應改各條仰轉行商會遵照更正并繳鈐記公費事致赤峰縣公署飭（1916 年 3 月 21 日）

第二十五條商正副会長應改為会長副会長
第二十六條應改為会董特別会董得幫同会長
辦理商会法第十六條所列各款之職務
第二十七條應改為庶務管理会中一切雜務及保
管公有器物
第二十八條應改為会計管理会中銀錢出入並編
製預算決算一切事項
第二十九條應移後一條並應改為所有庶務会
計書記各辦事職員所辦事務應由会董
輪流隨時監察

〇六五 熱河道道尹公署爲抄發商會章程應改各條仰轉行商會遵照更正并繳鈐記公費事致赤峰縣公署飭（1916年3月21日）

第三十條应移前一條
第三十一條应改為本会得開定期会議及特別會議
第三十二條应改為定期会議分年会職員会年会每
年一次職員会每月二次特別会無定限
第三十三條正副会長应改為会長副会長
第三十四條应改為会長副会長遇有事件認為緊
要或会董会員五人以上之請求須開特別会議得
隨時召集之
第三十五條内由正副会長為主席句应改由会長為
主席又如正會長因事故不到時句应改為会長

〇六五　熱河道道尹公署爲抄發商會章程應改各條仰轉行商會遵照更正并繳鈐記公費事致赤峰縣公署飭（1916年3月21日）

因事故不到時又正副会長應改為会長副会長
第四十條應刪
第四十一條詳請應改為請求
第四十二條應刪
第四十三條内得詳請至除名末二句應改為應
遵照商会法第二十九條第三十條辦理
第四十四條應改為本会經費由在会各員之
商號分認之又本條第二款内正副会長應改為
会長副会長
第四十五條内呈請應改為送請又末二句應改為如

○六五 熱河道道尹公署爲抄發商會章程應改各條仰轉行商會遵照更正并繳鈐記公費事致赤峰縣公署飭（1916年3月21日）

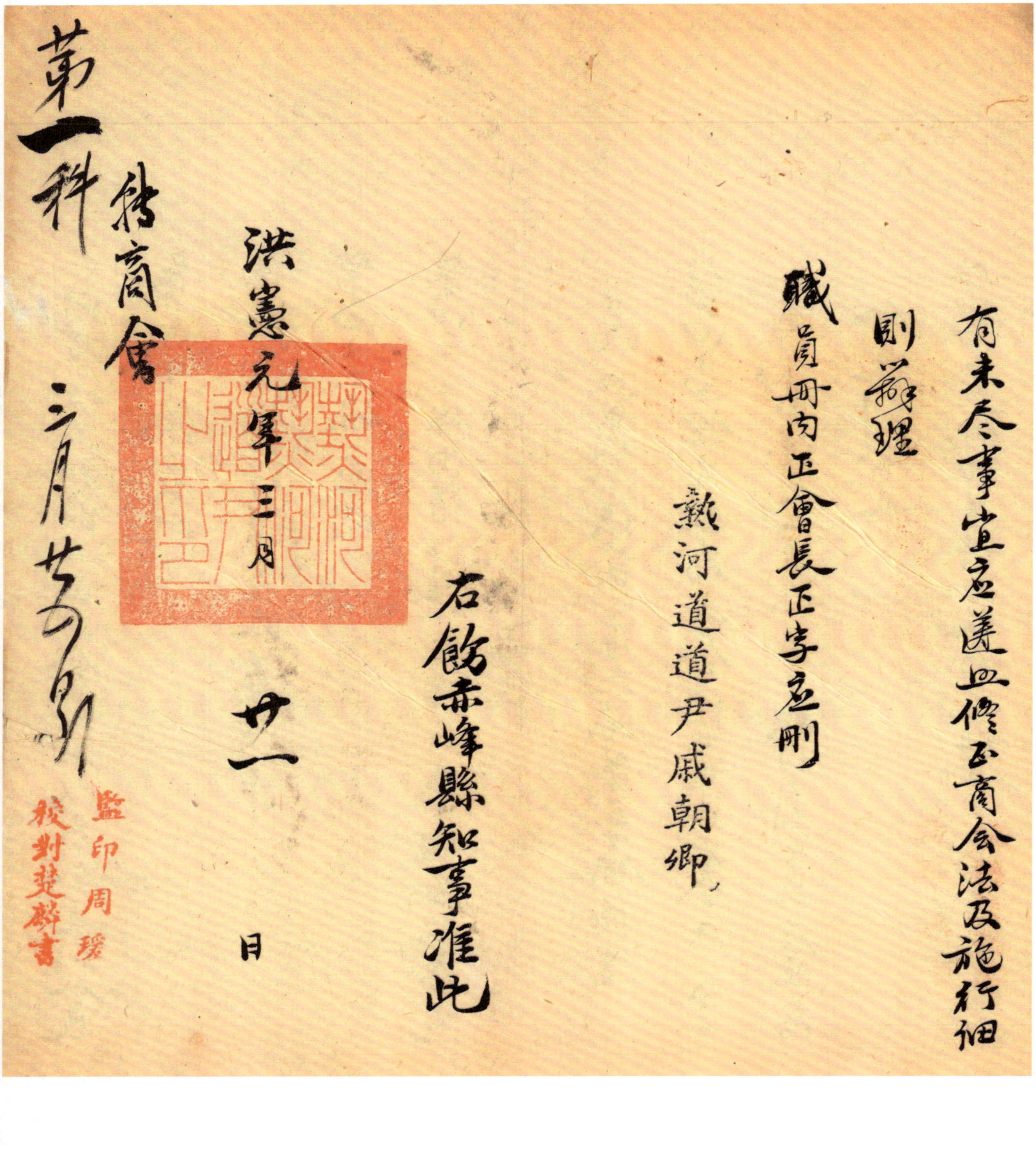
有未盡事宜應隨時修正商會法及施行細

則辦理

職員冊内正會長正字應刪

熱河道道尹戚朝卿

右飭赤峰縣知事准此

洪憲元年三月廿一日

轉商會

第一科

三月廿五日到

監印周琇

校對楚麟書

○六六 赤峰縣公署爲轉發商會章程應改各條仰遵照更正并繳鈐記公費事致赤峰縣商會飭稿（1916年3月27日）

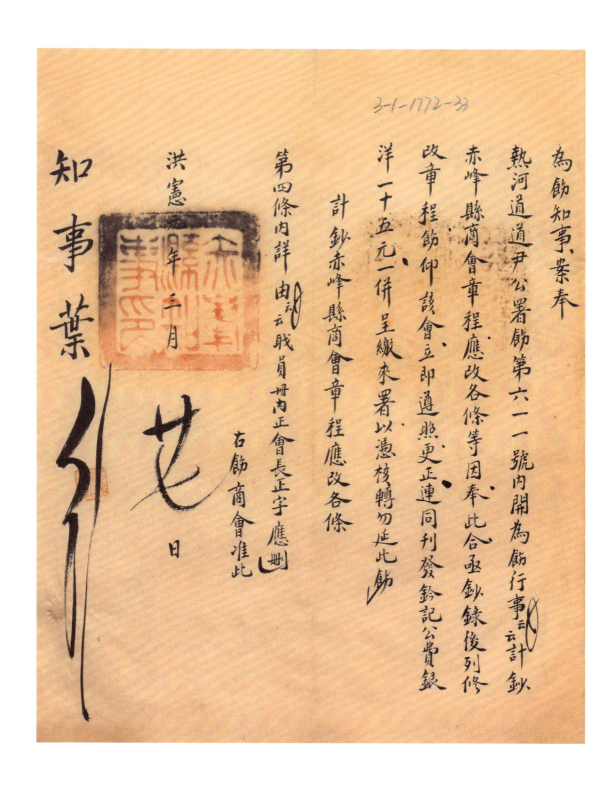

3-1-1772-33

為飭知事案奉

熱河道道尹公署飭第六一一號內開為飭行事云云計鈔

赤峰縣商會章程應改各條等因奉此合亟鈔錄後列條

改章程飭仰該會立即遵照更正連同刊發鈐記公費銀

洋一十五元一併呈繳來署以憑核轉勿延此飭

計鈔赤峰縣商會章程應改各條

第四條內詳由云云職員冊內正會長正字應刪

右飭商會准此

洪憲元年三月　日

知事葉

○六七　赤峰縣公署爲令依法裁撤事致赤峰縣工務分會飭稿（1916年4月26日）

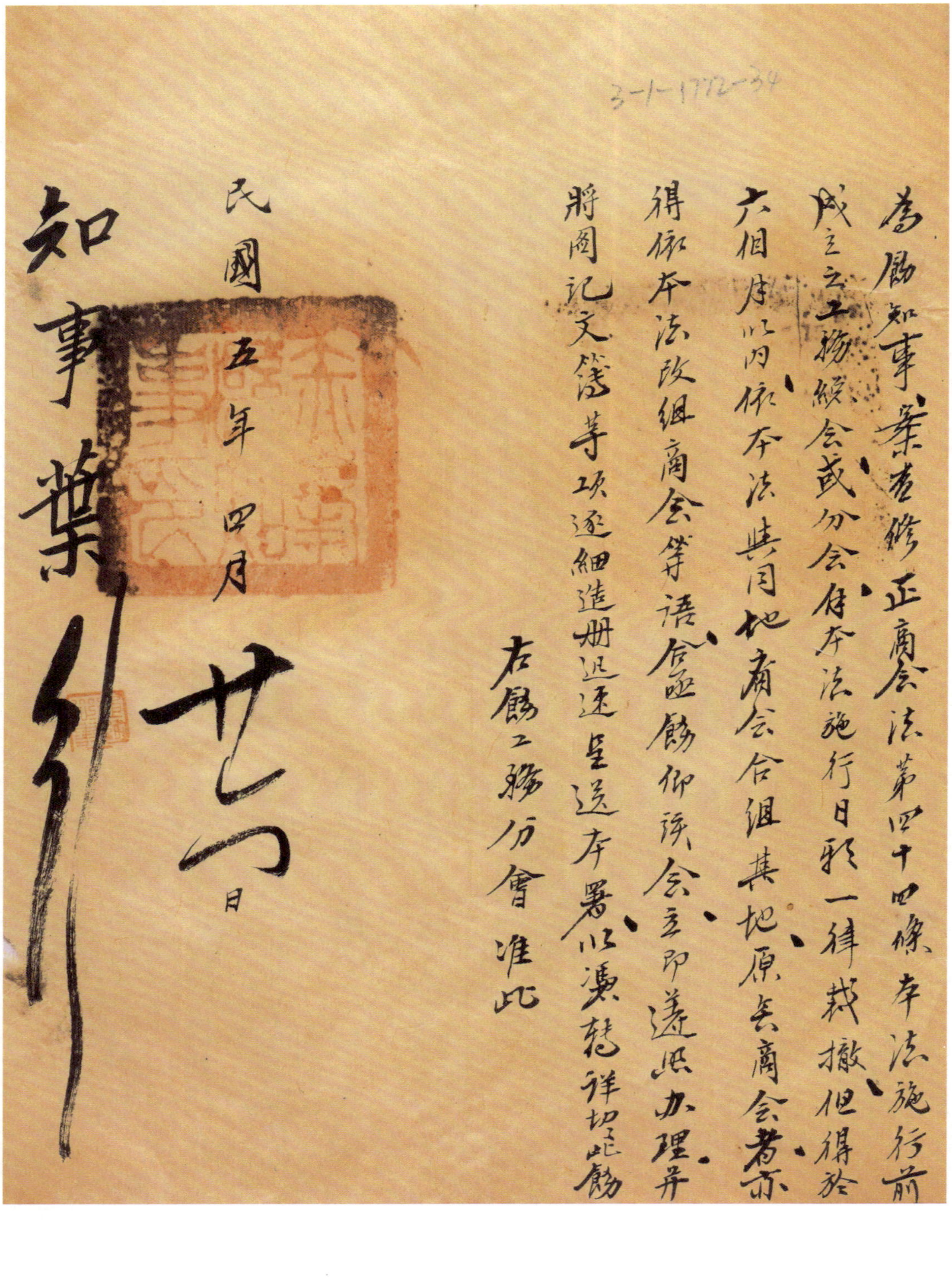
3-1-1772-34

爲飭知事。案查修正商會法第四十四條，本法施行前成立之工務總會或分會，自本法施行日起一律裁撤，但得於六個月以內依本法與同地商會合組，其地原無商會者，亦得依本法改組商會等語。合亟飭仰該會立即遵照辦理，并將圖記文牒等項逐細造册迅速呈送本署，以憑轉詳。切切此飭。

右飭工務分會　准此

民國五年四月廿六日

知事葉

○六八 公家地約北八牌商民徐梁等爲懇轉請派軍駐防事致赤峰縣公署呈（1916年5月2日）

3-1-293-33

已歸

具呈商民 泰合昌 徐 梁 宫 奎 張文祥
孟朝清 盛世臣 辛 懷 高文有

為地方不靖民不安生叩懇恩准轉請飭撥軍隊常川駐防藉
資保衛事切民等居住縣之東北川公家地約北八牌該處毗連
建平地面又與老河相近且老河迤東久為盜賊淵藪民等所居之
牌面又為老河賊匪來往之門徑前因時有搶刦案件民不聊生當
經民等閤牌聯名公懇前巡防張統領撥隊一哨駐紮泰合昌常
蓋隆村今已數年該防營巡邏緝捕甚屬勤奮由此賊匪日見斂跡
居民得以安居民等實深感戴不意該巡防奉文全隊調朝所有駐防
軍隊亦皆隨同開去自該防軍去後賊匪見無敵禦復行充斥現在
無論夜間如何即白晝搶掠之案幾於無日無之非於陰歷三月二十

〇六八　公家地約北八牌商民徐梁等爲懇轉請派軍駐防事致赤峰縣公署呈（1916年5月2日）

七日下午鐘時分泰合昌馬車在村頭送糞突有馬賊四人各持
鎗械竟刦去馬十二匹幸經該隣協同該號炮手尾追至常太溝北
與賊對打多時始打下馬十匹尚失青紅馬各一匹其明証也況農
重其時食為民天茲正在春耕之際各家均不敢赴地播種致將地
畝大有荒棄之勢值秋之穫收端賴春種春不得種秋何能收若不急
為設法防衛將來地面身家致受慘害不堪設想再現值前敵殺單
到處招降以致賊胆愈熾現下即有在此搶掠後迯往彼處報名即屬
投首無事此等案件屢見迭出雖有事主指控皆以既經招降不能
追究亦即無效伏思日受搶擄不得獲賊實屬難堪民等籌思至再
別無良法惟有仰懇

〇六八 公家地約北八牌商民徐梁等爲懇轉請派軍駐防事致赤峰縣公署呈（1916年5月2日）

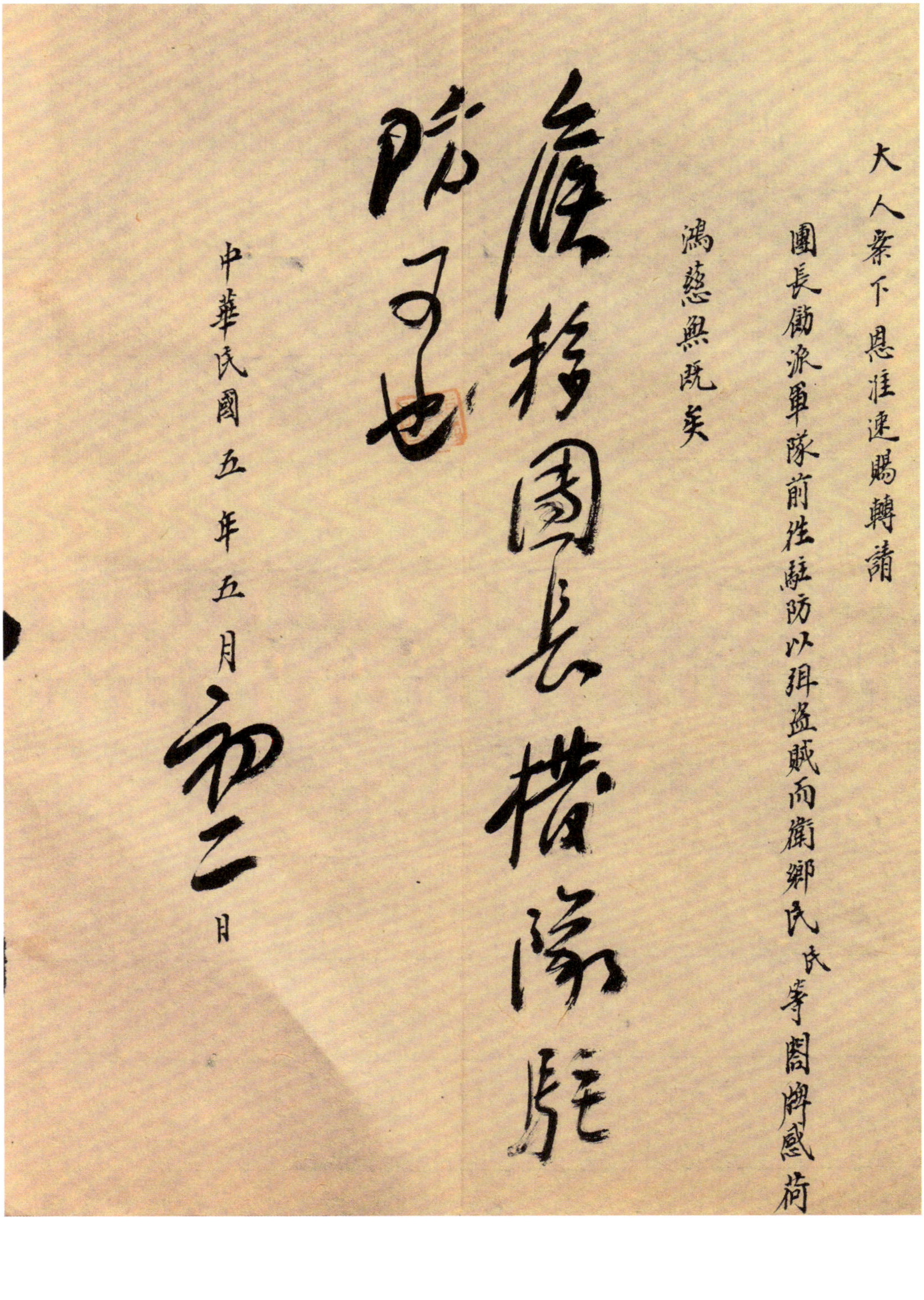

大人案下 恳准速賜轉請
團長飭派軍隊前往駐防以弭盜賊而衛鄉民 民等闔牌感荷
鴻慈無既矣

應移團長撥隊駐防可也

中華民國五年五月初二日

○六九 熱河陸軍第二團本部爲已撥隊駐防事致赤峰縣公署咨（1916 年 5 月 6 日）

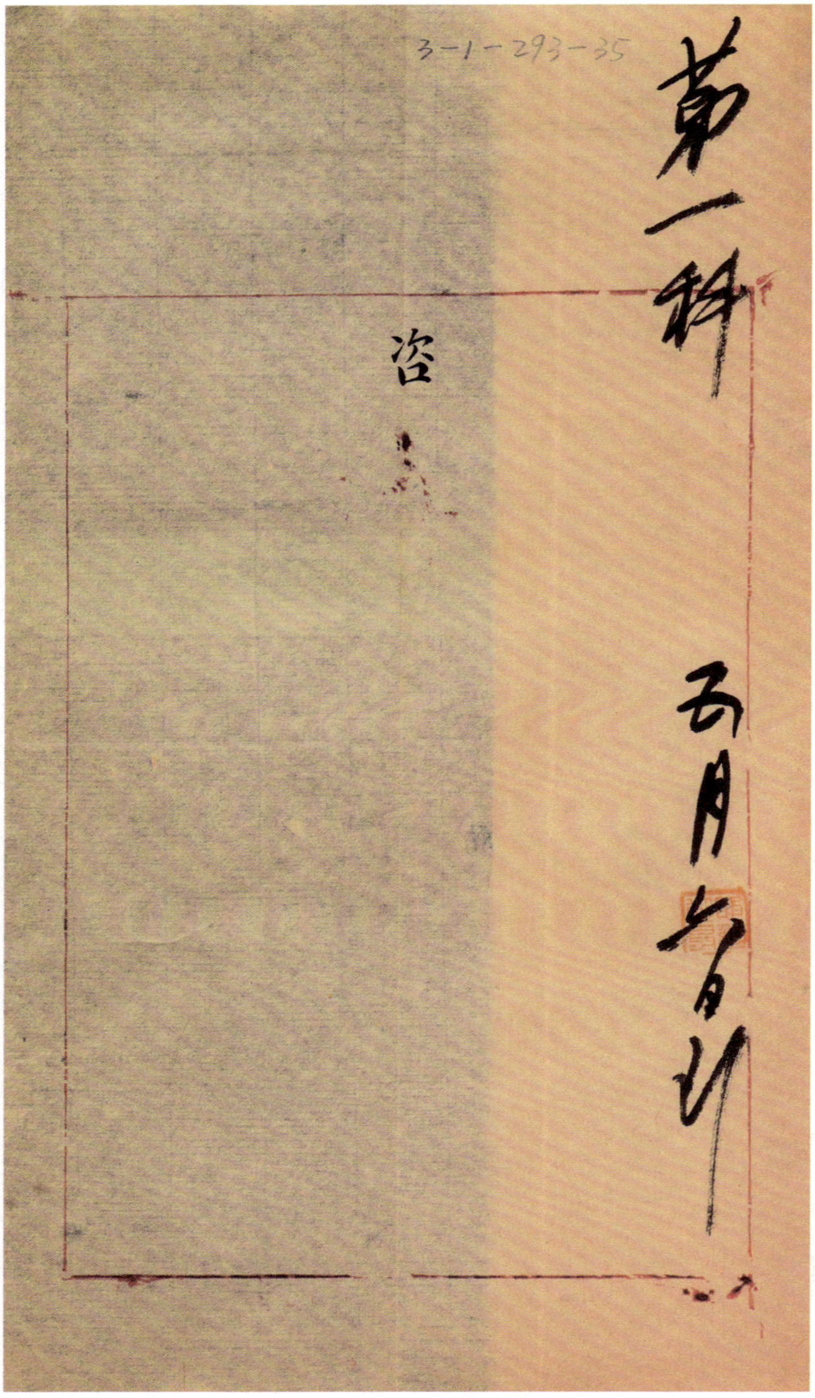
3-1-293-35

第一科

咨

五月六日到

〇六九 熱河陸軍第二團本部爲已撥隊駐防事致赤峰縣公署咨（1916年5月6日）

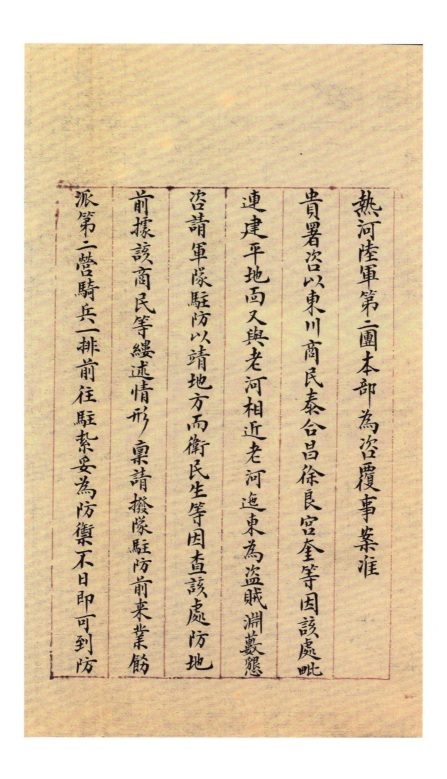

熱河陸軍第二團本部為咨覆事案准
貴署咨以東川商民秦合昌徐良宮奎等因該處毗
連建平地面又與老河相近老河迤東為盜賊淵藪懇
咨請軍隊駐防以靖地方而衛民生等因查該處防地
前據該商民等縷述情形稟請撥隊駐防前來業飭
派第二營騎兵一排前往駐紮妥為防衛不日即可到防

○六九 熱河陸軍第二團本部爲已撥隊駐防事致赤峰縣公署咨（1916年5月6日）

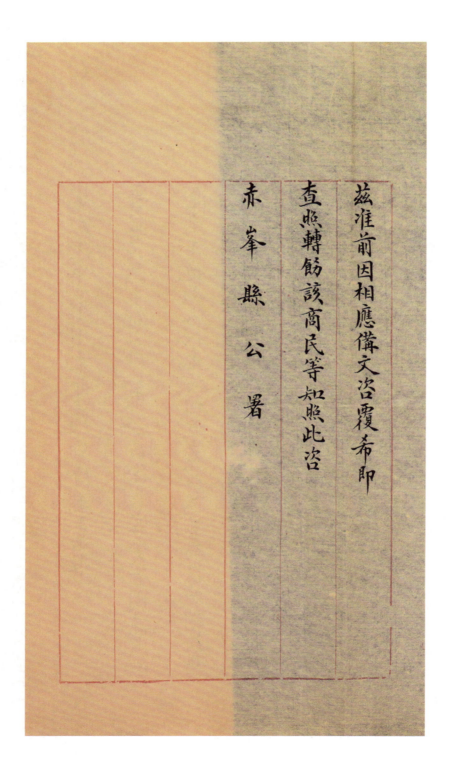

茲准前因相應備文咨覆希即
查照轉飭該商民等知照此咨
赤峯縣公署

○六九 熱河陸軍第二團本部爲已撥隊駐防事致赤峰縣公署咨（1916年5月6日）

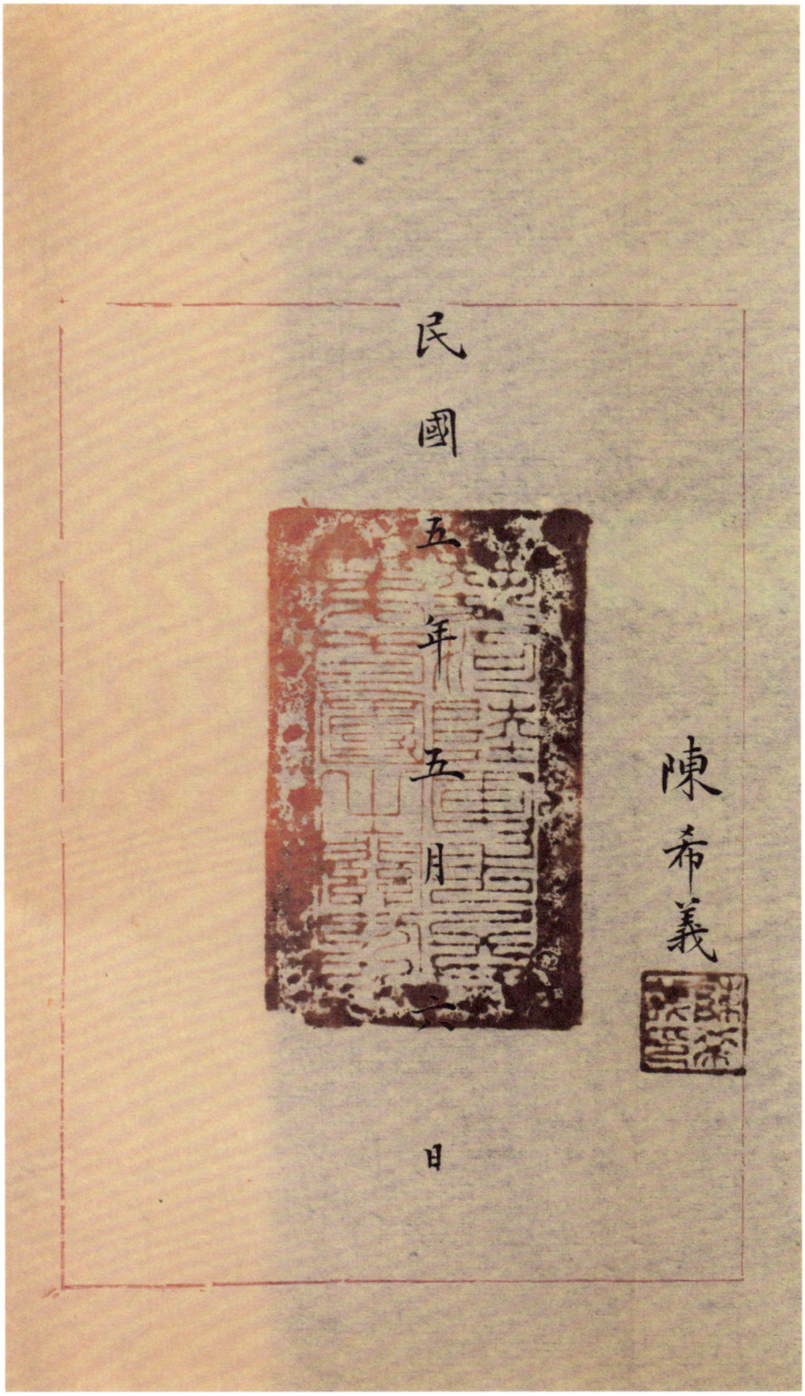
民國五年五月六日

陳希義

○七○ 赤峰縣公署爲取消西屯商號鄉約成立鄉約會催斂警學等款事致西屯約牌頭諭稿（1916年5月4日）

3-1-1120-2

3

爲諭飭事。案據商會呈稱：以本街西屯原係三道街西段之一段，從向歸西鄉六屯約地面。因前清時代熱河在赤採買旂兵兵米，由西屯商號輪充鄉約，專爲承領米價，舊有官地七十頃，商地十頃，鄉地六十頃，及兵米裁撤，鄉約仍歸商號擔任，每逢催斂警學各款，鄉民玩抗，賠墊困苦已極，請將西屯街段並商地十頃劃歸本街，大小商號盡歸商會範圍之內，鄉約一席，在該約西南園子並鄉間殷實大戶另行選派，西屯商號鄉約准予取銷等情。據此，查該會所呈各節，係屬實情，自應照准，除呈批示外，合亟諭仰該牌頭等立即遵照，嗣後凡西屯大小舖家盡歸爲本街商戶，凡種田園者盡歸爲鄉戶，每年按六十一頃地核計攤斂警學外規各款，並准由該地牌頭等於該鄉選擇殷實富戶成立鄉約會，歷年輪換擔充，此差屬鄉民應盡之職務，義不容辭，仰即遵照辦理，勿得藉端推諉，切切，此諭。

〇七〇 赤峰縣公署爲取消西屯商號鄉約成立鄉約會催斂警學等款事致西屯約牌頭諭稿（1916年5月4日）

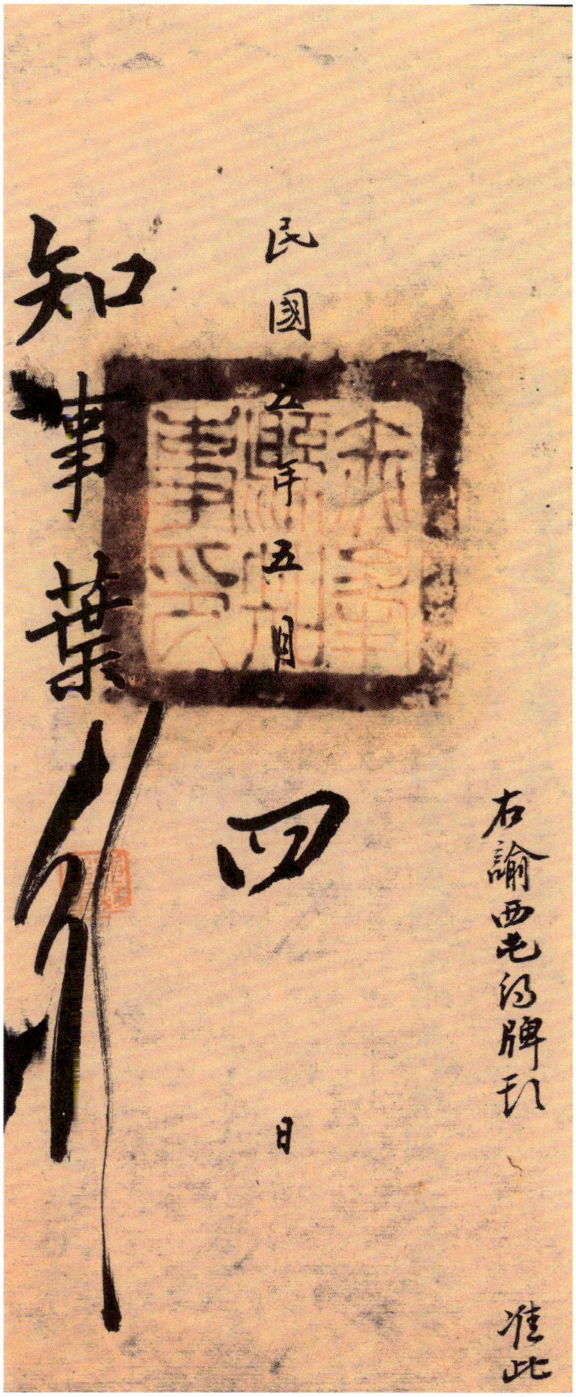
右諭西屯約牌頭
准此
民國五年五月四日
知事葉

〇七一 赤峰縣公署爲商號開設或歇業須預先報知事致赤峰商會、縣警察所飭稿（1916年5月6日）

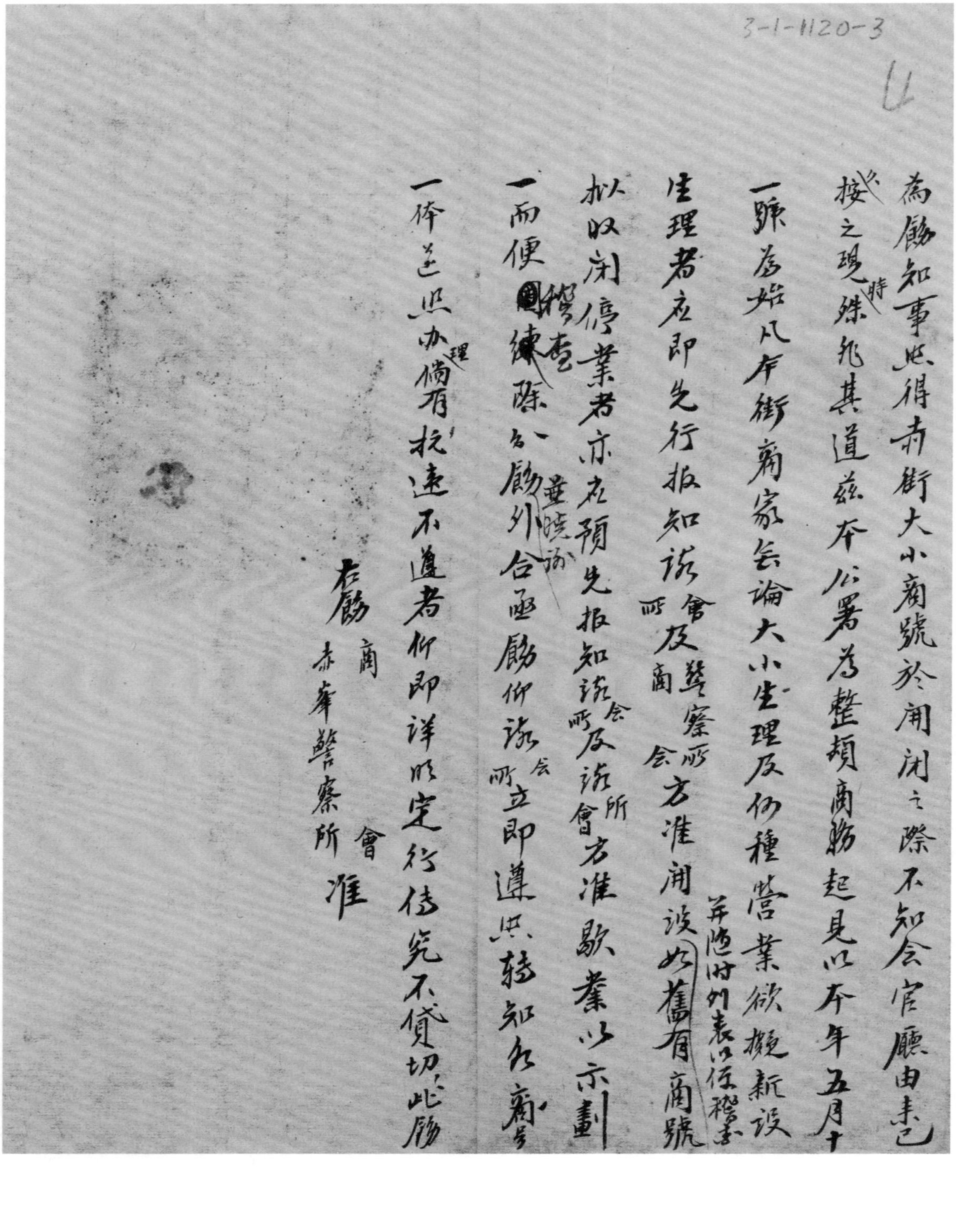

3-1-1120-3

為飭知事照得赤街大小商號於開閉之際不知會官廳由來已久按之現時殊乖其道茲本公署為整頓商務起見以本年五月十一號為始凡本街商家無論大小生理及何種營業欲擬新設並隨附列表以便稽查生理者應即先行報知該會所及商會警察所方准開設如舊有商號擬以閉停業者亦應預先報知該所会及該會方准歇業以示劃一而便稽查除分飭外合函飭仰該会所立即遵照轉知各商號一體遵照辦理倘有抗違不遵者仰即詳明定行追究不貸切切此飭

右飭 商會 赤峰警察所 准

○七一　赤峰縣公署爲商號開設或歇業須預先報知事致赤峰商會、縣警察所飭稿（1916年5月6日）

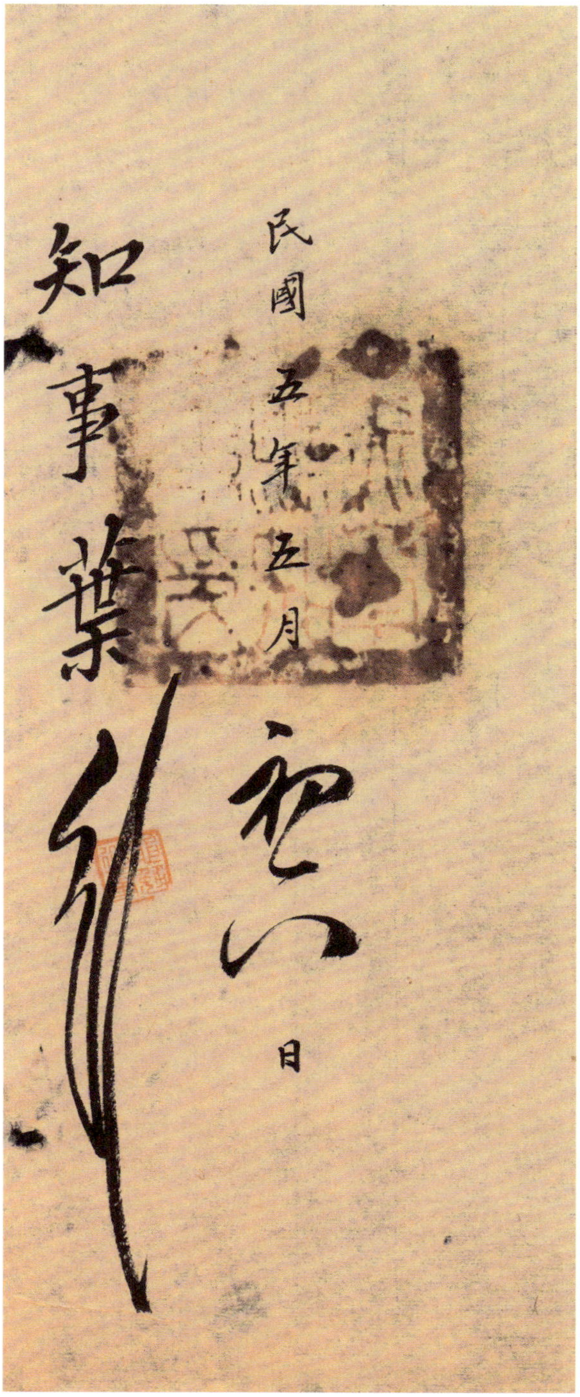

民國五年五月初六日

知事葉

○七二　西元寶山錦元煤窑商人李翰臣等爲應遵礦業條例繳納課稅事致赤峰徵收局呈（1916 年 7 月 9 日）

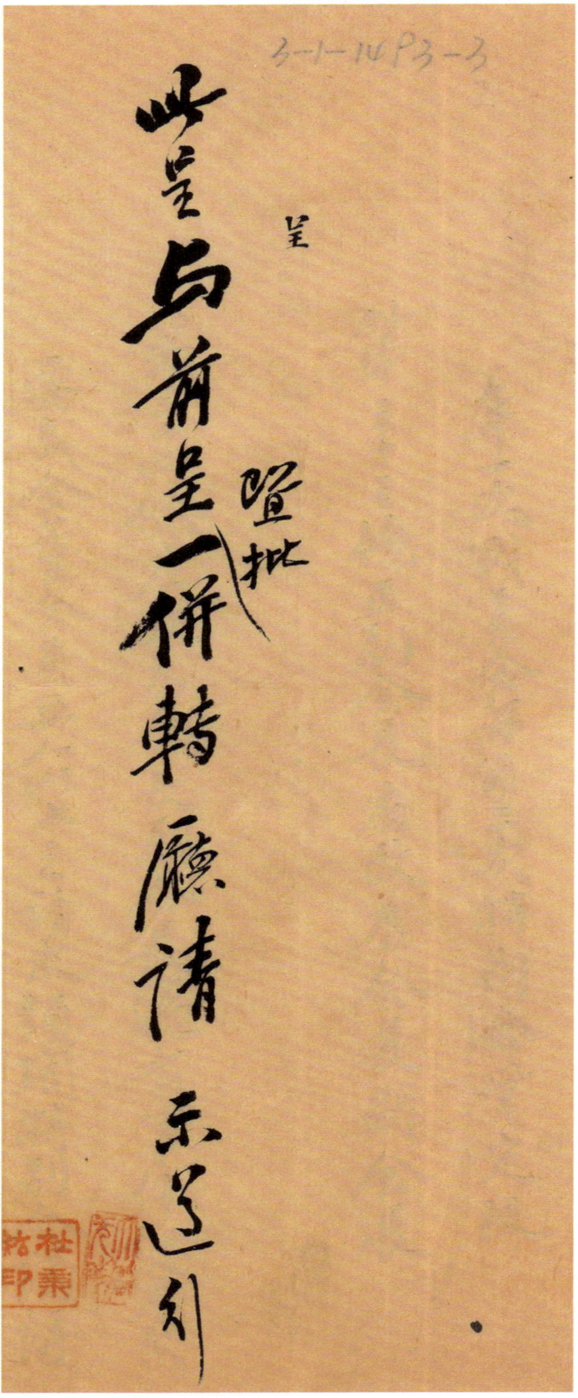
3-1-1493-3

此呈
呈
与前呈暨批一併轉
縣請
示遵行

杜秉祐印

○七二　西元寶山錦元煤窑商人李翰臣等爲應遵礦業條例繳納課税事致赤峰徵收局呈（1916年7月9日）

具呈人西元寶山錦元煤窑商人李翰臣東元寶山廣億窑窑商楊
泮林復興廠窑窑商王和為呈覆事竊緣商等以煤窑課税民國既
有新章呈請轉詳照章辦理在案旋奉批開礦税新章并未頒
行仰即仍照舊額完課現在已届繳課之期毋得藉詞宕延是為至
要此批等因奉此商等接奉 批示理宜遵辦惟奉批之礦税新章
并未頒行一節係指
財政部新定之辦法五條而言而礦業條例於民國三年三月十一號已奉
教令第三十六號公布施行在案縱辦法五條未經頒行亦應遵照礦業
條例分別辦理商等前未聞知故仍照前清之規定按季呈繳刻已查得新章
絕不敢違背民國之法律胥昧從事是以公同復呈伏乞
核准轉詳實為公便謹呈
赤峯徵收局

○七二　西元寶山錦元煤窑商人李翰臣等爲應遵礦業條例繳納課税事致赤峰徵收局呈（1916年7月9日）

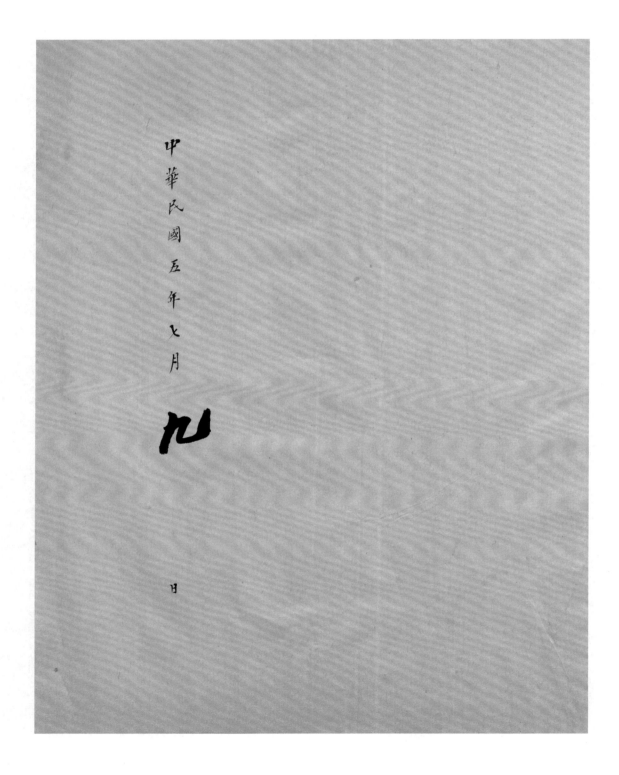

中華民國五年七月九日

○七三 熱河財政分廳爲開導窑商仍遵舊章繳納礦課事致赤峰徵收局訓令（1916 年 8 月 29 日）

3-1-14P3-P

熱河財政分廳訓令第二七號

令赤峰徵收局長張時傑

案據赤峰縣商會正會長朱錫棻等呈據赤境西元寶山錦元煤窑商人李翰臣東元寶山廣億煤窑商人楊泮林復興煤廠商人王和等摺稱該商等應交煤課負担過重請求查照新章改征轉呈核辦等情到廳并據該局長轉詳前來查熱省鑛課創辦之始本未規定劃一章程前清頒發鑛章後亦未寔行歷來均採商包主義而商人於承包時無不加價爭競訐控不休故有窑主自行

〇七三 熱河財政分廳爲開導窑商仍遵舊章繳納礦課事致赤峰徵收局訓令（1916年8月29日）

承包免累者蓋彼時開鑛無多其利尚厚案牘繁興可為錢証且代收之課取諸買主與鑛主毫無干涉惟為表明出井税而已鑛業條例頒行各征收局紛紛請示征收方法前廳長因熱省財政入不敷出全恃中央協款補助鑛課為收入大宗湊撥軍政各費要需既係商包固有的款且課出買主雖較新章為重分認亦屬無多電請財政部暫照舊章征收奉電照准是以鑛區税亦未征收無非顧全本省財政起見而該商謂為官廳有意摧殘并有口外人民不能與內省人民同

○七三 熱河財政分廳爲開導窑商仍遵舊章繳納礦課事致赤峰徵收局訓令（1916年8月29日）

享法律保護籍詞延宕殊不知前奉
財政部酌擬改征鑛課五條徵集各省意見其文
内并有自鑛業條例頒行兩年以來各省多未寔
行之語是各省征收鑛課各援舊章不獨熱河
一省如斯尤為明証況此項鑛課争諸買主尚屬
近情乃竟出諸包商之口尤堪詫異該商等既稱
於公益之事踴躍輸將獨於間接吸取承繳國家
正課嘵嘵不已語多不類更不知其意何居總之國
家籌款無非養軍衛民該商等既具愛國熱忱
即應深明大義應由該縣委寔力開導將應交

○七三　熱河財政分廳爲開導窑商仍遵舊章繳納礦課事致赤峰徵收局訓令（1916年8月29日）

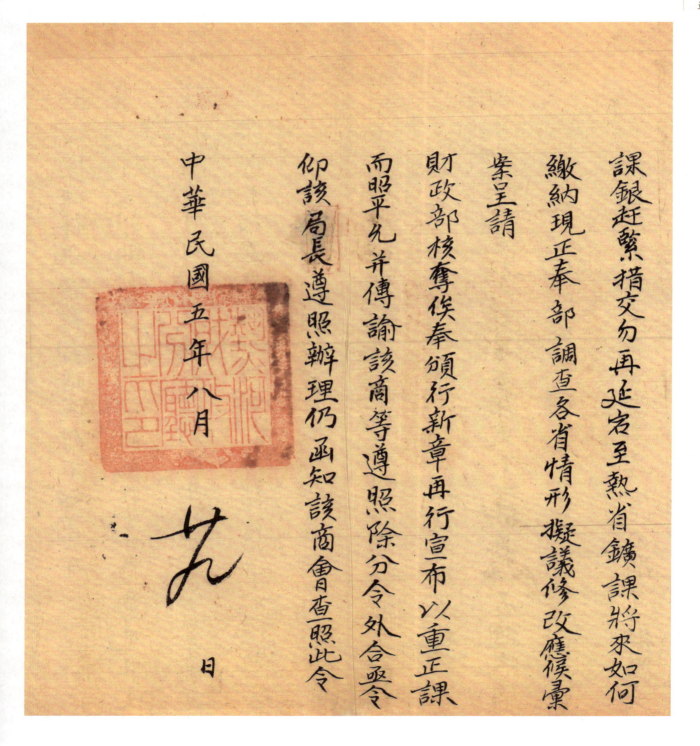

課銀赶緊措交勿再延宕至熱省鑛課將來如何
繳納現正奉部調查各省情形擬議修改應候彙
案呈請
財政部核奪俟奉頒行新章再行宣布以重正課
而照平允并傳諭該商等遵照除分令外合亟令
仰該局長遵照辦理仍函知該商會查照此令

中華民國五年八月　日

○七三　熱河財政分廳爲開導窰商仍遵舊章繳納礦課事致赤峰徵收局訓令（1916年8月29日）

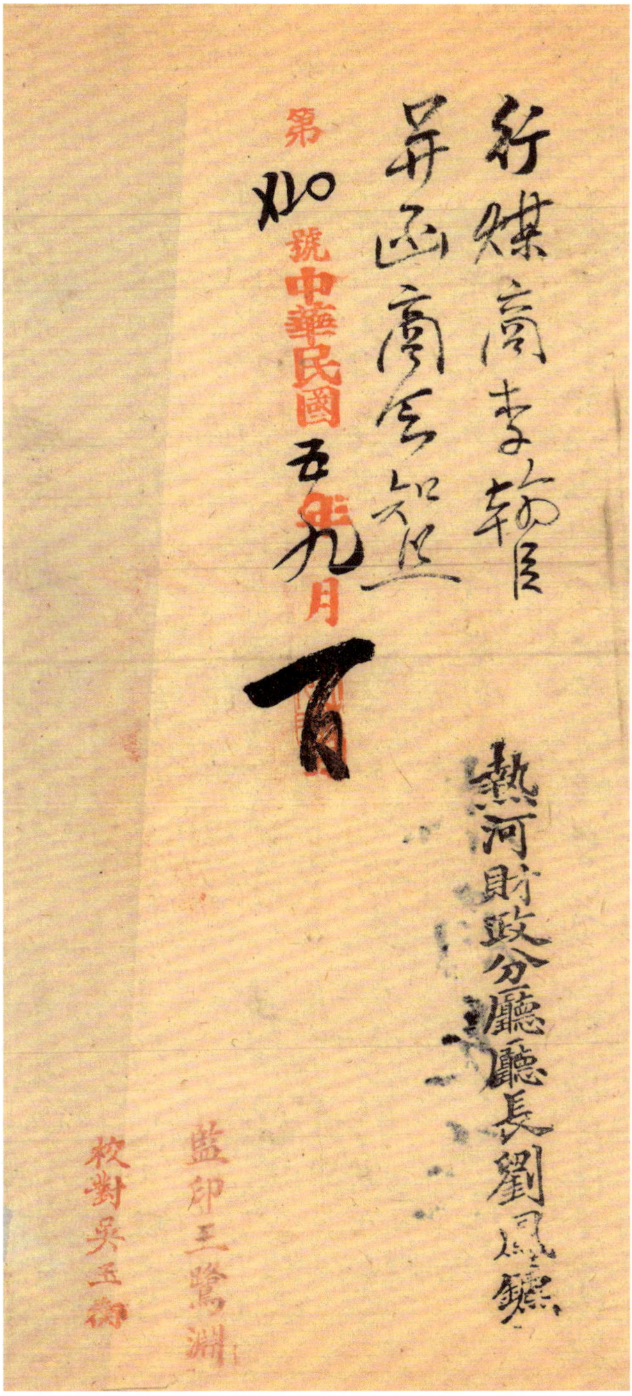

行煤商李榮臣

并函商會知照

第〤〡〇號

中華民國五年九月　日

行

熱河財政分廳廳長劉鳳鑣

監印王鷺淵

校對吳玉衡

○七四 赤峰徵收局爲速遵舊章繳齊本年度煤課事致西元寶山煤商李翰臣等訓令稿（1916 年 9 月 4 日）

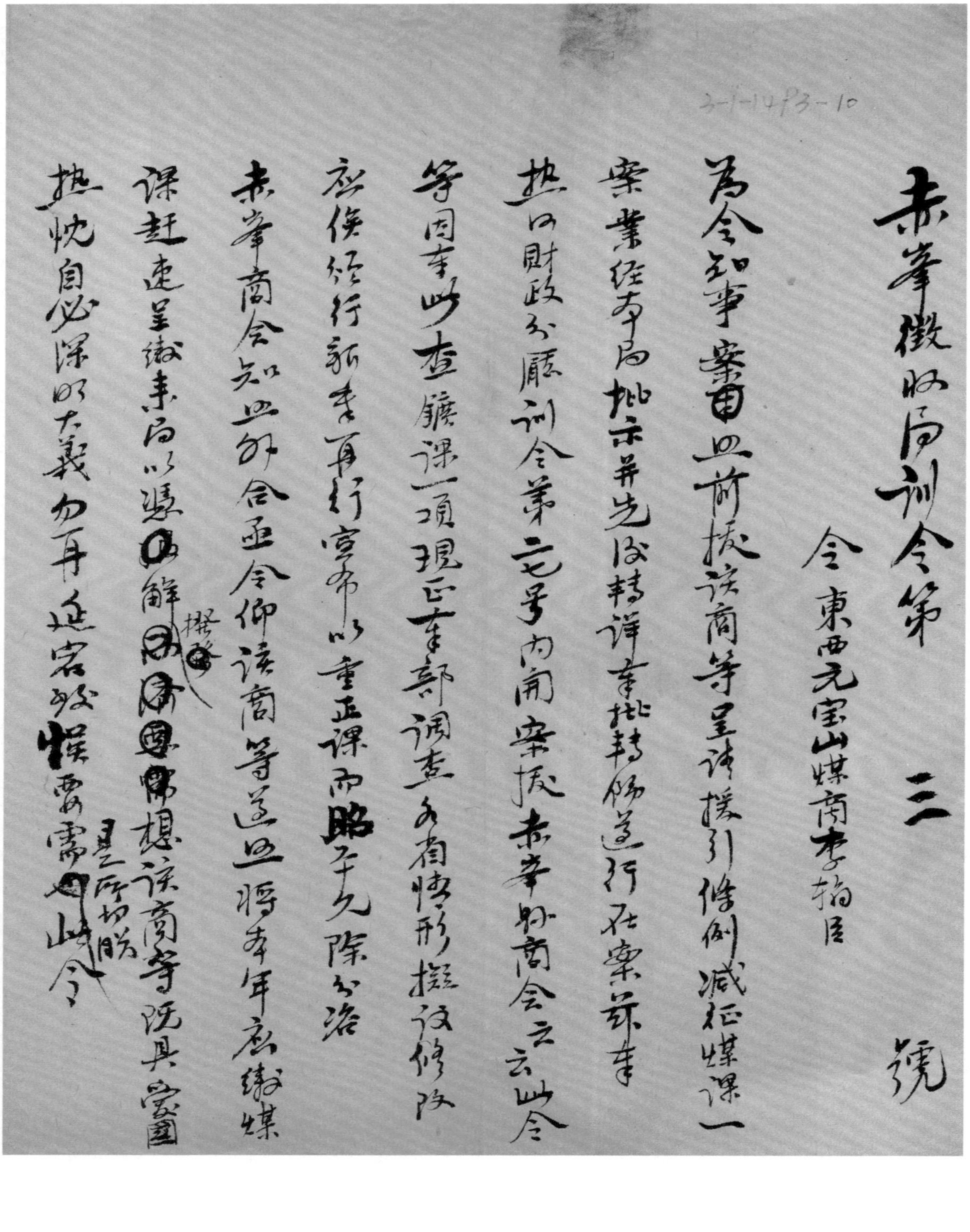

3-1-1473-10

赤峰徵收局訓令第　二　號

令東西元寶山煤商李翰臣

爲令知事案查此前據該商等呈請援引修例減徵煤課一

案業經本局批示并先後轉詳奉批轉飭遵行在案茲奉

熱河財政分廳訓令第二七號內開案據赤峰縣商會呈云云此令

等因奉此查礦課一項現正奉部調查各省情形擬設修改

之條經行新章再行宣布以重正課而昭平允除分咨

赤峰商會知照外合亟令仰該商等遵照將本年應繳煤

課趕速呈繳來局以憑解濟國用想該商等既具愛國

熱忱自必深明大義勿再延宕致悞要需是所切盼此令

〇七四 赤峰徵收局爲速遵舊章繳齊本年度煤課事致西元寶山煤商李翰臣等訓令稿（1916年9月4日）

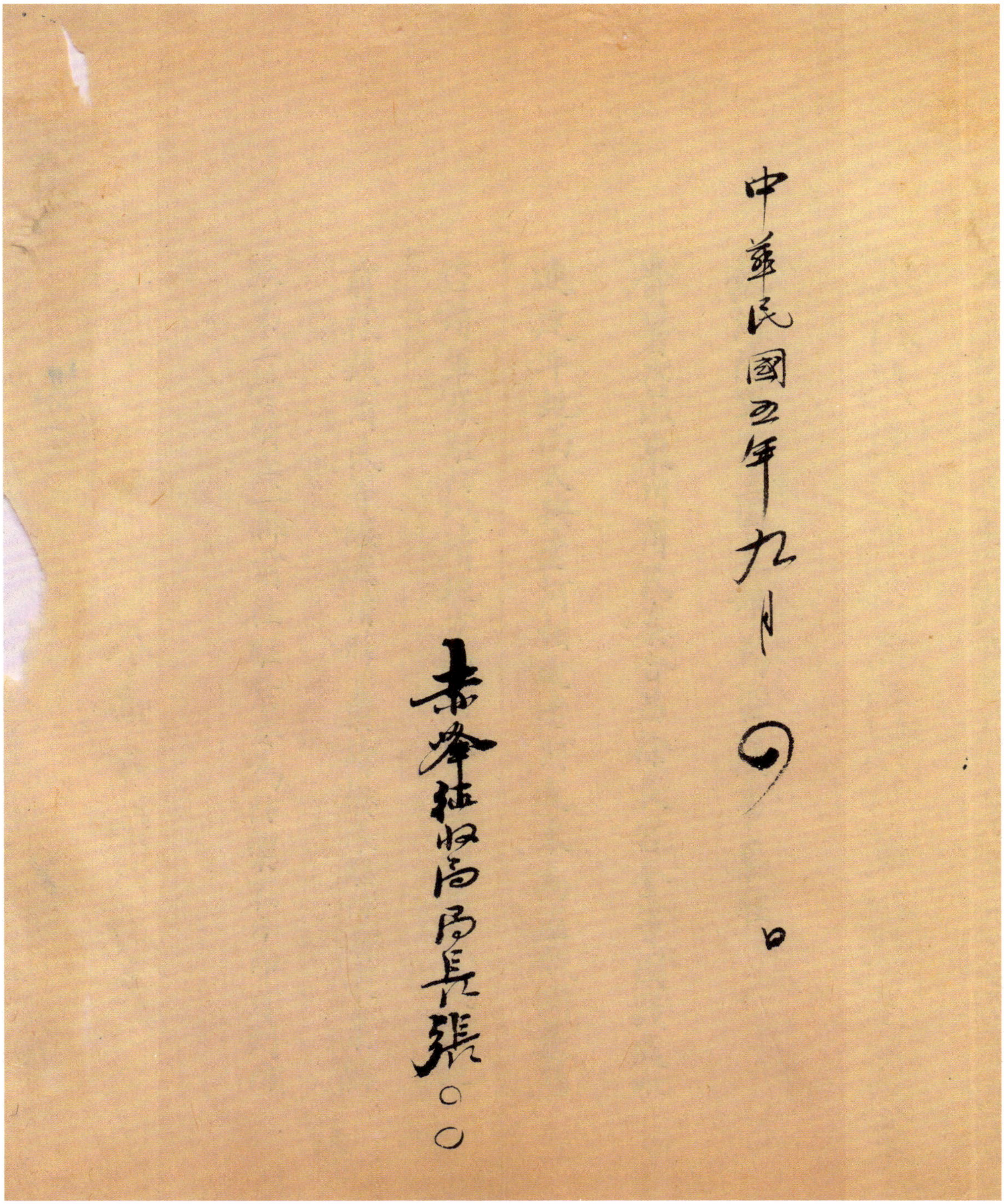

中華民國五年九月四日

赤峰徵收局局長張〇〇

〇七五　熱河財政分廳爲切實調查擬議煤税徵收改訂辦法并轉飭礦商仍遵舊章繳納課銀事致赤峰徵收局訓令（1916年10月24日）

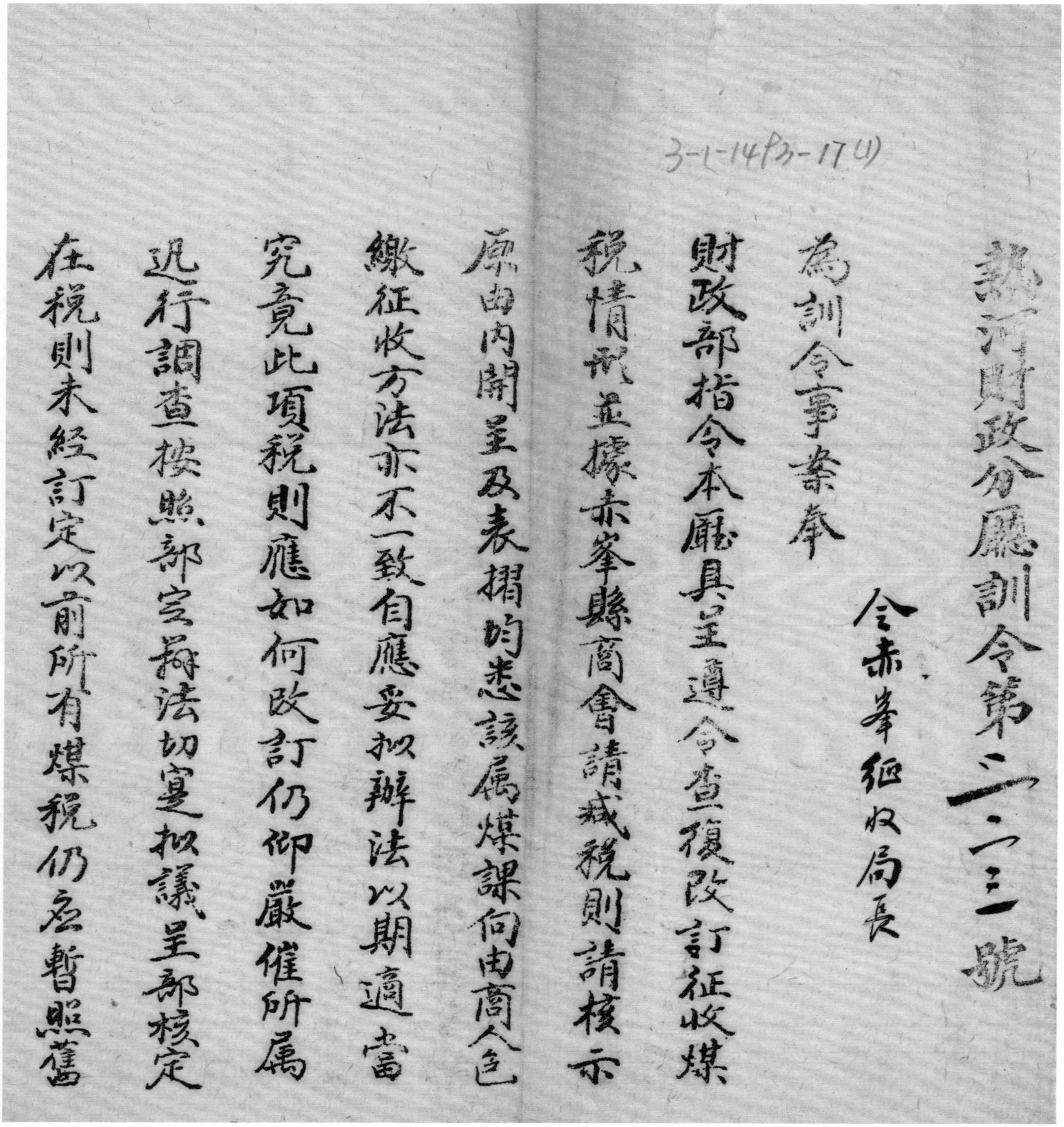
3-1-14(3-17(1))
熱河財政分廳訓令第二一二三號
令赤峰徵收局長
爲訓令事案奉
財政部指令本廳具呈遵令查覆改訂征收煤
稅情形並據赤峰縣商會請減稅則請核示
原由內開呈及表摺均悉該屬煤課向由商人包
繳征收方法亦不一致自應妥擬辦法以期適當
究竟此項稅則應如何改訂仍仰嚴催所屬
迅行調查按照部定辦法切實擬議呈部核定
在稅則未經訂定以前所有煤稅仍應暫照舊

○七五 熱河財政分廳爲切實調查擬議煤税徵收改訂辦法并轉飭礦商仍遵舊章繳納課銀事致赤峰徵收局訓令（1916 年 10 月 24 日）

務總收該鑛商李翰臣等請援照鑛業條例
交納課銀一節暫緩置議其各色商應繳上年
尾欠及應征本年上半年課銀應令該征收局
轉飭該商等一律遵照舊章補繳以重稅收
此令等因奉此除分行外合亟抄録原呈令仰
該局即便遵照部令所指各節迅速調查切
實擬議核覆以憑彙案核辦至五年上半年
及以前尾欠應繳課銀併即轉飭該商等遵
照舊章一律繳足毋稍玩延切切此令
計抄發原呈一件

〇七五 熱河財政分廳爲切實調查擬議煤稅徵收改訂辦法并轉飭礦商仍遵舊章繳納課銀事致赤峰徵收局訓令（1916 年 10 月 24 日）

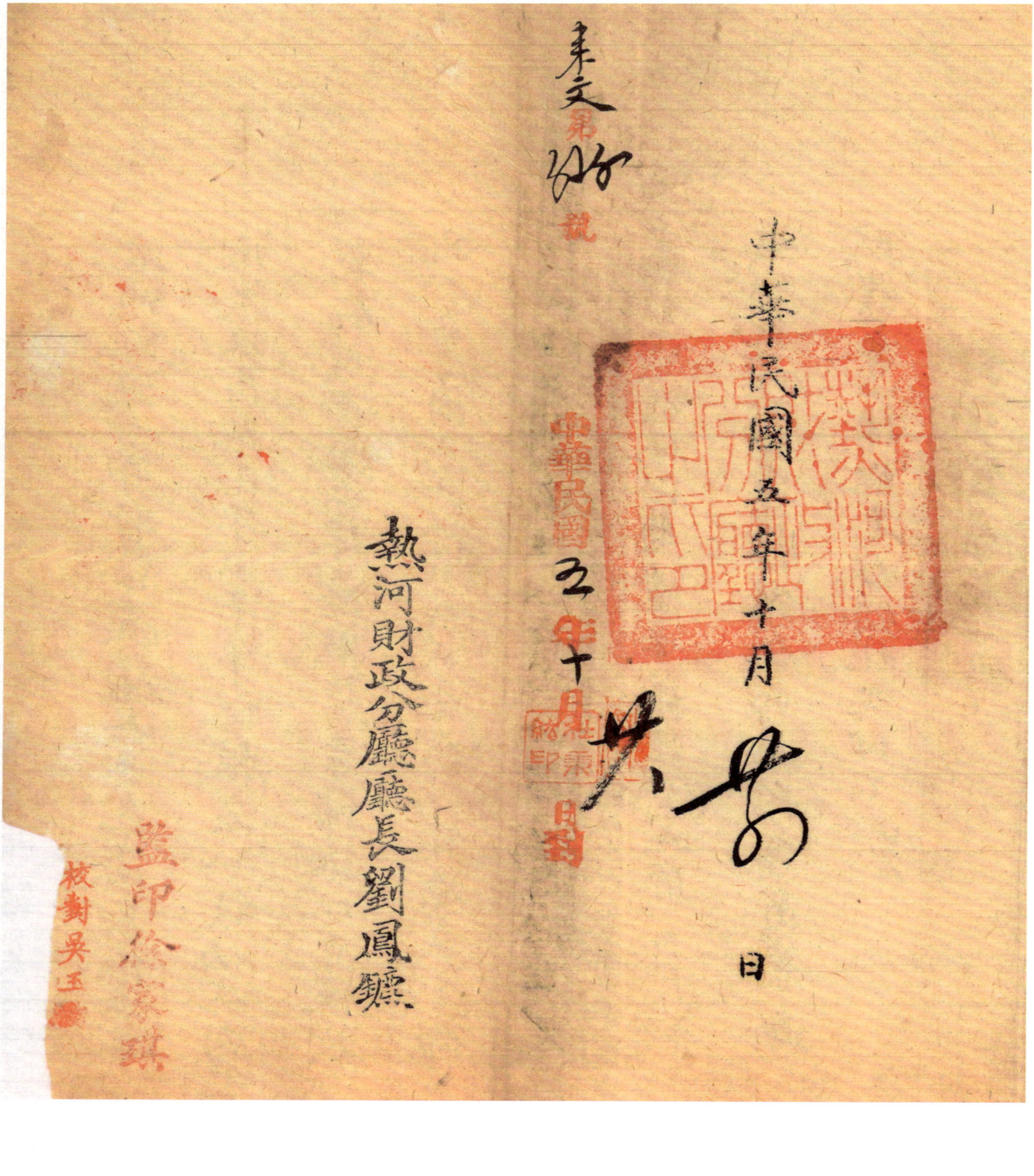

來文第　號

中華民國五年十月廿四日

熱河財政分廳廳長劉鳳鑣

監印徐家琪

校對吳玉

〇七五 熱河財政分廳爲切實調查擬議煤稅徵收改訂辦法并轉飭礦商仍遵舊章繳納課銀事致赤峰徵收局訓令（1916 年 10 月 24 日）

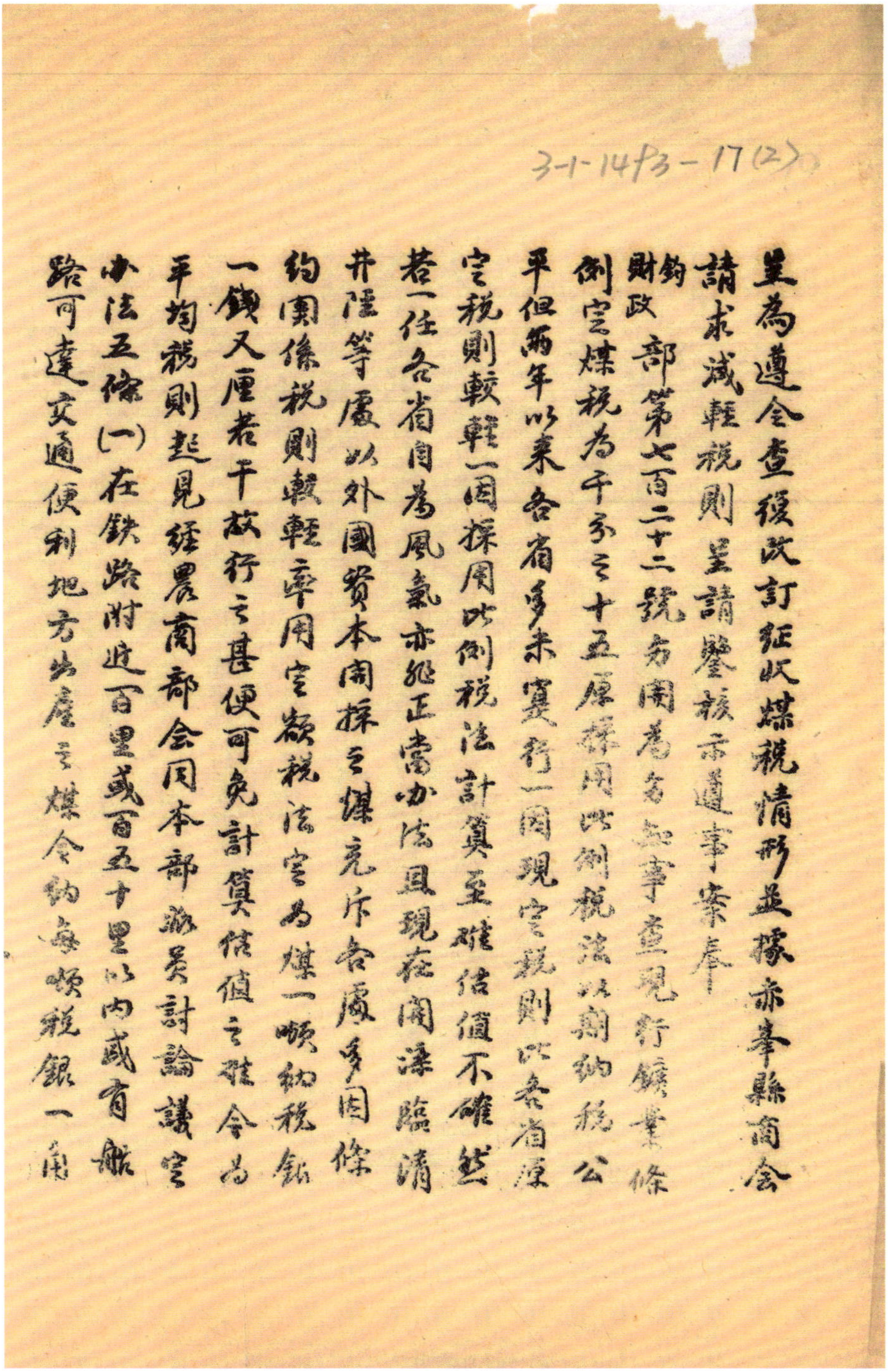
3-1-1483-17(2)

呈為遵令查復改訂征收煤稅情形並據赤峰縣商會
請求減輕稅則呈請鑒核示遵事案奉
鈞財政部第七百二十二號飭開為飭知事查現行鑛業條
例定煤稅為千分之十五原採用此例稅法以期納稅公
平但兩年以來各省多未實行一因現定稅則比各省原
定稅則較輕一因採用此例稅法計算至確估值不確然
若一任各省自為風氣亦非正當辦法且現在開灤臨清
井陘等處以外國資本開採之煤充斥各處多因條
約關係稅則較輕本部定額稅法定為煤一噸納稅銀
一錢又釐若干故行之甚便可免計算估值之難今為
平均稅則起見經農商部會同本部派員討論議定
辦法五條（一）在鐵路附近百里或百五十里以內或有航
路可達交通便利地方出產之煤令納每噸稅銀一兩

〇七五　熱河財政分廳爲切實調查擬議煤稅徵收改訂辦法并轉飭礦商仍遵舊章繳納課銀事致赤峰徵收局訓令（1916年10月24日）

五分（二）如在鐵路百里或百五十里以外，或係無畜駝路可
達，交通不甚便利地方出產之煤，令納每噸稅銀一角
（三）此次改用定額稅法，本以免計算估值之煩，即以絶征
收官吏之弊，故不問其爲煤塊、煤渣，亦不問其價值如何，祗
要按噸納稅（四）海關稅與復進口半稅由部會同稅務處
另議辦法（五）自納此井稅後，通行全國，所有常關釐金
概行豁免。若照以上辦法，似屬簡便易行，或可與洋煤
競爭。惟各省原定煤稅、煤厘之數輕重不同，若改照以
上辦法辦理，有無窒礙，每年約計增收或減收若干，應即
查明詳議具復。又據農商部特派員稱，此次所擬稅則
表面似較各省原有煤稅稅則爲輕，其實各省煤礦稅
百抽五或值百抽七者，多于噸數折減稅算，或于煤價從
輕估值。按諸此次新擬每噸征稅一角五分或一角者寔際

○七五　熱河財政分廳爲切實調查擬議煤税徵收改訂辦法并轉飭礦商仍遵舊章繳納課銀事致赤峰徵收局訓令（1916年10月24日）

並希峯吳等語。以上所称折成核算，程轻估值各節外，向是
否有此情形，應飭所屬之局一併詳實查覆，俾部核定施行，仰
即遵照此飭等因。奉此，前經飭属測查議復在案，茲據承
德、赤峯、平泉、阜新、朝陽各征收局先後調查詳覆，并據声
明所照第二條每噸征銀一角，或援照第一條每噸一角五核收，
損失甚鉅，且熱省各鑛均係土法開採，大鑛甚少，稽征尤屬
不易。阜新、朝陽兩局并列表附送。查致平泉縣知事陳毓桂
於請暫行照舊征收。赤峯縣知事葉大匯僅詳送税年比
較表一紙，而查閱表列各款，該縣各鑛出產是否確實，殊不
核計。即就其表列而言，縣境煤税查照第二條征收，每年計
短收銀三千一百四十三元，再照來表稱征鑛區税六百六元，每年
仍短收二千四百三十七元。其餘各縣局尚未據到，正在彙案
勸催核辦間，據赤峯征收局呈稱：時係詳據該處商人要

二

○七五　熱河財政分廳爲切實調查擬議煤税徵收改訂辦法并轉飭礦商仍遵舊章繳納課銀事致赤峰徵收局訓令（1916年10月24日）

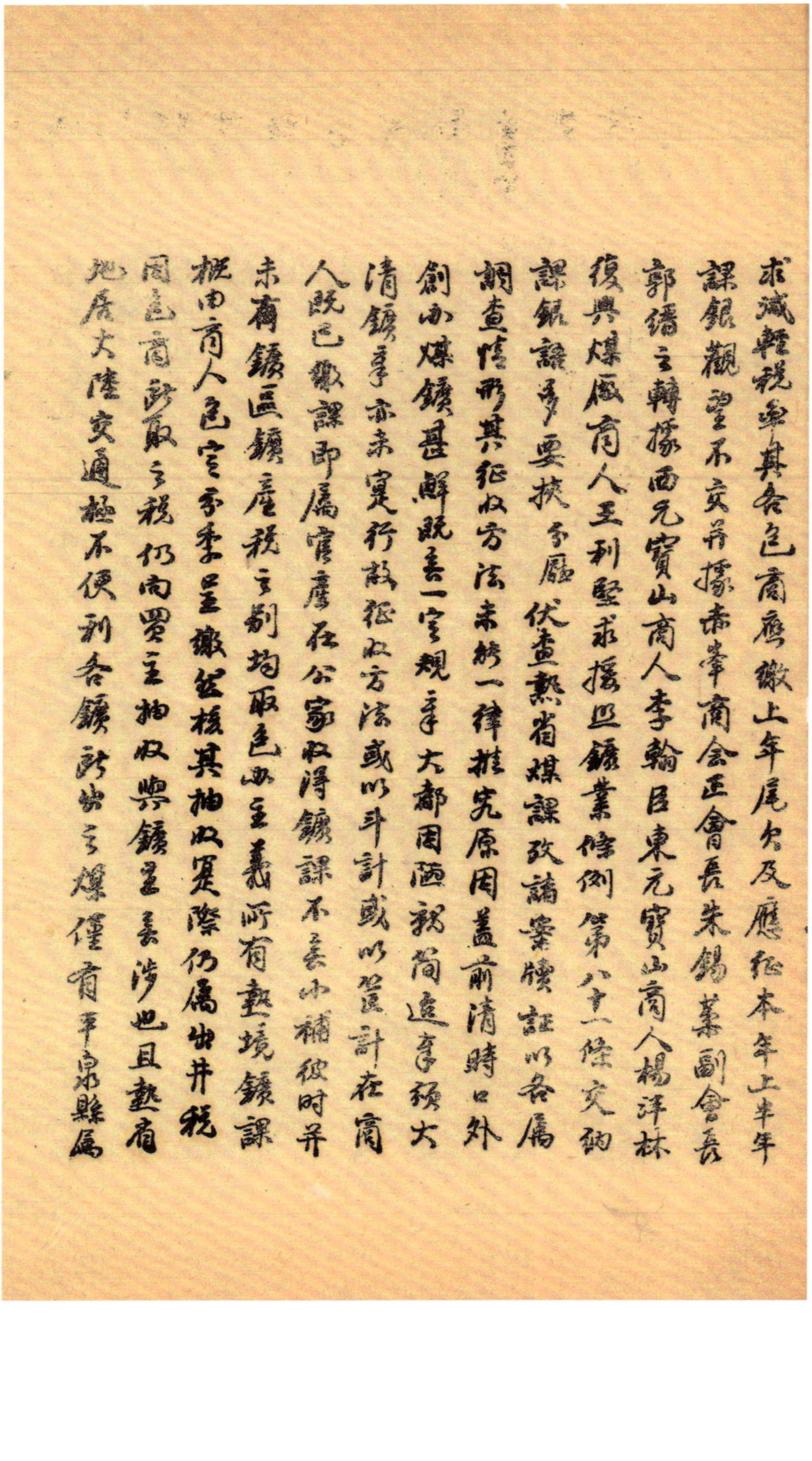

求減輕稅率其各邑商應繳上年尾欠及應征本年上半年
課銀觀望不交并據赤峰商會正會長朱錫纂副會長
郭鐸之轉據西元寶山商人李翰臣東元寶山商人楊泮林
復興煤廠商人王利堅求援照鑛業條例第八十一條交納
課銀諸多要挾等情伏查熱省煤課致諸案牘證以各屬
調查情形其征收方法未能一律推究原因蓋前清時口外
創辦煤鑛甚鮮既無一定規章大都因陋就簡遷延至今殆大
清鑛章亦未實行故征收方法或以斗計或以筐計在商
人既已繳課即屬實產在公家收得鑛課不無小補彼時并
未有鑛區鑛產稅之別均取邑商主義所有熱境鑛課
概由商人包定每季呈繳並核其抽收實際仍屬出井稅
同邑商所取之稅仍向買主抽收與鑛商無涉也且熱省
地居大陸交通極不便利各鑛所出之煤僅賣本縣屬

〇七五 熱河財政分廳爲切實調查擬議煤稅徵收改訂辦法并轉飭礦商仍遵舊章繳納課銀事致赤峰徵收局訓令（1916年10月24日）

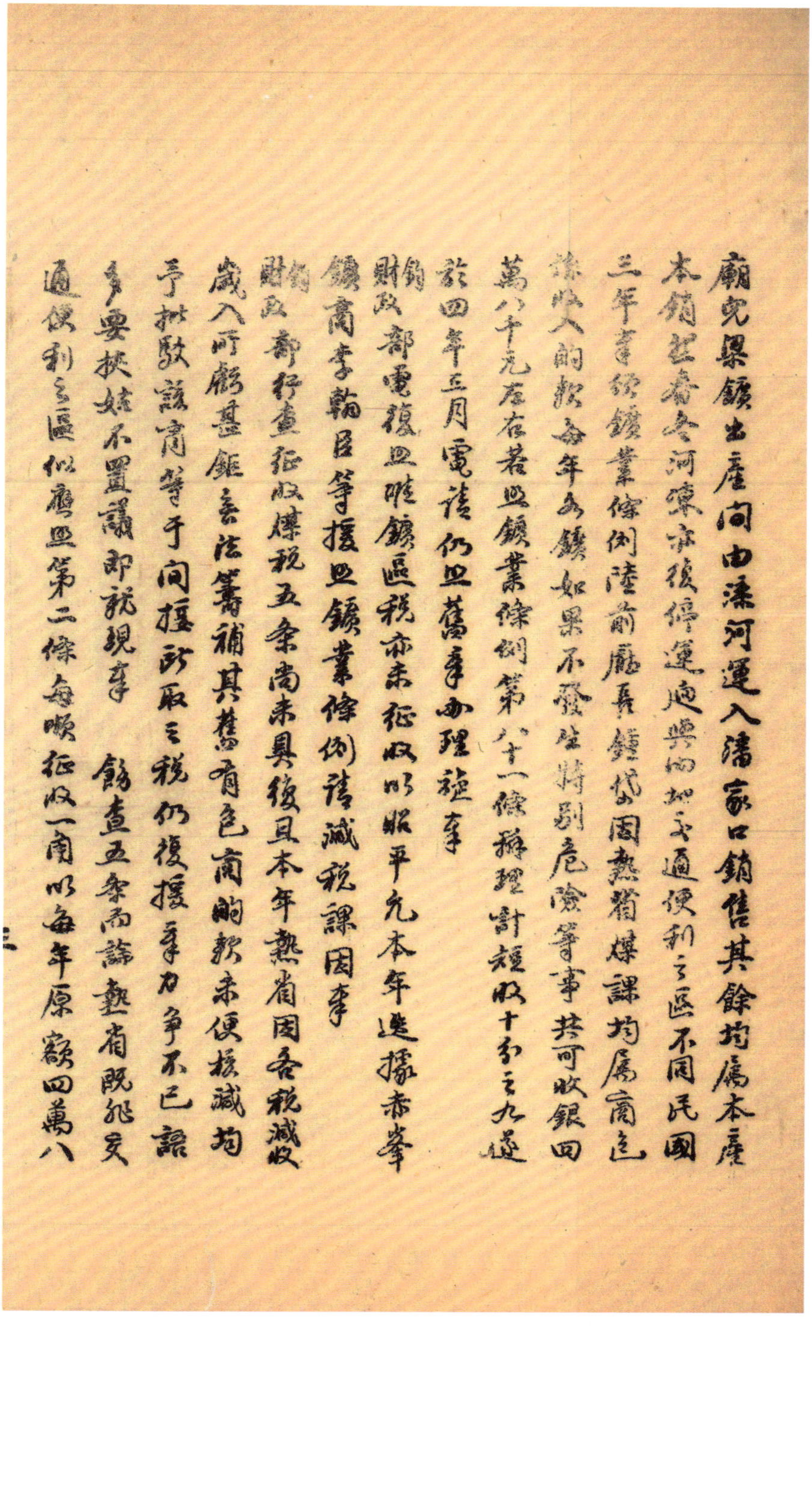
顧究係礦出產向由灤河運入清家口銷售其餘均屬本產
本銷茲春冬河凍亦復停運逈與內地交通便利之區不同民國
三年十月礦業條例施行前廳長鍾以因熱省煤課均屬商包
隨收入的款每年每礦如果不發生特別危險等事共可收銀四
萬八千元左右若照礦業條例第八十一條辦理計短收十分之九遂
於四年五月電請仍照舊章辦理旋奉
飭財政部電復照准礦區稅亦未征收明照平允本年遂據赤峰
礦商李翰臣等援照礦業條例請減稅課因奉
飭財政部行查征收煤稅五条尚未具復且本年熱省因各稅減收
歲入所虧甚鉅亟應設法籌補其舊有包商的款未便核減均
予批駁該商等于同援前取之稅仍復援率力爭不已詎
多要挾姑不置議即就現奉　飭查五条而論熱省既非交
通便利之區似應照第二條每噸征收一角以每年原額四萬八
三

○七五 熱河財政分廳爲切實調查擬議煤税徵收改訂辦法并轉飭礦商仍遵舊章繳納課銀事致赤峰徵收局訓令（1916年10月24日）

乎計之核減三分之二其處處征收手續嚴查偷漏在在需員
經理歲入既減歲出轉須加增熱係受協之區地廣民貧并
無別税堪以籌補本省短收一分歲入即國家多增一分協餉
應否仍定特別專章以期適用而維大局抑如何辦理之處
未敢擅專理合將調查礦税改章種種緣由具文呈請並録
朝陽等縣各表并赤峰商會原呈清摺附陳仰祈
鑒核批示祇遵除呈
農商部財政部外謹呈
財政部
農商部
熱河都統姜

○七六 熱河都統署爲抄發東西蒙宣撫使職權六條事致赤峰縣公署訓令（1916年9月21日）

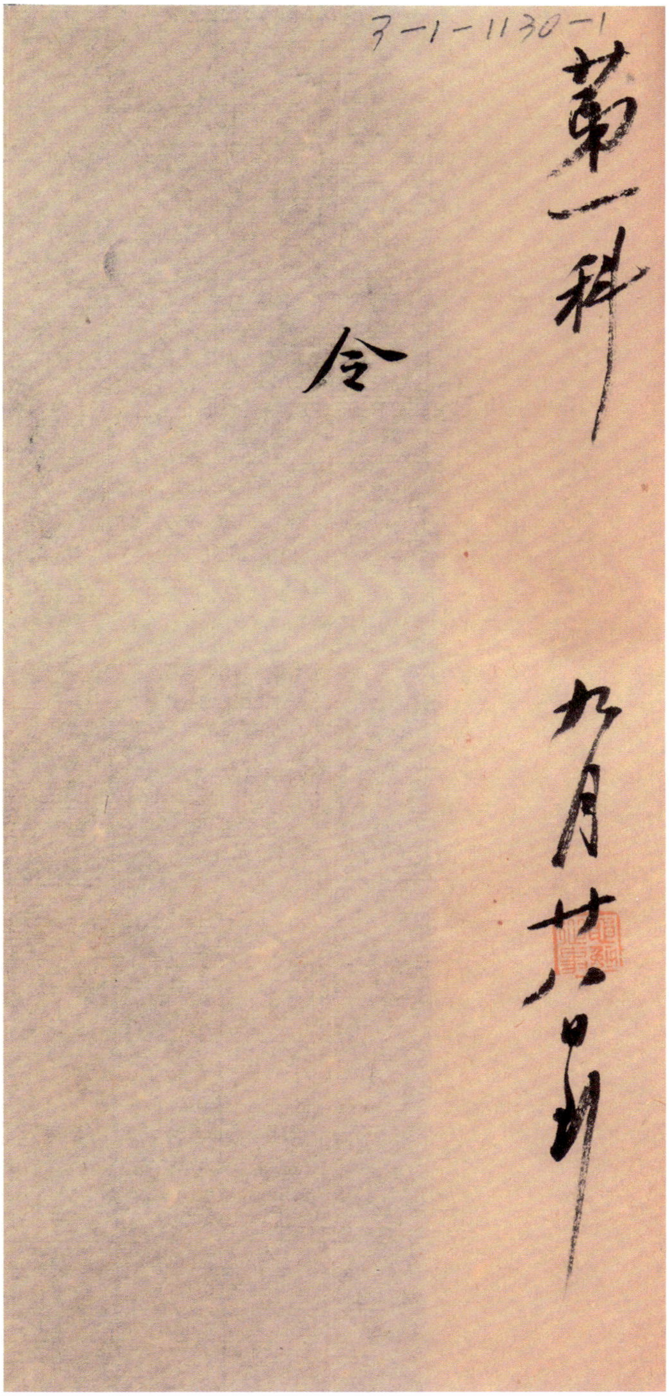

3-1-1130-1

第一科

令

九月廿一日到

○七六 熱河都統署爲抄發東西蒙宣撫使職權六條事致赤峰縣公署訓令（1916年9月21日）

熱河都統署訓令第一二九號
令赤峰縣知事葉大匡
總
軍務處會呈准
國務院公函開逕啟者現因匪徒滋擾蒙疆
業奉
大總統令特派塔旺布魯克扎勒等爲宣撫
使在案茲經國務會議議決東西蒙宣撫
使職權六條俾資遵守除分函外相應抄錄
原文函達查照轉飭所屬一體知照可也等因
承准此除分別咨行外合亟照印原件令仰

〇七六 熱河都統署爲抄發東西蒙宣撫使職權六條事致赤峰縣公署訓令（1916年9月21日）

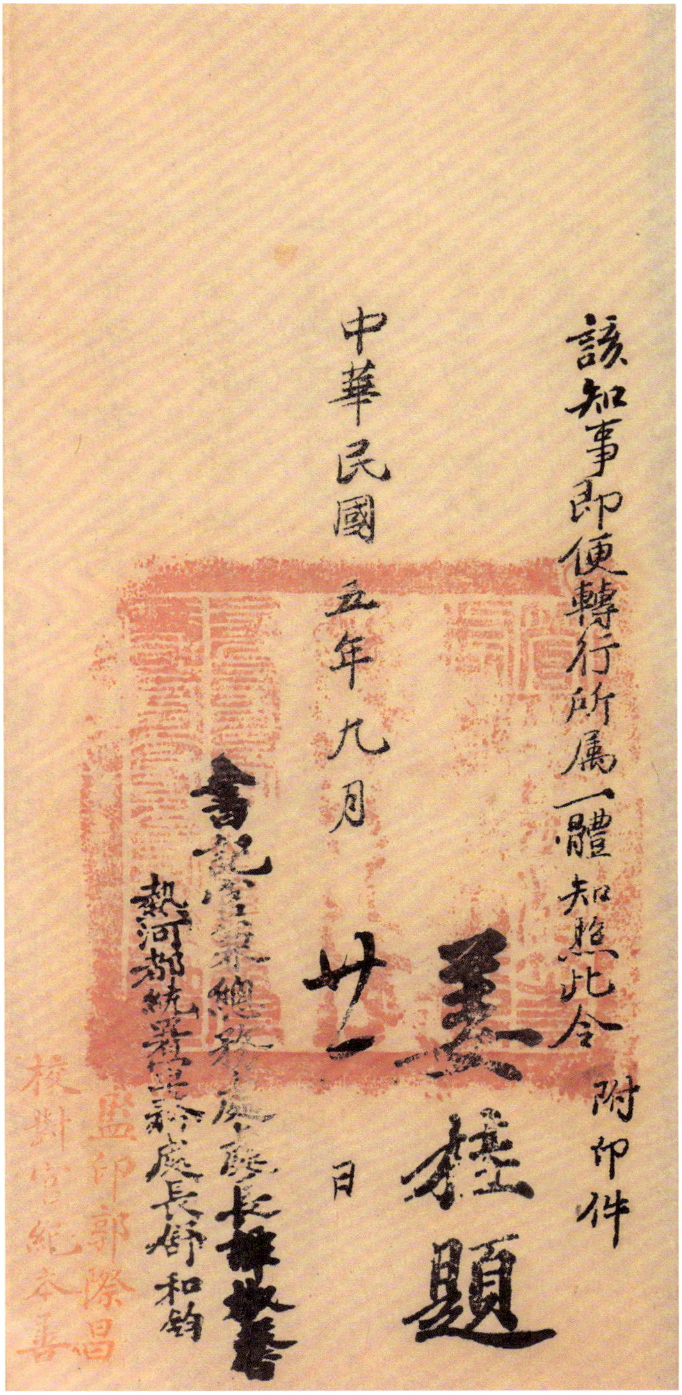

該知事即便轉行所屬一體知照此令

附印件

姜桂題

中華民國五年九月廿一日

書記官兼總務處處長[illegible]

熱河都統署[illegible]廳長舒和鈞

監印郭際昌

校對官紀本善

○七六 熱河都統署爲抄發東西蒙宣撫使職權六條事致赤峰縣公署訓令（1916年9月21日）

3-1-1130-2

東西蒙宣撫使職權

一 宣撫使在指定區域内宣布中央德意撫慰蒙民

二 宣撫使對於蒙民應設法招撫者得向中央或地方長官陳述情形聽候核辦

三 宣撫使遇有蒙民擾害地方撫綏無效時應通報地方軍事長官酌核勦辦

四 宣撫使啟行時除派隊隨行衛護外所到之處該處駐紮軍隊應一體保護

五 宣撫使與各地方軍政民政長官來往公文概用公函

○七七　熱河都統署爲前發東西蒙宣撫使職權六條應爲五條事致赤峰縣公署訓令（1916 年 10 月 16 日）

3-1-1130-3

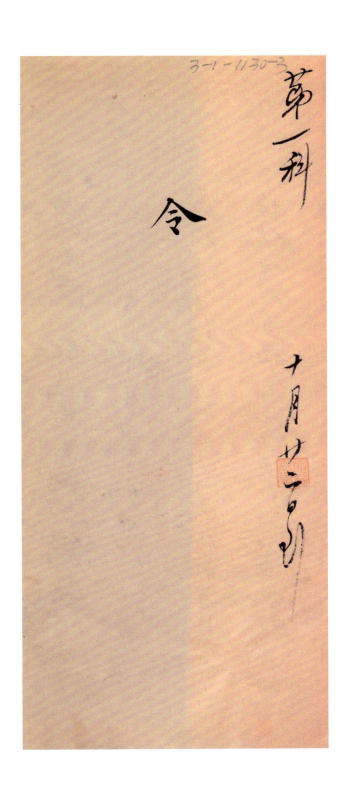

第一科

令

十月廿二日到

○七七 熱河都統署爲前發東西蒙宣撫使職權六條應爲五條事致赤峰縣公署訓令（1916年10月16日）

熱河都統署訓令第二六七號

令赤峰縣知事葉大匡

總

軍務處會呈准

蒙藏院公函開逕啓者承准

國務院函開前因匪徒滋擾蒙疆奉

大總統令特派塔旺布魯克扎勒等爲宣

撫使當經國務會議議決東蒙宣撫使職

權六條查六字係五字之誤相應函請貴

院查照分行知照等因到院除分行外相

應函請貴都統查照可也等因准此除分

○七七 熱河都統署爲前發東西蒙宣撫使職權六條應爲五條事致赤峰縣公署訓令（1916年10月16日）

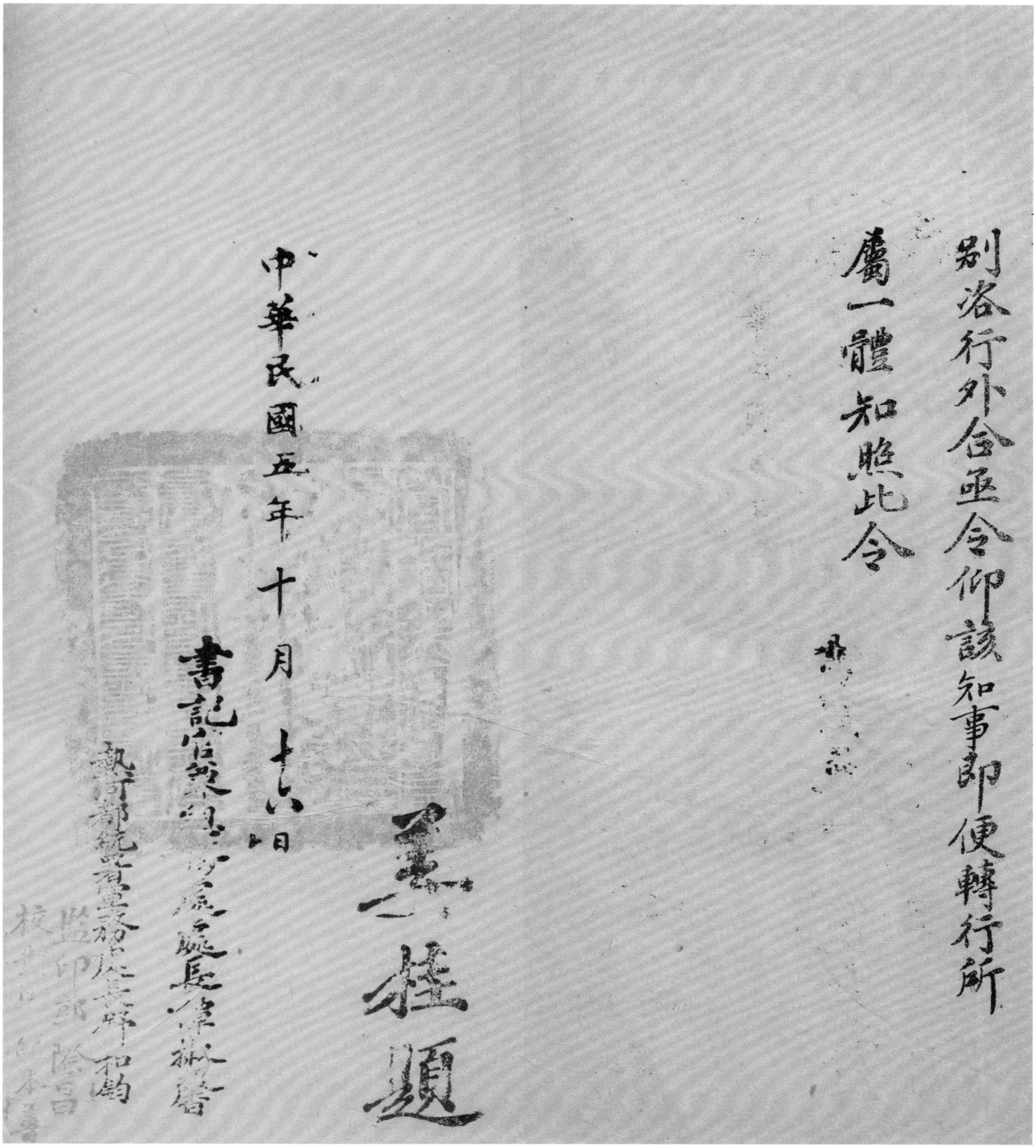

〇七八 熱河烟酒公賣局爲查禁私行燒酒事致赤峰縣公署公函（1916年9月23日）

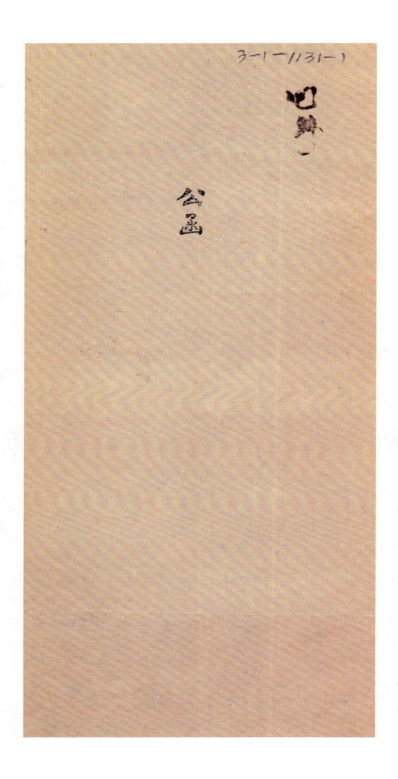
3-1-1131-1

公函

○七八　熱河烟酒公賣局爲查禁私行燒酒事致赤峰縣公署公函（1916年9月23日）

熱河菸酒公賣局公函第級號

逕啓者查私燒防害酒業損失捐款著有厲禁歷經財政分廳嚴
飭查禁近值秋收豐盈燒糧易購酒銷日暢射利之徒於偏僻處
所專用瓦缸煮燒零酒私行發賣正式燒户營業受其影響公
家稅款收入爲之虧短病商蠹國莫此爲甚若不從嚴查禁何
以維酒業而重禁令除通令各征收局嚴查外相應函請
貴縣遴派幹役嚴密訪查遇有私行燒酒者立即拿案從重懲
罰並轉知各燒户協同密察隨時報告所收罰款即照章分提充
賞通報及出力人員務使私燒絕去根株實紉公誼此致
赤峰縣知事

○七八　熱河烟酒公賣局爲查禁私行燒酒事致赤峰縣公署公函（1916 年 9 月 23 日）

中華民國五年九月廿三日

日

監印校對黃先忠

○七九　赤峰縣公署爲老弱孤殘者可免費入留養局食粥事布告稿（1916年10月26日）

3-1-3803-4(1-3)

赤峰縣公署布告第　　號

照得本街前奉

憲諭設立留養局每年於十月初一日開局留養至次年二月酌量截止、

歷經遵辦在案茲屆開局之期除面諭該鄉約等妥為辦理外合亟

布告為此布告闔屬貧民人等一体知悉如有年在五十以上者無論

男婦凡在鰥寡孤獨以及老幼殘廢無所依靠暨有病之人均

先赴商會報告掛號屆期聽候本縣查驗明確給予粥牌入局

食粥並無分文化費其少壯無病及有家可歸者概不准入局

留養該鄉約等均係老成曉事之人自不至有需索留難等弊

倘有閑人及地棍蠧役藉此需索准即來縣喊控定行從嚴懲

辦各宜懍遵毋違此告

○七九　赤峰縣公署爲老弱孤殘者可免費入留養局食粥事布告稿（1916 年 10 月 26 日）

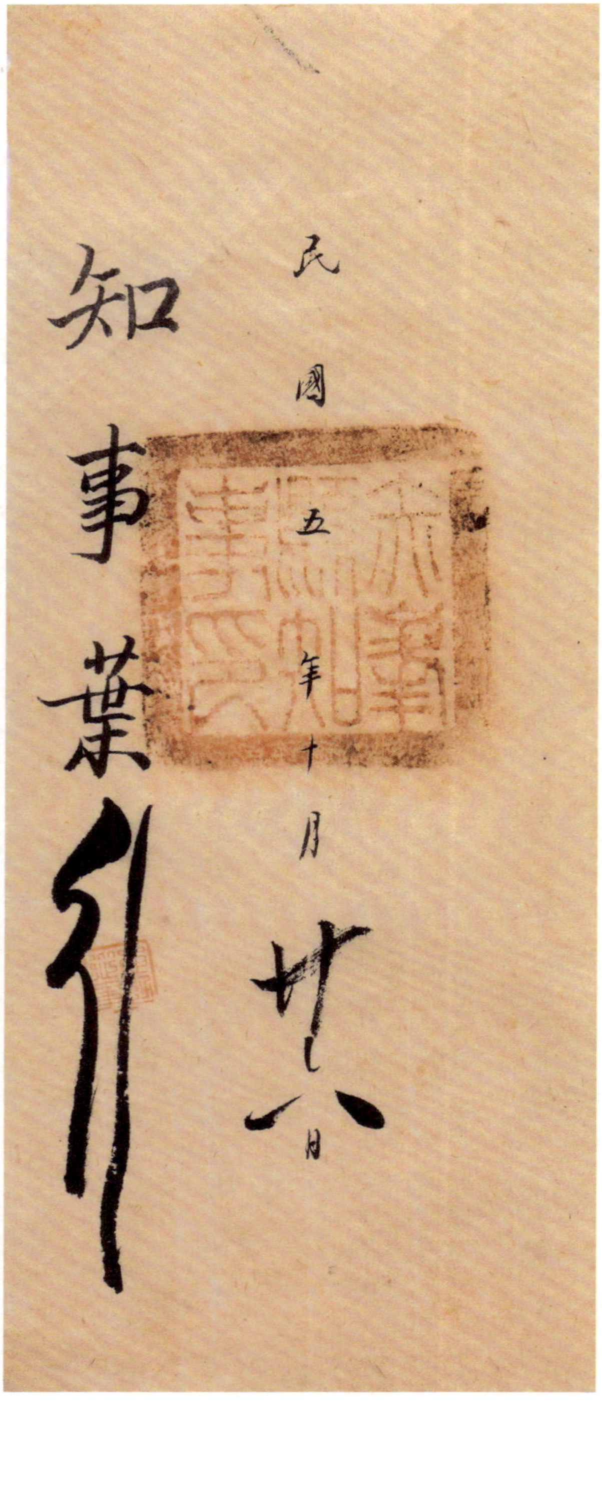
民國五年十月廿八日

知事葉

○八○ 赤峰全境屠宰事務所爲啓用圖記事致赤峰縣公署呈（1916年11月25日）

第二科
呈
3-1-136-1

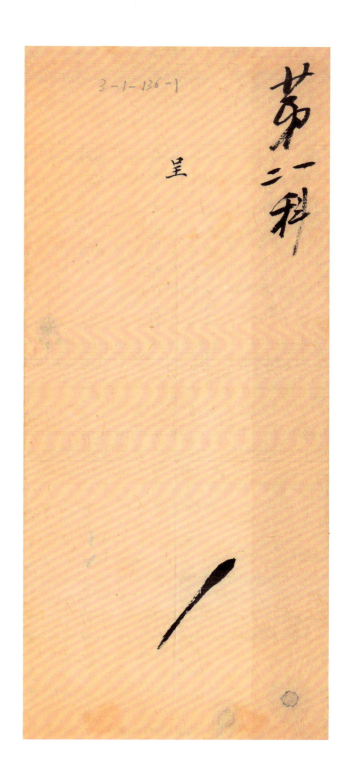

○八○ 赤峰全境屠宰事務所爲啓用圖記事致赤峰縣公署呈（1916年11月25日）

呈為刊刻木質圖記啟用日期呈報查核事竊 士彬 承包赤峰
全屬屠宰稅捐業將接收開徵日期呈報在案惟查本所遇有
事件動之文牘不可無資信守之物當即刊刻木質圖記一顆文
曰赤峰全境屠宰事務所圖記即於十一月二十號啟用以昭信守所
有啟用日期除呈報
熱河財政廳外理合呈報
鈞署查核備案謹呈
赤峰縣 行政公署

赤峰屠宰所包商王士彬

〇八〇 赤峰全境屠宰事務所爲啓用圖記事致赤峰縣公署呈（1916年11月25日）

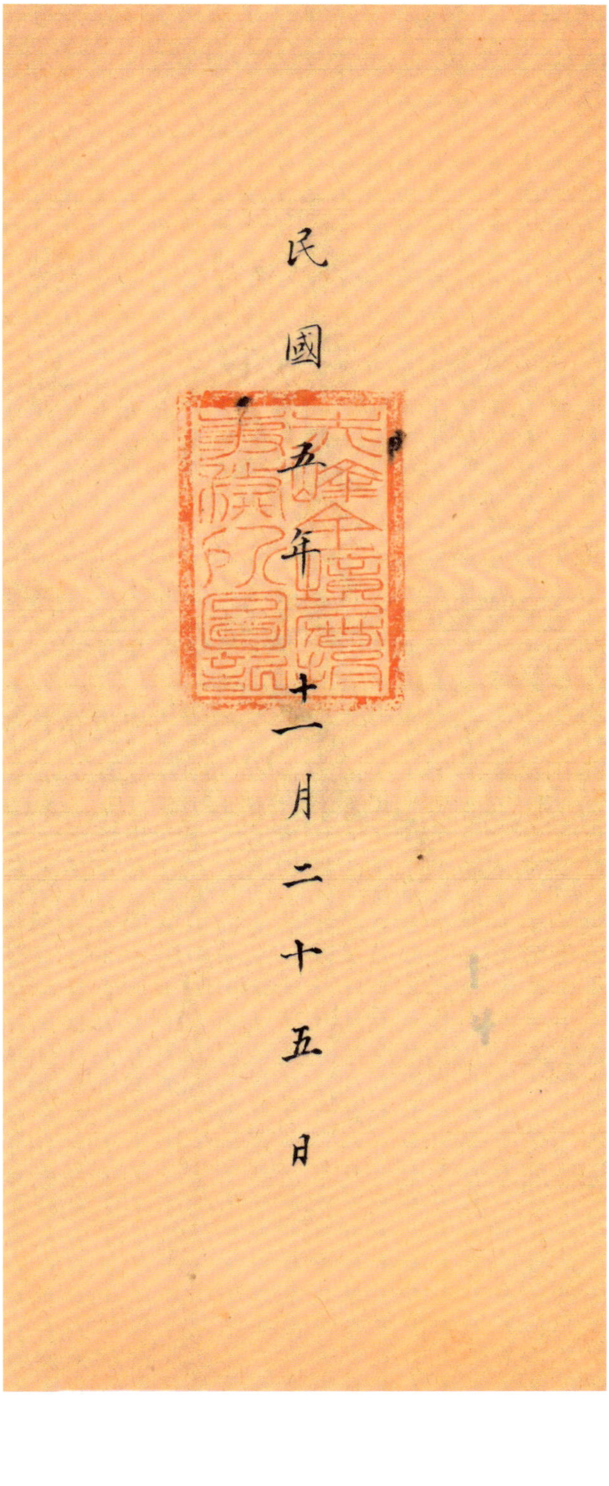
民國五年十一月二十五日

〇八一　赤峰徵收局爲開辦小礦由徵收局查勘呈報事布告稿（1916 年 12 月 4 日）

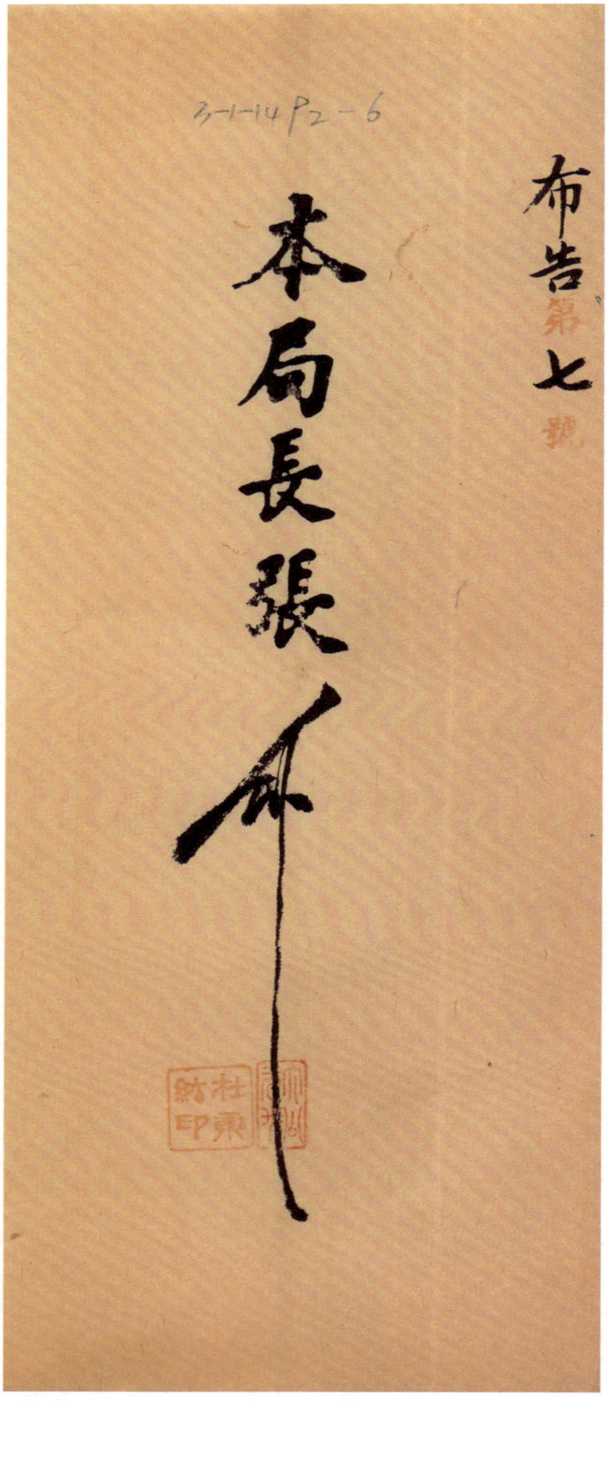
3-1-14 P2-6

布告第七號

本局長張

〇八一　赤峰徵收局爲開辦小礦由徵收局查勘呈報事布告稿（1916年12月4日）

為佈告事。案奉
熱河財政分廳訓令第三百八十号內開：為訓令事，本年十月十七日奉
農商部指令第四九一号，本廳呈熱省各商請求開辦小煤礦改由
征收局查勘呈報註冊發照請鑒核令遵等情已悉。查該廳所擬
熱省各商開辦小礦改由征收局查勘呈報各節，既據稱縣轄
境廣不便調查，且礦業尚未發達，商民資力甚微，自應量予
通融，照准暫行試辦。惟由該征收局呈廳核明註冊發照後，仍應
令知縣公署備案，免與大礦互相重複，是為至要。除飭司備
案外，合即令仰該廳長遵照辦理可也。此令。又先奉
都統公署指令第七五四号令內開：呈悉。除據情咨部核覆再
行令遵外，仰即知照。此令。各等因。奉此，合亟令仰該局即
便遵照，一面廣為佈告，俾使咸知。此令。計等因。奉此，查

○八一 赤峰徵收局爲開辦小礦由徵收局查勘呈報事布告稿（1916 年 12 月 4 日）

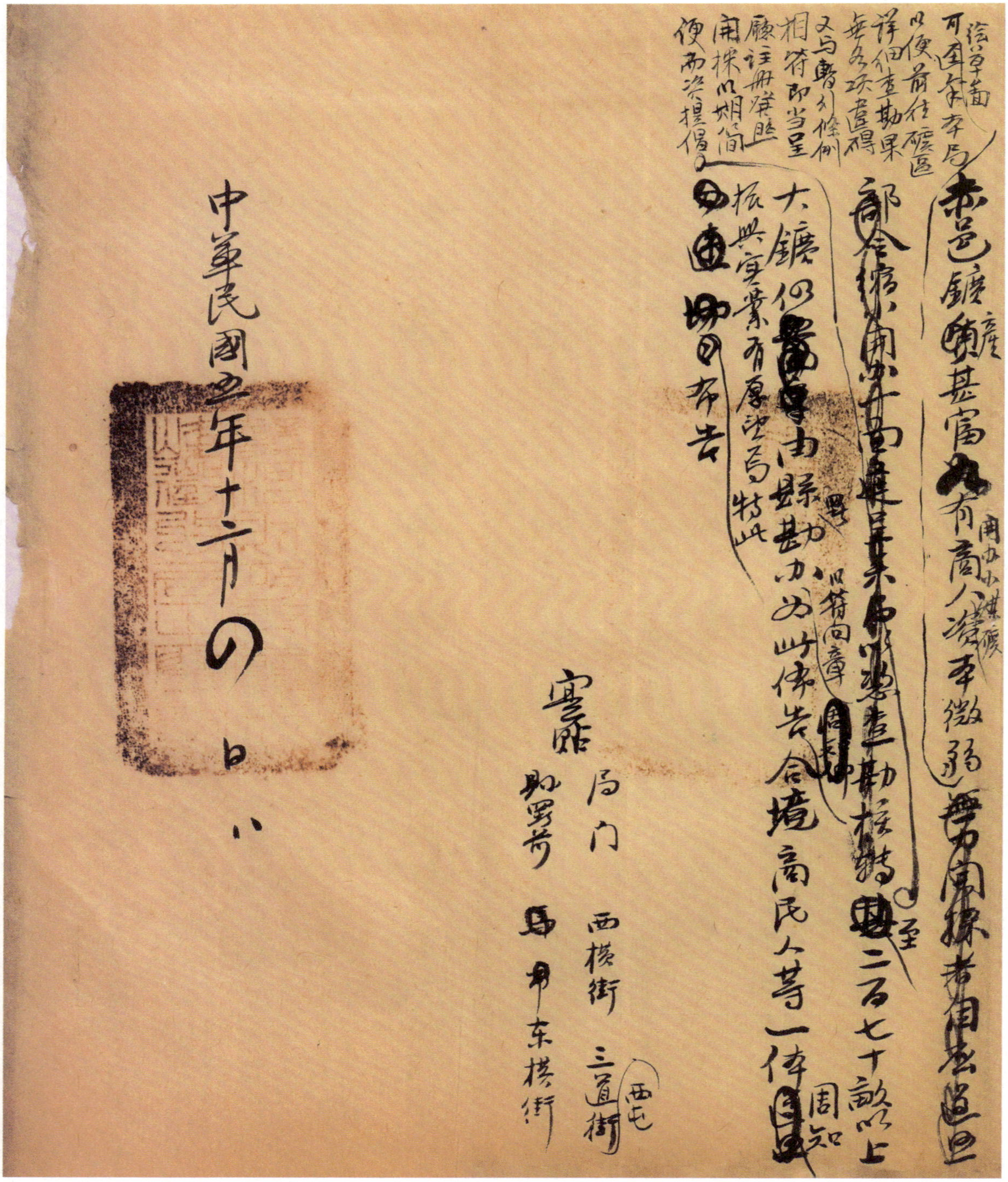

〇八二 熱河全區警務處、熱河道道尹公署爲據實妥議可否裁撤警察分所事致赤峰縣公署訓令（1917 年 1 月 13 日）

熱河全區警務處
熱河道道尹公署訓令第七十四號
令赤峰縣知事葉大匡
為會令事案查前擬請裁撤各縣額設警察事務分所由地方警察分配以期統一而省國帑并送清單一案呈奉
都統指令第一千一百四十九號內開呈單均悉查該道尹所請裁撤各縣額設警察事務分所由地方警察分配等情寔於警政財力兩有裨益所見甚是但此項分所相沿已久各屬地方情形不同若一律裁撤統歸地方警察擔任其中有無窒碍仰即會同警

〇八二 熱河全區警務處、熱河道道尹公署爲據實妥議可否裁撤警察分所事致赤峰縣公署訓令（1917年1月13日）

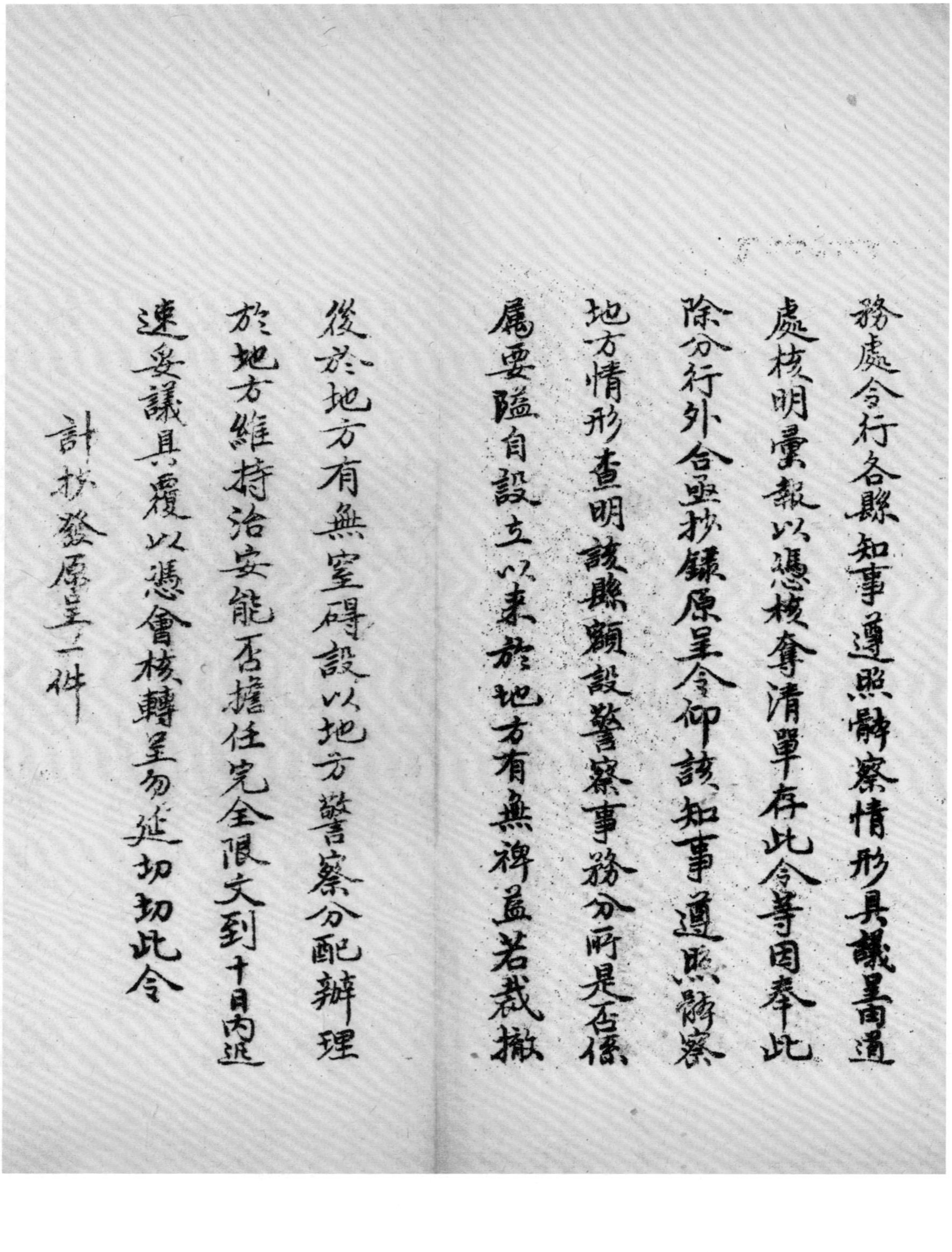

務處令行各縣知事遵照體察情形具議呈由道
處核明彙報以憑核奪清單存此令等因奉此
除分行外合亟抄錄原呈令仰該知事遵照體察
地方情形查明該縣顧設警察事務分所是否係
屬要隘自設立以來於地方有無裨益若裁撤
後於地方有無窒碍設以地方警察分配辦理
於地方維持治安能否擔任完全限文到十日內逕
速妥議具覆以憑會核轉呈勿延切切此令
計抄發原呈一件

○八二　熱河全區警務處、熱河道道尹公署爲據實妥議可否裁撤警察分所事致赤峰縣公署訓令（1917 年 1 月 13 日）

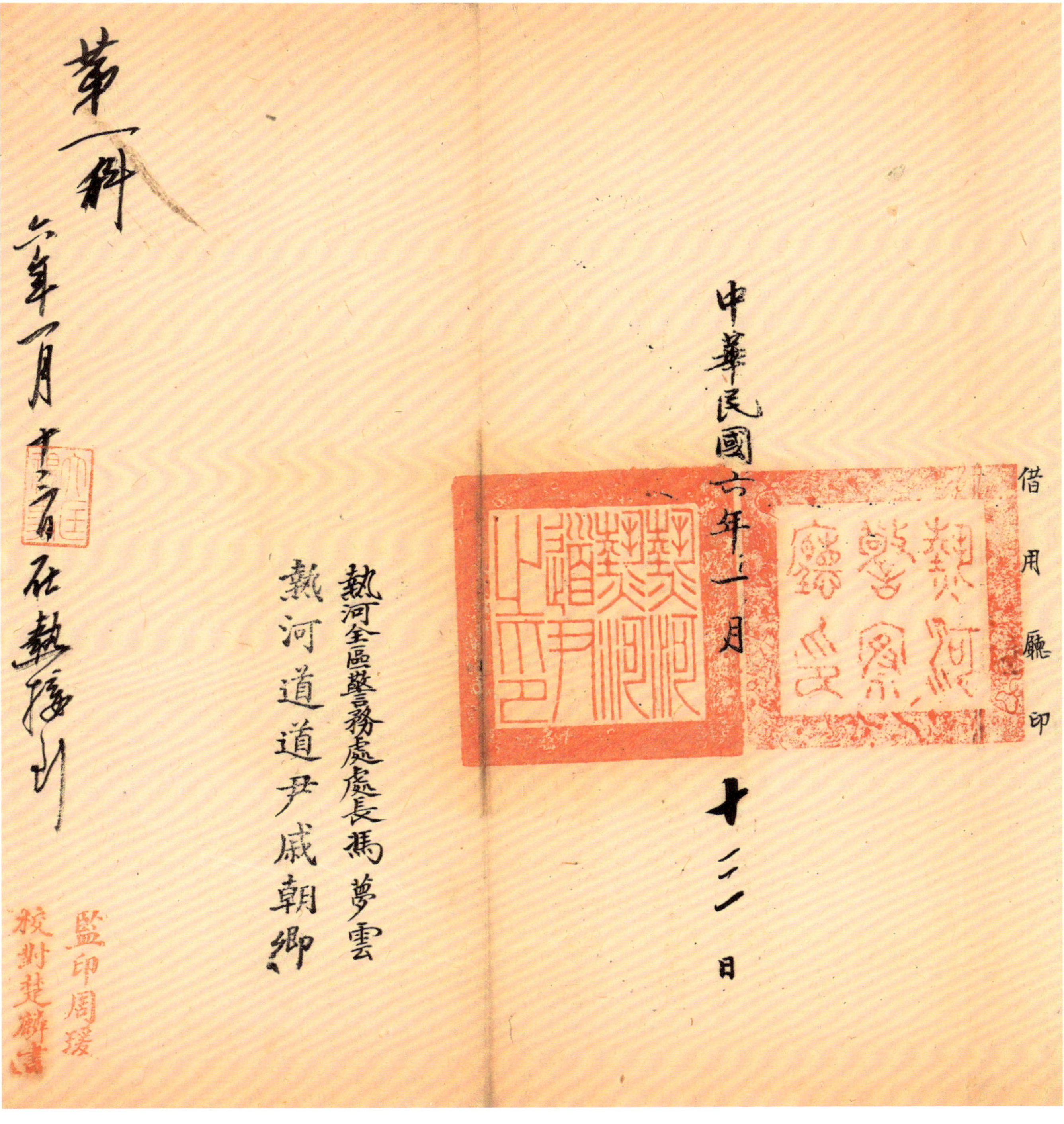
借用廳印

中華民國六年一月十三日

熱河全區警務處處長馬夢雲

熱河道道尹戚朝卿

監印周瑗

校對楚麟書

第一科

六年一月十六日在熱接到

〇八二 熱河全區警務處、熱河道道尹公署爲據實妥議可否裁撤警察分所事致赤峰縣公署訓令（1917 年 1 月 13 日）

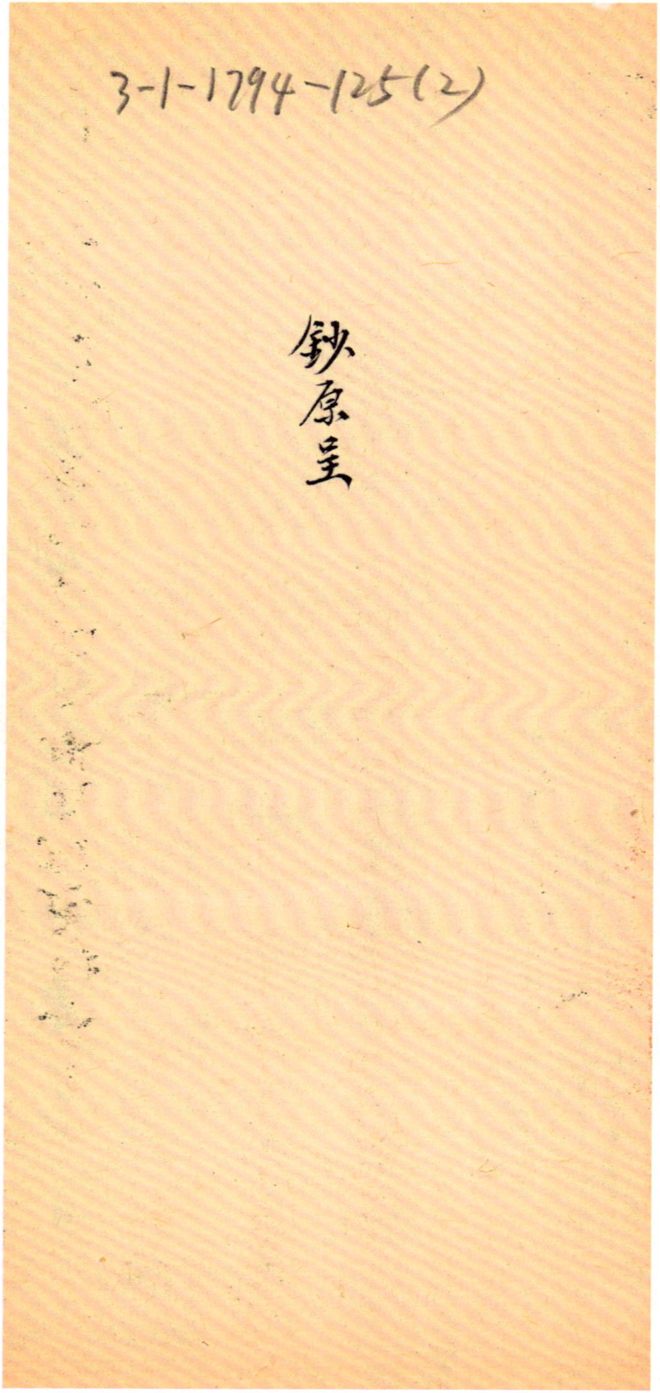
3-1-1794-125(2)

鈔原呈

○八二　熱河全區警務處、熱河道道尹公署爲據實妥議可否裁撤警察分所事致赤峰縣公署訓令（1917年1月13日）

呈為呈請裁撤各縣頭設警察事務分所由地方警察分配以期統一而肴國帑仰祈鑒核事竊查熱河全屬警察分所頭設僅一十二處巡警共七十二名原分一二三等一等者二處二等者八處三等者二處全年原共支經常服裝各費一萬一千九百五十二元因與部定之一萬一千五百六十八元之數不符旋經置另詳明一再核減將一等二處裁列二等并各減去額設警察二名每年尚共實支一萬一千四百元此項分所係以各縣舊日分防地點改設並派分所所長

○八二　熱河全區警務處、熱河道道尹公署爲據實妥議可否裁撤警察分所事致赤峰縣公署訓令（1917年1月13日）

本爲輔佐縣知事維持地方秩序起見現查
各縣地方警察自上年迭奉
都統嚴飭限期舉辦均據各該縣呈報一律
完全成立並設立熱河全區警務處
並簡任處長整理一切大縣警察不下六七
百名中小縣警察亦有三四百名緝捕盜匪維
持治安在各該地方已可期聯絡一氣互相聲援
在各該知事自無慮鞭長莫及兼顧不暇又況
各地方向經籌有的款以項有所駐在地保丁
由地方警察代爲辦理即由地方款項開支警政

○八二 熱河全區警務處、熱河道道尹公署爲據實妥議可否裁撤警察分所事致赤峰縣公署訓令（1917年1月13日）

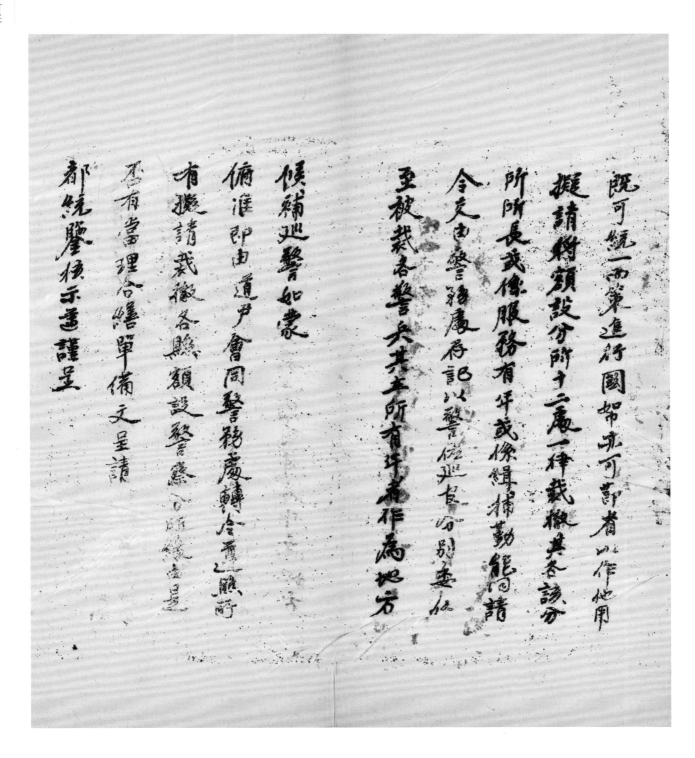

既可統一而策進行圖報亦可節省以作他用
擬請將額設分所十二處一律裁撤其各該分
所所長或係服務有年或係緝捕勤能回請
令交由警務處存記以警佐巡長分別委任
至被裁各警兵其在所有年者作爲地方
候補巡警如蒙
俯准即由道尹會同警務處轉令遵照所
有擬請裁撤各縣額設警察分所緣由是
否有當理合繕單備文呈請
都統鑒核示遵謹呈

○八二 熱河全區警務處、熱河道道尹公署爲據實妥議可否裁撤警察分所事致赤峰縣公署訓令（1917年1月13日）

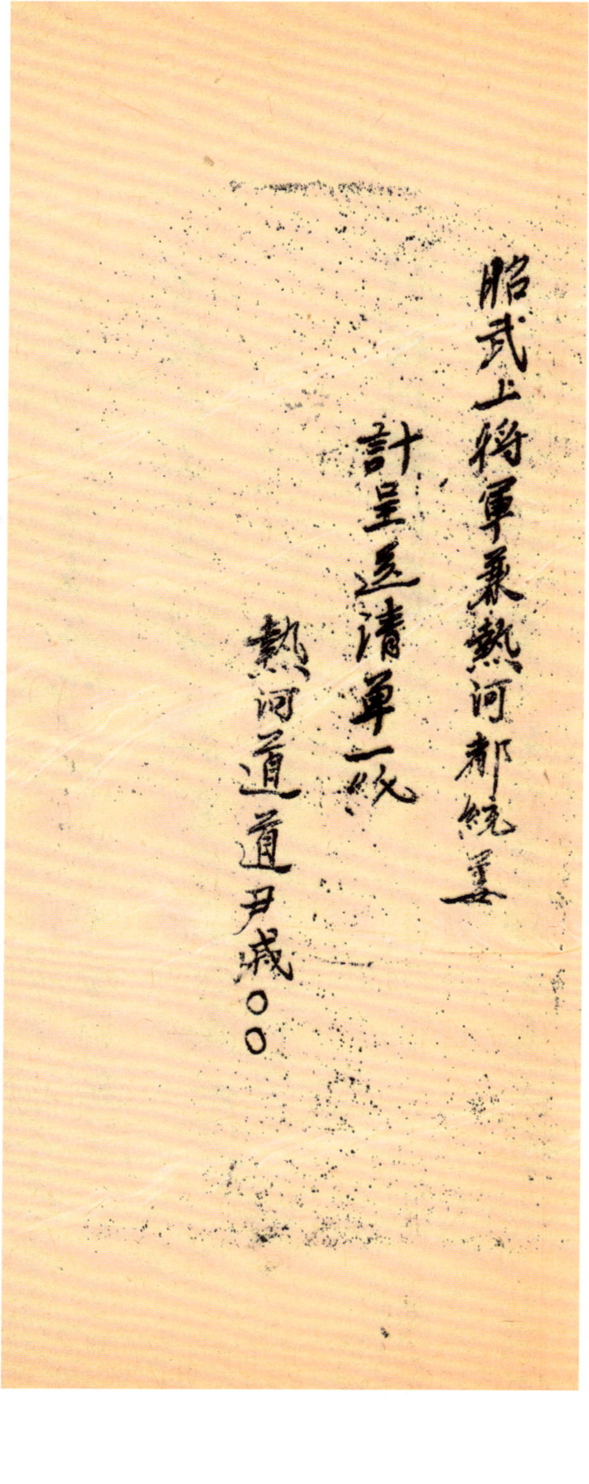

昭武上將軍兼熱河都統姜

計呈送清單一紙

熱河道道尹戚〇〇

○八二　熱河全區警務處、熱河道道尹公署爲據實妥議可否裁撤警察分所事致赤峰縣公署訓令（1917年1月13日）

3-1-1794-125(3)

清單

○八二 熱河全區警務處、熱河道道尹公署爲據實妥議可否裁撤警察分所事致赤峰縣公署訓令（1917年1月13日）

謹將裁撤各縣額設警察事務分所地點暨各
分所長姓名繕單呈請
鑒核
計開
赤峰縣
烏丹城警察事務分所長舒士標
大廟警察事務分所長傅九經
平泉縣
大名城警察事務分所長紀殿魁
圍場縣

○八二　熱河全區警務處、熱河道道尹公署爲據實妥議可否裁撤警察分所事致赤峰縣公署訓令（1917年1月13日）

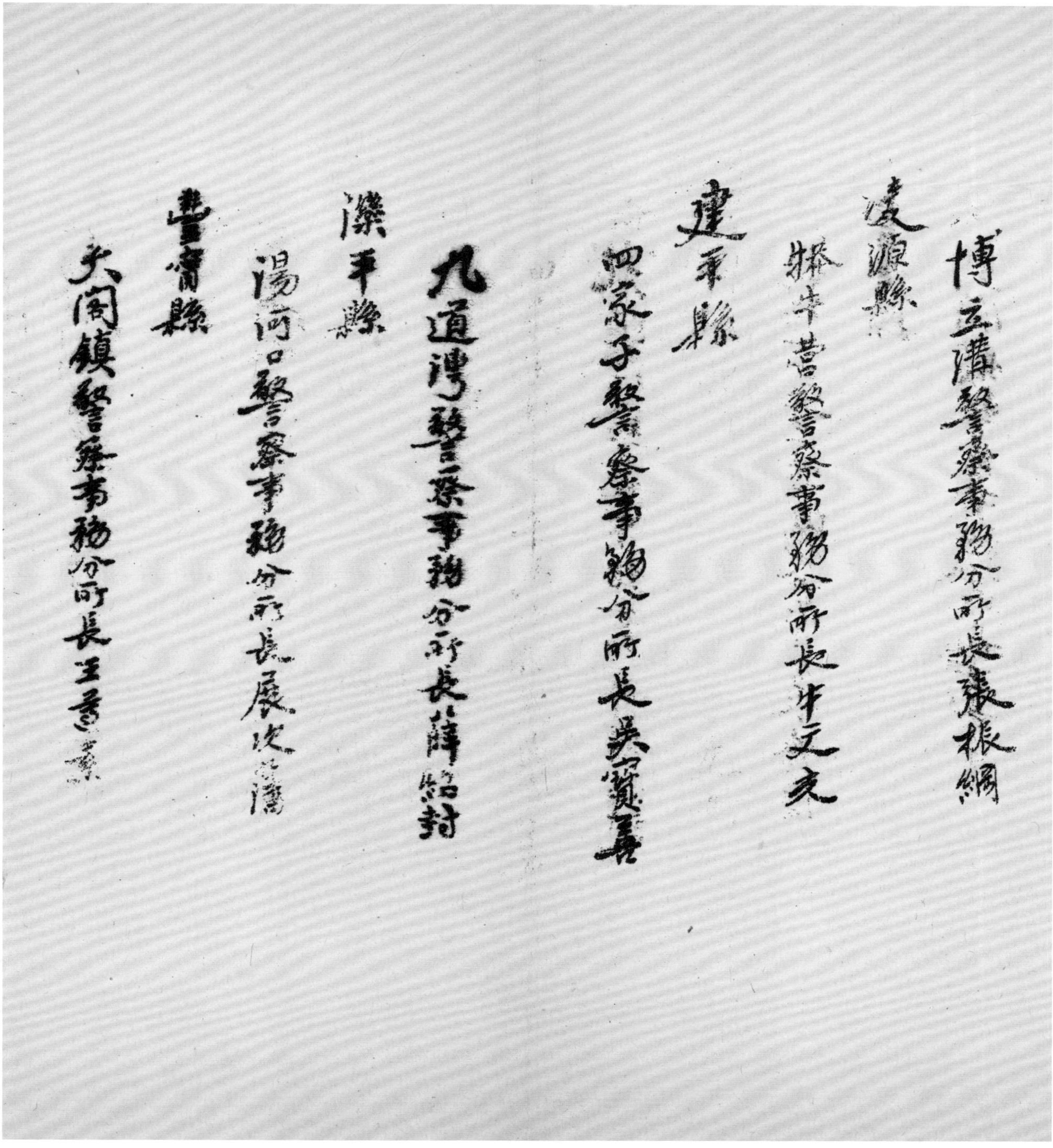

博
立清警察事務分所長張振綱
凌源縣
牛營警察事務分所長牛文炎
建平縣
四家子警察事務分所長吳寶善
九道灣警察事務分所長薛紹封
灤平縣
湯河口警察事務分所長張次濂
豐寧縣
大閣鎮警察事務分所長王[illegible]

〇八二 熱河全區警務處、熱河道道尹公署爲據實妥議可否裁撤警察分所事致赤峰縣公署訓令（1917 年 1 月 13 日）

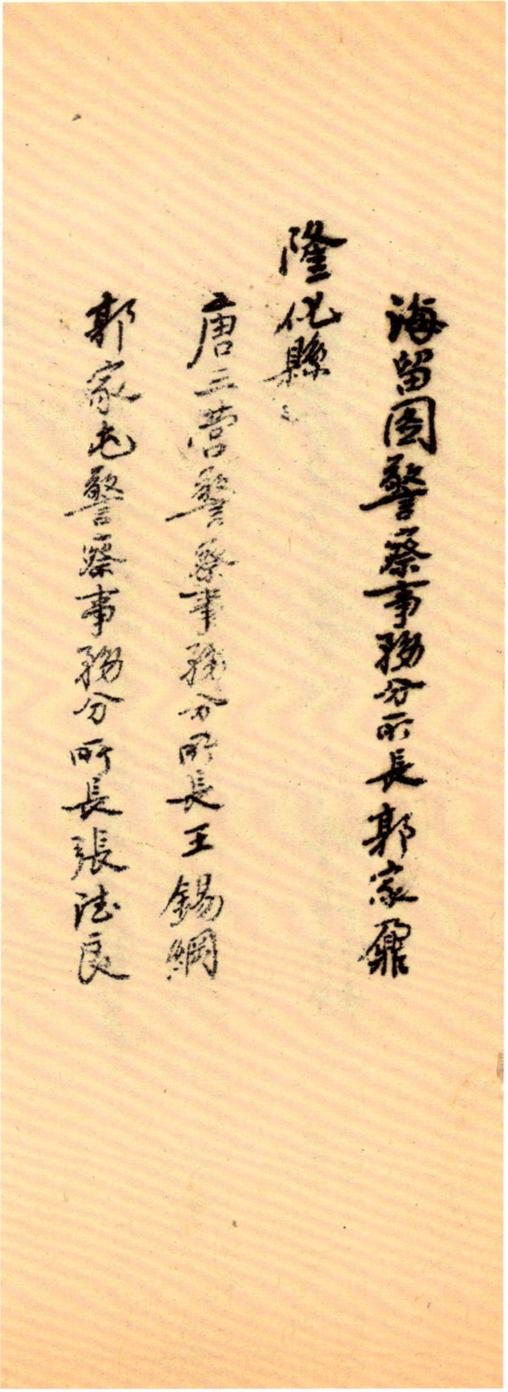

海留圖警察事務分所長郭家鼐

隆化縣

唐三營警察事務分所長王錫綱

郭家屯警察事務分所長張法良

○八三　赤峰縣公署爲赤邑警察分所宜暫緩裁撤事致熱河道道尹公署等呈稿（1917年2月2日）

3-1-1794-126

呈為赤邑警察分所暫宜存留難以裁撤事案奉
鈞署會令
熱河道警務處會令第七十四號內開以裁撤各縣額設警察事務分所由地方
警察分配以期統一而省國帑令即查明額設警察分所是否係
屬要隘自設立以來於地方有無裨益若裁撤後於地方有無
窒礙警察分配維持治安能否擔任完全剋日妥議具覆以憑
會核等因奉此遵查赤峰警察分所一在烏丹城一在大廟烏丹為
縣北鄙係林開兩縣來往通衢不啻為赤峯之咽喉居民數千戶
商業數百家四通八達五方雜處由赤至烏一百八十里由烏往北至林
赤分界又二百餘里東西橫廣三四百里此一警察分所維持烏街
秩序併附近地方一帶時有鞭長莫及之虞若一旦裁去更形疏散
大廟在縣之西鄙距縣百六十里居民商業雖不及烏丹繁盛然
該處鄰近圍場縣一帶樹林號曰盜藪賊匪以林為逃藪所以

〇八三　赤峰縣公署爲赤邑警察分所宜暫緩裁撤事致熱河道道尹公署等呈稿（1917年2月2日）

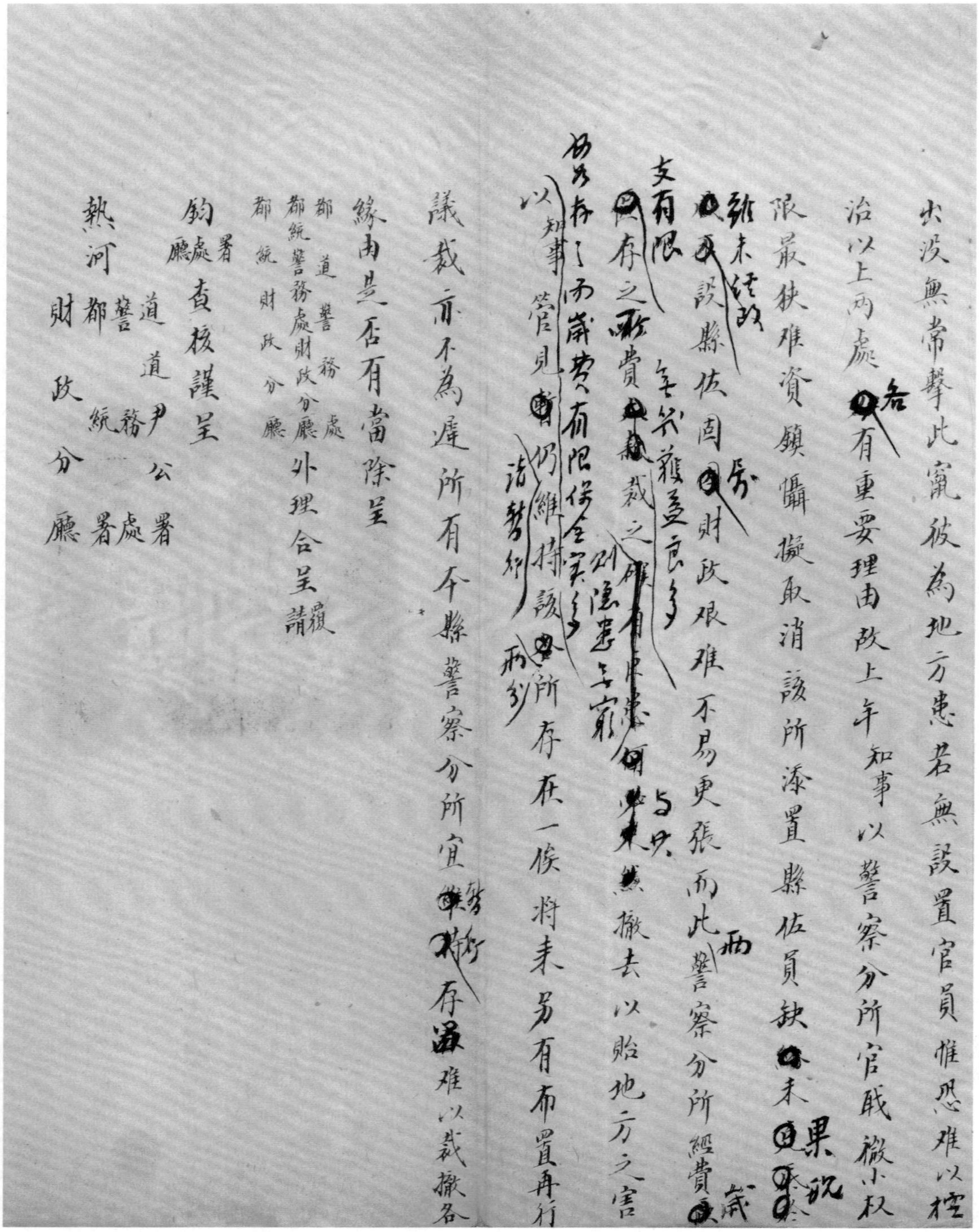

出没無常擊此竄彼為地方患若無設置官員惟恐难以控
治以上兩處各有重要理由故上年知事以警察分所官既微小权
限最狭难資鎮懾擬取消該所添置縣佐員缺未果現
雖未經設縣佐因財政艱难不易更張而此警察分所經費歲
支有限存之所費無多裁之則後患無窮撤去以貽地方之害
無存了而省費有限保全實多諸警所兩鈔
以知事管見仍維持該警所存在一俟将来另有布置再行
議裁亦不為遲所有本縣警察分所宜暫緩裁撤存留難以裁撤各
緣由是否有當除呈
都道署務處
都統警務處財政分廳
都統財政分廳外理合呈請
鈞署處廳查核謹呈
熱河道道尹公署
都統警務處
都統財政分廳

○八三 赤峰縣公署爲赤邑警察分所宜暫緩裁撤事致熱河道道尹公署等呈稿（1917年2月2日）

中華民國六年二月初二日

知事葉

○八四　熱河道道尹公署爲呈請暫緩裁撤警察分所一案候與警務處彙案核辦事致赤峰縣公署訓令（1917年3月14日）

3-1-1794-129

熱河道道尹公署訓令第四百九十三號

令赤峯縣知事葉大匡

為令行事案查前據該縣呈覆請將警察分所暫緩裁撤等情到署當經指令在案茲奉

都統指令第三百四十六號內開據呈已悉仰熱河道尹會同警務處彙案核辦呈候核奪並先轉令該縣知照此令等因奉此合亟令仰該知事即便知照此令

○八四 熱河道道尹公署爲呈請暫緩裁撤警察分所一案候與警務處彙案核辦事致赤峰縣公署訓令（1917年3月14日）

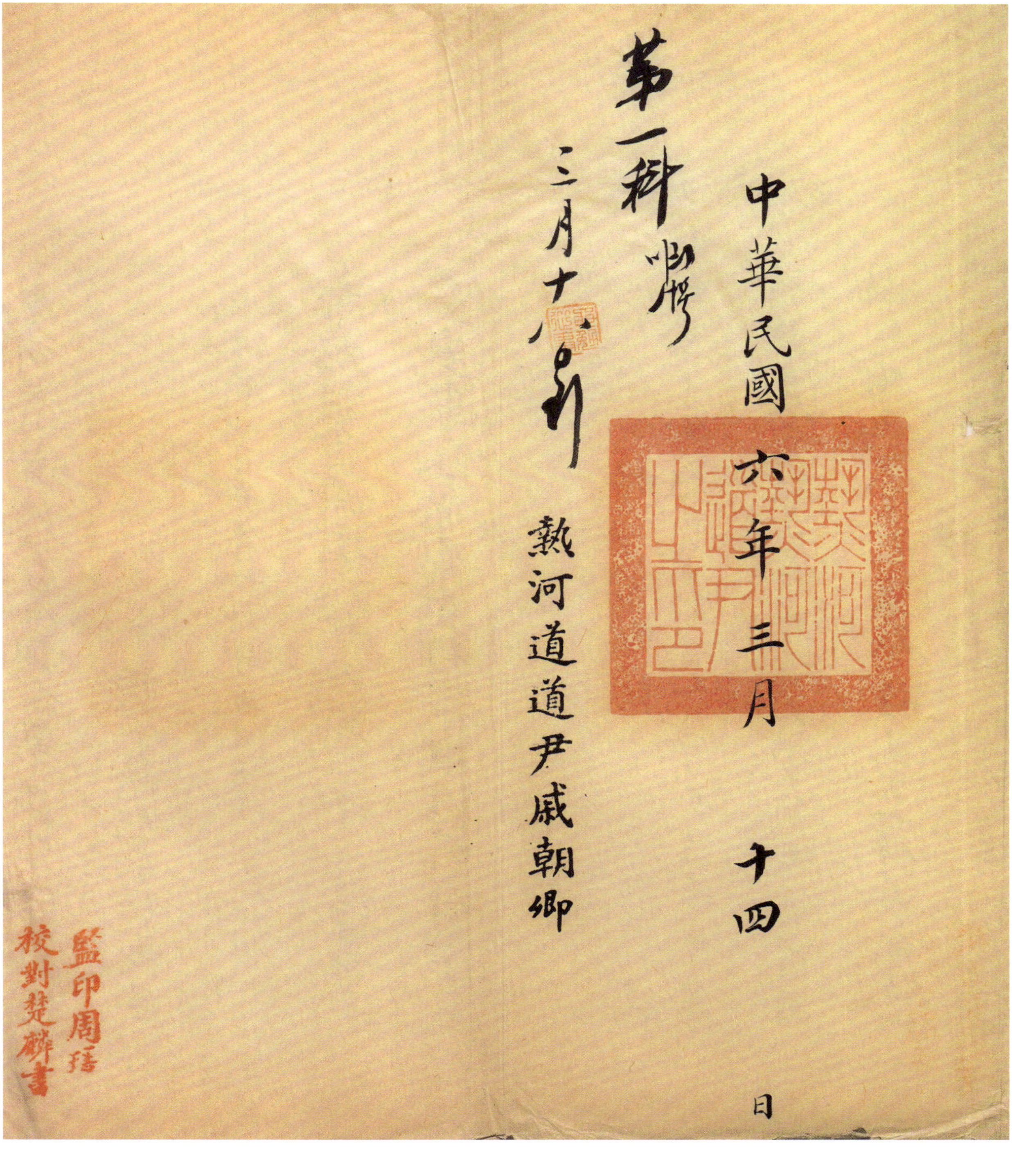
中華民國六年三月十四日

第一科

三月十六日

熱河道道尹戚朝卿

監印周瑨

校對楚麟書

○八五　熱河道道尹公署爲認真保護歸國僑商事致赤峰縣公署訓令（1917年1月31日）

3-1-39-1

熱河道道尹公署訓令第二百一九號

令赤峯縣知事葉大匡

爲令行事本年一月十九日奉

都統訓令第二十八號内開本年一月二日准

農商部咨開爲咨行事准總統府秘書廳

函送

大總統發下全國商會聯合會會長呂逵先等

請飭農商部咨行各省長官嗣後僑商回

國應飭地方官認真保護呈文一件内開據山

口洋華商總會會長盧文材函稱前清華

○八五 熱河道道尹公署爲認真保護歸國僑商事致赤峰縣公署訓令（1917 年 1 月 31 日）

僑回國各僑埠商會所給護照公文投遞地方
官稟請保護多能認真辦理乃近年以來
各僑商回國地方官不加保護即令領有商
會護照亦直視若具文殊非獎勵海外僑民
之道貴會爲商會領袖用敢備函懇請轉呈
大總統請令農商部通告各省軍民長官嗣後
對於各僑埠商會介紹僑商回國應飭地方
官切實保護等情前來查海外僑商不忘
祖國遠道歸來既經僑埠商會給發護照
地方官自應盡保護之責任該商會函稱各

○八五 熱河道道尹公署爲認真保護歸國僑商事致赤峰縣公署訓令（1917年1月31日）

節實具愛國之忱理合據情轉呈伏乞
大總統諭令農商部咨行各省軍民長官嗣後各
僑埠商會給發護照介紹僑商回國應飭地
方官認真保護以示体恤而廣招徠等情奉
批交農商部等因送請貴部查照辦理等因
到部除分咨外相應咨請貴都統查照辦理
可也此咨等因准此合亟令仰該道尹通行所
屬各縣一体遵照認真保護此令等因奉此
除分行外合亟令仰該知事一体認真保護此令

○八五　熱河道道尹公署爲認真保護歸國僑商事致赤峰縣公署訓令（1917年1月31日）

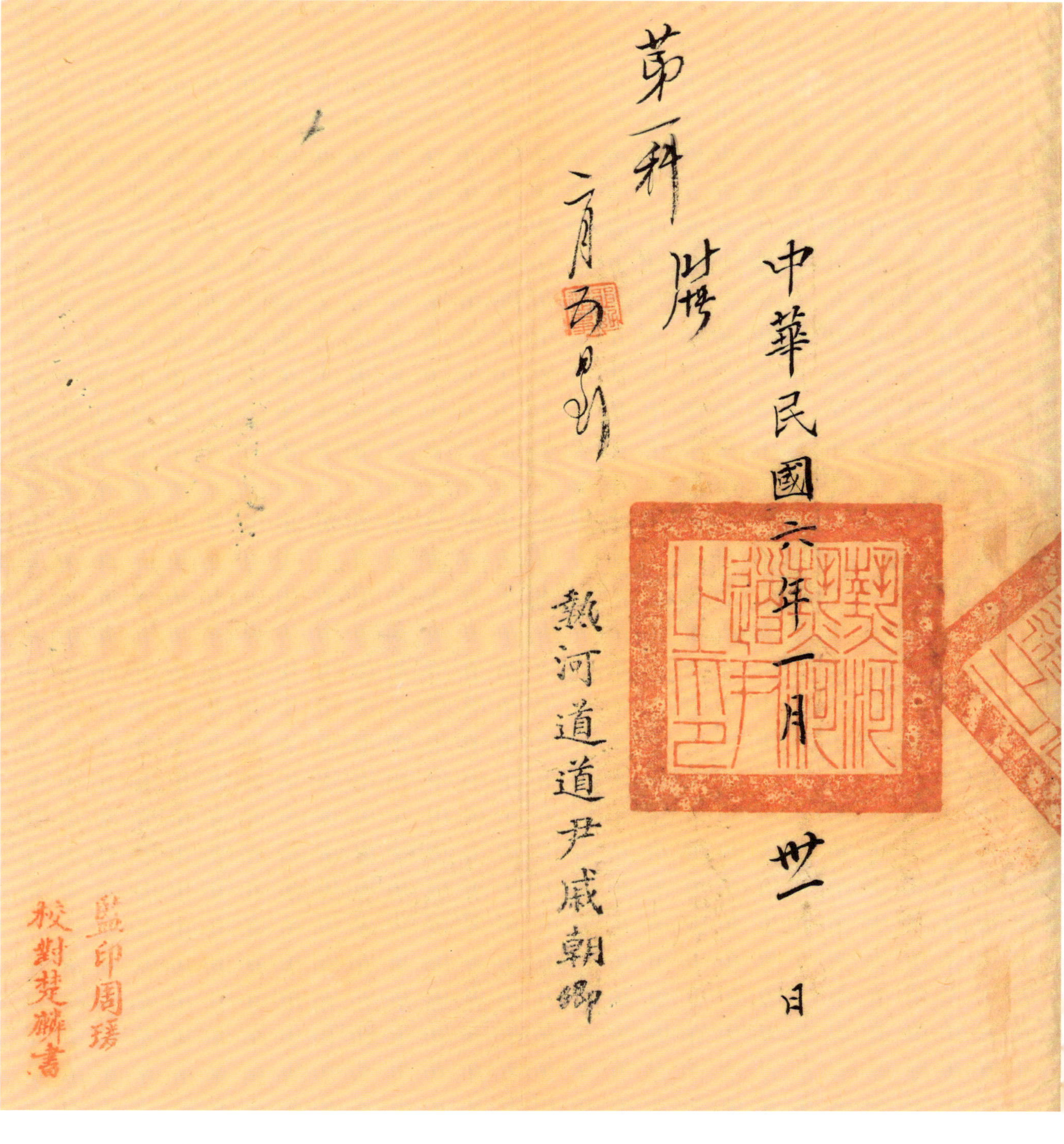
中華民國六年一月卅一日

熱河道道尹戚朝卿

第一科　卅擬

二月五日到

監印周瑒

校對楚麟書

○八六　西元寶山煤窑商人李翰臣爲呈繳民國五年下半季煤課并陳明官廳苛斂之弊事致赤峰徵收局呈（1917年2月13日）

3-1-1483-22

呈

第　號

六年二月十三日到

〇八六　西元寶山煤窑商人李翰臣爲呈繳民國五年下半季煤課并陳明官廳苛斂之弊事致赤峰徵收局呈（1917年2月13日）

具呈人西元寶山錦元煤窑商人李翰臣為呈交事案奉
鈞局令催五年下半年之煤課著即呈交以重要需等因奉此查此
項課款前經商與東元寶山合詞呈請照章辦理以恤商艱而符礦章
在案奈四次呈請未奉允准而此次課款本應不即呈交以便再為聲
敘無如東元山商人王和楊沣林等鑒於官廳之專橫毫無体恤商艱
之意與其徒勞筆墨且不若另作別圖因而同時停工以免虧累將
所欠之課款如數呈交勸商勿再固執勉為其難如至力不能支之時再
行另謀生活等語而商以營業為目的亦不欲因義務之事致興大獄
是以籌思至再不得不苟且偷安因將課款如數措齊備文呈交按全
年課銀三千三百兩民國五年下半年課銀一千六百兩除任貴劉振英
等半季課銀三百五十兩王和楊沣林等半季課銀三百兩交翁牛
特山分銀二百兩外淨該課銀八百兩按一五折合大洋一千二百元理合呈交

〇八六 西元寶山煤窑商人李翰臣爲呈繳民國五年下半季煤課并陳明官廳苛斂之弊事致赤峰徵收局呈（1917 年 2 月 13 日）

以憑轉解惟東元寶山自前清開辦迄今七十餘年其間倒閉轉移不、一而足尚且能繼續工作不致同時報閉自民國成立以來一則曰振興實業再則曰維持商務而其振興與維持之效果不過將專制時代培養七十餘年從未間斷之礦業一旦鏟鋤淨盡而已若長此已往恐其餘之礦產能存立者亦無多矣且如此摧殘恐吾國之礦權不盡落他人之手者亦幾希矣且農之子恒為農工之子恒為工楊洋林等從事礦迻亦非一日豈能舍而之他不思整頓之計然官廳如此專橫恐將來舊業重開未必不籌抵制之法商關懷時局預為聲明除逕呈

熱河都統外特此呈請

查核轉呈預為防範而免交涉實為公便謹呈

赤峰徵收局

計呈交 大洋一千二百元 交官銀分號

〇八六 西元寶山煤窑商人李翰臣爲呈繳民國五年下半季煤課并陳明官廳苛斂之弊事致赤峰徵收局呈（1917年2月13日）

中華民國六年二月十三日

○八七　赤峰縣公署、赤峰徵收局、陸軍第二團爲請將赤峰三等電報局升爲二等事致熱河都統公署呈稿（1917年2月15日）

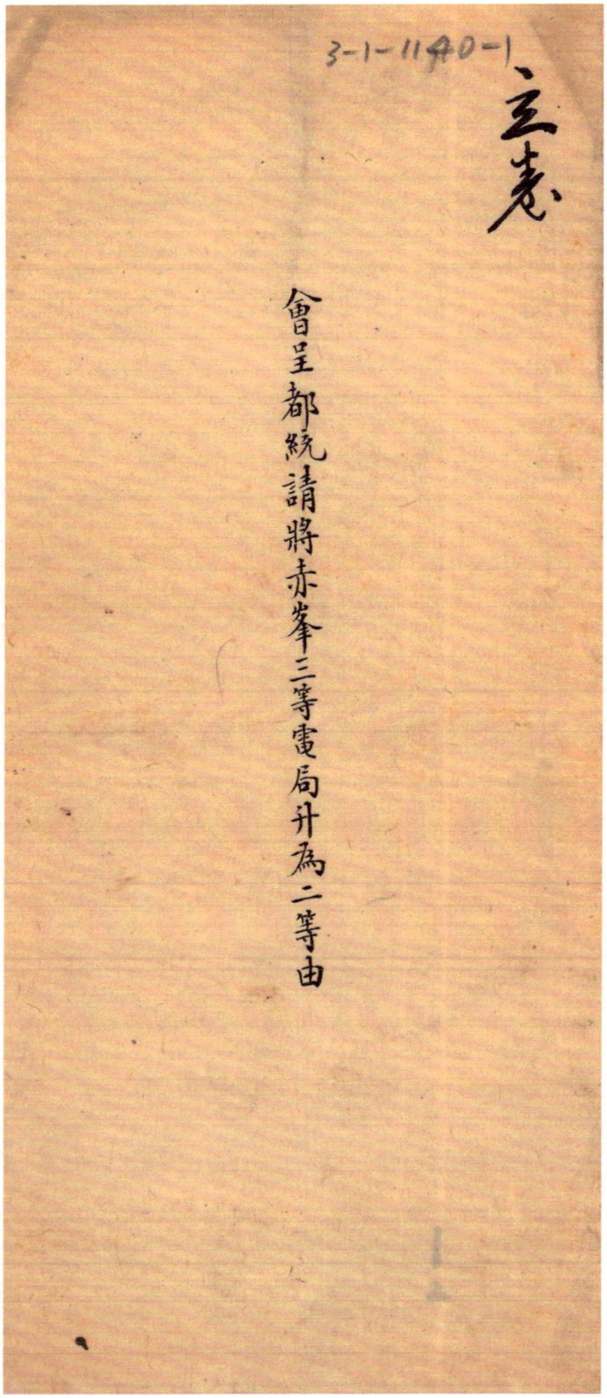
3-1-1140-1

立卷

會呈都統請將赤峯三等電局升為二等由

○八七　赤峰縣公署、赤峰徵收局、陆軍第二團爲請將赤峰三等電報局升爲二等事致熱河都統公署呈稿（1917年2月15日）

為會呈事竊查赤峯電政局設置已有數年當日不過商家通信傳
遞公報并無重要關係故該局列為三等自林西軍事吃緊彼時林
西開魯兩縣均未設置電局所有林開往來通電均由該局轉遞
晝夜不遑寧息而始終未有遺誤足見該局局長員司辦事勤
能嗣以經棚綫斷增設由赤達烏達林一綫烏丹一局亦由該局
管轄則電政益繁現蒙氛雖靖而邊防重要隨時皆有軍事
重要之傳達加之赤邑新闢商埠外人麕集商務亦必日增 繁
盛似應將該局升為二等既以酬該局局長員司等歷年之辛勤
亦所以鄭重軍防邊要之一道 團長局長知事 等目睹情形并為
發展電政營業鄭重邊防緊要起見未便安於緘默故特聯名
會呈
鈞署鑒核咨請

○八七　赤峰縣公署、赤峰徵收局、陸軍第二團爲請將赤峰三等電報局升爲二等事致熱河都統公署呈稿（1917 年 2 月 15 日）

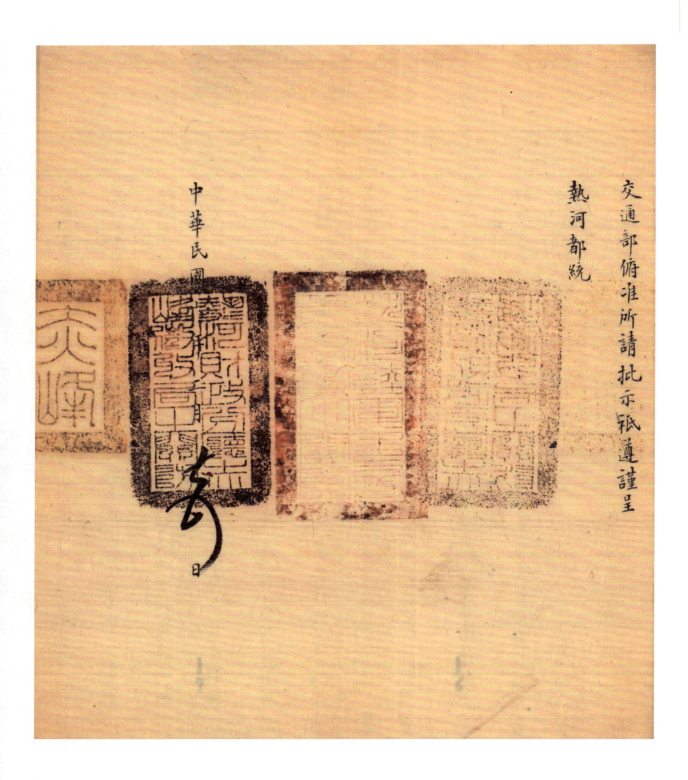

交通部俯准所請批示祗遵謹呈

熱河都統

中華民國

日

○八七　赤峰縣公署、赤峰徵收局、陸軍第二團爲請將赤峰三等電報局升爲二等事致熱河都統公署呈稿（1917 年 2 月 15 日）

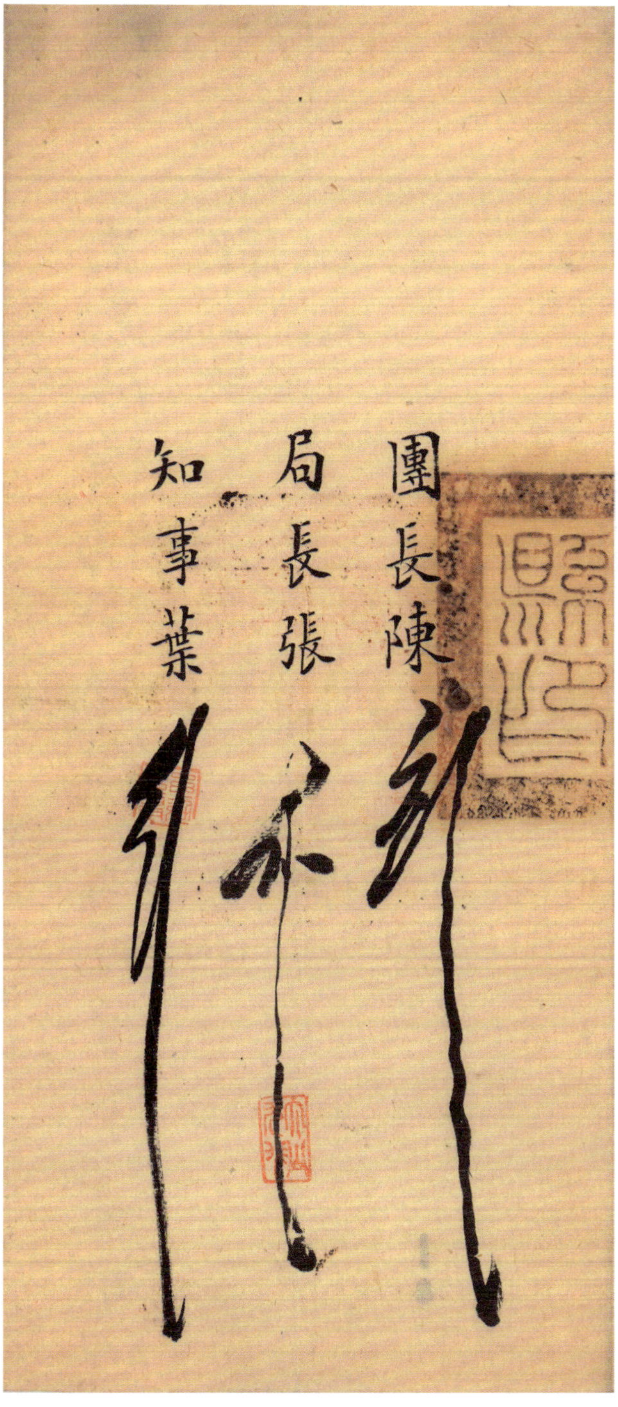
團長陳
局長張
知事葉

○八八 熱河都統公署爲赤峰電報局升爲二等一案候咨部核覆事致赤峰縣公署等指令（1917年3月9日）

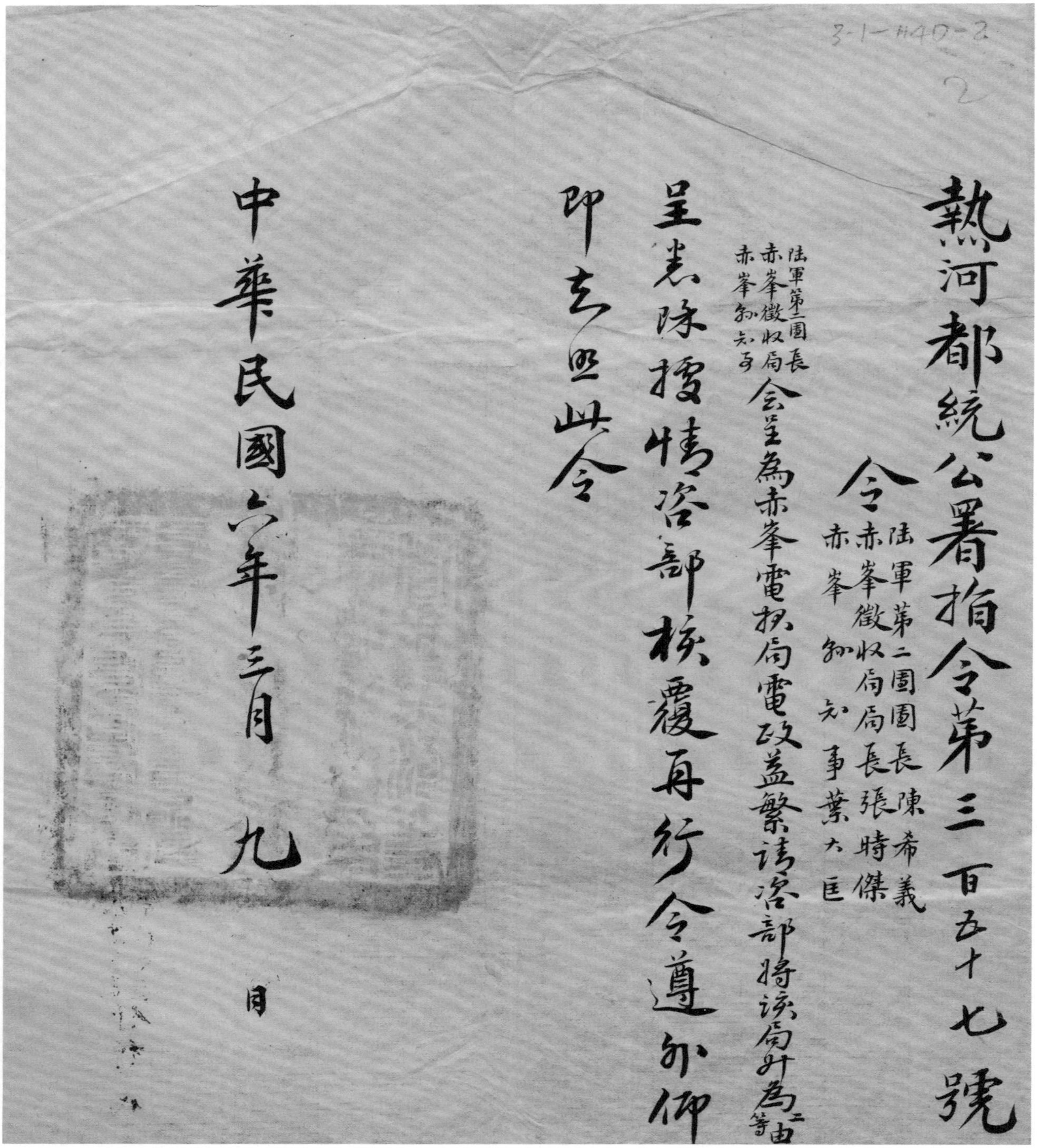
3-1-440-2
2

熱河都統公署指令第三百五十七號

令陸軍第二團團長陳希義
赤峰徵收局局長張時傑
赤峰知事葉大匡

陸軍第二團長、赤峰徵收局、赤峰知事會呈爲赤峰電報局電政益繁，請咨部將該局升爲二等由

呈悉。候據情咨部核覆再行令遵。仰即知照。此令。

中華民國六年三月九日

〇八八 熱河都統公署爲赤峰電報局升爲二等一案候咨部核覆事致赤峰縣公署等指令（1917年3月9日）

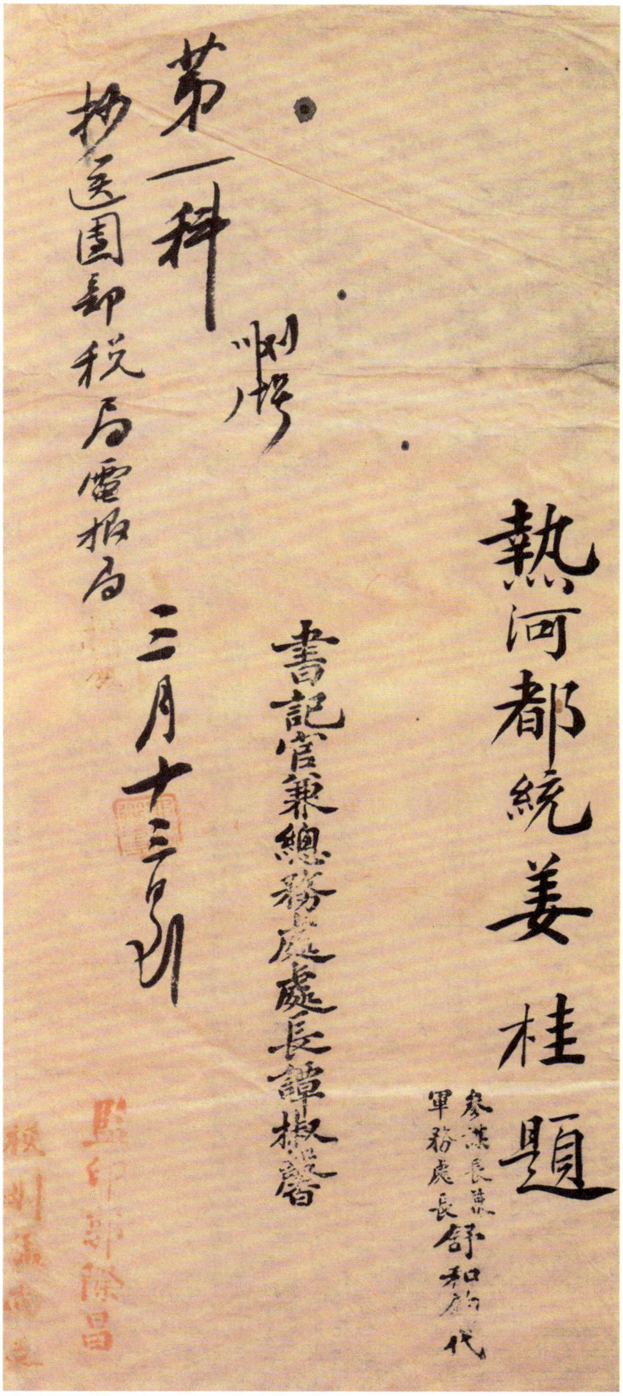

〇八九　熱河道道尹公署爲各學校管教各員優先任用師範畢業生事致赤峰縣公署訓令（1917年2月28日）

31-2123-1

主卷

熱河道道尹公署訓令第四〇五號

令赤峰縣知事

為令行事本年二月二十三日奉

都統第一百六十一號訓令以准

教育部咨開為咨行事案查師範學校以造就小學教員為目的高等師範學校以造就師範及中學教員為目的所有在校學生多係公費畢業以後自應遵照規程按年服務方不失國家培養師資之本意乃近查各師範畢業生從事教育者固不乏人而改就他種

○八九　熱河道道尹公署爲各學校管教各員優先任用師範畢業生事致赤峰縣公署訓令（1917年2月28日）

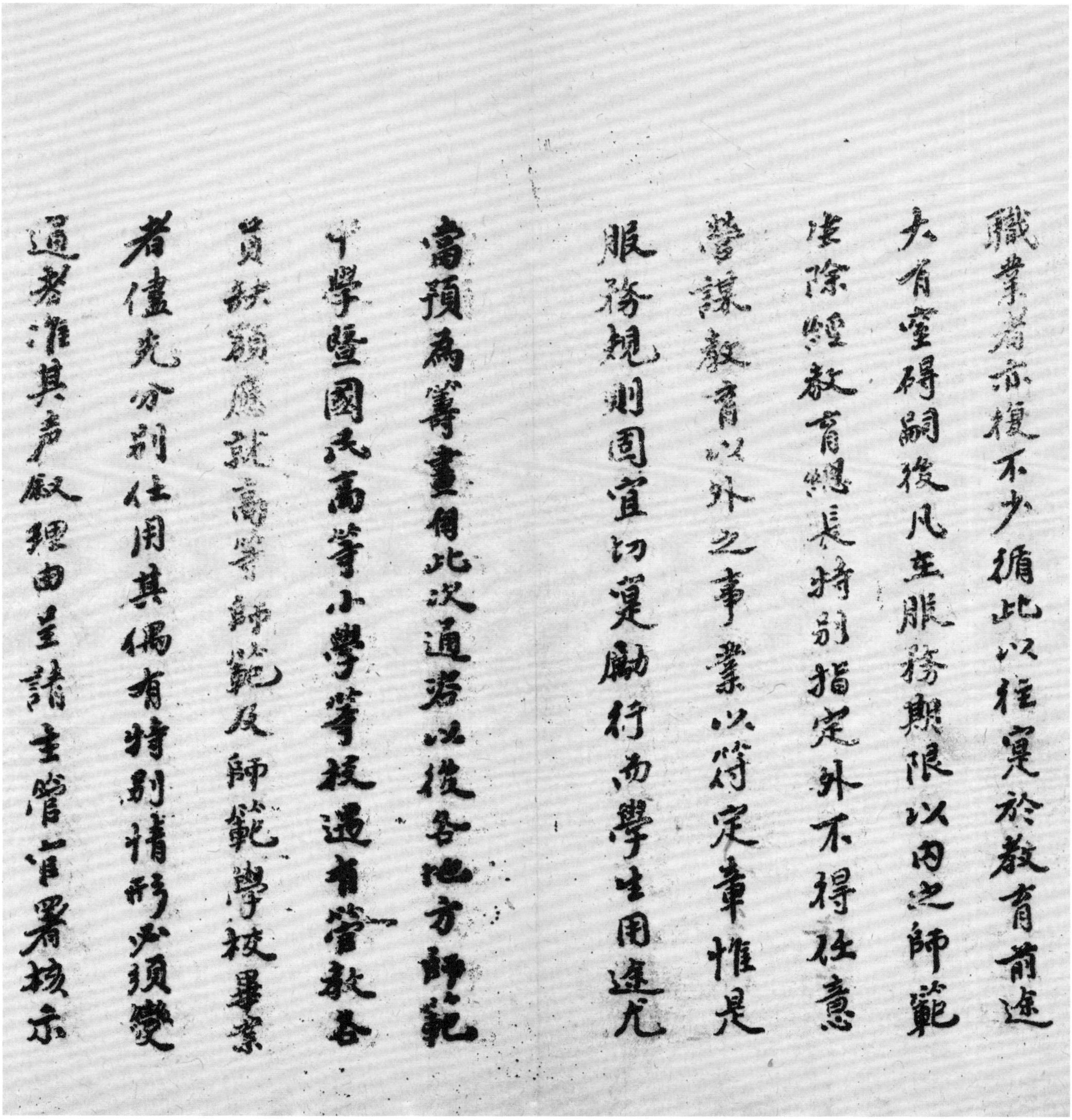

職業者亦複不少循此以往寔於教育前途
大有窒礙嗣後凡在服務期限以内之師範
生除經教育總長特别指定外不得任意
營謀教育以外之事業以符定章惟是
服務規則固宜切寔勵行而學生用途尤
當預為籌畫俾此次通諮以後各地方師範
中學暨國民高等小學等校遇有管教各
員缺額應就高等師範及師範學校畢業
者儘先分别任用其偶有特别情形必須變
通者准其聲叙理由呈請主管官署核示

〇八九　熱河道道尹公署爲各學校管教各員優先任用師範畢業生事致赤峰縣公署訓令（1917年2月28日）

一面仍由各屬視學詳為考查各學校人員
如有管教不宜難期得力者務令酌量撤
換改派師範畢業生接充倘此項畢業生
有不能勝任者亦應照此辦理以免貽誤此
外省道縣視學及勸學員長學務委員
等職均與地方教育關係綦重高等師範
及師範畢業生之得充當此項職務者亦得
認為服務以上各節除分咨外相應咨請貴
都統查照令行遵辦可也此咨等因准此
合亟令仰該道尹通行熱河師範學校

○八九 熱河道道尹公署爲各學校管教各員優先任用師範畢業生事致赤峰縣公署訓令（1917 年 2 月 28 日）

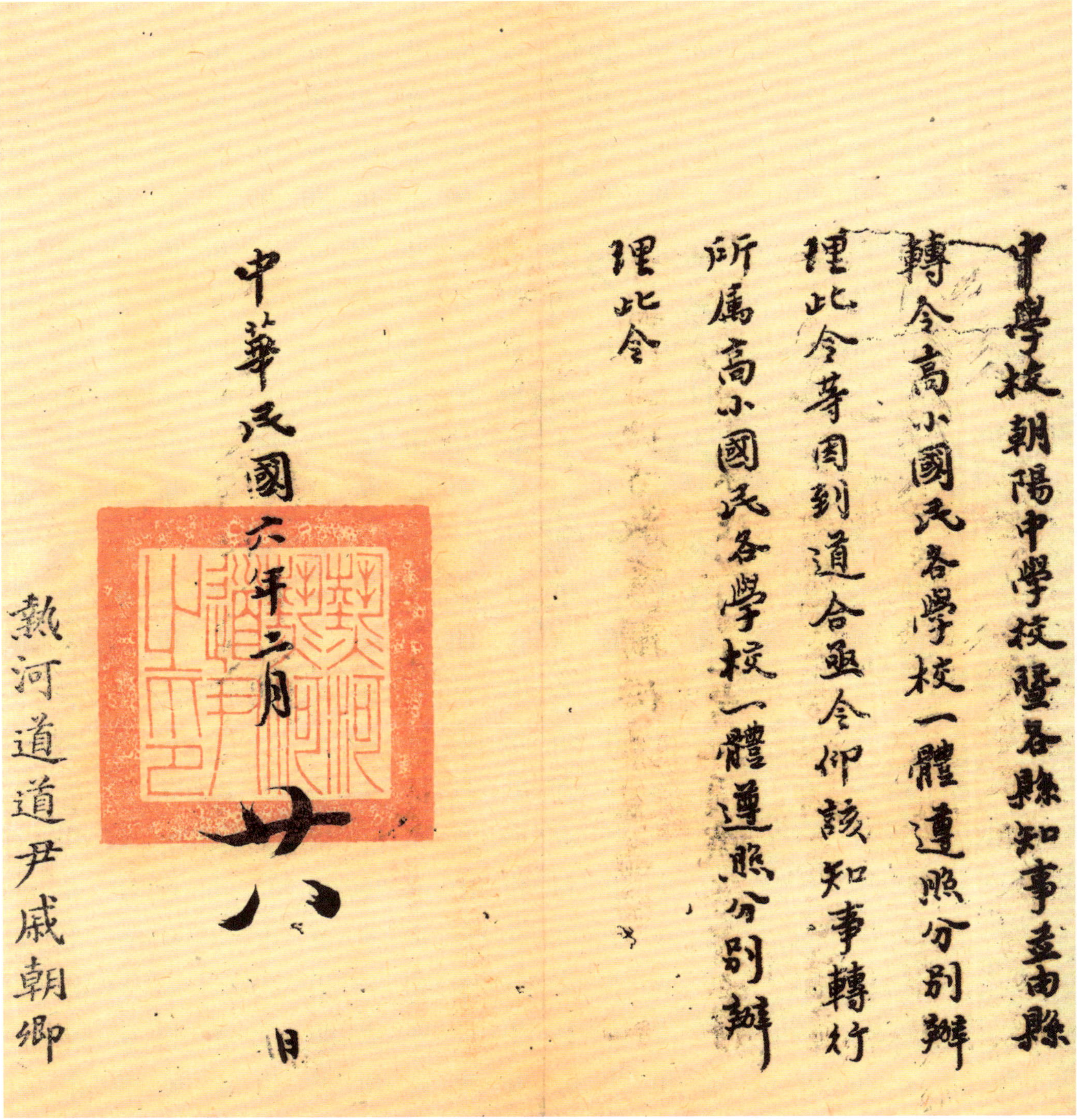

中學校暨各縣知事查由縣轉令高小國民各學校一體遵照分别辦理此令等因到道合亟令仰該知事轉飭所屬高小國民各學校一體遵照分别辦理此令

熱河道尹之印

中華民國六年二月廿八日

熱河道道尹戚朝卿

○八九 熱河道道尹公署爲各學校管教各員優先任用師範畢業生事致赤峰縣公署訓令（1917年2月28日）

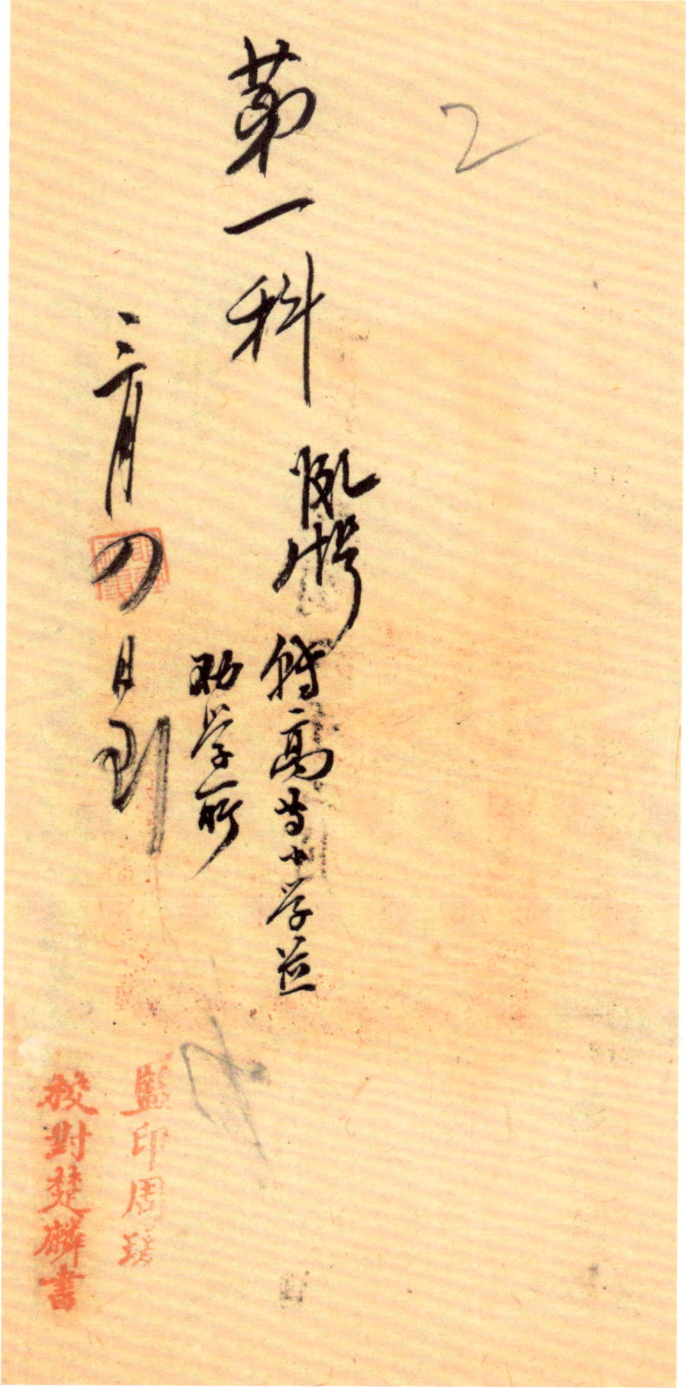

○九○ 赤峰縣公署爲學校應優先任用師範畢業生事致赤峰縣勸學所等訓令稿（1917年3月10日）

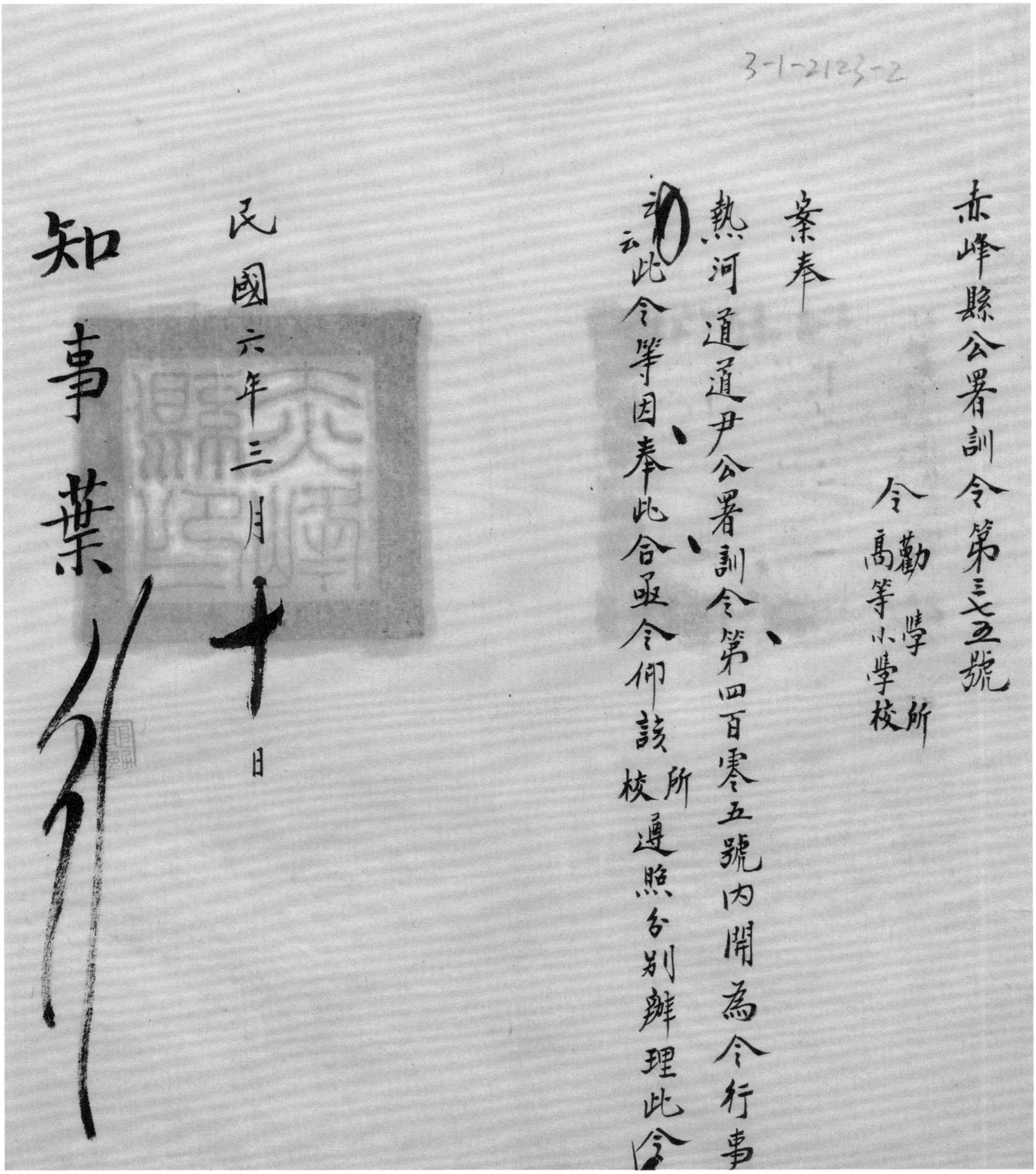

3-1-2123-2

赤峰縣公署訓令第三七五號

令勸學所、高等小學校

案奉

熱河道道尹公署訓令第四百零五號內開爲令行事

云云此令等因奉此合亟令仰該所校遵照分別辦理此令

民國六年三月十日

知事葉

○九一 赤峰縣警察所爲報送水利調查表事致赤峰縣公署呈（1917 年 6 月 15 日）

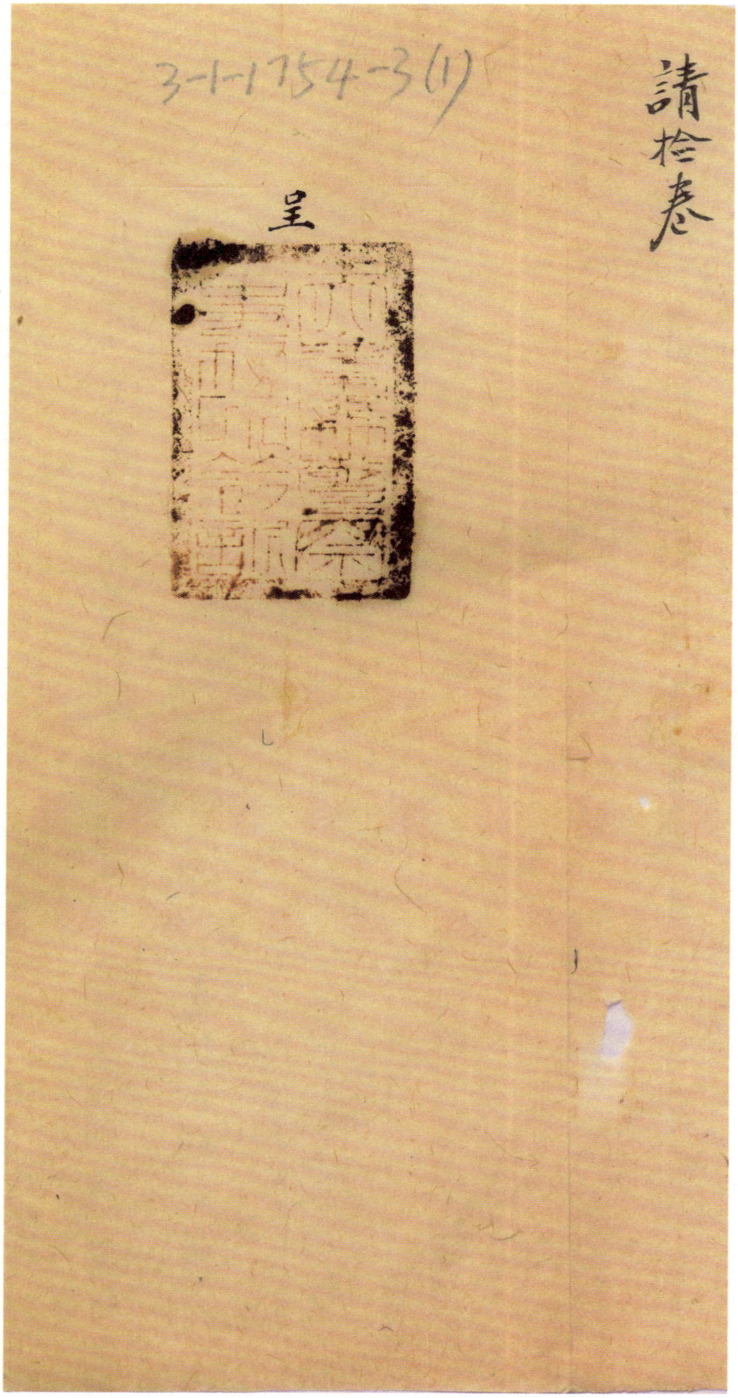
3-1-1754-3(1)

請捡卷

呈

○九一　赤峰縣警察所爲報送水利調查表事致赤峰縣公署呈（1917年6月15日）

呈爲呈送事案奉

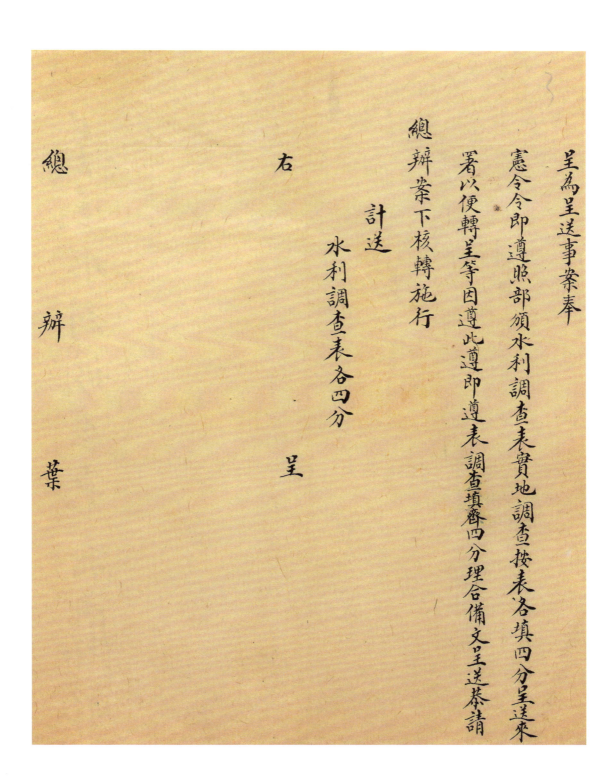

憲令令即遵照部頒水利調查表實地調查按表各填四分呈送來

署以便轉呈等因遵此遵即遵表調查填齊四分理合備文呈送恭請

總辦案下核轉施行

計送

水利調查表各四分

右　　呈

總　辦　葉

○九一 赤峰縣警察所爲報送水利調查表事致赤峰縣公署呈（1917年6月15日）

呈送水利調查表存底稿

警佐姚光翔

中華民國六年六月十五日

○九一　赤峰縣警察所爲報送水利調查表事致赤峰縣公署呈（1917 年 6 月 15 日）

熱河省熱河道赤峰縣水道調查表 凡江河湖港等均適用此表

一 河流名稱	英金河
二 起訖地點	起於平泉縣屬之茅荊壩訖於建平縣屬之老河
三 經過地方	經過平泉屬公爺府鎮赤峰縣並縣屬水地村
四 水流方向	上游縣治西南下游縣治東南
五 河之長度及寬度	長三百五十餘里寬處十丈五丈不等
六 水漲時河之寬度及深度	上游寬十丈至五丈下游同深處丈餘下游同
七 水涸時河之寬度及深度	上游寬三四丈不等下游同深處二尺餘下游同
八 兩岸有無堤埝及其現狀	兩岸並無分堤埝均係水冲土岸參差不齊
九 疏濬或防衛等工程向例係歸官辦或由民辦並其成案	此河向不行船亦無漁業故無疏濬防衛等工程
十 近十年有無水患及歷次輕重比較	此河近十年來並無水患
十一 濱河居民生活情形	沿河居民無多均以務農爲生活
十二 濱河種植土宜及其物產種類	此河兩岸祇宜種樹土宜楊柳其餘沙地甚多無甚物產
十三 近五年全河航業狀況	此河向無航業
十四 全河通行稅收入之概計	此河向不行船並無稅收
備攷	

附記：一河填寫一表凡關於一省或一省以上之水道可僅填明省名其起訖地點以省界爲限於表內填明某省某縣某地其關於一縣或一縣以上之支流小河應填明省名縣名其起訖地點以縣界爲限於表內填明某縣某地

〇九一　赤峰縣警察所爲報送水利調查表事致赤峰縣公署呈（1917年6月15日）

熱河省熱河道赤峰縣水道調查表說明　凡江河湖港均適用此表

第一欄	應將其今名填入其有古名者附填同時有兩名沿用者仿此
第二欄	應將其起訖處在某省某縣某地之名稱填明如在兩省兩縣接界地方應將接界之省名縣名地名填列
第三欄	應將經過之縣市鄉擇其繁盛重要者填入
第四欄	應將其上下游方向以東西南北字樣標明
第五欄	分註長若干里寬若干尺
第六欄	分別上下游填註
第七欄	參照第六欄
第八欄	分註其寬窄高低之度其間斷殘缺處須註明其地點
第九欄	工程須說明機工人工之類別官辦民辦須說明其組織尤須詳述其現時辦理情形
第十欄	有水患者先將最近一次與上次比較再逐次比較另附表以顯明之其比較之法以每次被災區域之大小失所人民及免征稅款之多寡為標準其每次致患時期與消退時期統須註明無水患者註一無字
第十一欄	居民生活之種類及其程度各項均一一註明
第十二欄	物產與土宜有密切關係其有應改良之處并得附記
第十三欄	船舶種類名稱每年全年往來隻數須一一註明
第十四欄	每年全河通行稅收入之概計係指船捐閘費各項稅收之別於釐金者而言
備攷欄	以上各欄所記未盡者記入此欄

〇九一　赤峰縣警察所爲報送水利調查表事致赤峰縣公署呈（1917年6月15日）

31-1754-3(3)

熱河省熱河道赤峰縣最近五年內水災狀況調查比較表

凡江海河湖均適用此表

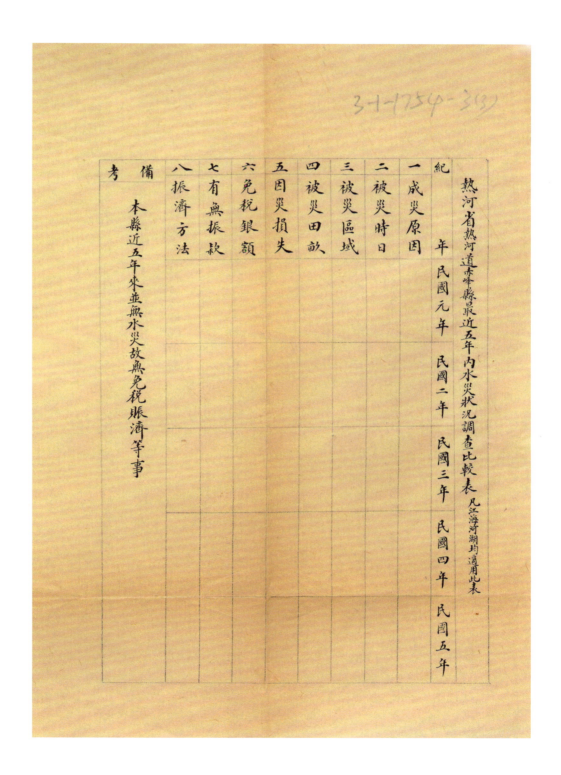

紀年	民國元年	民國二年	民國三年	民國四年	民國五年
一　成災原因					
二　被災時日					
三　被災區域					
四　被災田畝					
五　因災損失					
六　免稅銀額					
七　有無振款					
八　振濟方法					
備考	本縣近五年來並無水災故無免稅賑濟等事				

○九一 赤峰縣警察所爲報送水利調查表事致赤峰縣公署呈（1917年6月15日）

熱河省熱河道赤峰縣最近五年内水災狀況調查比較表說明 凡江海河湖均適用此表

第一欄	如天雨過多山水暴發風潮橫決等類均須分別註明
第二欄	註明成災時日及經過時期
第三欄	註明被災區域其面積共有若干方里以畝數計者亦可
第四欄	將災區内之河流荒灘村莊等類除去不計外餘即被水農田應將其畝數田則及受災輕重情形分晰註明每畝尺度可按其地之習慣計算
第五欄	死亡記其人數動產不動產如牲畜樹木房屋船舶等之損失則分記種類及價值
第六欄	分別正稅附稅款目及其額數
第七欄	分別官振義振款目記其數官振有國帑省款縣款之別義振有本縣公款撥助及在外募捐之別如有外國教士經募振款散放情事應一併註明並詳其數目
第八欄	如散放急振舉辦工振平糶等類皆應一一註明
備攷欄	以上各欄所記未盡者記入此欄

〇九一 赤峰縣警察所爲報送水利調查表事致赤峰縣公署呈（1917年6月15日）

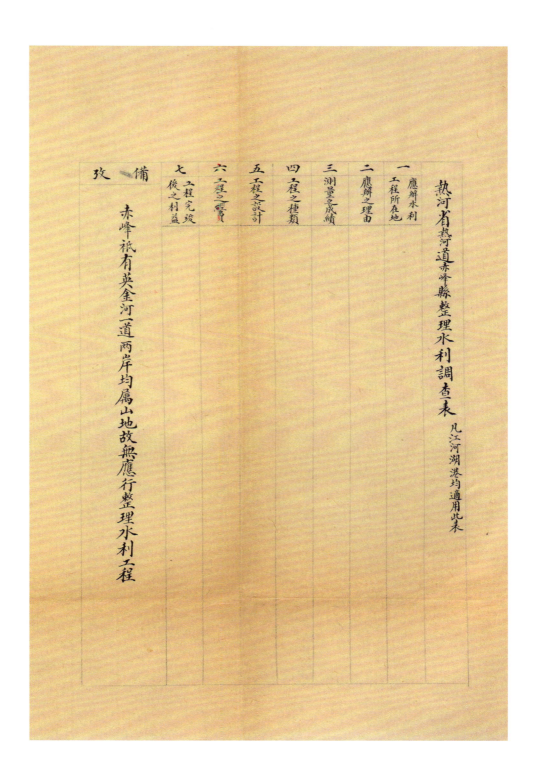

熱河省熱河道赤峰縣整理水利調查表

凡江河湖港均適用此表

一 應辦水利工程所在地	
二 應辦之理由	
三 測量之成績	
四 工程之種類	
五 工程之設計	
六 工程之經費	
七 工程完竣後之利益	
備考	赤峰祇有英金河一道兩岸均屬山地故無應行整理水利工程

○九一 赤峰縣警察所爲報送水利調查表事致赤峰縣公署呈（1917年6月15日）

3-1-1754-3(4)

熱河省熱河道赤峰縣整理水利調查表說明　凡江河湖港均適用此表

第一欄	工程所在應詳其地名
第二欄	應辦理由如防免水灾或開通航路或保護岸坍或灌溉農田或涸溢田畝等類皆是應分別詳註其原有理由書者應另録坿送
第三欄	測量成績應就精測所成各圖說擇要列舉
第四欄	工程種類其屬於建築物者有閘壩涵洞水楗塘岸堤堰等類其不屬於建築物者有浚渫(即挖泥)疏導(即開闢新河)等工均應分別詳註
第五欄	工程設計指施工詳圖而言有圖即坿送無圖須將施工方法如用人工或機工等分類註明
第六欄	工程經費以豫示為標準應就豫示書內摘其綱要分繫數目
第七欄	工竣後所獲利益例如水災得免後受益田畝農産代價國稅收入均應分列其數目以證明其所獲利益之多寡其餘類推
備攷欄	以上各欄所記有未盡者記入此欄

○九二 熱河東西札魯特旗墾務總局爲荒地招墾請傳布周知事致赤峰縣公署咨（1917 年 9 月 29 日）

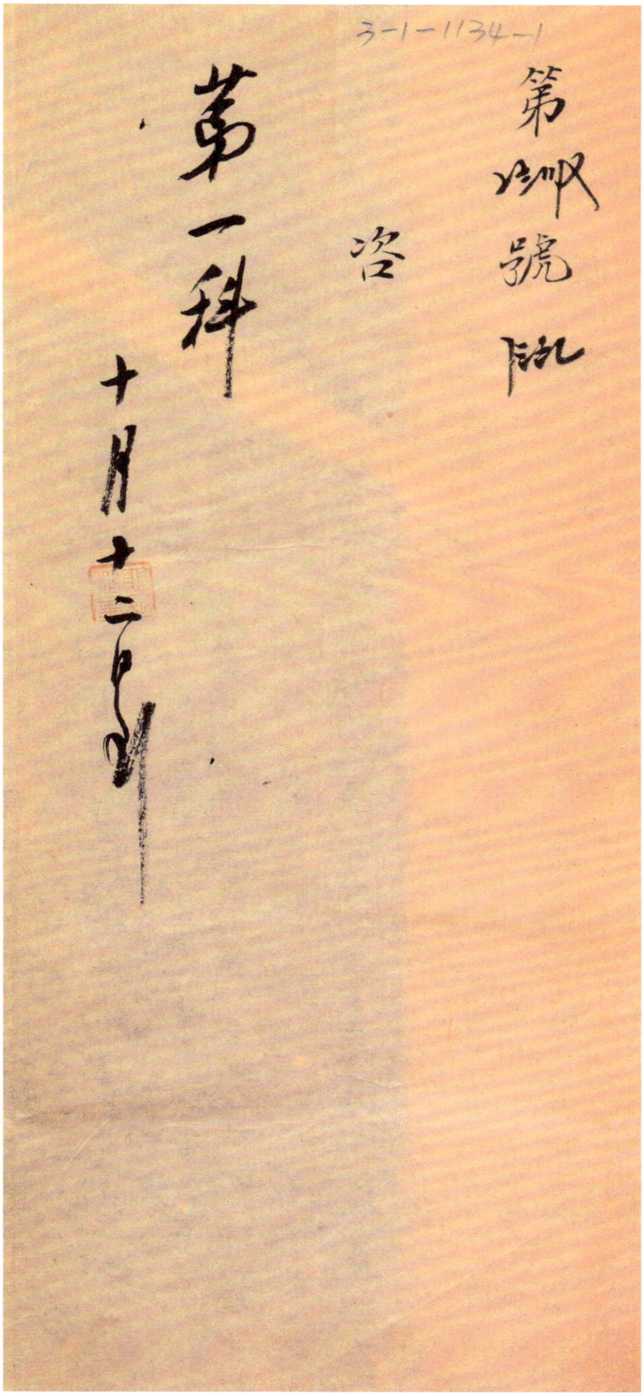
3-1-1134-1

第[illegible]號

咨

第一科

十月十二日

〇九二 熱河東西札魯特旗墾務總局爲荒地招墾請傳布周知事致赤峰縣公署咨（1917年9月29日）

熱河東西札魯特旗墾務總局為咨請事案查敝墾局於本
年七月一日開辦業已分別咨報各在案惟查此次所放荒地
共壹萬捌千餘頃其地質之肥沃價值之輕廉氣候之和適百
穀俱生交通極便且又北倚老山五行俱有深恐遠方實業家未
及週知相應備具敝局放地簡章暨招墾廣告各二十份咨請
貴縣煩為查照傳佈週知務請有心實業者迅速投資勿
落人後至紉公誼此咨
赤峯縣行政公署
計咨付 放地簡章暨招墾廣告各一十份
開魯縣知事兼東西札魯特旗墾務總辦張秉彝

〇九二 熱河東西札魯特旗墾務總局爲荒地招墾請傳布周知事致赤峰縣公署咨（1917年9月29日）

中華民國六年九月廿九日

李明達監印

王桂芳校對

○九二 熱河東西札魯特旗墾務總局爲荒地招墾請傳布周知事致赤峰縣公署咨（1917年9月29日）

3-1-1134-2

熱河東西札魯特旗墾務總局招墾蒙荒廣告

本局開放東西札魯特兩旗報効荒地廿一萬八千頃茲將本局放荒情形及墾荒利益擇要佈告俾吾國資本家實業家知所從事焉

一本局招墾興設治並行俟全荒放竣即稟承都統呈准中央添設縣治實力保護俾各墾戶安居樂業

一本處氣候和暖土質肥沃五谷均宜餘如小麥芝蔴棉花瓜子等項尤爲特產

一本局所放荒地共分三則上則地每方（五頃四十畝）價庫平銀二百兩中則一百四十兩下則八十兩均外加一五經費即每百兩外加銀十五兩

一現在四鄭鐵路業已開車本處至鄭家屯即（遼源縣）僅三百餘里距

○九二 熱河東西札魯特旗墾務總局爲荒地招墾請傳布周知事致赤峰縣公署咨（1917年9月29日）

鄰屬之通遼鎮不及百里即俗（台）音太來（屯）無高山阻隔交通既便
運輸亦易大宗糧石銷售不難
一墾荒利益之鉅查開魯風氣日闢近年來東三省及内地小
農業家及勤勞者來此謀生實繁有徒如有大資本家設
立公司或大宗領段如招佃墾等情均甚容易且工價尤廉
一本局放荒除正價及經費外毫絲不收浮費領戶交價即與撥段勘驗
一本處特別出產以牛馬羊及皮毛爲大宗我國每年出口皮毛取之
本處者約居多數礦產以金銀煤礦爲最富
以上七端約舉大概情形凡欲從事墾牧暨墾領大段
者可到本處寔地調查方知本局言之不謬也

○九二 熱河東西札魯特旗墾務總局爲荒地招墾請傳布周知事致赤峰縣公署咨（1917年9月29日）

3-1-1134-3

熱河東西札魯特旗墾務總局放墾簡章

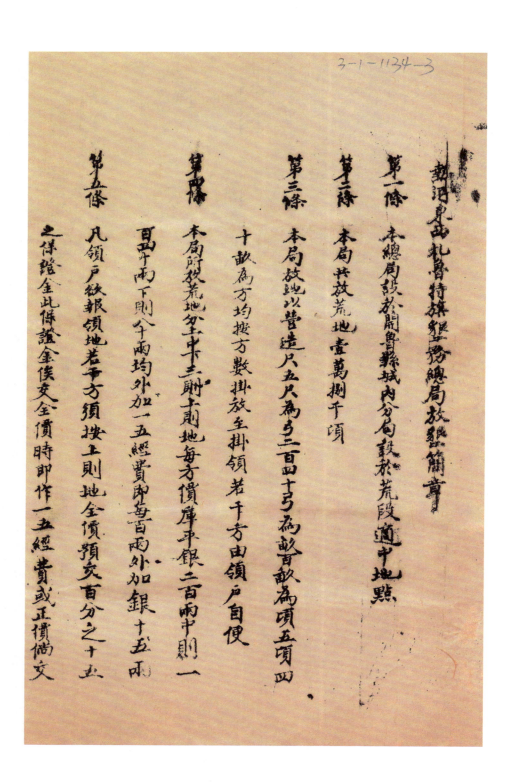

第一條 本總局設於開魯縣城內分局設於荒段適中地點

第二條 本局共放荒地壹萬捌千頃

第三條 本局放地以營造尺五尺為弓二百四十弓為畝百畝為頃五頃四十畝為方均按方數掛放至掛領若干方由領戶自便

第四條 本局所放荒地分上中下三則上則地每方價庫平銀二百兩中則一百四十兩下則八十兩均外加一五經費即每百兩外加銀十五兩

第五條 凡領戶欲報領地若干方須按上則地全價預交百分之十五之保證金此保證金俟交全價時即作一五經費或正價倘交

○九二 熱河東西札魯特旗墾務總局爲荒地招墾請傳布周知事致赤峰縣公署咨（1917年9月29日）

保證金後託故請退或地已撥段届期不納正價經撤地另
故此項保證金即與充公概不發還
第六條 凡領户交保證金後即與勘撥地段發給撥地單據收執
並限日換領大照
第七條 上則地每頃年徵科銀三兩中則二兩下則一兩自領照之
日起届滿三年無論墾否一律升科
第八條 領户以本國籍人民爲限不得借用外人資本或抵押與外國人
第九條 本簡章如有未盡事宜由本局隨時修正之
第十條 本簡章自本年七月十一日施行

○九三 熱河都統署審判處爲定於明正舉行律師考試仰先期布告事致赤峰縣公署訓令（1917年10月30日）

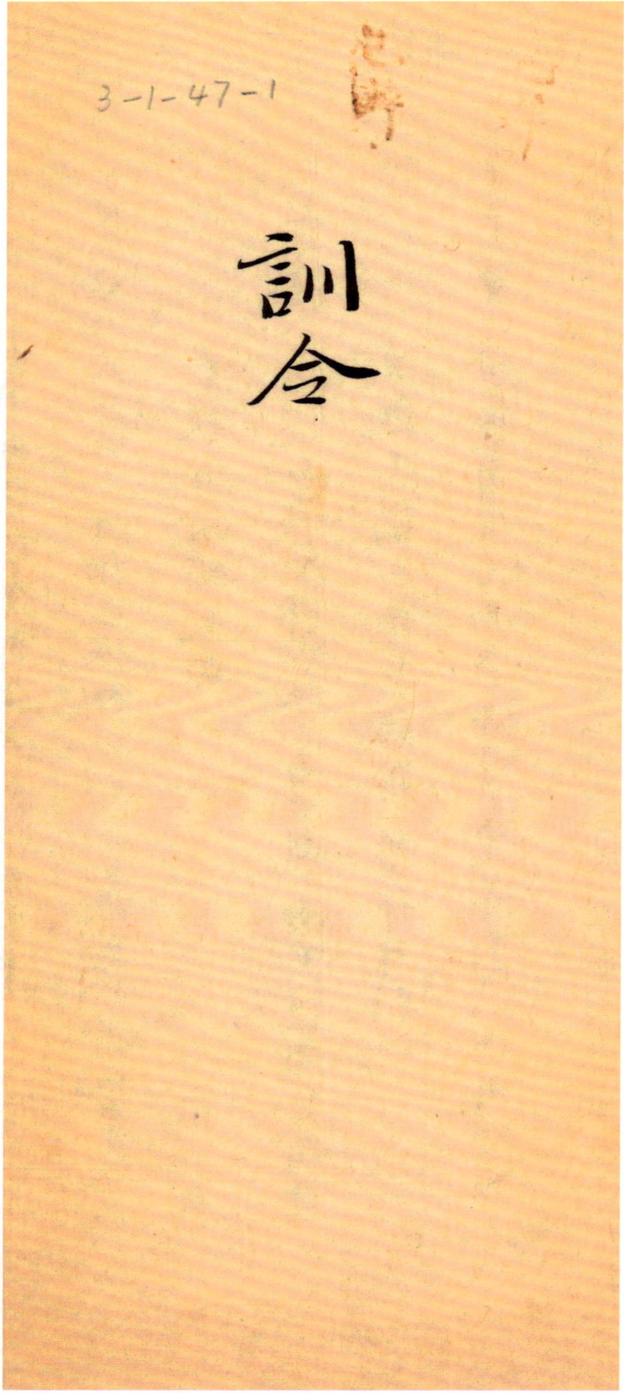
3-1-47-1

訓令

○九三　熱河都統署審判處爲定於明正舉行律師考試仰先期布告事致赤峰縣公署訓令（1917 年 10 月 30 日）

熱河都統署審判處訓令第一百三十　號
令赤峯縣知事葉大匡
為令行事本年十月二十三日奉
司法部電開律師考試令現已公布本部定於明
正考試法官時合并舉行律師考試現行請領律
証辦法已定於本年十二月底截止如有逾期向該廳
處請領律師考試予批駁仰該檢察長處長於
奉電後先期佈告遵照辦理等因奉此除分行外
合亟令仰該縣遵照先期佈告勿違此令

○九三 熱河都統署審判處爲定於明正舉行律師考試仰先期布告事致赤峰縣公署訓令（1917年10月30日）

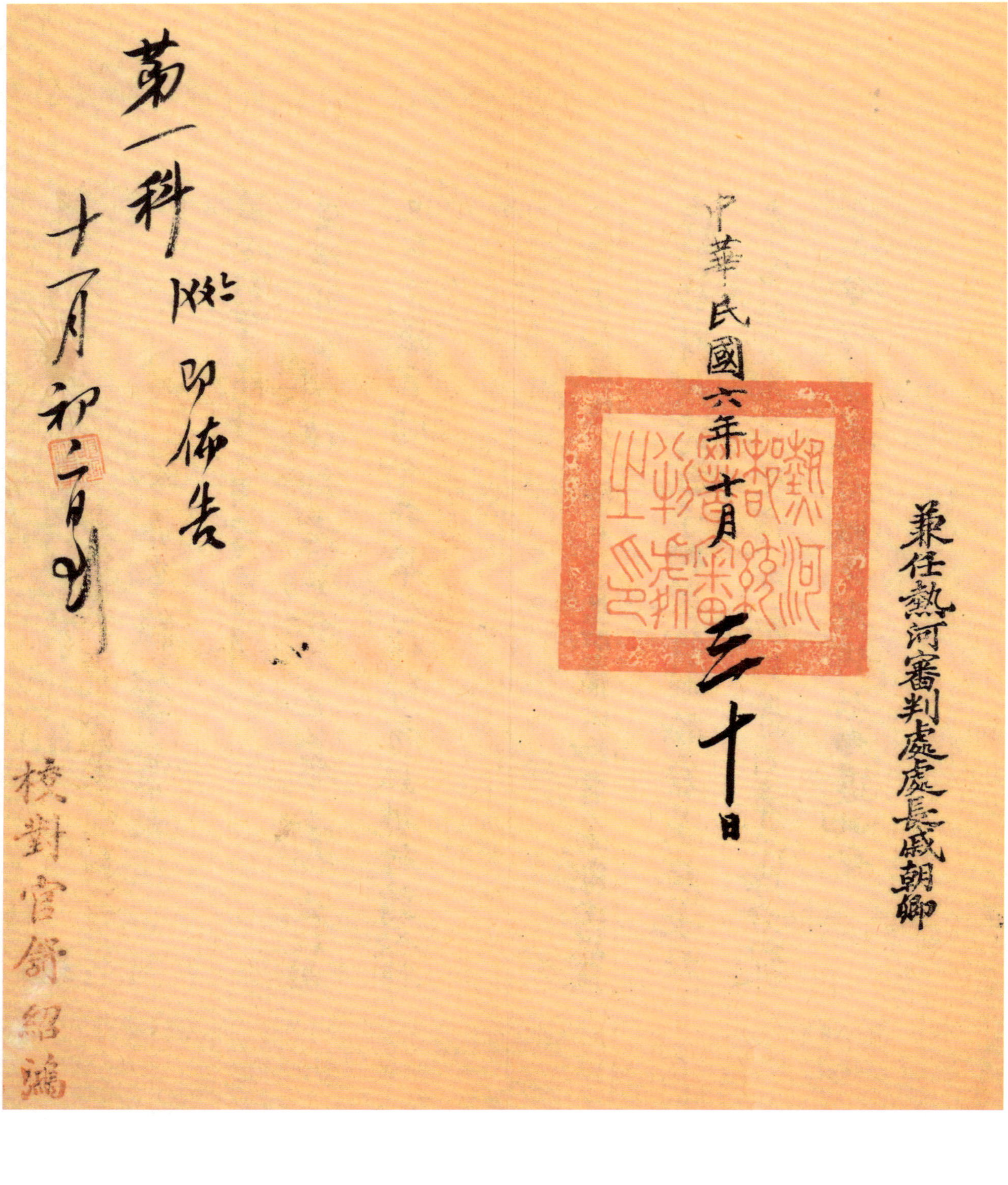

○九四　赤峰縣公署爲届期赴京參加律師考試事布告稿（1917 年 11 月 3 日）

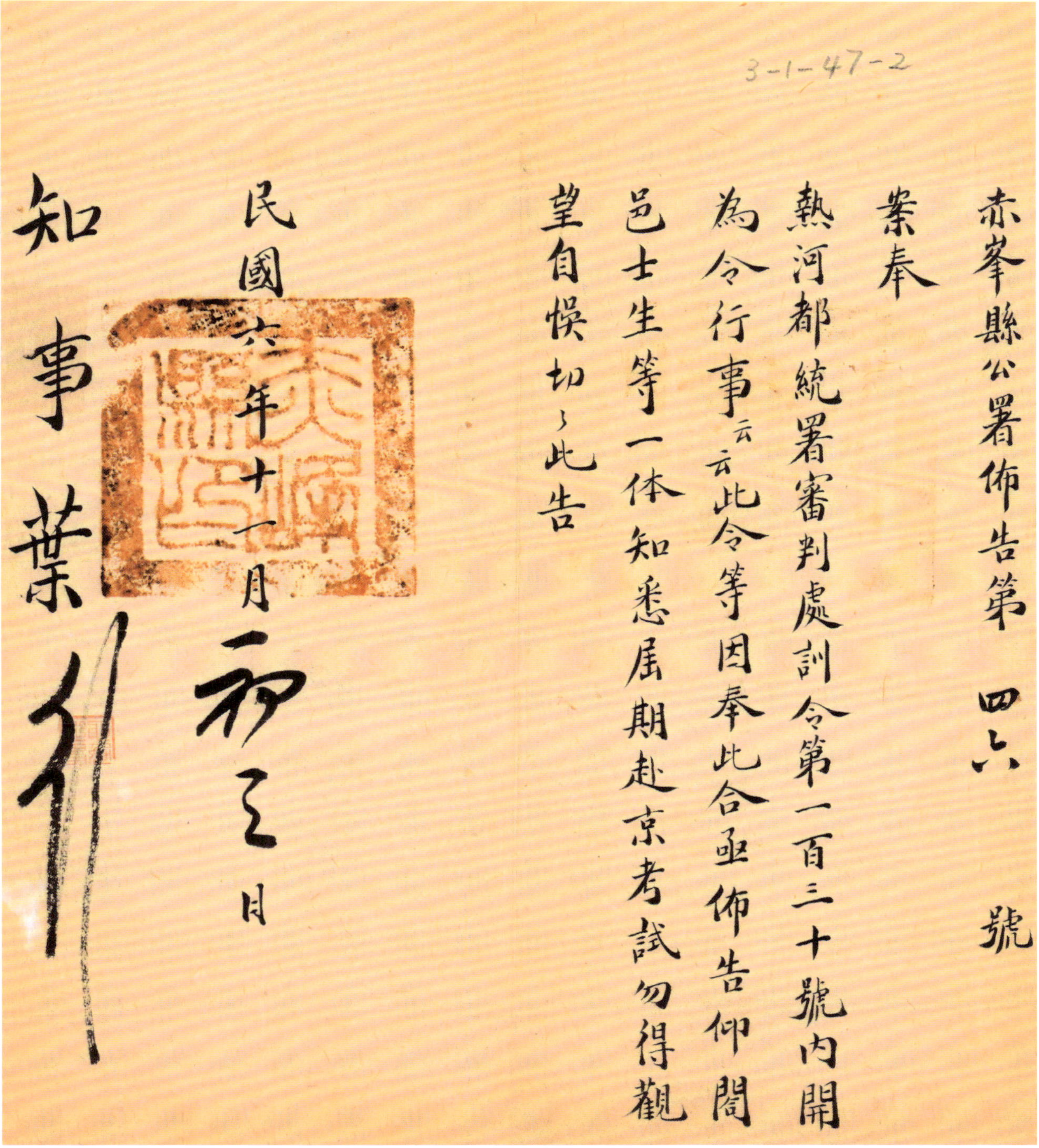
3-1-47-2

赤峯縣公署佈告第　四六　號

案奉

熱河都統署審判處訓令第一百三十號內開

為令行事云云此令等因奉此合亟佈告仰閤

邑士生等一体知悉届期赴京考試勿得觀

望自悞切切此告

民國六年十一月初三日

知事葉

○九五 赤峰商會爲造送縣街工商調查表請轉呈核示選舉權限事致赤峰縣公署公函（1917年11月1日）

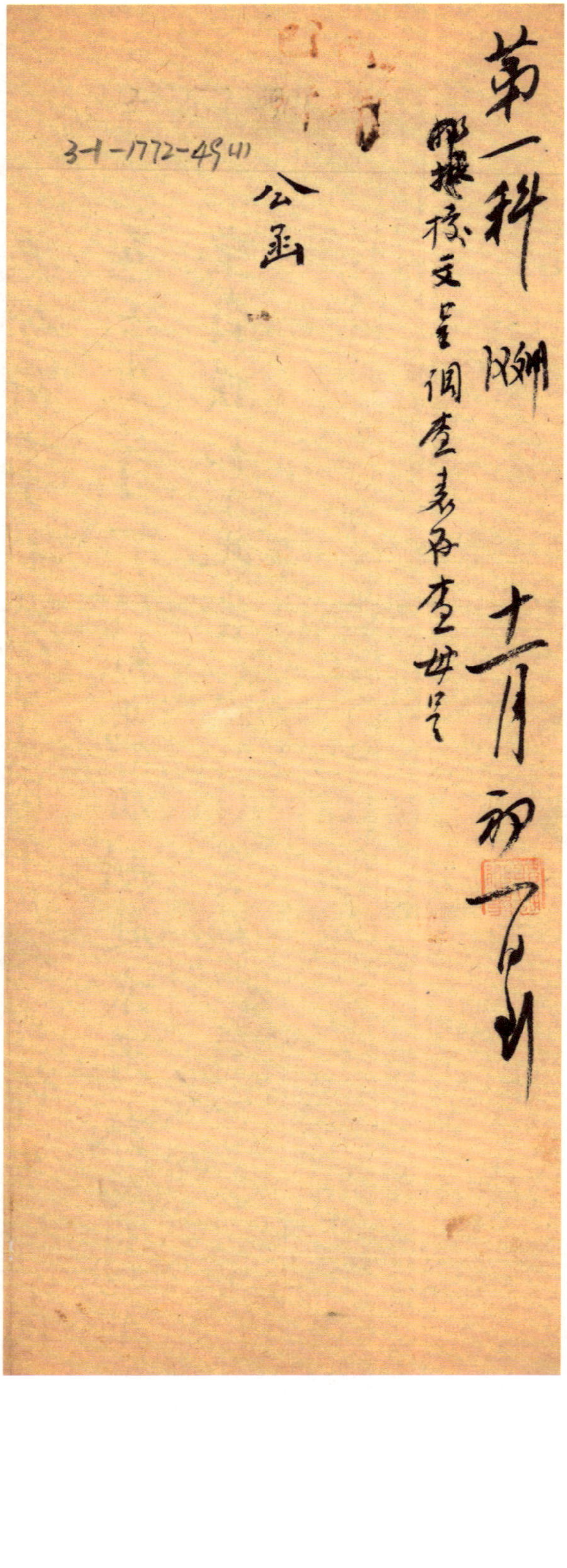

○九五　赤峰商會爲造送縣街工商調查表請轉呈核示選舉權限事致赤峰縣公署公函（1917年11月1日）

赤峰商會公函

逕啓者本年商會改選未能依法進行致各界嘖有煩言實有礙難之處請縷晰陳之按商會規則凡商家入商有註册費每月納會費若干至改選時期入會者有選舉權不願入會者無選舉權赤峰商會相沿舊習向有義勝營巡警餉項花費按月開銷均由商家担任是以大小鋪户皆出花費各錢當燒行每年三五百元不等各菸鋪飯鋪小手藝鋪十元八元一二元不等甚至有不足一元之數者如謂花費均有選舉權未免失之太濫按商會籌餉救餉每年二萬餘元均由會員經手大商號担任十之九小商號担任十之一如謂有有選舉權者有無選舉權者等次（差）碍難分别是以按户調查如營業種類資本大小列入表册者二百九十八家不愿入調查表者聽其自便按商會章程資格較寬究竟何等工商

○九五　赤峰商會爲造送縣街工商調查表請轉呈核示選舉權限事致赤峰縣公署公函（1917年11月1日）

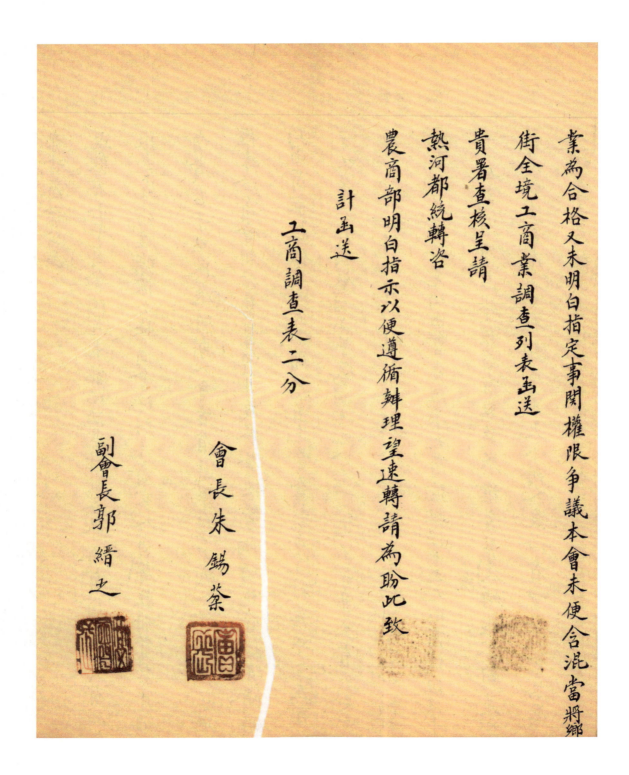

業爲合格又未明白指定事關權限爭議本會未便含混當將鄉
街全境工商業調查列表函送
貴署查核呈請
熱河都統轉咨
農商部明白指示以便遵循辦理望速轉請爲盼此致

計函送
工商調查表二分

會長朱錫棨
副會長郭縉之

○九五　赤峰商會爲造送縣街工商調查表請轉呈核示選舉權限事致赤峰縣公署公函（1917 年 11 月 1 日）

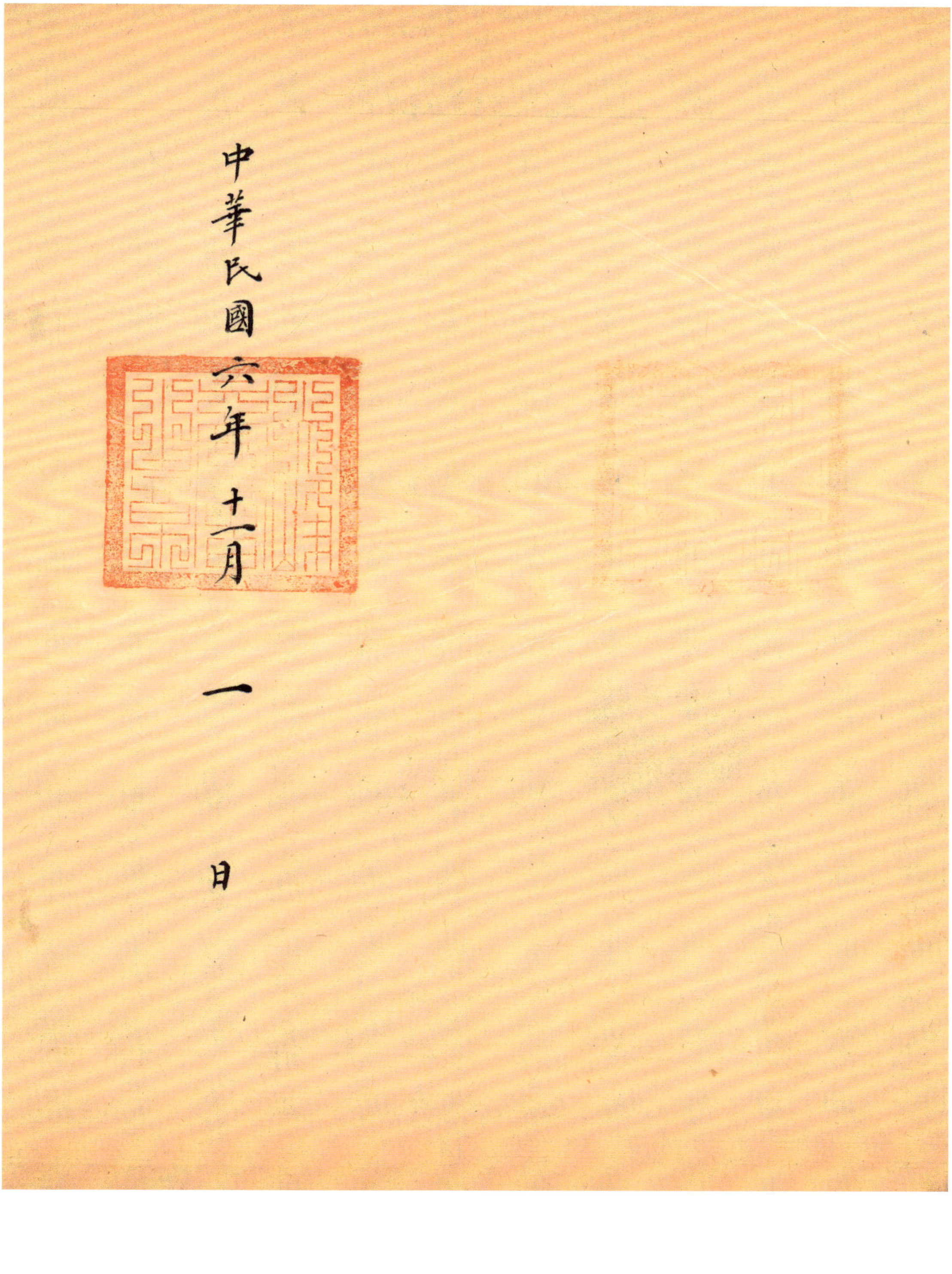
中華民國六年十一月一日

○九五 赤峰商會爲造送縣街工商調查表請轉呈核示選舉權限事致赤峰縣公署公函（1917年11月1日）

赤峰縣街工商調查表

民國六年十月　日查

商號	營業	住址	資本數	執事人姓名
乾元亨	錢莊	三道街	四萬六千五百元	單靜山
乾元當	當鋪	同	三萬五千元	劉漢臣
蔚興和	錢莊	三道街	三萬四千九百五十元	喬毓秀
蔚興永	同	三道街	三萬元	程沛
蔚泰當	當鋪	同	三萬元	姚虞臣
廣億永	錢莊	同	一萬二千元	王佐廷
福德永	同	同	一萬六千元	梁廣志
乾蔚興	燒鍋	同	一萬五千元	靜天申
寶成興	借莊	二道街	一萬五千元	馬憲明
錦元局	煤局	同	一萬四千元	李翰臣

○九五　赤峰商會爲造送縣街工商調查表請轉呈核示選舉權限事致赤峰縣公署公函（1917年11月1日）

復盛當	當舖	同	一萬二千元	陳占五
三義亨當	同	三道街	一萬二千元	栗蘊輝
通盛遠	燒鍋	頭道街	一萬元	任玉堂
寶泉長	同	同	一萬元	喬吉軒
乾源泰	同	二道街	一萬元	任稱先
晉升豫	錢莊	同	一萬二千元	龐梅軒
福泉達	同	同	一萬元	李廷貴
晉生祥	借莊	三道街	一萬元	白連珍
麗泉生	同	同	一萬元	段有功
億盛成	貨莊	同	八千元	董西園
廣億永	同	同	八千元	賈建堂
洪興號	同	二道街	七千元	劉尚卿

○九五 赤峰商會爲造送縣街工商調查表請轉呈核示選舉權限事致赤峰縣公署公函（1917年11月1日）

興業銀行	錢莊	同		劉百川
交通銀行	銀莊	三道街		王筱珍
錦生潤	滙莊	二道街		郝藍田
德興泉	燒鍋	、四道街	六千五百元	張文軒
元隆號	同	頭道街	六千元	張文琳
益盛昌	同	二道街	六千元	趙愷
泰合隆	同	同	六千元	孫璧臣
德成泉	同	三道街	六千元	張輔臣
泰晋豫	同	西屯	六千元	師懋
三慶成	磨房	二道街	六千元	李瀛洲
醴泉通	燒鍋	同	五千元	李廷傑
晋恒泰	同	頭道街	五千元	陳左卿

○九五　赤峰商會爲造送縣街工商調查表請轉呈核示選舉權限事致赤峰縣公署公函（1917年11月1日）

德慶隆	同	三道街	五千元	崔本初
善昌久	借莊	同	五千元	王履中
永盛德店	貨莊	同	五千元	宋寶慶
公元店	粮店	同	五千元	許彥如
利昇和	貨莊	二道街	五千元	李明蒲
元發永	同	同	五千元	李郁亭
廣發成	同	三道街	五千元	楊蔭軒
復和永	同	同	五千元	王馥亭
復盛成	同	同	五千元	安均卿
萬源德	燒鍋	同	四千五百元	張華亭
復成全	同	同	四千元	樊世澤
晋豐泰	同	同	四千元	龐世泰

裕德隆	同	同	四千元	蒲永春
德益豐	借莊	同	四千元	孫潤軒
聚源店	貨店	同	四千元	馬景賢
廣聚店	駝店	六道街	四千元	孫獻卿
聚源成	貨店	三道街	四千元	常有亭
寶元亨	磨房	四道街	三千元	張玉榮
通興永	貨莊	三道街	三千元	王俊卿
源隆永	同	同	三千元	楊瑞堂
信泉長	同	同	三千元	張崇福
福興永	同	二道街	三千元	崔香圃
三慶永	磨房	頭道街	二千元	張宗和
義泉湧	同	三道街	二千元	文連科

○九五 赤峰商會爲造送縣街工商調查表請轉呈核示選舉權限事致赤峰縣公署公函（1917年11月1日）

廣源德	同	同	二千元	白維方
德盛昌	同	同	二千元	劉文莊
志興隆	同	同	二千元	呂子盈
錦德厚	同	同	二千元	張輔臣
慶德興	同	四道街	二千元	常瑞亭
榮興亨	貨店	五道街	二千元	李賡堯
協泰駝店	駝店	同	二千元	劉献章
志興隆棧	餜子舖	三道街	二千元	李廣文
義合公	鉄貨莊	同	二千元	劉子玉
同合公	同	同	二千元	王振清
裕慶公	貨莊	西橫街	二千元	宗杏林
廣億興	同	同	二千元	宗潤明

○九五　赤峰商會爲造送縣街工商調查表請轉呈核示選舉權限事致赤峰縣公署公函（1917年11月1日）

廣興德	染房	二道街	二千元	常福林
福申公司	煤局	三道街	一千元	劉品端
萬源德棧	燒鍋	西屯	一千六百元	趙春
廣億公	估衣莊	二道街	一千五百元	索玉璞
恒聚興	磨房	三道街	一千五百元	張福增
協慶公	估衣莊	二道街	一千五百元	侯有才
福德成	磨房	三道街	一千五百元	楊澤
天和公	貨莊	同	一千五百元	楊培基
義生隆	同	同	一千五百元	張均平
德興號	同	西橫街	一千五百元	杜連如
萬成興	同	三道街	一千五百元	孫鳳舞
永生成	磨房	頭道街	一千元	黃承業

○九五 赤峰商會爲造送縣街工商調查表請轉呈核示選舉權限事致赤峰縣公署公函（1917年11月1日）

復義長	同	二道街	一千元	張富堂
吉興號	同	三道街	一千元	王盛芝
復盛隆	同	同	一千元	戰金榮
益盛長	同	西屯	一千元	于存海
復德亨	同	同	一千元	蒲印三
普盛長	同	同	一千元	崔永德
復盛興	同	同	一千元	蒲秀峰
泰升豫	同	同	一千元	侯裕如
協泰亨	同	五道街	一千元	于得廣
福聚店	皮店	二道街	一千元	楊樹田
永順店	貨店	四道街	一千元	張文富
裕厚店	同	五道街	一千元	李美廷

○九五 赤峰商會爲造送縣街工商調查表請轉呈核示選舉權限事致赤峰縣公署公函（1917年11月1日）

慶發合	貨莊	關帝廟	一千元	趙英軒
長記	同	二道街	一千元	杜景賢
積慶長	同	同	一千元	侯福嵒
利永貞	京貨莊	同	一千元	李蔭南
瑞升祥	貨莊	同	一千元	楊俊峰
復聚祥	同	三道街	一千元	胡慶山
復升恒	同	同	一千元	呂開慶
裕盛號	同	同	一千元	胡子如
玉生號	同	同	一千元	邊明三
德峰泉	鉄店	同	一千元	劉毅齋
和慶魁	山貨鋪	西橫街	一千元	劉慶昌
裕厚長	貨莊	同	一千元	王殿一

○九五　赤峰商會爲造送縣街工商調查表請轉呈核示選舉權限事致赤峰縣公署公函（1917 年 11 月 1 日）

復聚成	同	西屯	一千元	宋蔭軒
裕興成	同	五道街	一千元	張步雲
乾豫號	餜子舖	二道街	一千元	班維祥
永盛德	磨房	四道街	一千元	楊承業
義信成	皮袄舖	同	一千元	董榮桂
乾泰豐	餜子舖	三道街	一千元	劉鈺
益興恒	貨莊	關帝廟院	八百元	吳有和
天清湧	車舖	三道街	八百元	王喜文
德順亨	繩蔴舖	同	六百元	閻存義
興盛和	皮舖	南線胡同	六百元	尹玉崗
同德成	磨房	頭道街	五百元	楊俊
天成祥	同	西屯	五百元	陶懷善

○九五　赤峰商會爲造送縣街工商調查表請轉呈核示選舉權限事致赤峰縣公署公函（1917年11月1日）

益聚興	同	同	五百元	趙起
義元和	同	同	五百元	趙玉琦
福順長	同	六道街	五百元	婁滋源
益聚長	同	新街	五百元	王佐廷
玉興長	同	太平街	五百元	張輔卿
信玉德	同	四道街	五百元	曹玉和
永興成棧	同	同	五百元	馬華堂
永興成	同	同	五百元	李占一
天泰合	同	五道街	五百元	高榮
慶昌亨店	皮店	頭道街	五百元	馮蒿
泰恒店	車店	三道街	五百元	王永昌
德源店	皮店	二道街	五百元	王永泰

○九五 赤峰商會爲造送縣街工商調查表請轉呈核示選舉權限事致赤峰縣公署公函（1917 年 11 月 1 日）

廣興店	同	同	五百元	張宗有
中和店	車店	三道街	五百元	張倫
魁順店	貨店	五道街	五百元	郭提卿
隆記	同	同	五百元	孫升三
慶盛店	同	同	五百元	康子元
興順永	糖房	二道街	五百元	王香亭
協和永	貨莊	同	五百元	李潤田
茂盛祥	糖房	頭道街	五百元	劉次晶
廣億昌	貨莊	三道街	五百元	盧滄
義慶永	同	西屯	五百元	鄭慶祥
天益恒	繩蔴舖	三道街	五百元	孫連升
裕興隆	同	西屯	五百元	楊義方

○九五　赤峰商會爲造送縣街工商調查表請轉呈核示選舉權限事致赤峰縣公署公函（1917年11月1日）

裕豐厚	餜子鋪	二道街	五百元	張　惠
廣億染局	染房	同	五百元	王朝桓
德裕和	木匠鋪	同	五百元	李玉山
燕賓園	飯莊	同	五百元	王慶雲
華馨飯莊	同	同	五百元	于　泉
泰來永	染房	同	五百元	馬紹先
福益永	炮鋪	三道街	五百元	趙文燦
德玉成	染房	同	五百元	喬相臣
三盛園	飯莊	同	五百元	孫廷貴
益德泉	染房	西屯	五百元	蕭　發
義厚興	餜子鋪	西横街	五百元	王增年
榮聚興	磨房	四道街	四百元	楚成賡

○九五 赤峰商會爲造送縣街工商調查表請轉呈核示選舉權限事致赤峰縣公署公函（1917年11月1日）

聚義和	同	同	四百元	張寶山
利發合	同	同	四百元	董瑞卿
義隆店	皮店	二道街	四百元	郝鳳儀
東升德店	車店	三道街	四百元	張繼忠
通盛店	貨店	四道街	四百元	邢文明
福興德	同	同	四百元	單瑞臣
大同泰店	同	五道街	四百元	錢鳳儀
永聚興	貨莊	西橫街	四百元	宋文盛
福德祥	同	同	四百元	楊子明
瑞昇和	同	同	四百元	安覲五
裕盛昌	同	西屯	四百元	喬明
聚興長	同	四道街	四百元	邵國華

○九五　赤峰商會爲造送縣街工商調查表請轉呈核示選舉權限事致赤峰縣公署公函（1917年11月1日）

[illegible]安堂	藥鋪	二道街	四百元	朱占元
同泰昌	磨房	五道街	三百元	張香五
廣和成	同	同	三百元	甯子周
福和德	同	同	三百元	齊漢臣
廣順德	同	同	三百元	賈子明
洪發永	同	同	三百元	謝汶
錦盛隆	繩蔴鋪	頭道街	三百元	李廣有
信義成	同	二道街	三百元	安慶林
魁元亨	同	三道街	三百元	楊連耕
德盛成	同	同	三百元	栁連惠
福興成	同	同	三百元	鄭子厚
三榮長	染房	二道街	三百元	徐建綱

○九五　赤峰商會爲造送縣街工商調查表請轉呈核示選舉權限事致赤峰縣公署公函（1917 年 11 月 1 日）

長興隆	藥房	三道街	三百元	程奉箴
三慶棧	磨房	四道街	三百元	白維楷
通盛長	同	頭道街	二百元	侯殿林
復益永	同	同	二百元	郭智軒
晋和源	同	同	二百元	蒲錦泉
永成號	同	二道街	二百元	仇裕財
福忠合	同	同	二百元	李忠
永成魁	同	同	二百元	張鳳桐
通源湧	同	四道街	二百元	楊得清
聚成皮店	皮店	興隆街	二百元	康輯五
富成店	同	二道街	二百元	于得湧
慶德成店	貨店	五道街	二百元	常桂林

○九五　赤峰商會爲造送縣街工商調查表請轉呈核示選舉權限事致赤峰縣公署公函（1917年11月1日）

德義興	同	二道街	二百元	劉玉衡
德記	烟捲	三道街	二百元	張寶廷
福德厚	貨莊	同	二百元	于顯廷
德和永	同	同	二百元	張晏如
四合順	袋子莊	西横街	二百元	謝酉三
乾興隆	繩蔴鋪	三道街	二百元	呂學珍
廣合隆	同	同	二百元	鄭九良
萬順昌	同	同	二百元	殷福星
萬盛興	毡鋪	二道街	二百元	王萬喜
十錦居	餜子鋪	同	二百元	楊玉泰
廣發順	染房	同	二百元	張廣恩
忠盛號	餜子鋪	同	二百元	高連榮

○九五　赤峰商會爲造送縣街工商調查表請轉呈核示選舉權限事致赤峰縣公署公函（1917年11月1日）

復和號	同	同	二百元	趙謙亮
福和順	木匠鋪	同	二百元	王玉春
永生利	染房	三道街	二百元	金鴻財
福聚成	同	同	二百元	王廣德
謙和魁	餜子鋪	同	二百元	崔鴻業
三和永	車鋪	同	二百元	高相元
福升隆	同	同	二百元	田萬普
裕盛祥	餜子鋪	西横街	二百元	李儒
利生源	同	同	二百元	劉振邦
延壽堂	葯鋪	二道街	二百元	韓芬
魁術堂	同	同	二百元	曾儒林
吉升堂	同	同	二百元	楊祥

○九五 赤峰商會爲造送縣街工商調查表請轉呈核示選舉權限事致赤峰縣公署公函（1917年11月1日）

寶生元	同	三道街	二百元	張萬祥
桂蘭齋	餜子鋪	二道街	一百五十元	申銀堂
隆興皮店	皮店	頭道街	一百二十元	馮連科
榮盛德	磨房	六道街	一百元	白齊
德義皮店	皮店	興隆街	一百元	盧萬祥
魁盛皮店	同	同	一百元	安文魁
復生店	同	頭道街	一百元	卞瑞三
廣裕店	同	二道街	一百元	邊養忠
福益店	同	同	一百元	朱俊卿
德聚店	同	同	一百元	田子然
義和德店	同	同	一百元	張德亨
義興店	同	同	一百元	陳錫倫

○九五　赤峰商會爲造送縣街工商調查表請轉呈核示選舉權限事致赤峰縣公署公函（1917 年 11 月 1 日）

中興店	同	同	一百元	楊蔭朝
義聚店	同	同	一百元	薛亦芝
忠盛店	同	同	一百元	白潤軒
協泰店	同	同	一百元	高遠亭
義發店	同	同	一百元	王朝義
公順店	同	同	一百元	王俊卿
中元店	車店	三道街	一百元	董繼先
信豫店	同	同	一百元	賈占魁
義盛店	同	西屯	一百元	張寬
裕慶長	貨莊	二道街	一百元	郭天有
慶泉盛	同	同	一百元	呂致忠
義和祥	同	三道街	一百元	李仲三

○九五　赤峰商會爲造送縣街工商調查表請轉呈核示選舉權限事致赤峰縣公署公函（1917年11月1日）

蔚成興	同	同	一百元	楊蘭坡
德慶昌	繩蔴鋪	同	一百元	張玉文
天順隆	同	同	一百元	韓玉生
永成利	同	同	一百元	張起
永泰德	同	同	一百元	吳瑞卿
益慶和	同	同	一百元	李輔卿
玉生成	餜子鋪	同	一百元	陳仕
萬和德	同	同	一百元	韓振遠
裕興魁	同	同	一百元	徐殿祥
福元堂	藥鋪	二道街	一百元	賈芝桂

○九六　赤峰縣公署爲呈報當商調查表事致熱河財政廳呈稿（1917 年 11 月 4 日）

3-1-1780-83(1)

爲呈报事。案奉

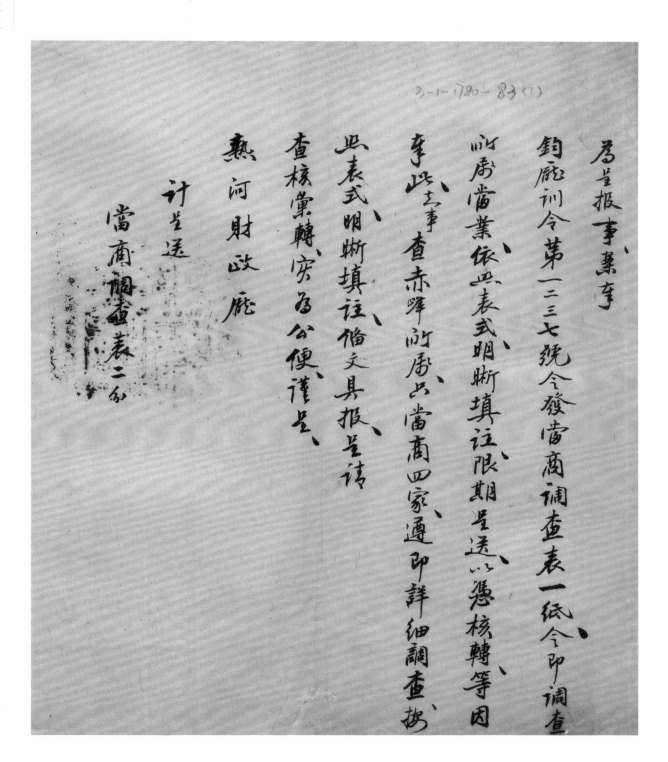

鈞廳训令第一二三七號，令發當商調查表一紙，令即調查

所屬當業，依照表式，明晰填註，限期呈送，以憑核轉等因。

奉此。查赤峰所屬共當商四家，遵即詳細調查，按

照表式，明晰填註，備文具报，呈請

查核彙轉，實爲公便。謹呈

熱河財政廳

計呈送

當商調查表二分

○九六 赤峰縣公署爲呈報當商調查表事致熱河財政廳呈稿（1917年11月4日）

民國六年十一月初四日

知事葉

○九六　赤峰縣公署爲呈報當商調查表事致熱河財政廳呈稿（1917年11月4日）

3-1-1780-83(2)

熱河省赤峰縣當商調查表

當業牌號	乾元當	蔚泰當
當業性質	當商	當商
開點地	本城三道街繁盛區	本城西屯繁盛區
領帖日期	嘉慶二十三年開張領帖於民國四年十一月十七日換新帖	道光十八年開張領帖於民國四年十一月十七日換領新帖
繳納帖費等則及其數目	並未劃分等次於領帖時繳紙費二元	同
繳納年税額	七十五元	同
當帖年限	五年為滿	同
斷贖期限	金銀首飾珠寶玉器三十六個月為滿單袂皮棉粗細衣服二十七個月為滿	同
取贖利息	遵照部章制錢百吊以上月息二分臘月一分四厘百吊以下月息三分臘月二分	同
資本金額	三萬五千元	二萬八千元
附加各捐	公益捐分巡警團練兩項民國五年決算巡警義勝營費共四百元	公益捐分巡警團練兩項民國五年決算巡警義勝營費共三百五十元
備考		

民國六年十一月一日

○九六 赤峰縣公署爲呈報當商調查表事致熱河財政廳呈稿（1917 年 11 月 4 日）

復盛當	三義當	說明
當商	當商	按赤街當行四家所填領帖日期均係指自開市領新帖並現在於民國四年十一月換領之帖而言查乾元當蔚泰當復盛當三家換帖數次自開市至今年限較遠其中無憑查填惟三義當一號係於民國四年開張領帖合併聲明
本城二道街繁盛區	本城三道街繁盛區	
同治八年開張領帖於民國四年十一月十七日換新帖	民國四年十一月十七日開張領帖	
同	同	
同	同	
同	同	
同	同	
同	同	
二萬元	一萬八千元	
公益捐分巡警團練兩項民國五年決算巡警義勝警費共三百元	公益捐分巡警團練兩項民國五年決算巡警義勝警費共三百元	

○九七　赤峰徵收局爲造送民國四五兩年份煤礦産額調查表事致熱河財政廳呈稿（1917 年 11 月 8 日）

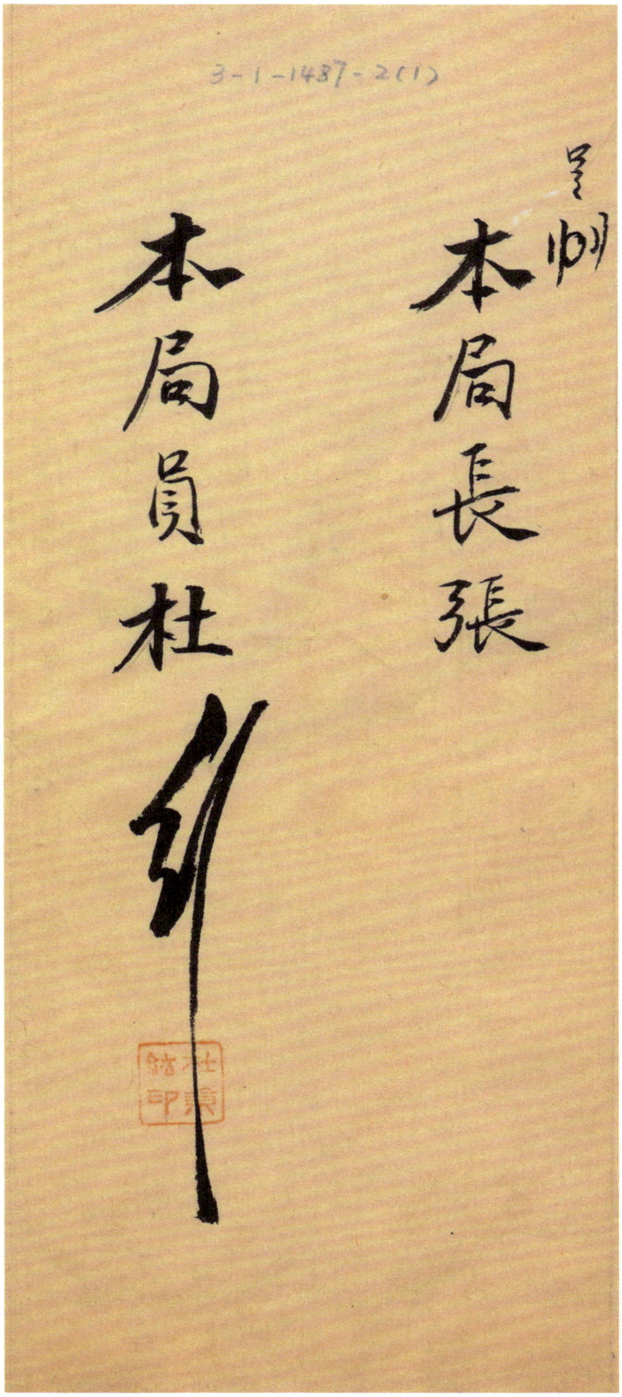
3-1-1487-2(1)

呈

本局長張

本局員杜

○九七　赤峰徵收局爲造送民國四五兩年份煤礦產額調查表事致熱河財政廳呈稿（1917年11月8日）

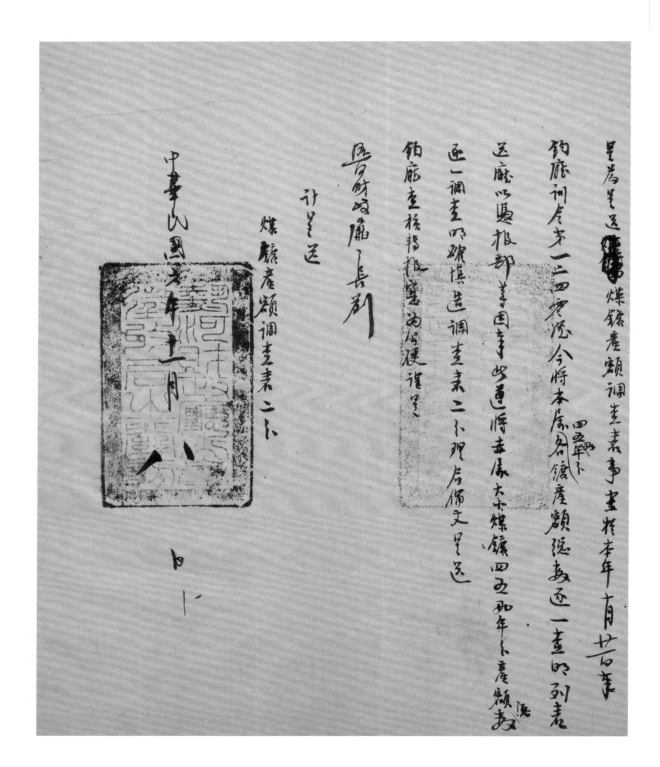

呈爲呈送煤礦產額調查表事案准本年十月廿六日奉
鈞廳訓令第一二四〇號飭令將本局四五兩年份各礦產額總數逐一查明列表
送廳以憑報部等因奉此遵將本局大小煤礦四五兩年份產額總數
逐一調查明確填造調查表二份理合備文呈送
鈞廳查核轉報實爲公便謹呈
熱河財政廳廳長劉
計呈送
煤礦產額調查表二份
中華民國　年十一月八日

○九七 赤峰徵收局爲造送民國四五兩年份煤礦産額調查表事致熱河財政廳呈稿（1917 年 11 月 8 日）

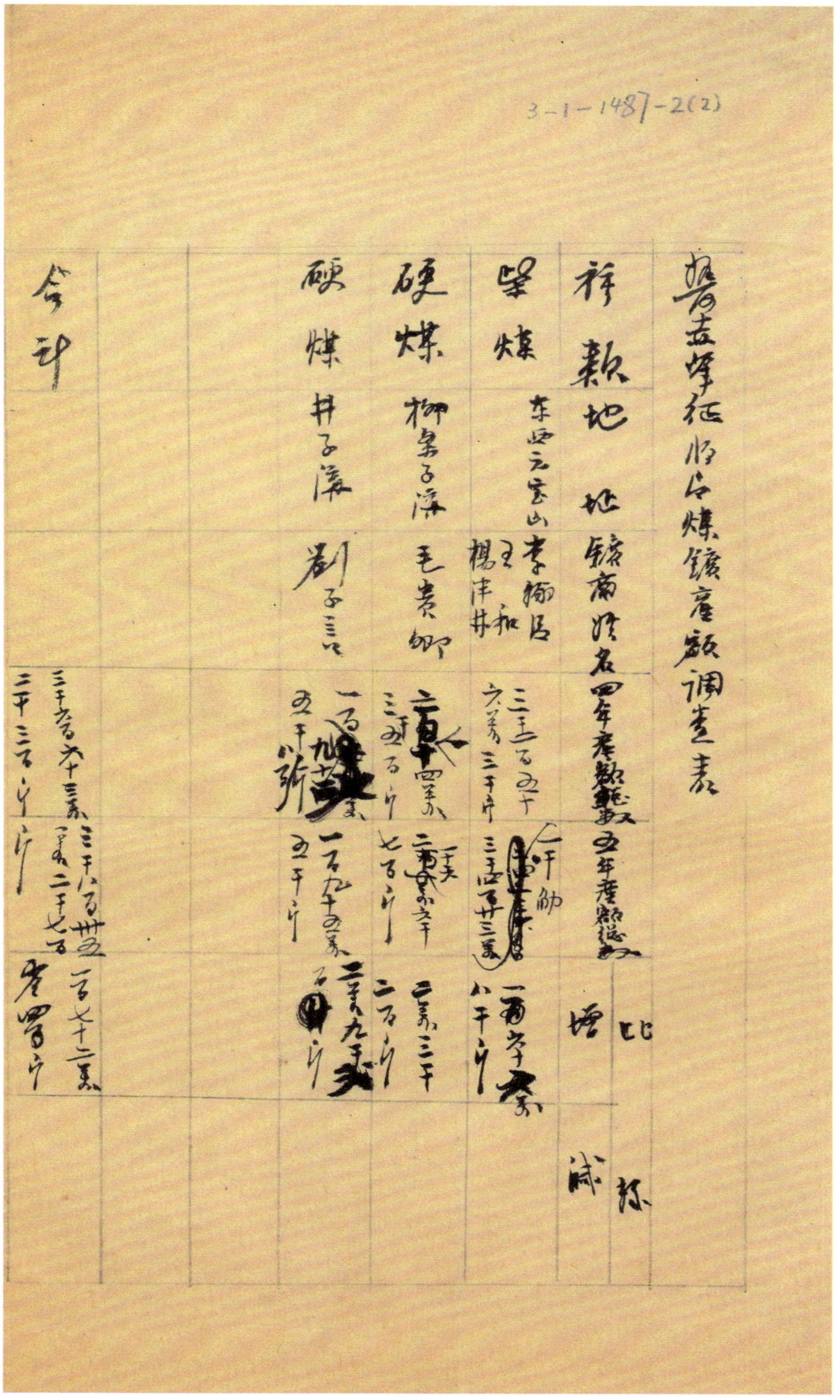

3-1-1487-2(2)

赤峰征收局煤礦産額調查表

行數	地址	礦商姓名	四年産數總額	五年産數總額	比較 增	比較 減
呆煤	東西元寶山	李錫臣 王和 楊津井	[illegible]	[illegible]	[illegible]	
硬煤	柳條子溝	毛貴卿	[illegible]	[illegible]	[illegible]	
硬煤	井子溝	劉子三	[illegible]	[illegible]	[illegible]	
合計			[illegible]	[illegible]	[illegible]	

○九七　赤峰徵收局爲造送民國四五兩年份煤礦産額調查表事致熱河財政廳呈稿（1917年11月8日）

備考

○九八　赤峰縣勸學所爲具陳學務困難情形事致赤峰縣公署呈（1917 年 11 月 25 日）

3-1-2129-10

呈

〇九八　赤峰縣勸學所爲具陳學務困難情形事致赤峰縣公署呈（1917年11月25日）

具呈勸學所所長徐繼宗為謹將現在學務情形具陳大概懇即轉請備案事竊查赤峰四鄉共立國民學校三十三處兩年前學生泰半缺額校具亦係舊式教科書均未購齊教授法多未適當在在缺點殊難備舉嗣因春秋兩季招集各鄉學董開學務研究會磋商進行辦法復於去歲開辦單級師範講習所以預儲師資學董之不職者罰戒之教員之不職者撤換之整頓年餘迨至今年春間開學伊始視學員赴四鄉查視時見各校之規模與前迥別學童遽增多數校具亦均粗備教科書一律購齊教授法亦頗適當較之兩年前雖未大有起色然亦皆煥然改觀矣本城男女各國民學校共十一處以內容論固不敢遽云美備以外觀之形式論已大致粗成

○九八　赤峰縣勸學所爲具陳學務困難情形事致赤峰縣公署呈（1917年11月25日）

況是歲前學期各校學童人數較去歲增加兩倍之多合計去歲人數只二百六七十名是歲男女學童共計八百餘名添置校具若干且各校均添用副教員以資助理所以是年四月間部視學蒞赤察視時曾云各校成績雖屬平平以學童之踴躍向學觀之赤峰縱地處邊隅庶幾有發達之希望臨行時且留囑進行數條以資擴充所長與辦學同人等正在和衷協力以期我赤學務果達到發達之目的詎料本年五六月間始則亢旱繼則霪雨大水之後交秋又繼之以虫災年景既經歉收盜賊因而蜂起四鄉居民欲求安生而不可得奚暇令子弟入校讀書矧各校學費出自地畝過此凶年捐斂尤形棘手遂致四鄉學務大有一落千丈之勢本城各國民學校被水冲毀一處餘者房院墻壁亦均

〇九八　赤峰縣勸學所爲具陳學務困難情形事致赤峰縣公署呈（1917年11月25日）

滲漏破壞不堪一切建築修繕並春間購置器具添聘教員所需款項皆屬不貲兼之我赤辦學向無底款所重賴者惟車捐屠捐兩項車捐影響於年景較往年已大減收屠捐徵收又復不甚暢旺故爾外欠累累并職教各員之月薪皆不能開支拮据萬狀不第有碍前途即維持現狀亦大不易易蓋以學款者實教育之命脈也從未有學款支絀學務而能發達者實逼處此所長與辦學同人亦惟有竭盡心力日籌補救良法以度此學務難關而已所有學務現在困難情形及維持不易狀況各緣由理合具文呈請

總辦鑒核轉呈備案謹呈

呈悉所陳各節固屬實情务

○九八　赤峰縣勸學所爲具陳學務困難情形事致赤峰縣公署呈（1917年11月25日）

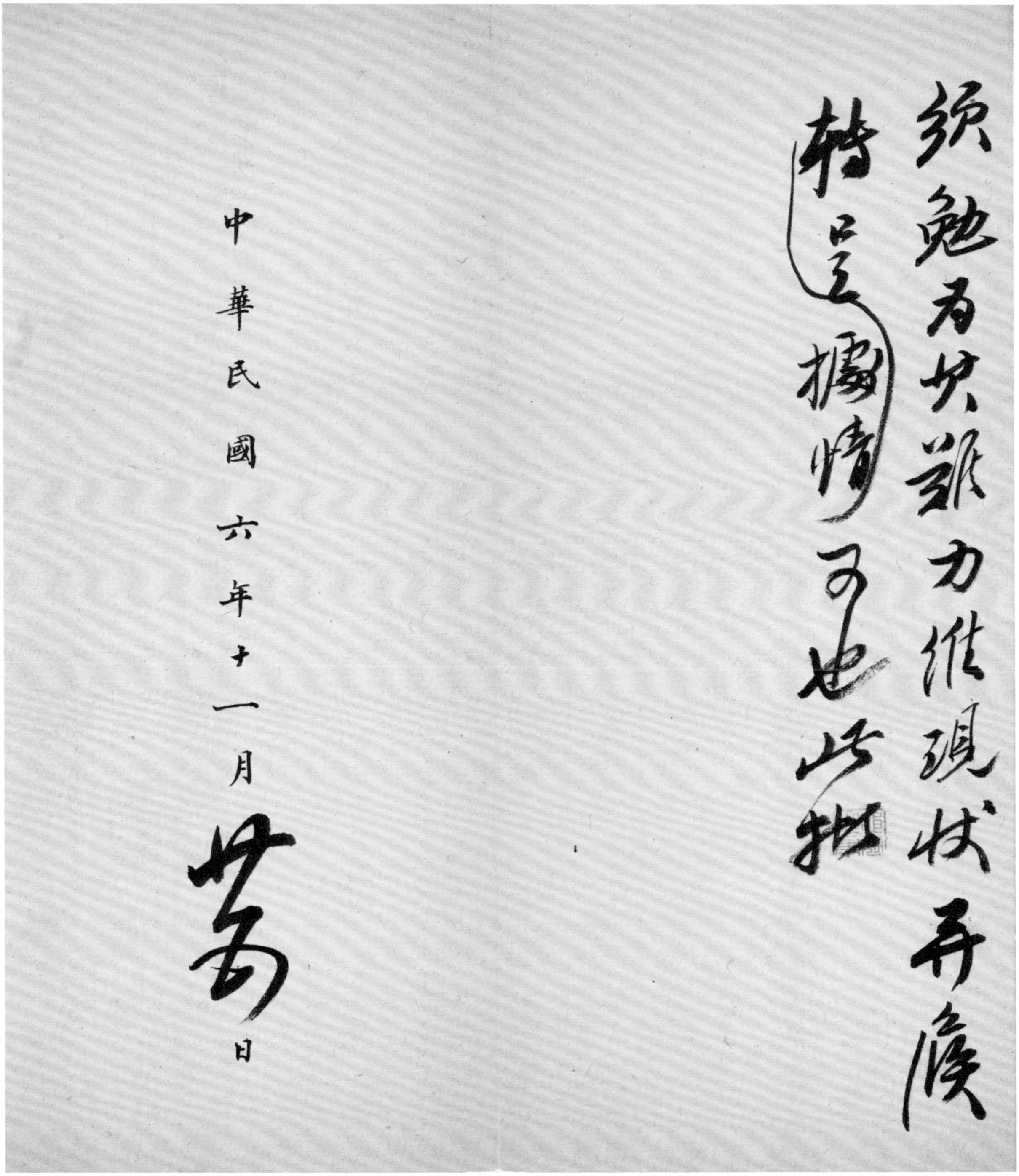
須勉爲其難力維現狀再候
轉呈據情可也此批

中華民國六年十一月廿五日

○九九 赤峰縣勸學所爲呈送民國七年教育經費預算表事致赤峰縣公署呈（1917 年 11 月）

3-1-2129-7

7

呈

○九九 赤峰縣勸學所爲呈送民國七年教育經費預算表事致赤峰縣公署呈（1917年11月）

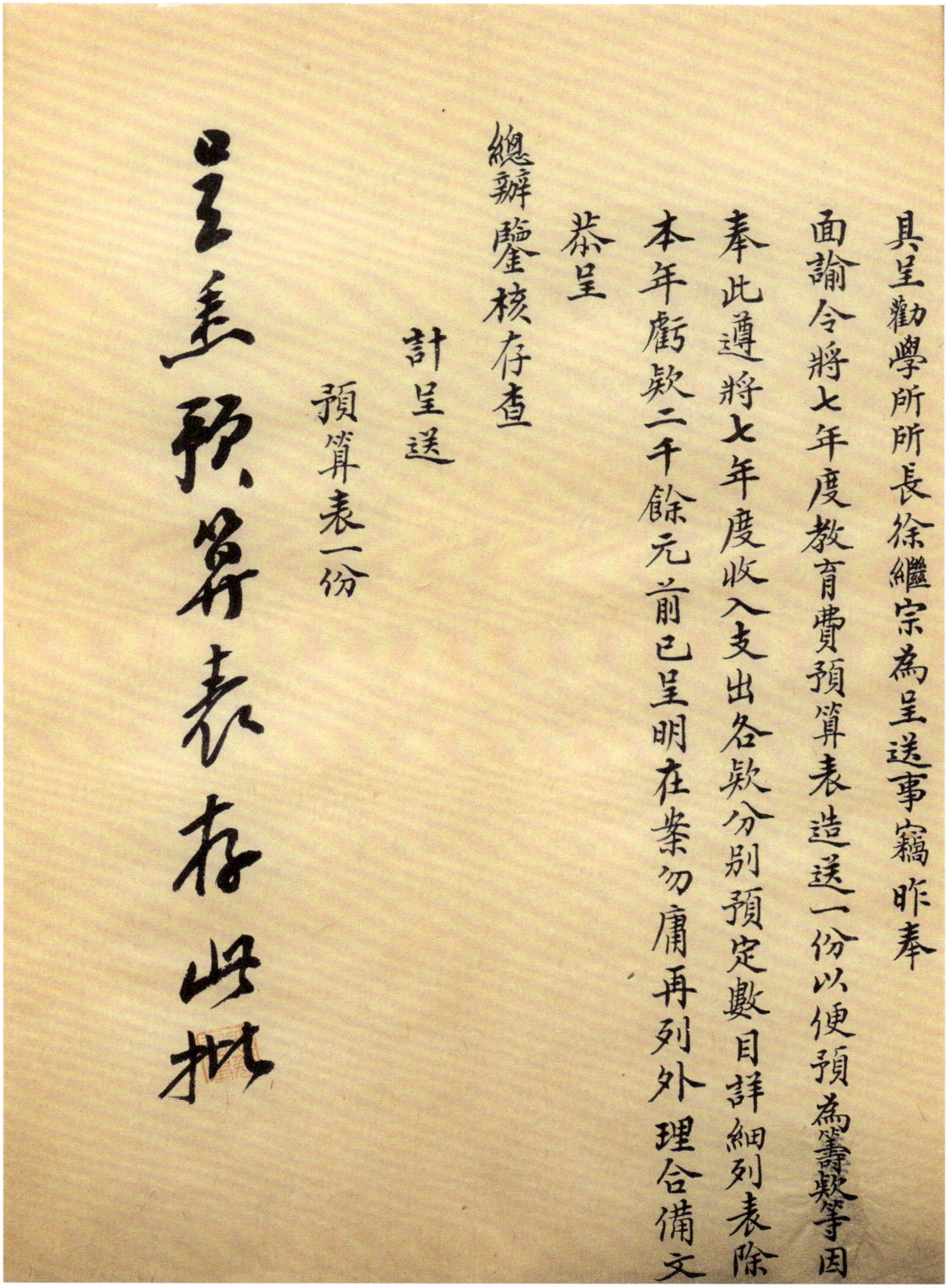

具呈勸學所所長徐繼宗爲呈送事竊昨奉
面諭令將七年度教育費預算表造送一份以便預爲籌欵等因
奉此遵將七年度收入支出各欵分别預定數目詳細列表除
本年虧欵二千餘元前已呈明在案勿庸再列外理合備文
恭呈
總辦鑒核存查
計呈送
預算表一份

呈悉預算表存此批

○九九 赤峰縣勸學所爲呈送民國七年教育經費預算表事致赤峰縣公署呈（1917年11月）

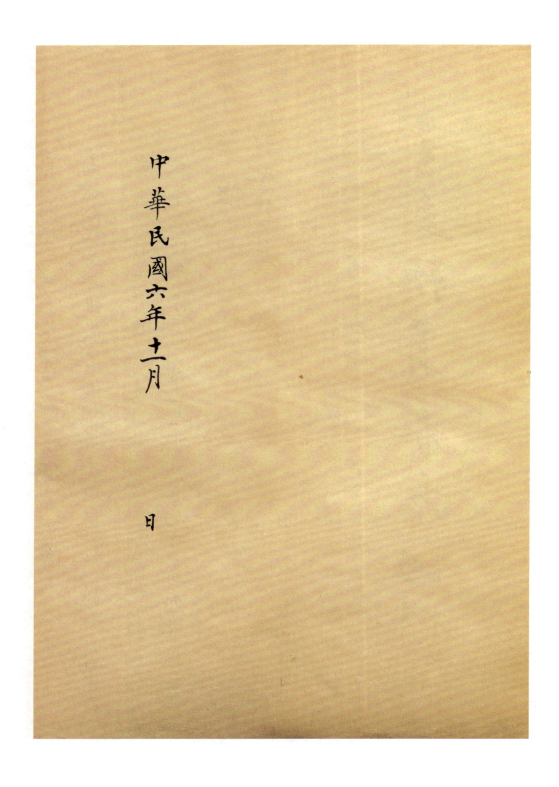

中華民國六年十一月　　日

○九九 赤峰縣勸學所爲呈送民國七年教育經費預算表事致赤峰縣公署呈（1917 年 11 月）

赤峯縣勸學所民國七年收入支出盈虧預算表 六年十一月 日造報

常年收入

收入名稱	約收數目
屠宰捐	四〇〇〇元
奢侈品舖月捐	七五〇
車捐四成	一一五〇
文昌閣房租	一六七

常年支出

支出名稱	支出數目
職員薪金	一二二四元
教員薪金	二五七〇
視學川資	一七〇
本所夫役工食	八四
各學校夫役工食	五八九
本所煤炭油燭	二八
各學校煤炭	三〇〇
本所修繕	三五〇
各學校修繕	七〇〇
本所房號	五

入款總數	出款總數	盈虧
常年共入款六千零六十七元	常年共出款八千二百五十九元	常年共虧款二千一百九十二元

○九九 赤峰縣勸學所爲呈送民國七年教育經費預算表事致赤峰縣公署呈（1917 年 11 月）

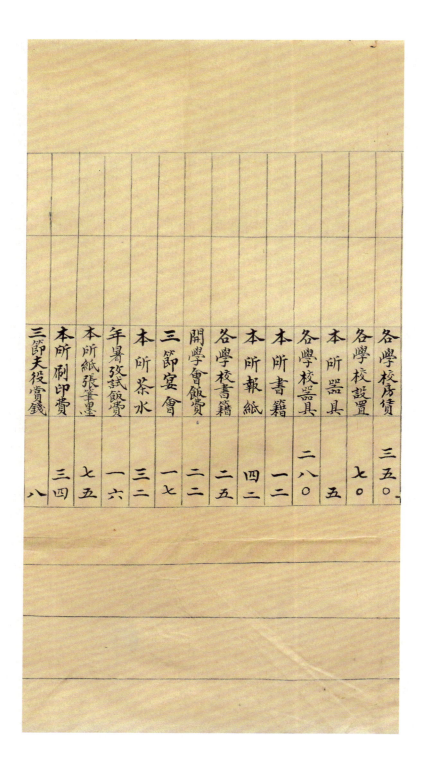

各學校房賃	三五〇
各學校設置	七〇
本所器具	五
各學校器具	二八〇
本所書籍	一二
本所報紙	四二
各學校書籍	二五
開學會飯費	二二
三節宴會	一七
本所茶水	三二
年暑攷試飯費	一六
本所紙張筆墨	七五
本所刷印費	三四
三節夫役賞錢	八

○九九　赤峰縣勸學所爲呈送民國七年教育經費預算表事致赤峰縣公署呈（1917年11月）

郵費	八
雜費	三六
各學校教授用品	四九
各學校雜費	八〇
觀摩會獎品	六〇
補助大屯男女學校	一五四
補助熱河師範生	一一四
預備費	七五〇

備攷

查勸學所及各學校修繕項下六年預算約三百零五元七年超過七百四十五元計一千零五十元因六年七月間水災損失甚鉅故也預備費係本年添聘教員增置校具並一切進行事項所需之款

一〇〇 熱河都統署審判處爲司法官及律師考試限期報名事致赤峰縣公署訓令（1917年12月22日）

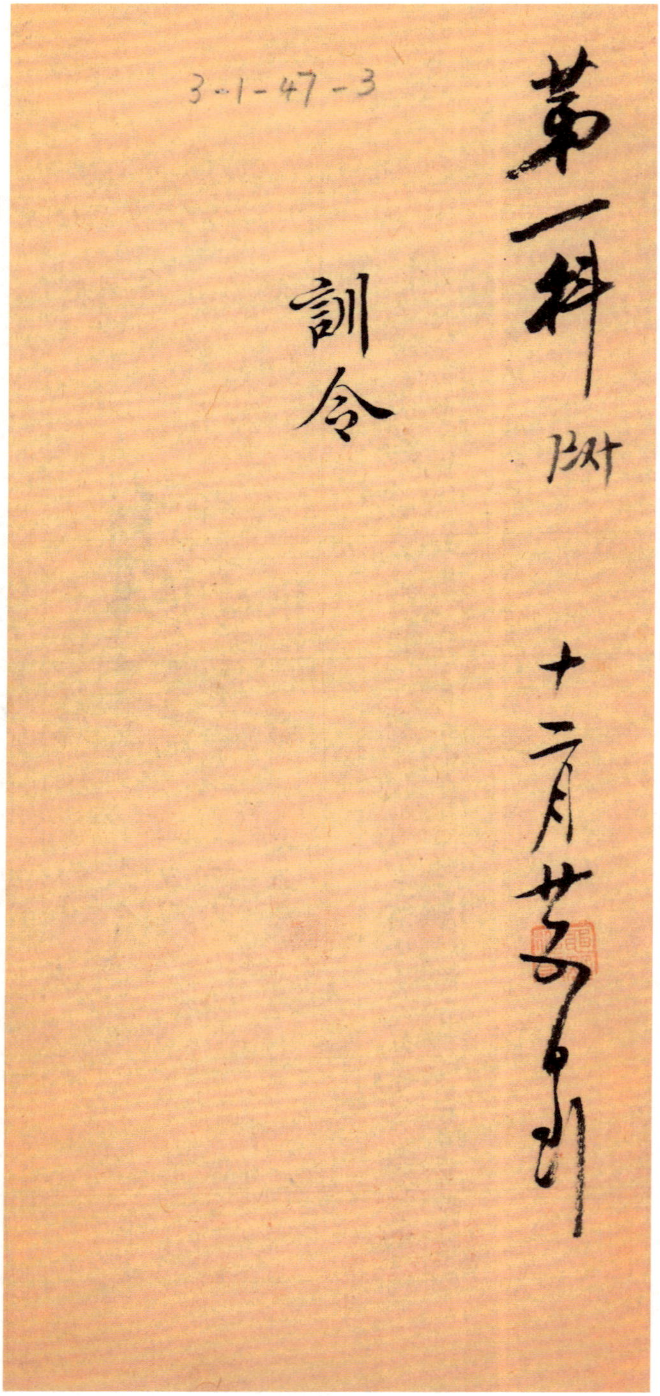
第一件 附

十二月廿二日

訓令

3-1-47-3

一〇〇　熱河都統署審判處爲司法官及律師考試限期報名事致赤峰縣公署訓令（1917 年 12 月 22 日）

熱河都統署審判處訓令第一百五十九號

令赤峯縣知事葉大匡

爲令行事本月十九日奉

都統訓令開爲令行事本年十二月六日准

司法部歌電開司法官及律師考試業已定期舉

行所有志願應試人員限於本月十日起至二十五

日止逕赴本部報名希即轉行通告等因准此合

行令仰該處長即便轉行所屬通告週知此令等

因奉此合亟令仰該知事即行通告一体遵照此令

一〇〇　熱河都統署審判處爲司法官及律師考試限期報名事致赤峰縣公署訓令（1917 年 12 月 22 日）

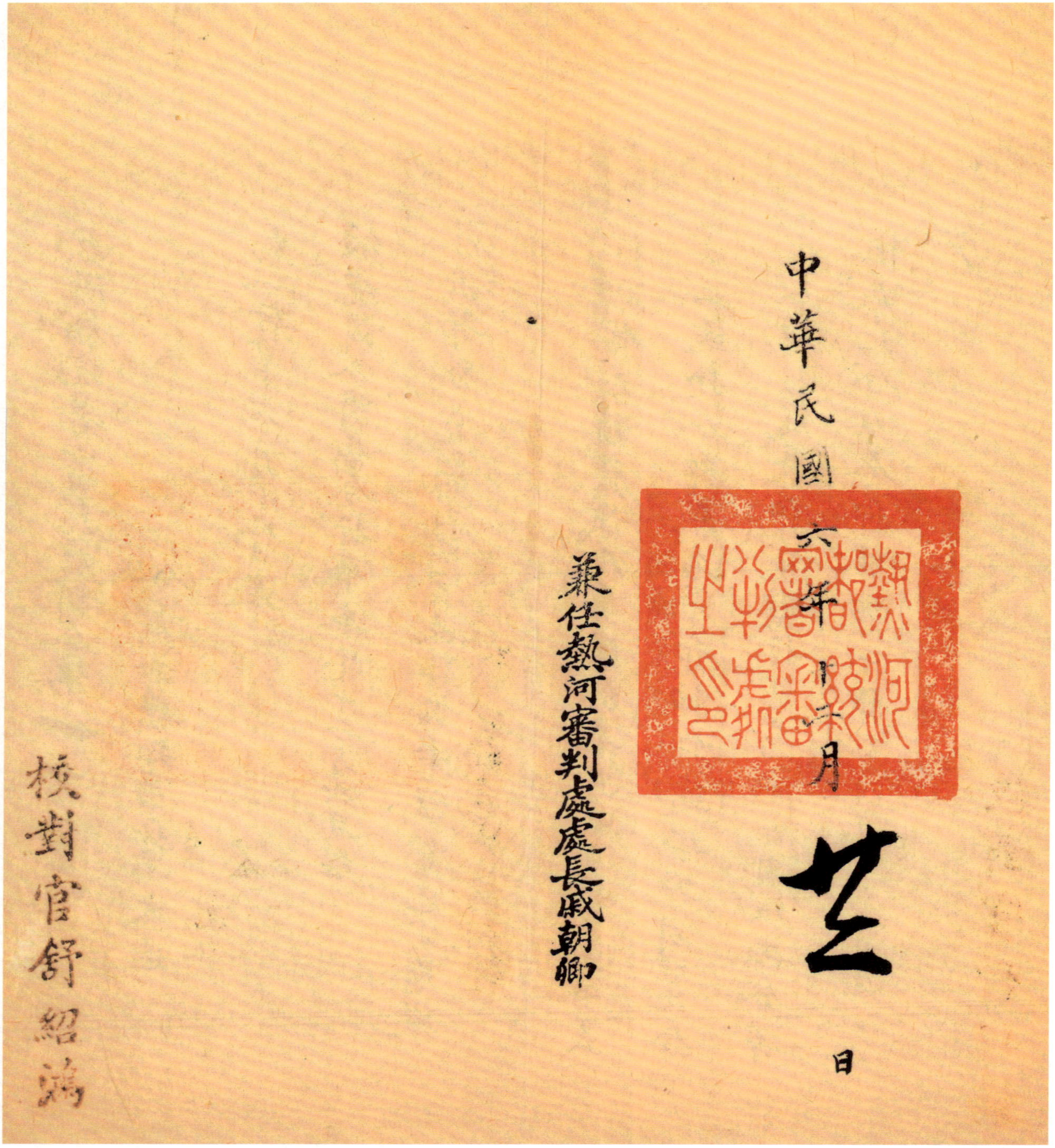
中華民國六年十二月廿二日

兼任熱河審判處處長戚朝卿

校對官舒紹鴻

一〇一 赤峰縣公署爲司法官及律師考試限期報名事布告稿（1917年12月30日）

3-1-47-4

赤峰縣公署佈告第　　號

案奉

熱河都統署審判處訓令第一百六十四號內

開爲令行事云云此令等因奉此合亟佈告仰

闔邑士紳人等一体知悉勿得觀望自誤切切此告

民國六年十二月卅日

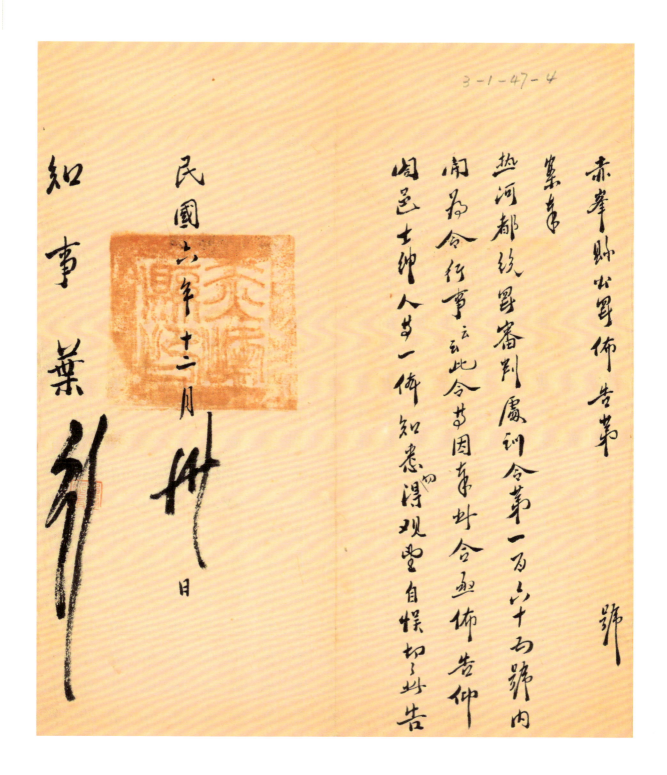

知事葉

一〇二 赤峰縣警察所爲邱希武開設同樂茶園請予備案事致赤峰縣公署呈（1918 年 1 月 17 日）

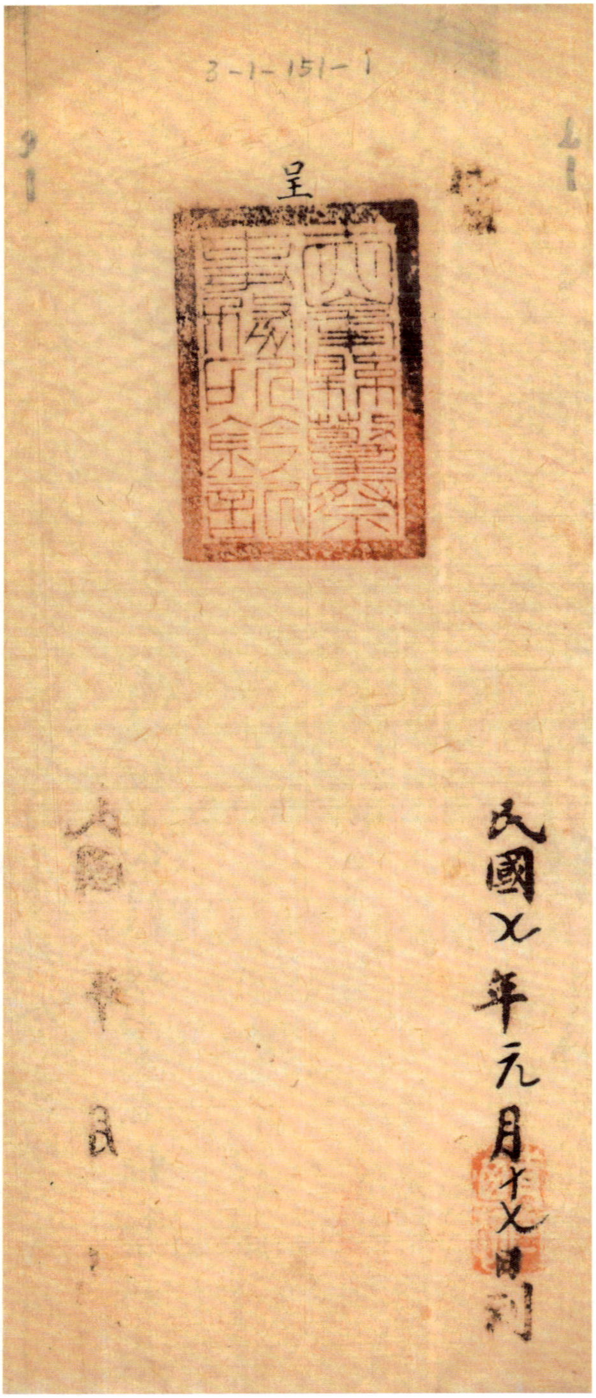
3-1-151-1

呈

民國 年 月 日

民國七年元月十七日到

一〇二　赤峰縣警察所爲邱希武開設同樂茶園請予備案事致赤峰縣公署呈（1918年1月17日）

呈為呈明事竊據邱希武來所報稱伊等集資遵照章程取具
鋪保三家在五道街開設同樂茶園演唱四喜班售賣座位情願月納
戲捐交通票十五元請查核准與開設演唱並請發佈告冀資彈
壓前來當查該戲園一切佈置尚無違背章程之處似可准其演唱
惟報捐每月十五元未免微細擬俟該園營業發達隨時加捐以示
維持除將捐款按月存儲興業銀行作為擴充警察收入一俟集
有成數再行提撥外理合備文呈明恭請

計粘呈　保條一紙

總辦案下查核備案賞發佈告以資彈壓施行

謹　呈

總　辦　李

一〇二　赤峰縣警察所爲邱希武開設同樂茶園請予備案事致赤峰縣公署呈（1918 年 1 月 17 日）

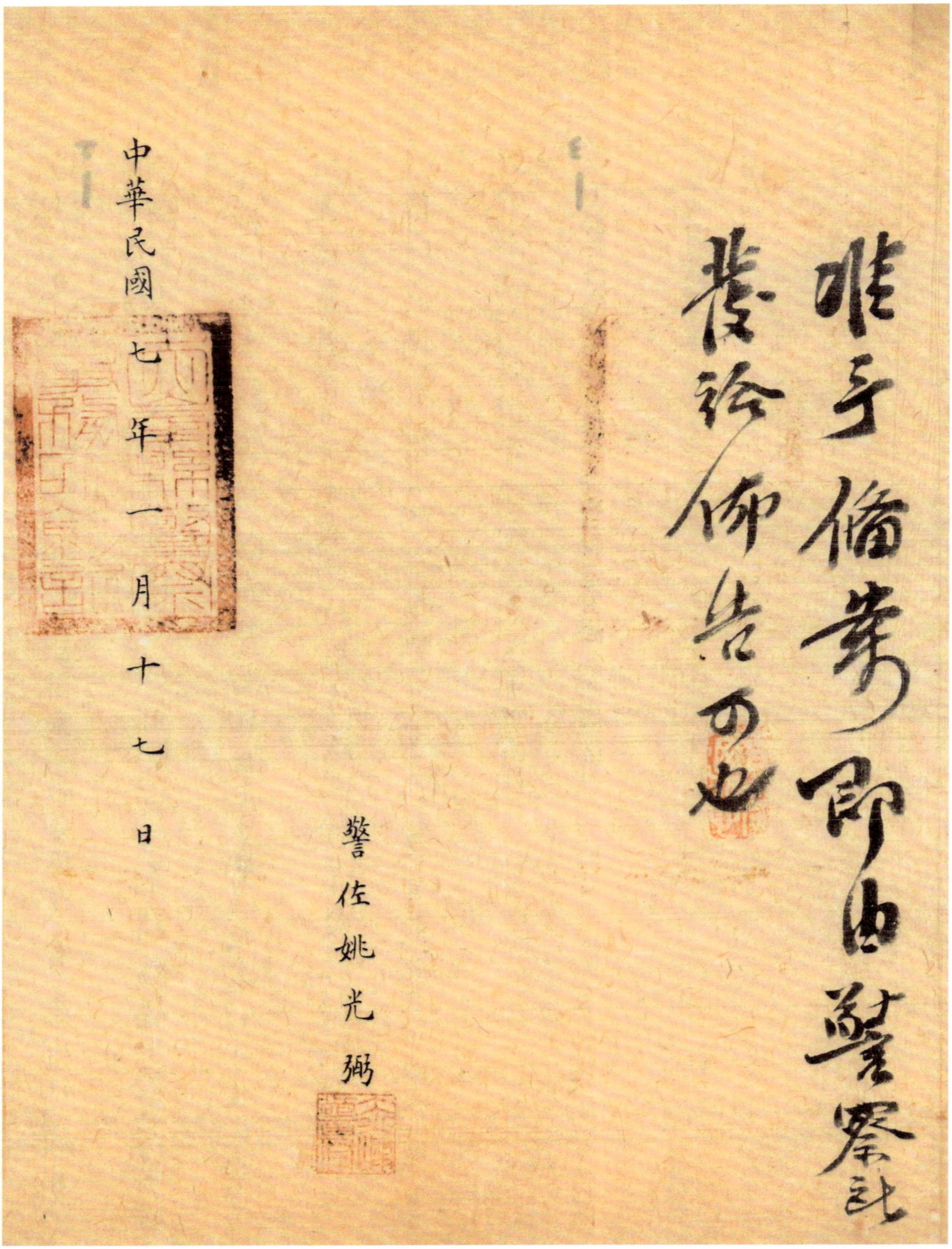

准予備案，即由警察批
發給佈告可也

中華民國七年一月十七日

警佐姚光弼

一〇二 赤峰縣警察所爲邱希武開設同樂茶園請予備案事致赤峰縣公署呈（1918年1月17日）

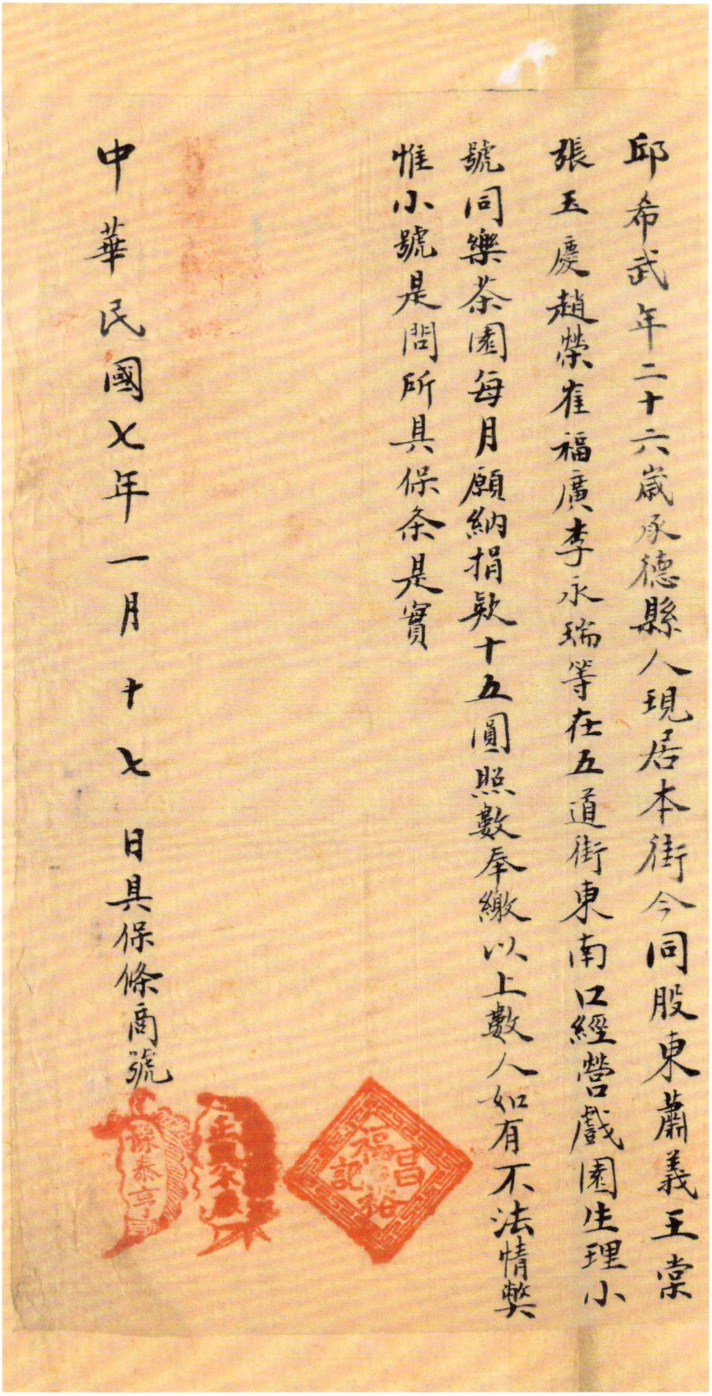

邱希武年二十六歲承德縣人現居本街今同股東蕭義王棠張玉慶趙榮崔福廣李永瑞等在五道街東南口經營戲園生理小號同樂茶園每月願納捐欵十五圓照數奉繳以上數人如有不法情弊惟小號是問所具保条是實

中華民國七年一月十七日具保條商號

一〇三 赤峰商會爲設立水會事致赤峰縣公署呈（1918 年 1 月 23 日）

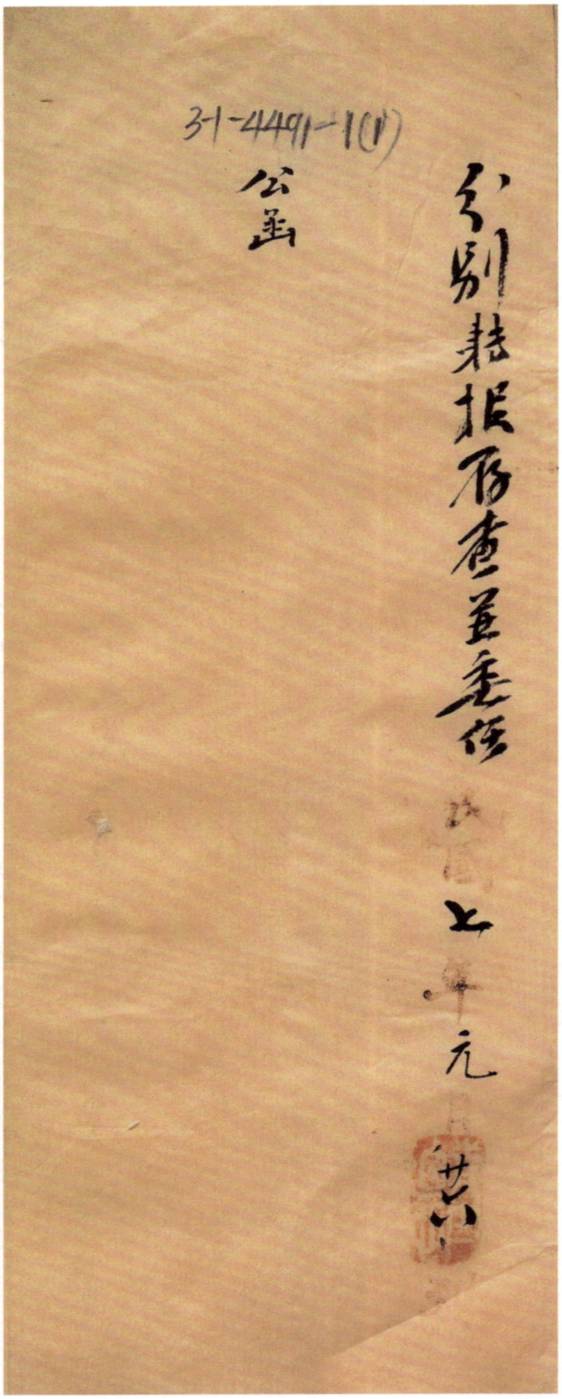
31-4491-1(1)

公函

一〇三　赤峰商會爲設立水會事致赤峰縣公署呈（1918年1月23日）

赤峰商會公函

逕啟者查水會之設所以救護火警防患未然補助巡警消防各隊之不及法良意美關係地方安全至為重要本埠原有水會設置手續多未完善年久廢弛視同具文即宜另行組織以謀改良當經本會於一月十八日招集紳商開會公議組織水會入手辦法擬定簡章十一條二十日公同推定會長一人副會長一人會董十人評議員八人尅日成立理合將擬具簡章並職員姓名清單函請

縣長查核俯准照辦給狀委任併予轉報

都署備案實紉公誼此致

赤峰縣公署

附送簡章二份職員名單一紙

一〇三 赤峰商會爲設立水會事致赤峰縣公署呈（1918年1月23日）

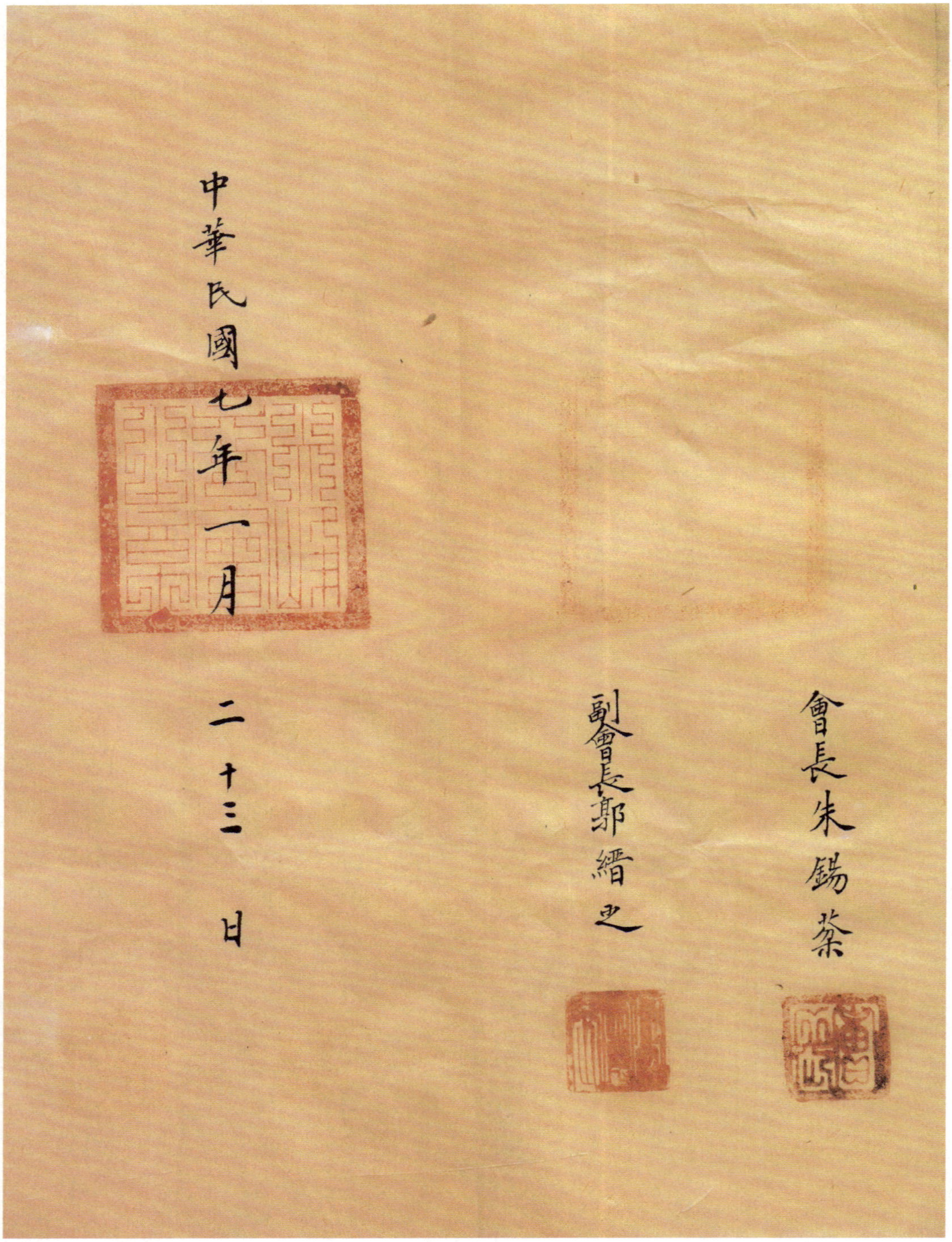

會長朱錫棻

副會長郭縉之

中華民國七年一月二十三日

一〇三　赤峰商會爲設立水會事致赤峰縣公署呈（1918年1月23日）

3-1-4491-1(2)
水會職員名单

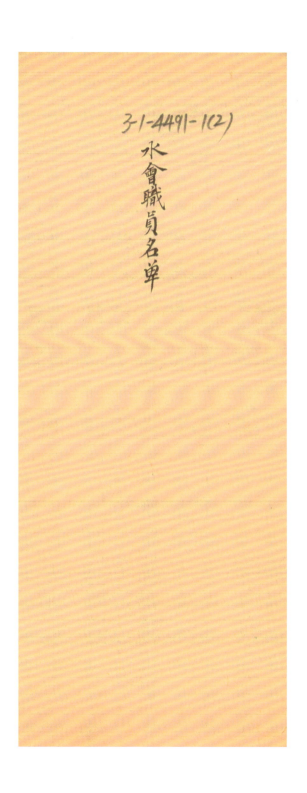

一〇三 赤峰商會爲設立水會事致赤峰縣公署呈（1918年1月23日）

兹將赤峰本埠水會職員姓名開具清單送請
鑒核
計開
會　長許宗琛
副會長支　棟
會　董李釁文
馬廷喆
孫　瑶
馮　宏
邊仰中
趙學普
王永昌

一〇三　赤峰商會爲設立水會事致赤峰縣公署呈（1918年1月23日）

戴鳳翔
朱芳田
王文堪
以上會長一人副會長一人會董十人請予發給委任狀併
轉報
都署備案
評議員董承榮
楊裕文
鮑熹
朱錫棻
朱寶琮
張振鐸

一〇三 赤峰商會爲設立水會事致赤峰縣公署呈（1918年1月23日）

張文相

李枚臣

中華民國七年一月二十三日

一〇三 赤峰商會爲設立水會事致赤峰縣公署呈（1918 年 1 月 23 日）

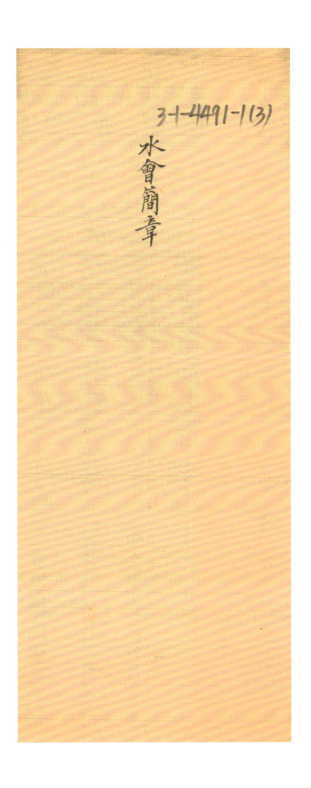
3-1-4491-1(3)

水會簡章

一〇三 赤峰商會爲設立水會事致赤峰縣公署呈（1918年1月23日）

赤峰本埠紳商合辦水會簡章

第一條 宗旨

本會以救護火警維持安全為宗旨

第二條 名稱

本會定名為赤峰本埠水會

第三條 地址

本會附設在赤峰本埠商會

第四條 經費

本會經費由本埠紳商合力捐辦

第五條 職員

本會應設正會長一人副會長一人會董十人評議員八人

均為名譽職由本埠紳商合議推定正副會長會董函請

一〇三 赤峰商會爲設立水會事致赤峰縣公署呈（1918年1月23日）

縣長委任轉呈熱河行政公署備案

第六條　義務

本埠粮貨皮車各店鋪夥均負運轉看護救水司機拆損消防不適用墻壁之義務

第七條　權限

本會職員聞警督帶各店鋪夥齊集火場補助軍警消防各隊之不及職權列左

一正副會長有通籌全會准備器具訓練人士督催指麾之權

二會董有管帶救護人士協助會長准備訓練督催指麾之權

三評議員有隨時隨事陳說參正之權至某街某店

一〇三 赤峰商會爲設立水會事致赤峰縣公署呈（1918年1月23日）

應出救護人士若干歸就近某會董管帶由本會
職員核議辦事細則另行規定
第八條 任期
本會職員以三年爲任期任滿得公推連任
第九條 賞罰
救護人士異常勤奮會長會董監察確實得發給銀質獎
章以示優異其聞警不到或停觀不前者某店舖夥即罰
某店修理臨時救火器具至救護人士有損失衣帽情事
由本會核實賠償
第十條 卹金
救護人士跌傷殞命者卹金二百元殘廢者卹金百元跌
傷者本會延醫調治酌給卹金以上各項均由本會支領

一〇三 赤峰商會爲設立水會事致赤峰縣公署呈（1918年1月23日）

第十一條 附則

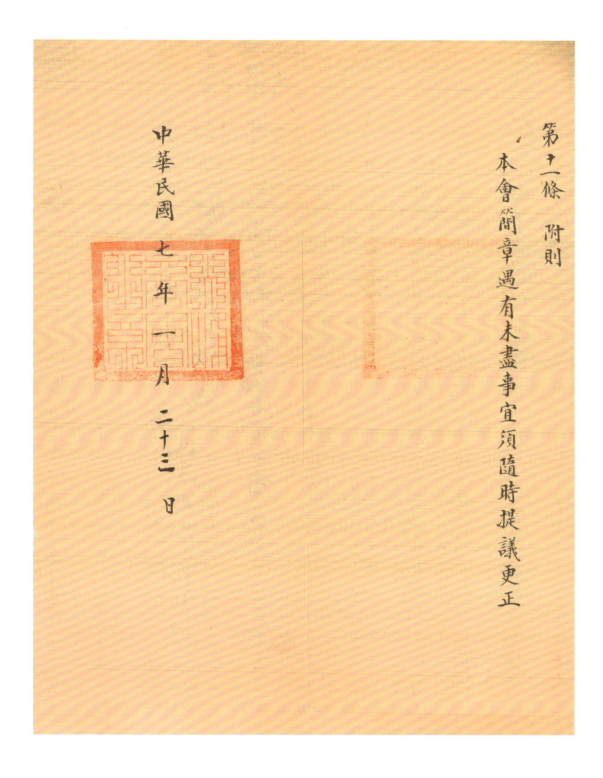

本會簡章遇有未盡事宜須隨時提議更正

中華民國七年一月二十三日

一〇四　赤峰電報局爲請派差查拿偷割電綫盜匪事致赤峰縣公署公函（1918 年 1 月 23 日）

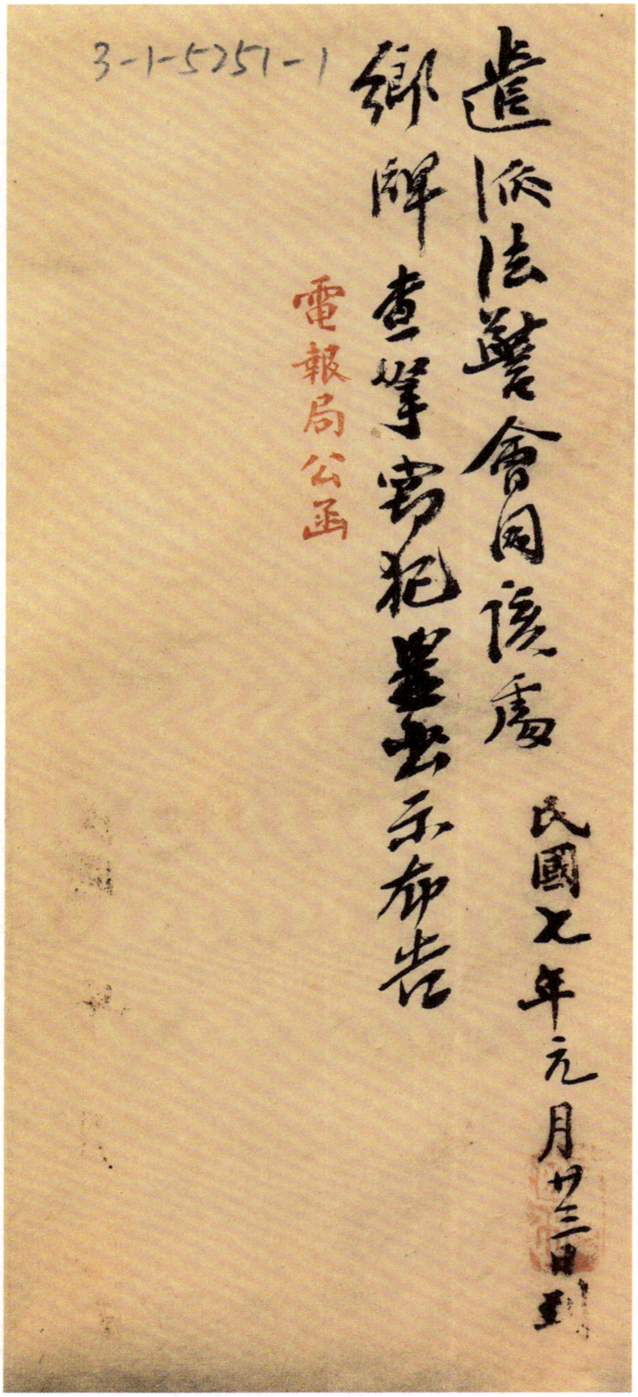

3-1-5251-1

民國七年元月廿三日到

遣派法警會同該處
鄉牌查拿竊犯並出示布告

電報局公函

一〇四　赤峰電報局爲請派差查拿偷割電綫盜匪事致赤峰縣公署公函（1918 年 1 月 23 日）

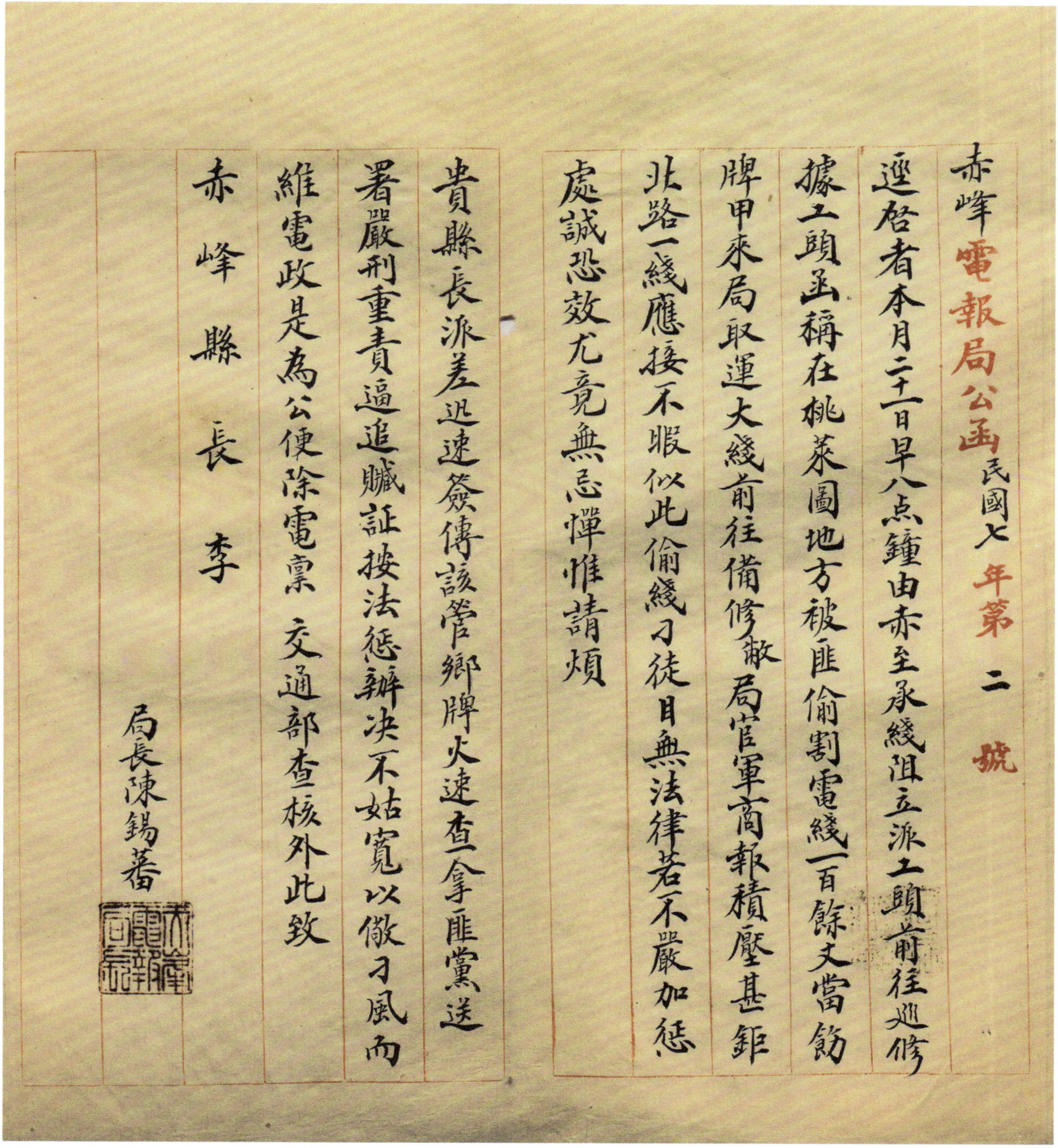

赤峰電報局公函　民國七年第　二　號

逕啓者本月二十一日早八点鐘由赤至承綫阻立派工頭前往廵修

據工頭函稱在桃萊圖地方被匪偷割電綫一百餘丈當飭

牌甲來局取運大綫前往備修敝局官軍商報積壓甚鉅

北路一綫應接不暇似此偷綫刁徒目無法律若不嚴加懲

處誠恐效尤竟無忌憚惟請煩

貴縣長派差迅速發傳該管鄉牌火速查拿匪黨送

署嚴刑重責逼追贓証按法懲辦決不姑寬以儆刁風而

維電政是爲公便除電稟　交通部查核外此致

赤　峰　縣　長　李

局長陳錫蕃

一〇四 赤峰電報局爲請派差查拿偷割電綫盜匪事致赤峰縣公署公函（1918 年 1 月 23 日）

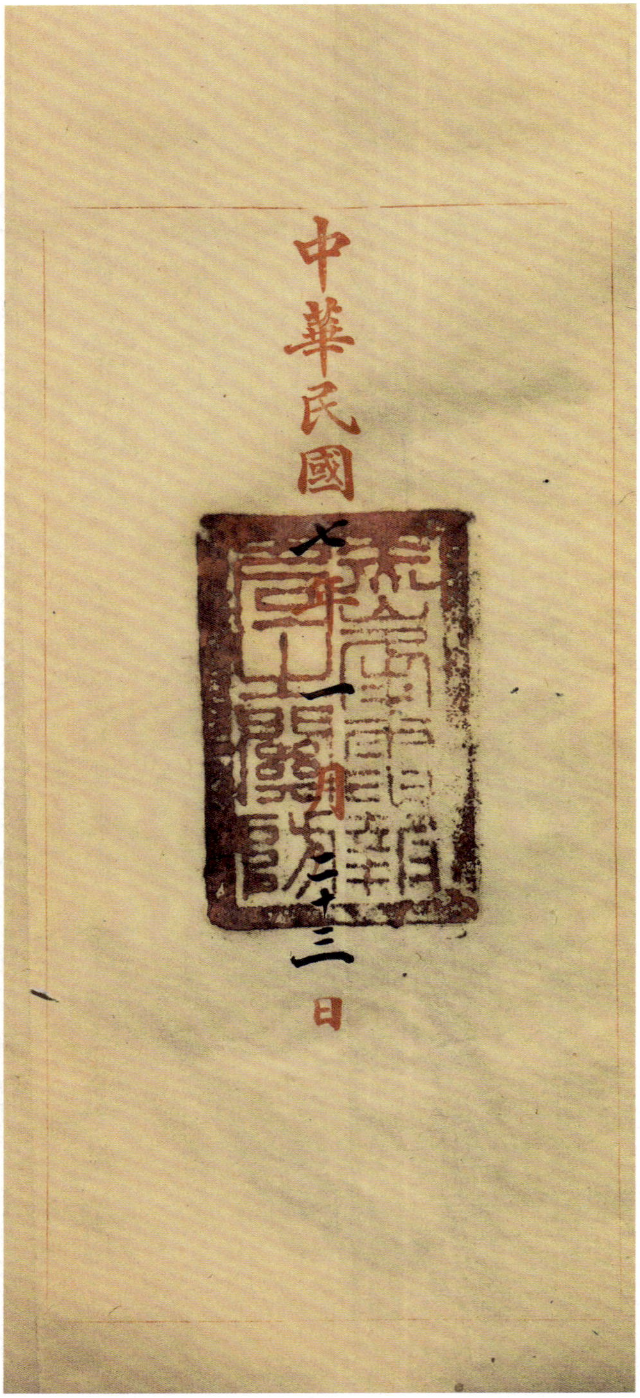
中華民國七年一月二十三日

一〇五　赤峰縣公署辦事員胡思九爲聚興隆三億永兩燒鍋均無明閉暗燒情形事致赤峰縣公署呈（1918 年 3 月 3 日）

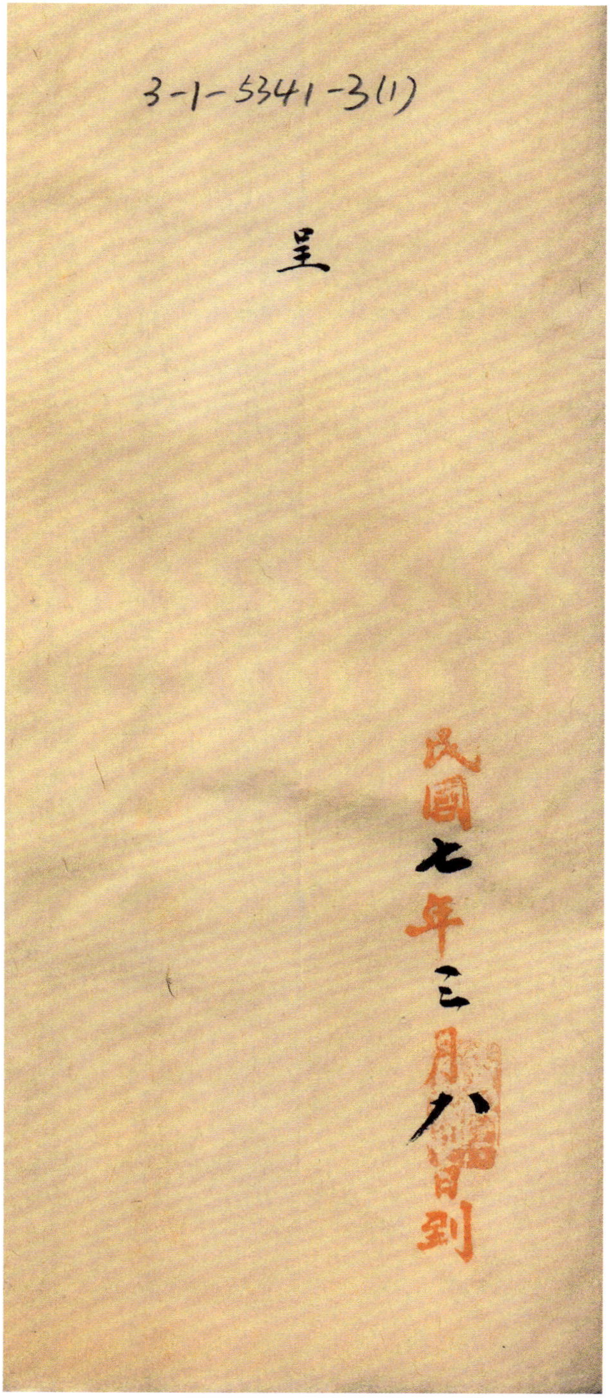
3-1-5341-3(1)

呈

民國七年三月八日到

一〇五 赤峰縣公署辦事員胡思九爲聚興隆三億永兩燒鍋均無明閉暗燒情形事致赤峰縣公署呈（1918年3月3日）

呈爲呈覆事竊於二月二十八日奉
縣長一零一號訓令内開以准
赤峰菸酒公賣局咨據縣屬橋頭燒鍋聚興隆裕蘇燒鍋三億永均無力開燒
報閉止捐咨請派員往驗等因令即前往查明挑池查封等因奉此遵於三
月一日前往該燒户聚興隆三億永兩家查明均無明閉暗燒情事並將燒
池挑毀粘封取具甘結保結各二紙一併呈請
查核轉咨施行謹呈

附呈　甘結保結各二張

委員胡思九（印：胡思九印）

呈悉甘保各結存

一〇五 赤峰縣公署辦事員胡思九爲聚興隆三億永兩燒鍋均無明閉暗燒情形事致赤峰縣公署呈（1918 年 3 月 3 日）

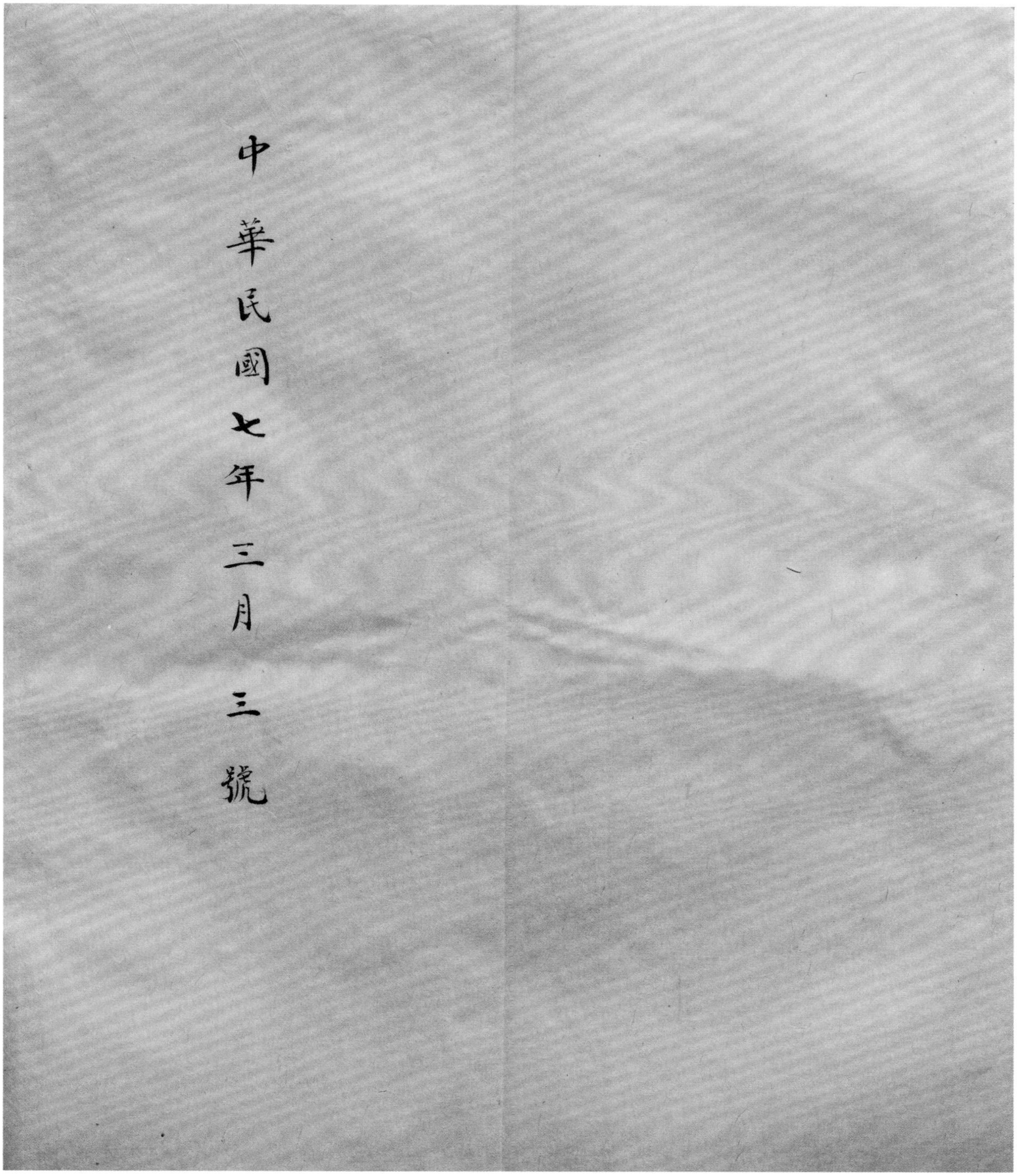

中華民國七年三月三號

一〇五 赤峰縣公署辦事員胡思九爲聚興隆三億永兩燒鍋均無明閉暗燒情形事致赤峰縣公署呈（1918年3月3日）

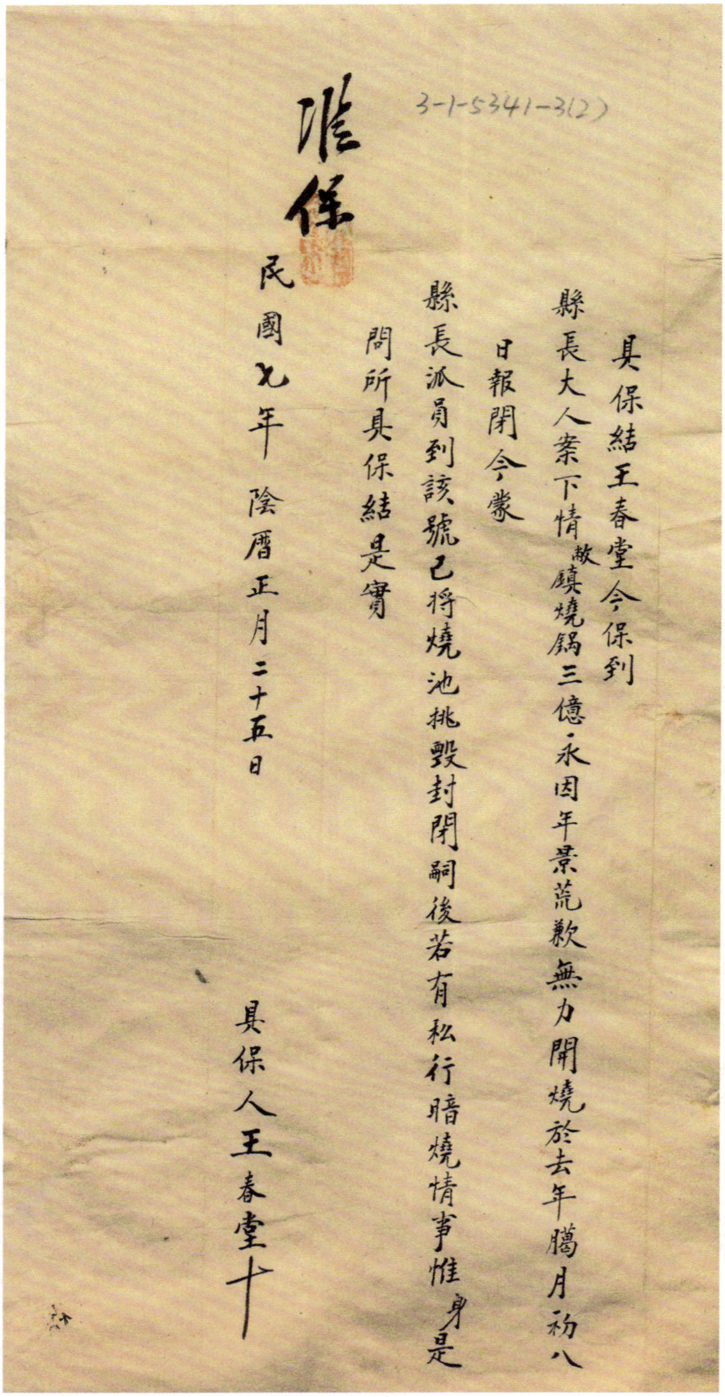
3-1-5341-3(2)

具保結王春堂今保到
縣長大人案下情敝鎮燒鍋三億永因年景荒歉無力開燒於去年臘月初八
日報閉今蒙
縣長派員到該號已將燒池挑毀封閉嗣後若有私行暗燒情事惟身是
問所具保結是實

准保

民國七年陰曆正月二十五日

具保人王春堂十

一〇五　赤峰縣公署辦事員胡思九爲聚興隆三億永兩燒鍋均無明閉暗燒情形事致赤峰縣公署呈（1918 年 3 月 3 日）

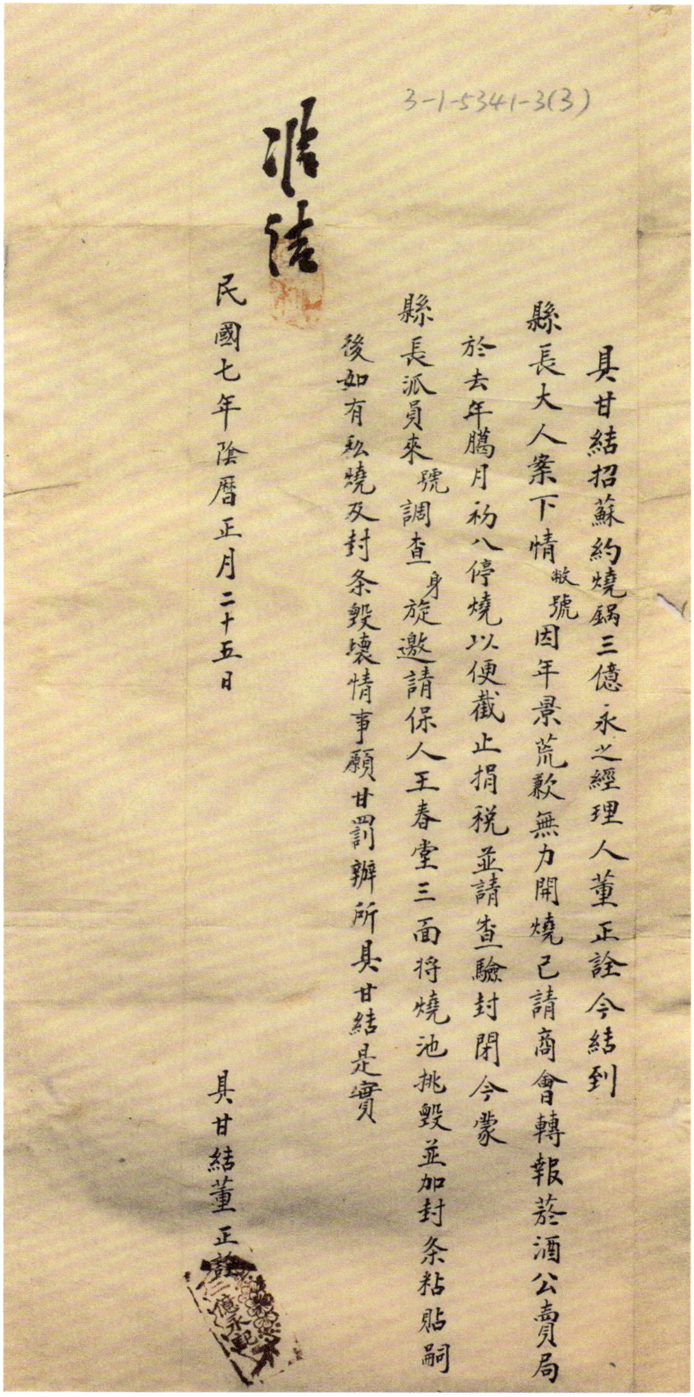

3-1-5341-3(3)

准結

具甘結招蘇約燒鍋三億永之經理人董正詮今結到

縣長大人案下情敝號因年景荒歉無力開燒已請商會轉報菸酒公賣局

於去年臘月初八停燒以便截止捐稅並請查驗封閉今蒙

縣長派員來號調查身旋邀請保人王春堂三面將燒池挑毀並加封條粘貼嗣

後如有私燒及封條毀壞情事願甘罰辦所具甘結是實

具甘結董正詮

民國七年陰曆正月二十五日

一〇五　赤峰縣公署辦事員胡思九爲聚興隆三億永兩燒鍋均無明閉暗燒情形事致赤峰縣公署呈（1918年3月3日）

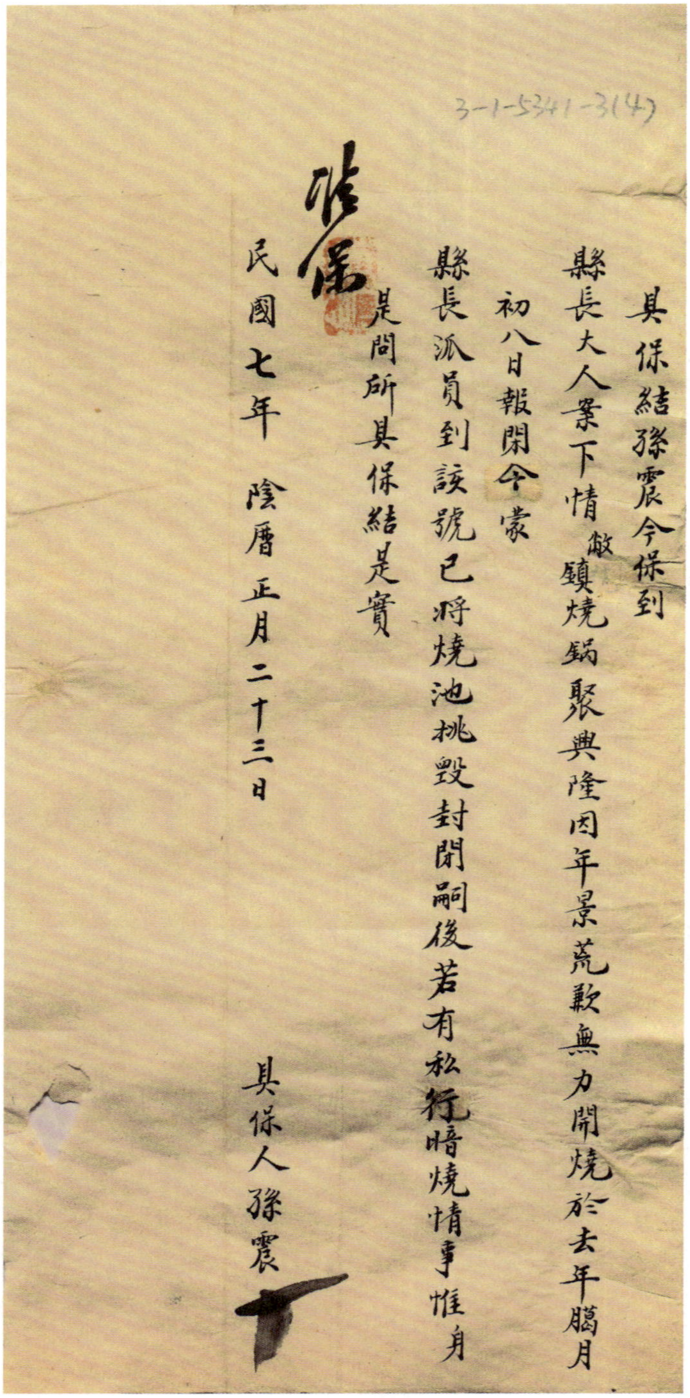

3-1-5341-3(4)

具保結孫震今保到

縣長大人案下情敝鎮燒鍋聚興隆因年景荒歉無力開燒於去年臘月

初八日報閉令蒙

縣長派員到該號已將燒池挑毀封閉嗣後若有私行暗燒情事惟身

是問所具保結是實

准

民國七年陰曆正月二十三日

具保人孫震

一〇五　赤峰縣公署辦事員胡思九爲聚興隆三億永兩燒鍋均無明閉暗燒情形事致赤峰縣公署呈（1918年3月3日）

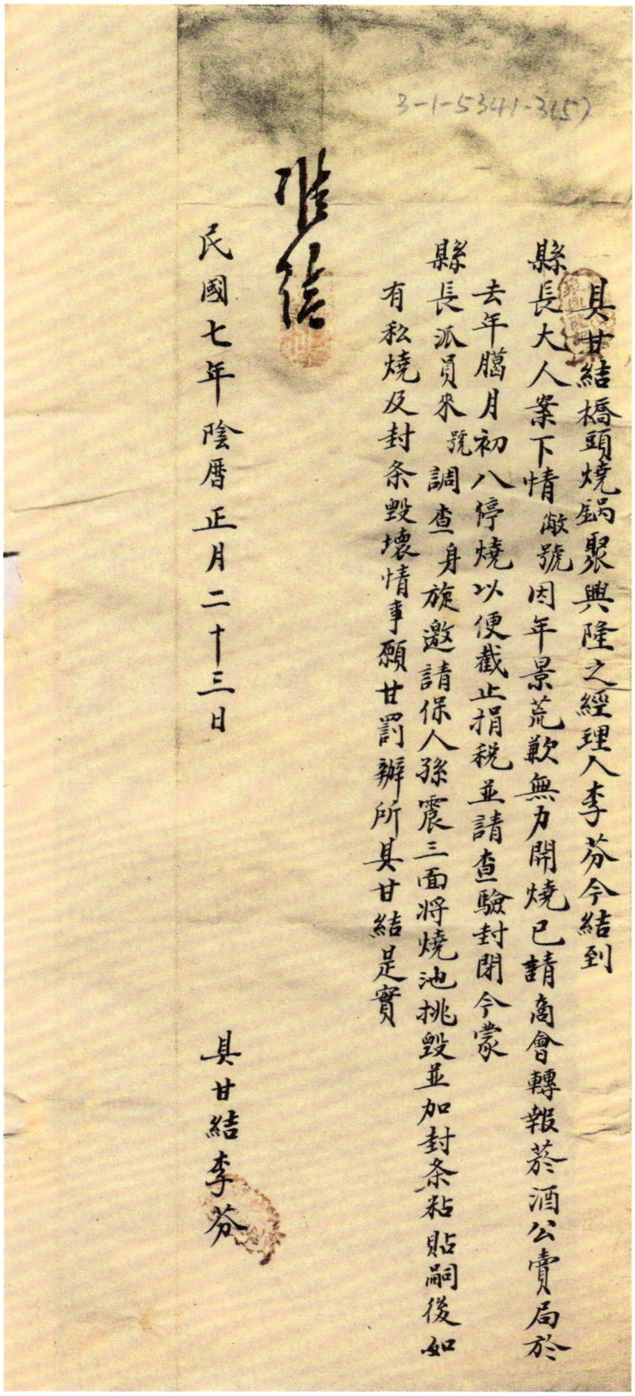
3-1-5341-315）

准結

具甘結橋頭燒鍋聚興隆之經理人李芬今結到

縣長大人案下情敝號因年景荒歉無力開燒已請商會轉報菸酒公賣局於

去年臘月初八停燒以便截止捐税並請查驗封閉今蒙

縣長派員來號調查身旋邀請保人孫震三面將燒池挑毁並加封条粘貼嗣後如

有私燒及封条毁壞情事願甘罰辦所具甘結是實

民國七年陰曆正月二十三日

具甘結李芬

一〇六 作新戒烟所醫生李泰成爲設所戒毒請予保護事致赤峰縣公署禀（1918年3月16日）

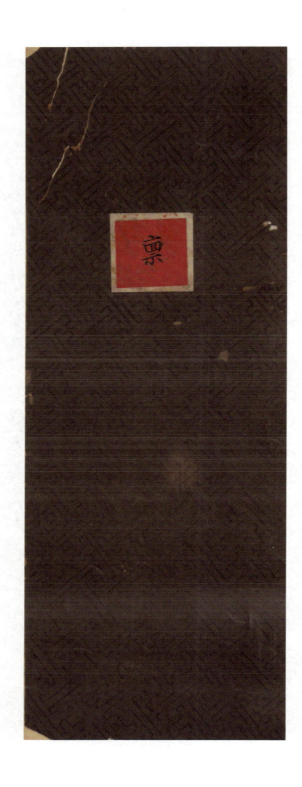

一〇六 作新戒烟所醫生李泰成爲設所戒毒請予保護事致赤峰縣公署禀（1918年3月16日）

3-1-153-1

具禀作新戒煙所醫生李泰成年三十八歲原籍永平府遷安縣現寓

本邑頭道街牌樓西李家店

為鴉片嗎啡毒癮害人懇 恩作主調治斷忌禀明立案賞發諭示請

施護庇以强國體而活民命事竊生世傳醫業為生自民國鼎立禁忌

鴉片原為富國强民之計不料近日東洋日商販運嗎啡流毒中國中人施

打較之鴉片為害尤甚不但窮家敗産且致廢命因生肥先前在西洋醫院

畢業秘得專忌鴉片嗎啡毒癮之方不忍中人受其毒害傳生因方施治

生於去年冬遍遊口外承平建赤等邑到處五族同胞無一族不受此害

者最甚者莫如我赤邑之多生於今正月初六日在三益店中至今業忌四百

餘名男女均忌七日斷癮百病不患此乃百發百中萬無一失之方因而生

一〇六 作新戒烟所醫生李泰成爲設所戒毒請予保護事致赤峰縣公署禀（1918年3月16日）

欲振興此事保全赤境民命財產只恐人類不一社會太繁租界多殊

遇有反對不法之徒出為破壞滋擾致生事端等情生係外籍

人民風俗不同孤身支影為此禀懇

總辦大人案下恩准存案賞發諭示張掛所門並諭飭各軍警周施護

庇以强國體而活民命不但生感恩非淺赤境受毒之人均感鴻慈

於無極矣施行

試將本所規則列後

（一）本所熱誠全在富國强民非為利權起見

（二）本所所用葯材俱用中國地道之品須用西法炮製其效如神

（三）在赤雖係初辦前在口裏因方施治々々人百發百中萬無一失

一〇六 作新戒烟所醫生李泰成爲設所戒毒請予保護事致赤峰縣公署禀（1918年3月16日）

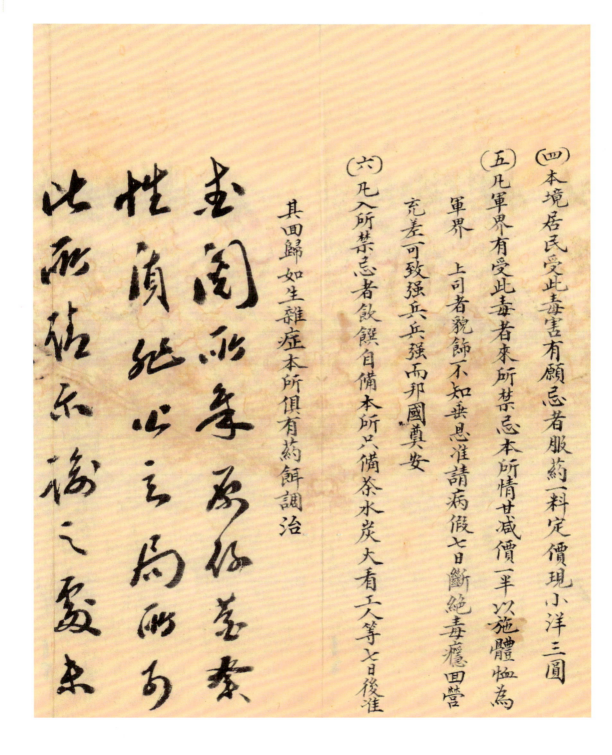

(四)本境居民受此毒害有顧忌者服藥一料定價現小洋三圓

(五)凡軍界有受此毒者來所禁忌本所情甘減價一半以施體恤爲軍界　上司者貌飾不知乖忌准請病假七日斷絕毒癮回營充差可致强兵兵强而邦國奠安

(六)凡入所禁忌者飲饌自備本所只備茶水炭火看工人等七日後准其回歸如生雜症本所俱有藥餌調治

查閱所擬各條

性質純正尚屬可

此所請給示諭之處來

一〇六 作新戒烟所醫生李泰成爲設所戒毒請予保護事致赤峰縣公署禀（1918年3月16日）

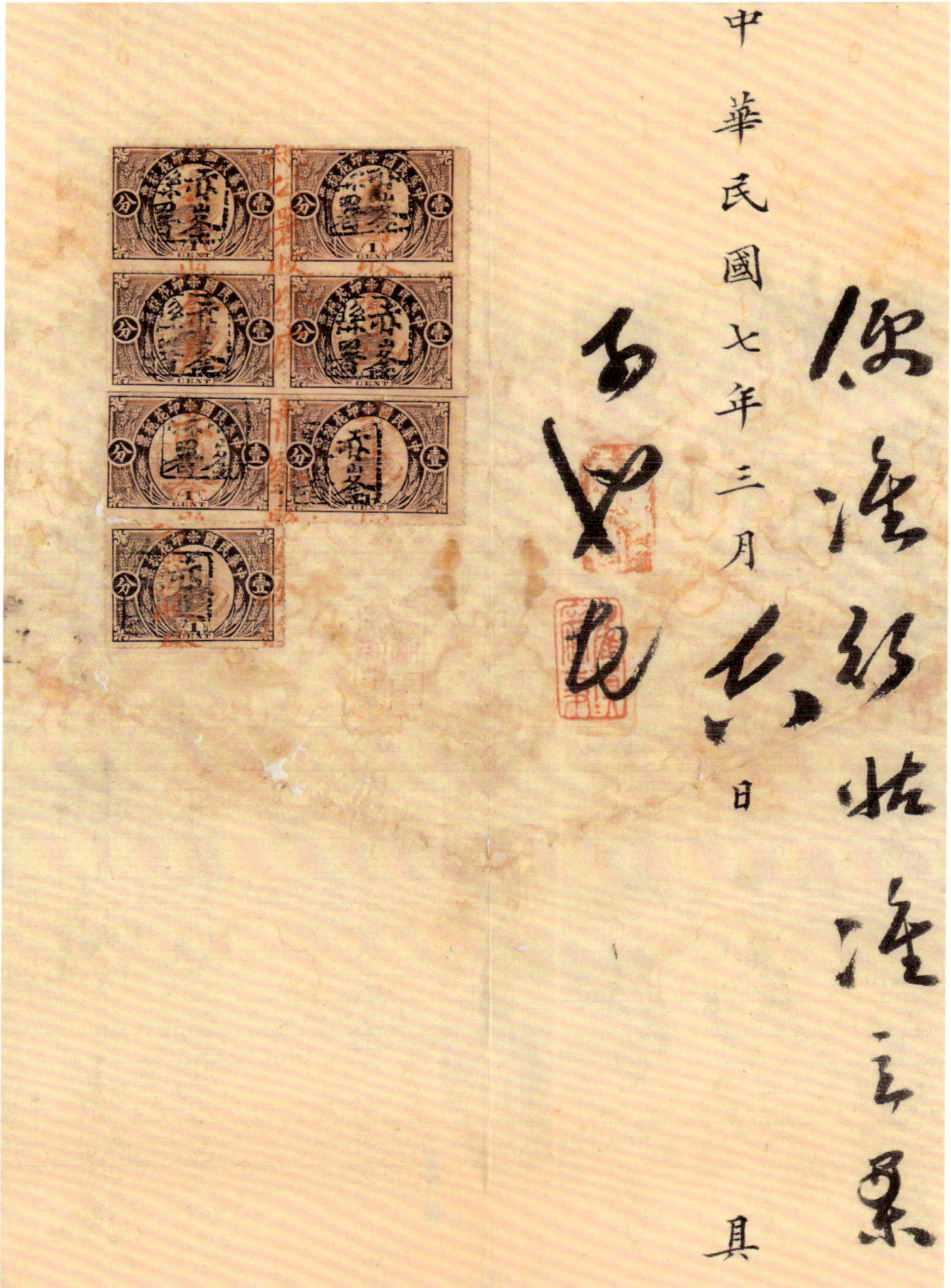
中華民國七年三月 日 具

一〇七 圍場縣公署爲請轉商日領令若山等人將商夥遺散物品帶回事致赤峰縣公署咨（1918 年 4 月 1 日）

3-1-622②-9

一件

咨

民國七年五月二日到

一〇七 圍場縣公署爲請轉商日領令若山等人將商夥遺散物品帶回事致赤峰縣公署咨（1918 年 4 月 1 日）

圍場縣知事為咨請事本月二十五日接奉
大函祇悉種切具見
貴交涉員熱心毅力欽感莫名查若山田中兩日人現已赴赤惟所用華夥依舊霸任民房明謂停止交易暗仍販賣嗎啡 敝 縣屢經飭令遷移據稱必須該各舖東來函相招始能實行撤回等語並據錐子山鎮公民李清河狀稱日人毛原前在錐山霸佔伊家房院開設藥房現在雖已歇業回赤而其所佔房屋內仍存有什物核其價值雖所值不過百元設若或有損失尤恐別生枝節請求核辦前來查該日人等旣經遵照約章歇業回赤而其所留商夥什物自應分別遣散收回不能聽其存在以致在滋事變相應據情備文咨請
貴交涉員查照希煩就近轉商日領務令該日人等尅日將其所留圍街商夥遣散並將錐山所存什物帶回以免將來或生其他事故致傷親善之誼

一〇七　圍場縣公署爲請轉商日領令若山等人將商夥遺散物品帶回事致赤峰縣公署咨（1918年4月1日）

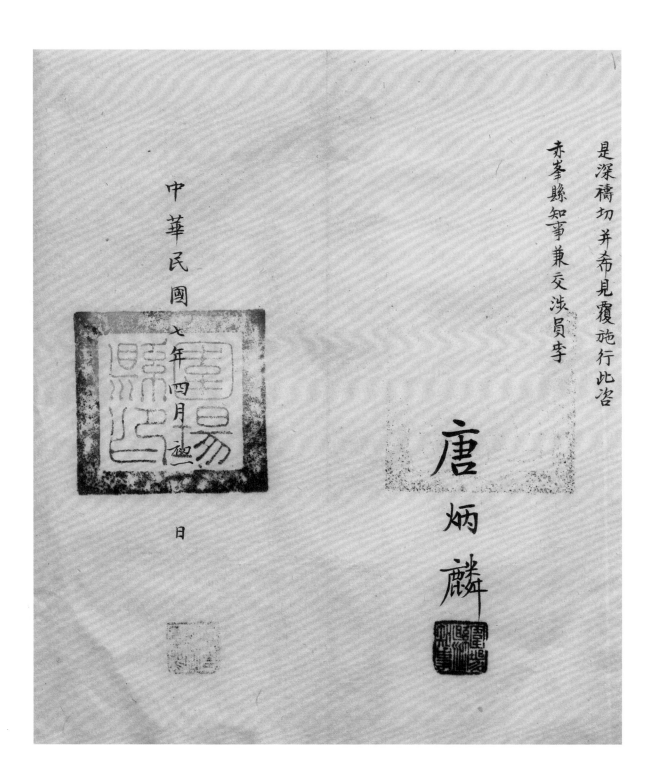

是深禱切并希見覆施行此咨

赤峯縣知事兼交涉員李

唐炳麟

中華民國七年四月一日

一〇八 熱河都統公署爲日人植山多造赴赤游歷照約保護并切實注意事致赤峰縣公署訓令（1918年6月20日）

3-1-5137-102

熱河都統公署訓令第五百五十九號

令赤峰縣知事李文昇

為令行事准總務處會呈案據湖北交涉員吳
仲賢呈稱為呈請事案准駐漢日本國總領事瀨
川函送護照一本內開據本署警察官植山多造
稟稱由漢前赴赤峰地方游歷限十三個月將護照
繳銷請蓋印前來除將護照加印送還給領并
請切囑該游歷人注意凡經過地方設有不靖情
形須先與地方官接洽以免疎虞暨飭知經過各
縣外理合具文呈請大署俯賜查核飭屬一體保

一〇八 熱河都統公署爲日人植山多造赴赤游歷照約保護并切實注意事致赤峰縣公署訓令（1918年6月20日）

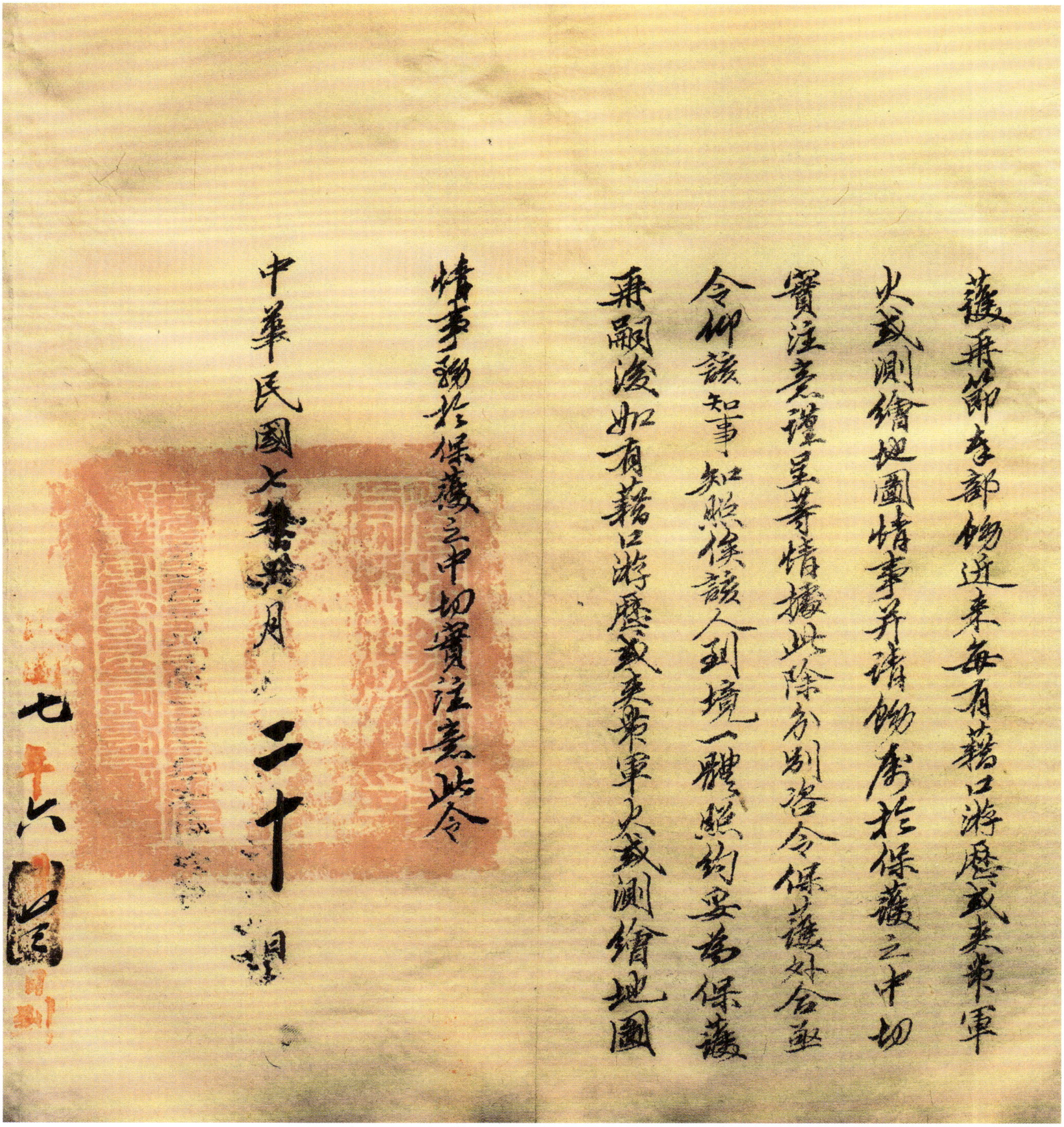

護乘節李部飭近來每有藉口游歷或夾帶軍火或測繪地圖情事并請飭屬於保護之中切實注意等情據此除分別咨令保護外合亟令仰該知事知照俟該人到境一體照約妥爲保護兼顧嗣後如有藉口游歷或夾帶軍火或測繪地圖情事務於保護之中切實注意此令

中華民國七年六月二十日

一〇八　熱河都統公署爲日人植山多造赴赤游歷照約保護并切實注意事致赤峰縣公署訓令（1918 年 6 月 20 日）

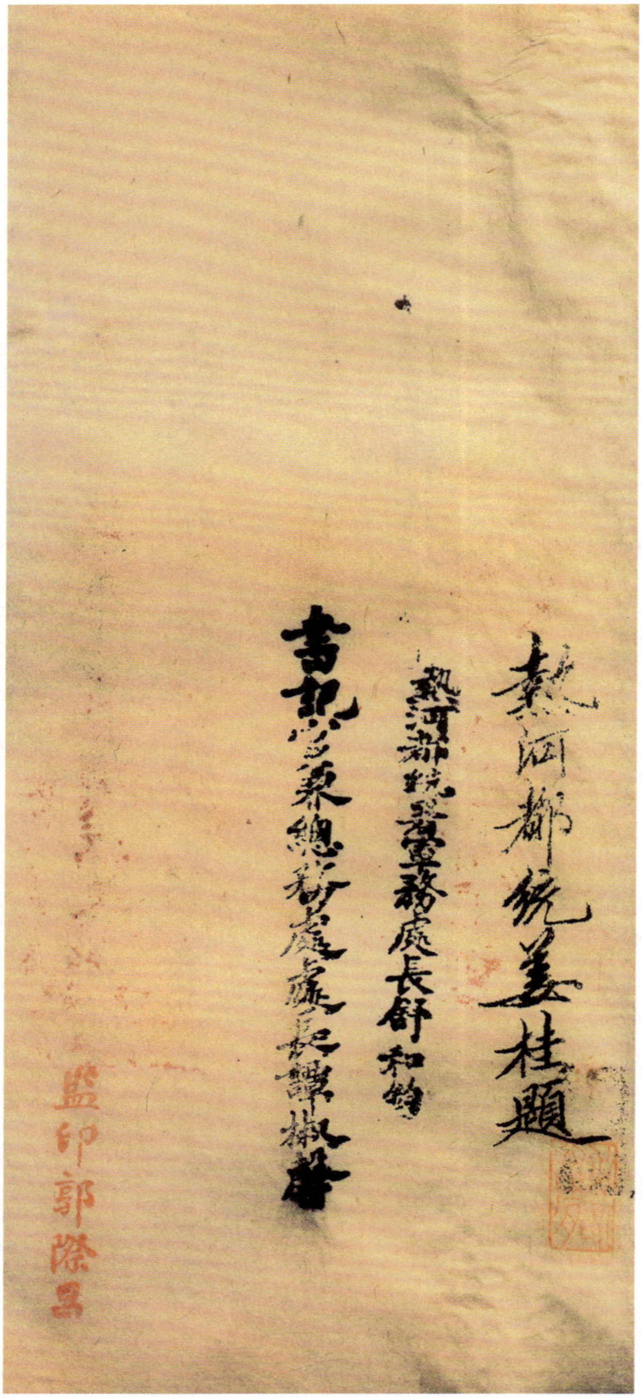

熱河都統姜桂題

熱河都統署政務處長舒和鈞

書記官兼總務處處長譚樾[illegible]

監印郭際昌

一〇九 熱河都統公署爲嚴查速報日人銷售嗎啡情形事致赤峰縣公署電報（1918年7月22日）

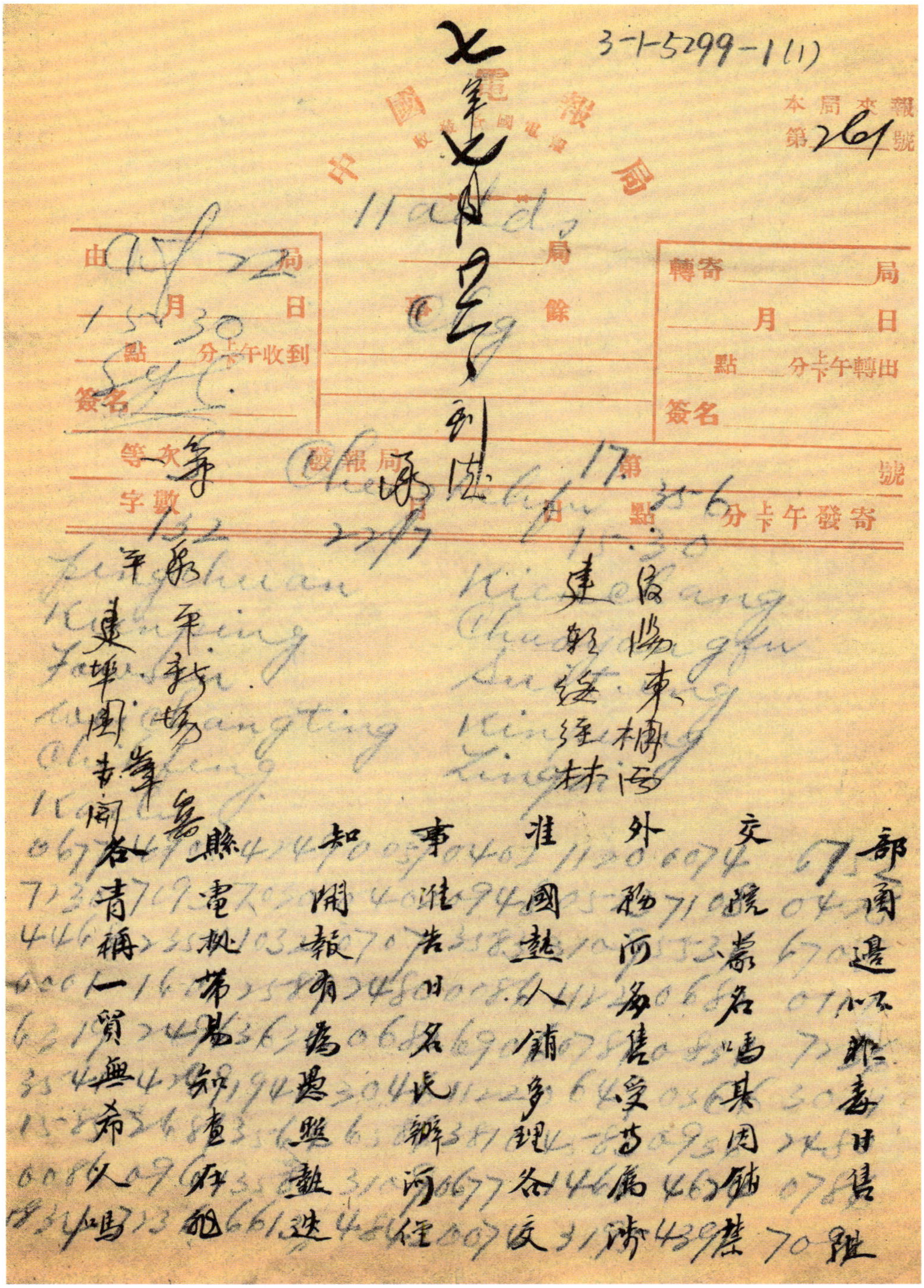

一〇九 熱河都統公署爲嚴查速報日人銷售嗎啡情形事致赤峰縣公署電報（1918年7月22日）

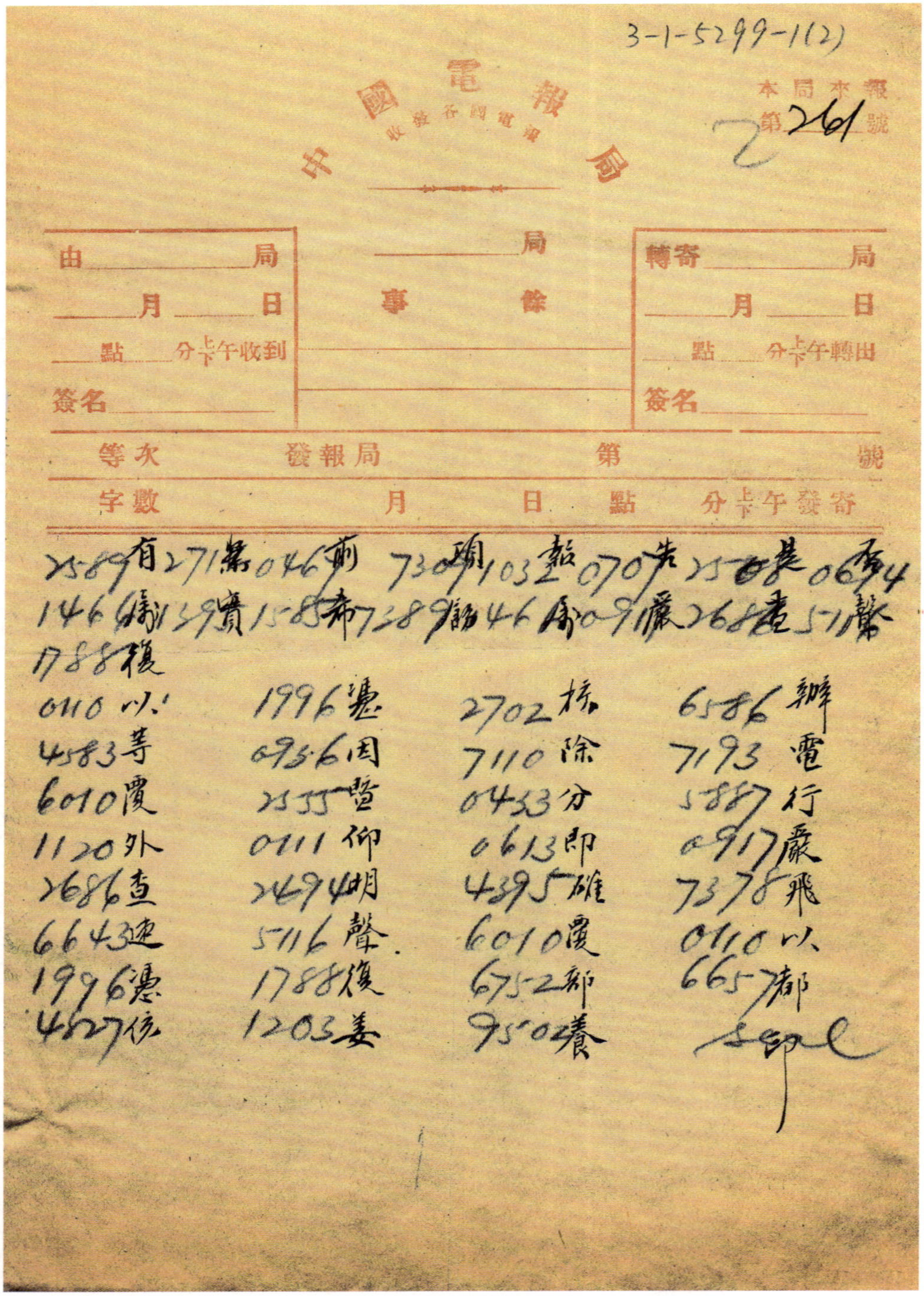
3-1-5299-1(2)

本局來報 第261號

中國電報局
收發各國電報

由＿＿局　＿＿月＿＿日　＿＿點＿＿分上下午收到　簽名＿＿

＿＿局　事　餘

轉寄＿＿局　＿＿月＿＿日　＿＿點＿＿分上下午轉出　簽名＿＿

等次　發報局　第　號

字數　月　日　點　分上下午發寄

2589有 271[illegible] 046[illegible] 730[illegible] 1032[illegible] 0707[illegible] 25[illegible] 0694[illegible]
146[illegible] 15[illegible] 158[illegible] 7389[illegible] 46[illegible] 0091嚴 2688查 5171聲
1788復

0110以	1996憑	2702核	6586辦
4583等	6956因	7110除	7193電
6010覆	2555暨	0433分	5887行
1120外	0111仰	0613即	0917嚴
2686查	2494明	4395確	7378飛
6643速	5116聲	6010覆	0110以
1996憑	1788復	6752部	6657都
4827統	1203姜	9502養	

一一〇 赤峰縣公署爲呈送銷售嗎啡各日人營業牌號及開設地址清單事致熱河都統公署呈稿（1918年7月27日）

3-1-5299-2

呈爲呈復事。竊奉

鈞憲養電開：准外交部青電開云云，以憑覆部等因。奉此，知事遵即將在赤街銷售嗎啡各日人營業牌號以及開設地址調查明確，理合開具清單，備文呈覆

鈞憲鑒核。謹呈

熱河都統姜

計呈送

清單一紙

謹將奉

電調查在赤街銷售嗎啡各日人營業牌號暨開設地址開具

一一〇 赤峰縣公署爲呈送銷售嗎啡各日人營業牌號及開設地址清單事致熱河都統公署呈稿（1918年7月27日）

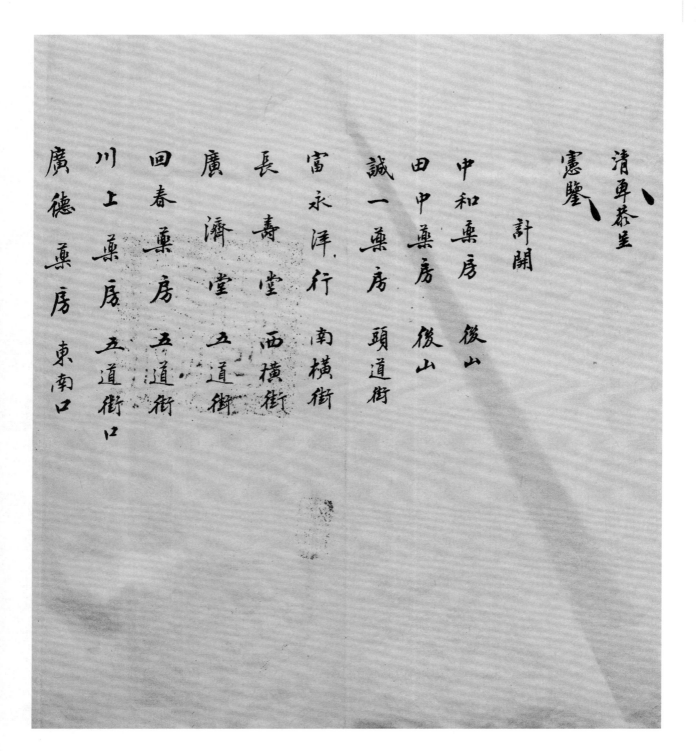

清單恭呈

憲鑒

計開

中和藥房 後山

田中藥房 後山

誠一藥房 頭道街

富永洋行 南横街

長壽堂 西横街

廣濟堂 五道街

回春藥房 五道街

川上藥房 五道街口

廣德藥房 東南口

一一〇 赤峰縣公署爲呈送銷售嗎啡各日人營業牌號及開設地址清單事致熱河都統公署呈稿（1918 年 7 月 27 日）

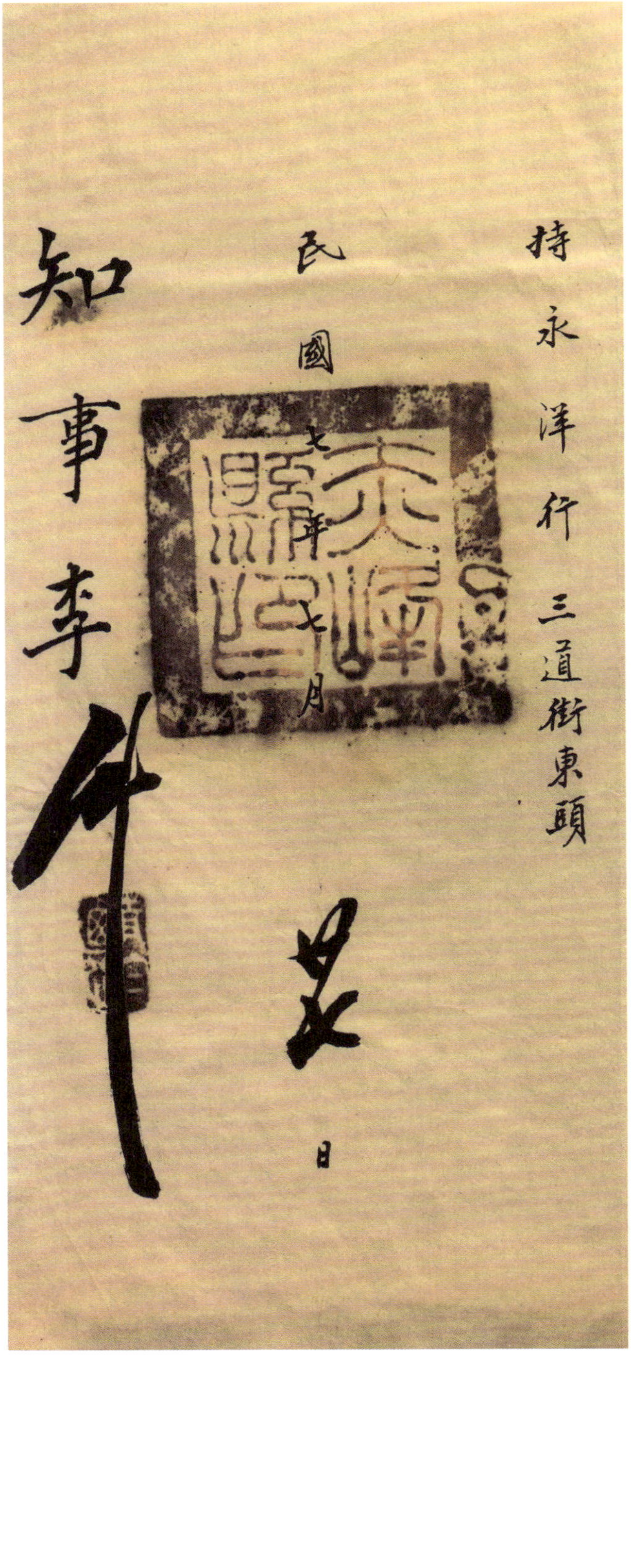

持永洋行 三道街東頭

民國七年七月 日

知事李

一一一　赤峰縣公署爲酌擬取締販賣施打嗎啡單行簡章請鑒核事致熱河都統公署呈稿（1918年9月2日）

3-1-152-2(17)

呈為[redacted]遵令參酌本地情形，擬定取締販賣施打嗎啡單行
簡章，呈請鑒核示遵事。案查前奉
鈞署訓令第一四八二號內開：為令行事，云云，此令。等因。奉此，遵查交
涉署長原擬取締嗎啡辦法，洞悉隱微，欽佩莫似。赤邑行將開辦
商埠，寄住日人尤比他縣為多，若非首先從根本取締，縱對於售
此責備特嚴，而施打嗎啡者特恐日益加多，不特小民之生計日
蹙，即對外亦無以應付邦交，亟應查照原擬辦法，參酌本地情形，
酌擬簡章，俾早入手舉辦。今經詳細調查，邀集士紳，往反商訂，其
中大旨，謹就管見所及，附[redacted]分三節：首以調查為入手之始基，悉按原擬辦法分訂條
文，實力調查；次以立戒除為取締之規章，概照從先戒烟所遵
意實行，戒斷並對於用費一途，力求撙節；繼復以懲罰為最後之
懲創，俾有犯此不敢再予嘗試。此知事酌擬定章之大略也。

一一一　赤峰縣公署爲酌擬取締販賣施打嗎啡單行簡章請鑒核事致熱河都統公署呈稿（1918年9月2日）

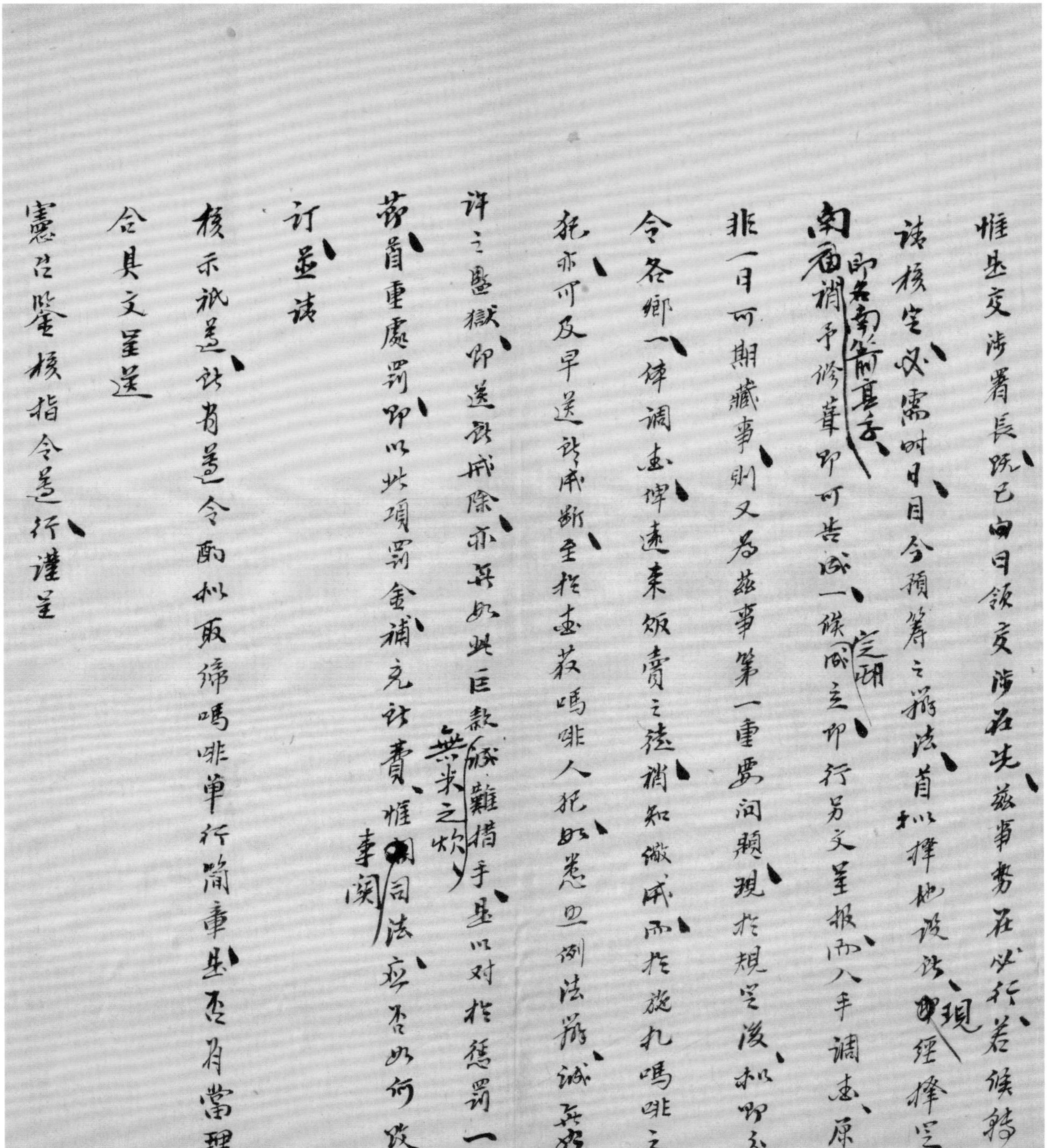
惟是交涉署長既已向日領交涉在案，茲事勢在必行，若候轉
請核定，必需時日，目今預籌之辦法，首擬擇地設法，現經擇定
南面（即名南營前土子）消予修葺，即可告成，一俟成立（定期），即行另文呈報，而入手調查，原
非一日可期藏事，則又爲茲事第一重要問題，現於規定後，擬即分
令各鄉一律調查，俾遠來販賣之徒，消知儆戒，而於施打嗎啡之
犯，亦可及早送訴戒斷，至於查獲嗎啡人犯，如悉照例法辦，誠無如
許之監獄，即送訴戒除，亦無如此巨款，無米之炊，難措手，是以對於懲罰一
節，首重處罰，即以此項罰金補充訴費，惟事關司法，應否如何改
訂，並請
核示祗遵，計附送令酌擬取締嗎啡單行簡章，是否有當，理
合具文呈送
憲台鑒核指令遵行，謹呈

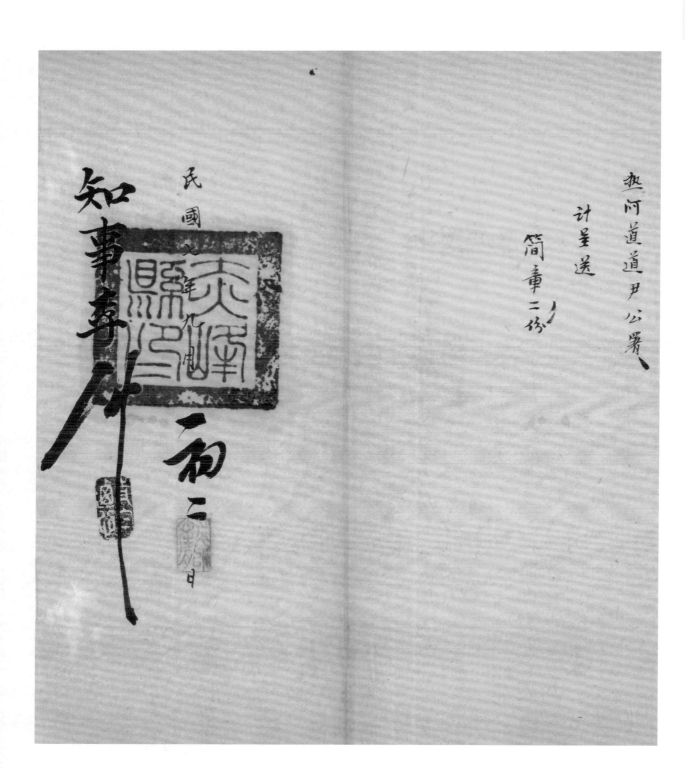

一一一 赤峰縣公署爲酌擬取締販賣施打嗎啡單行簡章請鑒核事致熱河都統公署呈稿（1918年9月2日）

熱河道道尹公署

計呈送

簡章二份

民國七年九月初二日

知事尊件

一一一　赤峰縣公署爲酌擬取締販賣施打嗎啡單行簡章請鑒核事致熱河都統公署呈稿（1918年9月2日）

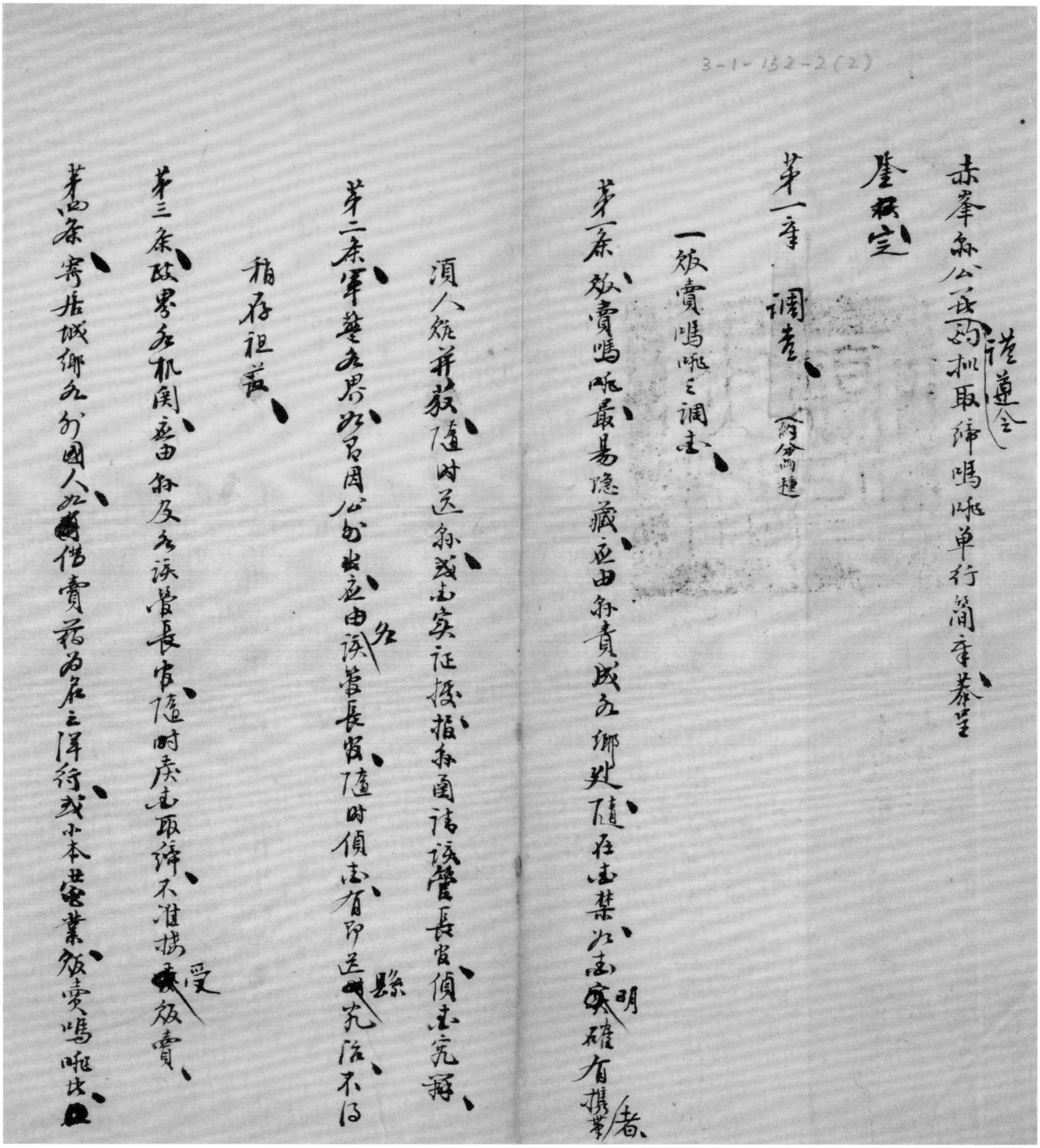
赤峰縣公署爲謹遵令擬取締嗎啡單行簡章恭呈
鑒核定。
第一章　調查。（附條兩連）
一、販賣嗎啡之調查。
第一條　販賣嗎啡最易隱藏，應由縣責成各鄉地隨在查禁，如查明確有携帶者，
須人贓並獲，隨時送縣或查實証據，指名函請該管長官偵查究辦。
第二條　軍營各界如有因公外出，應由該管長官隨時偵查，有即送縣究治，不得
稍存袒護。
第三條　政界各機關應由縣及各該管長官隨時考查取締，不准携帶販賣。
第四條　寄居城鄉各外國人如有借賣藥爲名之洋行或小本營業販賣嗎啡者，

一一一 赤峰縣公署爲酌擬取締販賣施打嗎啡單行簡章請鑒核事致熱河都統公署呈稿（1918年9月2日）

在城則責成地方警察，在鄉則責在鄉保地方警察，查明販賣施扎之人，送縣

務以便商請交涉員長交涉取締，停其營業。

第五條，郵政局寄來物品，隨時於開包裹之際，擬請飭知郵務局，如有情形可疑之

包裹，並准其當面拆閱，有即送縣究治。

一、施打嗎啡之調查

第六條，施打嗎啡最易發見，應由縣責成地方警察、鄉保，首先調查何家何人施

打嗎啡，按名將其姓名、住址、年齡造冊報縣，以便按名送赴戒除，依法

戒除。

第七條，本縣及承審員於審案時，如發見此項嗎啡犯，隨時送赴戒除。

第八條，施扎嗎啡之人，以城鎮為最多，應責成商會，如見有此項施扎嗎啡之

一一一　赤峰縣公署爲酌擬取締販賣施打嗎啡單行簡章請鑒核事致熱河都統公署呈稿（1918年9月2日）

人、即予送區轉送、

第九條　施打嗎啡之人、如係在區局所錄用公役以及軍警、各界之婦女、

應由各該長官、處行取締、如有此項人、即予造冊送所戒除、

第十條　施打嗎啡之犯、如係外來行旅、無業游民人、甘責由各該鄉牌社警

隨在查捡送所、

第二章　戒除、

第十一條　戒除嗎啡、應立專所、擬定名曰戒捡[嗎啡]所、

第十二條　戒除嗎啡人犯之戒捡所、應借貸房屋、其戒除室尤須寬大、或即

用警察所之閑房、

第十三條　各鄉牌社警於調查得實後、應分頭設立之查捡所、其地点(一)系街、

一一一　赤峰縣公署爲酌擬取締販賣施打嗎啡單行簡章請鑒核事致熱河都統公署呈稿（1918年9月2日）

（三）烏丹城、（三）大廟，其餘各鄉如能設立之地，聽之，惟均須拍照立案。

第十四條、戒除所成立後，首須籌款，而籌款之方法，先由本地官紳公同募捐，俾可開辦，一面再由嗎啡罰款源源充補。

第十五條、戒除所正所長由縣委派，所長佐及分所長經理所內事務，所有收支款項由本地紳界中公舉一人，專司會稽，此外分別設立醫士一人，看護役四人或六人，會稽醫士概不支薪，看護役即以戒選撥充之。

第十六條、戒除所遇有送所戒除嗎啡人犯，均須按名注冊，對於戒除出所之人，亦須另爲注冊，並注明施扎三年限及戒斷日期。

第十七條、戒除所凡遇戒除嗎啡應需藥品，即以前經呈請立案各街列醫

一一一 赤峰縣公署爲酌擬取締販賣施打嗎啡單行簡章請鑒核事致熱河都統公署呈稿（1918年9月2日）

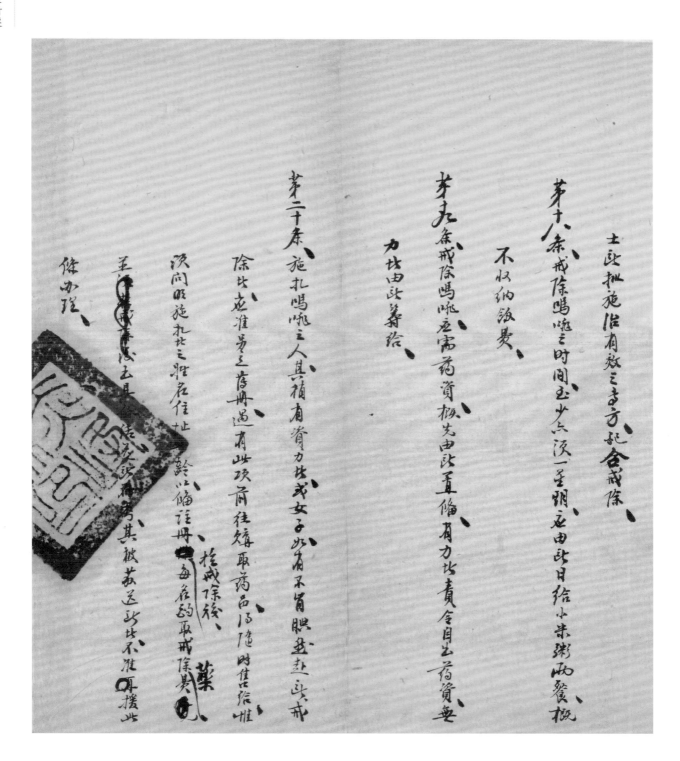

士所擬施治有效之方劑，合戒除。

第十八條 戒除嗎啡之時間至少亦須一星期，應由所日給小米粥兩餐，概不收納飯費。

第十九條 戒除嗎啡應需藥資，概先由所置備，有力者責令自出藥資，無力者由所籌給。

第二十條 施扎嗎啡之人，其稍有資力者或女子，如有不肯腼赴所戒除者，應准其自備册，遇有此項前往購取藥品，仍隨時售給，惟須問明施扎者之姓名住址、年齡，以備註册，檢戒除後，每名酌取戒除藥費。並[illegible]戒除後具結[illegible]其被獲送所者不准取保，此條辦理。

一一一 赤峰縣公署爲酌擬取締販賣施打嗎啡單行簡章請鑒核事致熱河都統公署呈稿（1918年9月2日）

第三章 懲罰

第二十一條 遇有本國人販賣嗎啡之犯，經查覺到案時，除查照概照嗎啡治罪條例擬辦外，其餘輕微之犯，擬即酌定罰金，其罰金之數目，即以應科之罪，按日計算，惟貧苦無力者，仍照原條例辦理。

第二十二條 外國人如有販賣者，查出實據，當函請交涉員長轉照交涉取締之。

第二十三條 施扎嗎啡之犯，於戒除後，即予釋放，未免輕縱，應處罰充苦力一個月，或二十日，其有力者，並准按日計罰罰金。

第二十四條 施扎嗎啡之犯，於戒除充工後，倘有再犯，除送所戒除外，仍加倍罰充苦工。

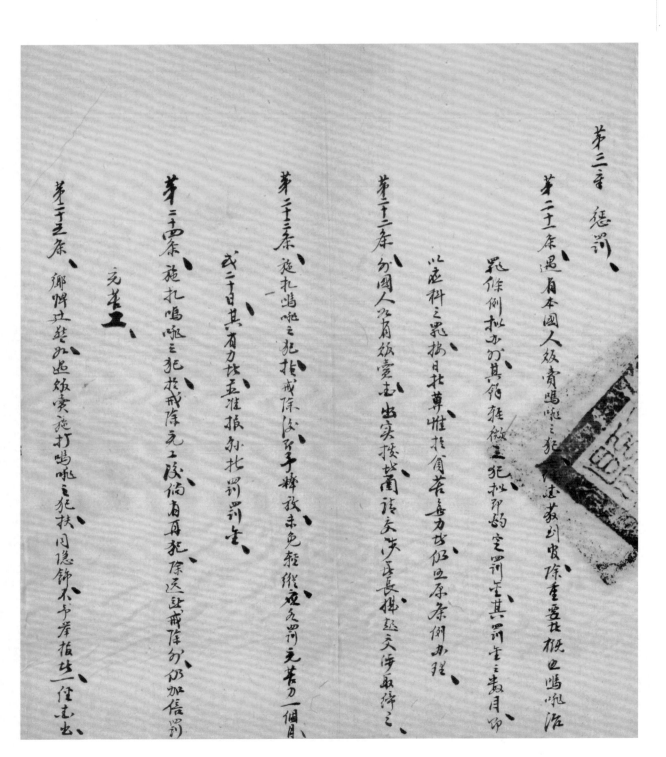

第二十五條 鄉牌甲長如遇販賣施打嗎啡之犯，扶同隱飾不予舉報者，一經查出，

一一一　赤峰縣公署爲酌擬取締販賣施打嗎啡單行簡章請鑒核事致熱河都統公署呈稿（1918年9月2日）

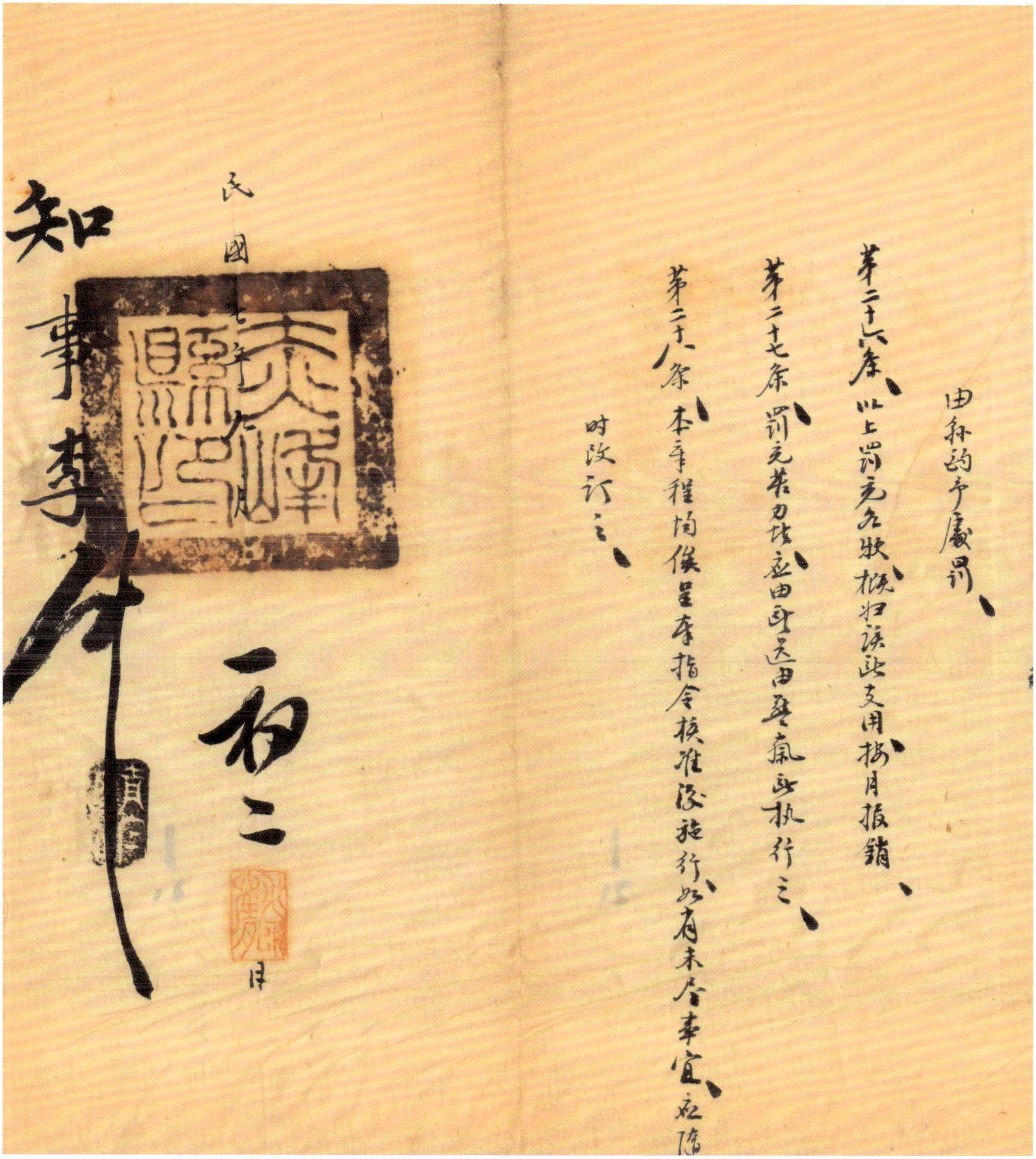

由科酌予處罰、
第二十六條、以上罰充各款、概歸該區支用、按月報銷、
第二十七條、罰充若干款、應由區長送由警察所執行之、
第二十八條、本章程俟呈奉指令核准後施行、如有未盡事宜、應隨時改訂之、

民國七年九月　日
知事李

一一二 熱河都統署審判處爲時疫流行監獄務須注意衛生事致赤峰縣公署訓令（1918 年 10 月 10 日）

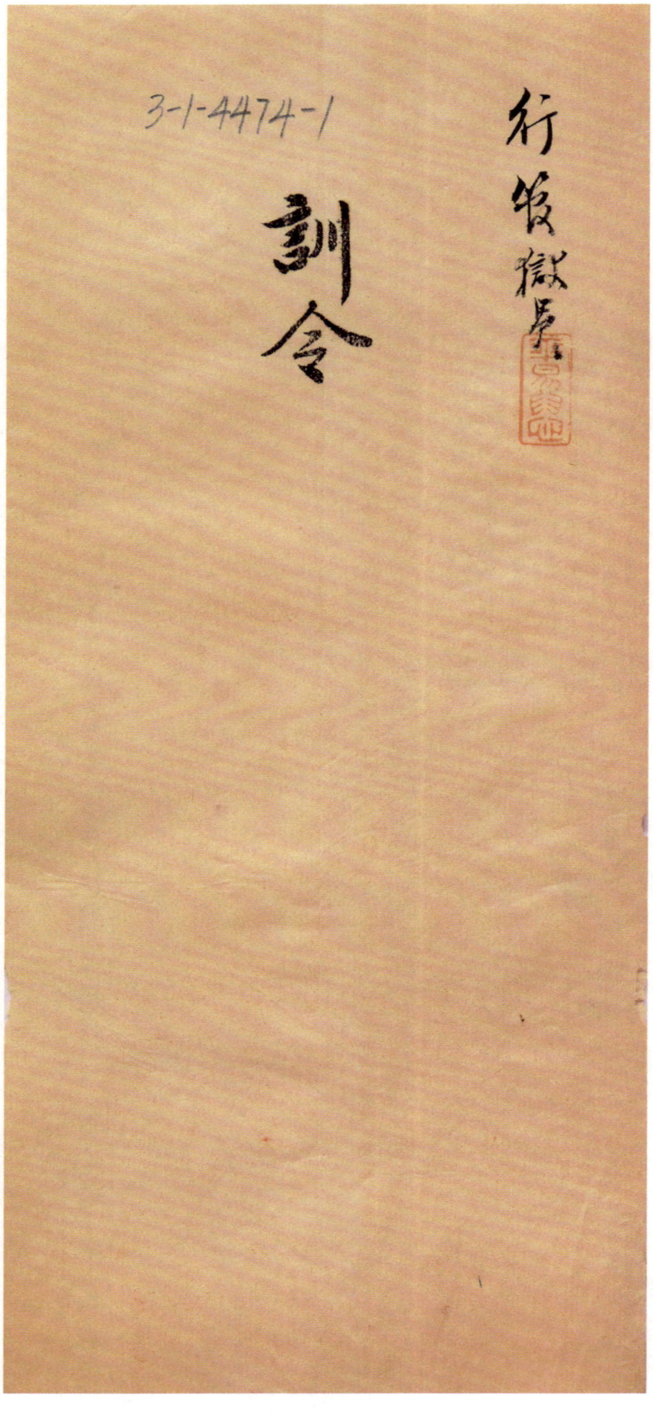
行發獄長

訓令

3-1-4474-1

一一二 熱河都統署審判處爲時疫流行監獄務須注意衛生事致赤峰縣公署訓令（1918年10月10日）

第一科

熱河都統署審判處訓令第一百六十八號

令赤峰縣知事張士元

爲令行事查近月以來時疫流行各縣監獄
囚犯衆多自應認真防護注意衛生以免傳
染如人犯有受病者着即上緊調治務痊并
着令該管獄員嚴飭看守丁隨時將囚室打
掃潔淨勿令穢氣薰蒸是爲至要除分行外
合亟令仰該知事轉令獄官遵照辦理勿
稍忽視切切此令

一一二 熱河都統署審判處爲時疫流行監獄務須注意衛生事致赤峰縣公署訓令（1918 年 10 月 10 日）

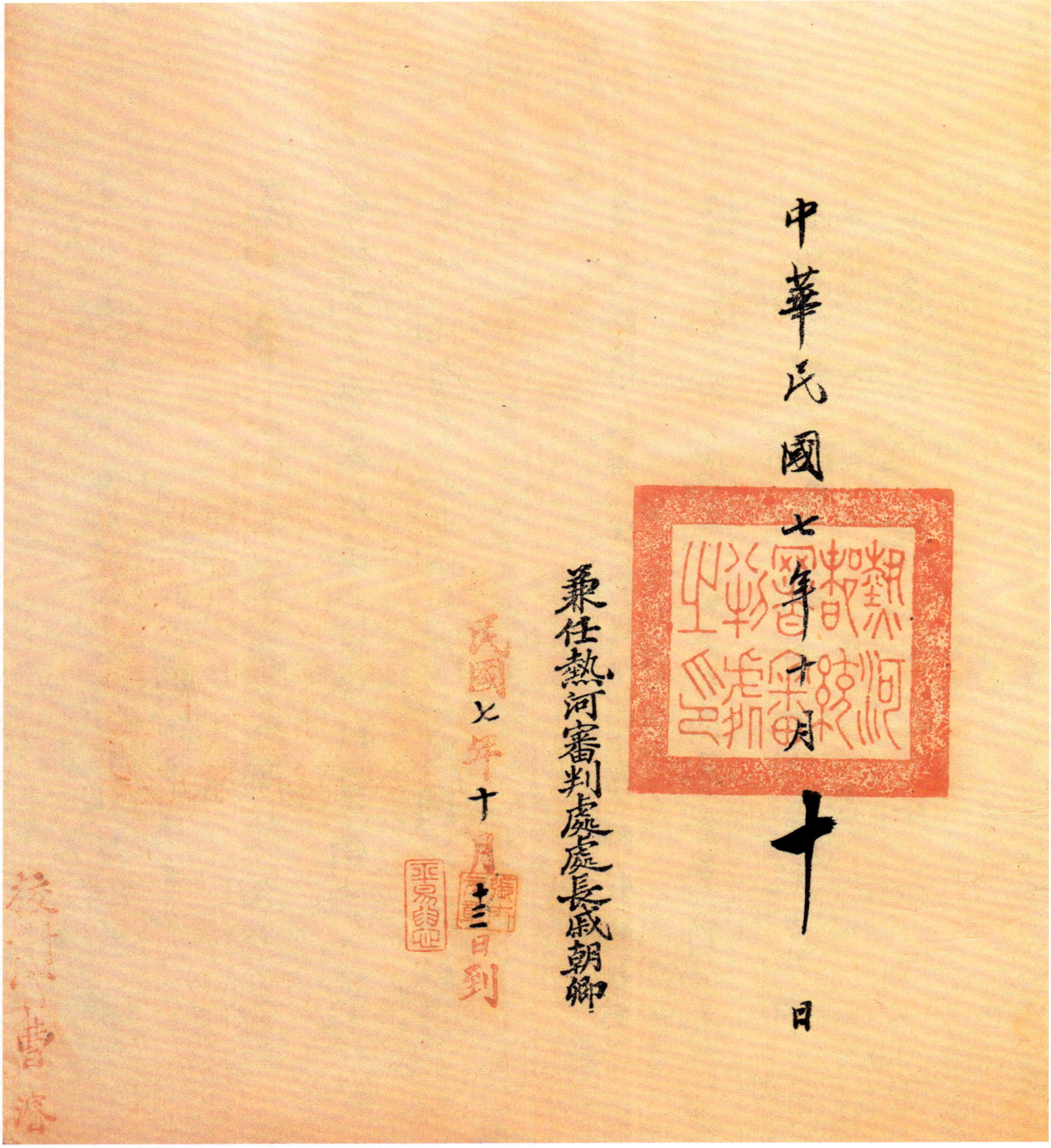

中華民國七年十月 十 日

兼任熱河審判處處長戚朝卿

民國七年十月十三日到

一一三 赤峰縣公署爲監所人犯感染時疫情形事致熱河都統署審判處呈稿（1918 年 10 月 31 日）

3-1-4474-5

呈為呈報事、查近來天氣不正、時疫流行、赤邑居民十病七
八、輕者一藥而愈、重者即致喪身、且此症蔓延最速、一經傳染、
全家患病、官署局所幾至停止辦公、知事以獄所囚犯衆多、深
恐積穢薰蒸、傳染為患、當經面諭管獄官督飭看守丁等將
廠房囚籠掃除清潔、預為防範、正呈報間、奉
鈞處訓令第一六八號內開、為令行事、查近月以來、時疫流行、
各縣監獄囚犯衆多、自應認真防護、注意衛生、以免傳染
云云、此令、等因、奉此、當經轉行管獄官楊式芳遵照辦理去
後、旋據該管獄官呈稱、獄官奉訓令面諭後、督同看守丁
等將獄廠囚籠及看守所每日打掃一次、並備蒼朮等藥
薰之、以防傳染、無如天災流行、防不勝防、刻下染患疫症者、
監犯甄山、張景林等三十七名、看守所押犯閻兆廣等二十五

一一三　赤峰縣公署爲監所人犯感染時疫情形事致熱河都統署審判處呈稿（1918 年 10 月 31 日）

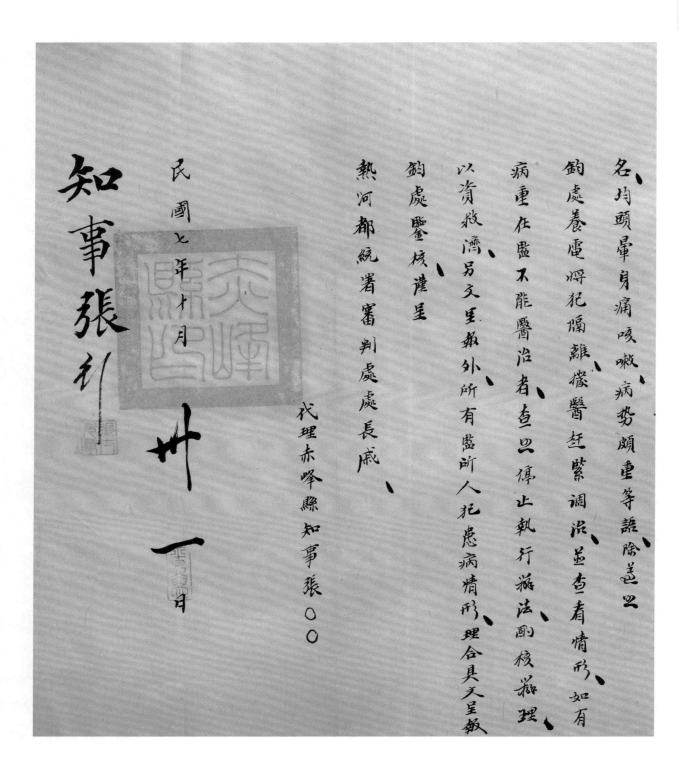

名、均頭暈身痛咳嗽、病勢頗重等語、除遵照

鈞處養電將犯隔離、撥醫赶緊調治、並查看情形、如有

病重在監不能醫治者、查照停止執行辦法、酌核辦理、

以資救濟、另文呈報外、所有監所人犯患病情形、理合具文呈報

鈞處鑒核、謹呈

熱河都統署審判處處長戚、

代理赤峰縣知事張〇〇

民國七年十月卅一日

知事張

一一四 烏丹警察分所爲瘟疫盛行事致赤峰縣公署呈（1918 年 10 月 21 日）

3-1-100-1

呈

民國七年十月廿一日到

一一四 烏丹警察分所爲瘟疫盛行事致赤峰縣公署呈（1918 年 10 月 21 日）

呈爲呈報事本年十月初間烏丹地方發現瘟疫傳染甚烈民人因病致命者至今時有
所聞查其患病之大概情形均係頭暈目眩骨節疼痛四肢無力時冷時熱咳嗽等
症甚至有口鼻出血者或病五六日而愈或病七八日而愈或愈而復發醫藥無效者不
但家家患病幾乎人人皆病如此天災素所未聞除佈告勸導嚴重衛身外所有瘟災
盛行各緣由理合備文呈報
監督鑒核轉報施行謹呈
赤峯縣行政公署張

烏丹城警察事務分所所長左松鳴

一一四 烏丹警察分所爲瘟疫盛行事致赤峰縣公署呈（1918 年 10 月 21 日）

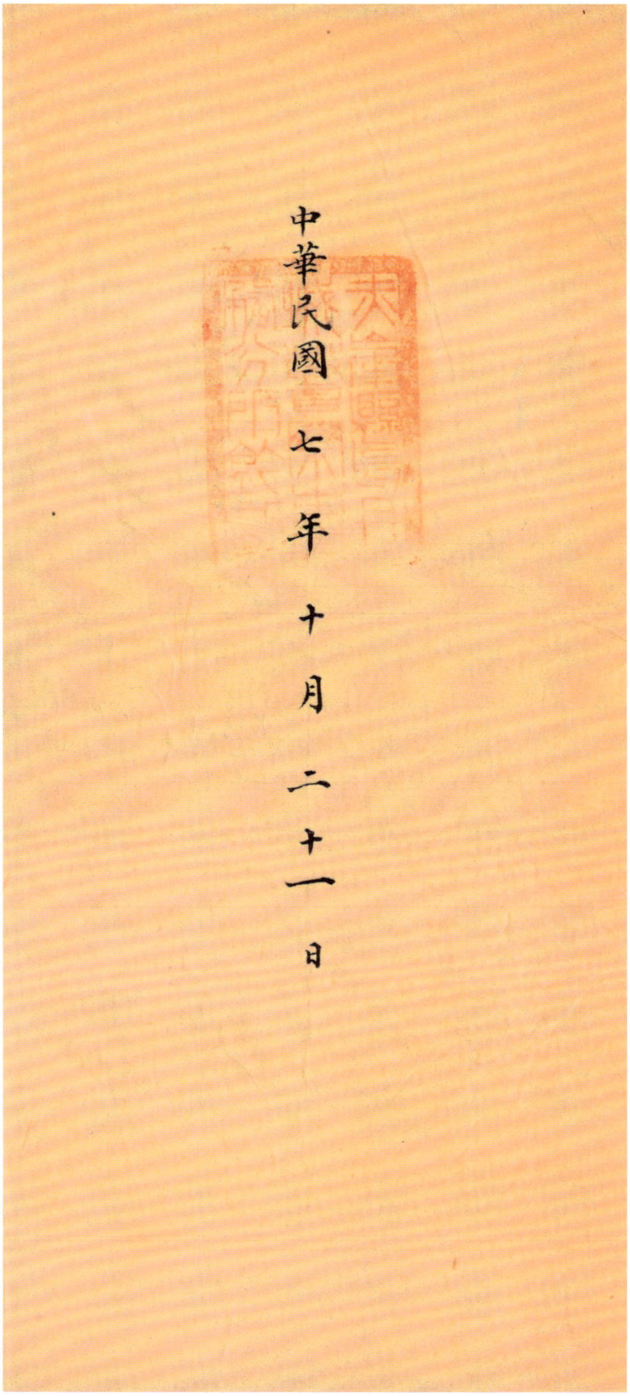
中華民國七年十月二十一日

一一五 熱河道道尹公署爲嚴禁兒童吸烟事致赤峰縣公署訓令（1918 年 10 月 26 日）

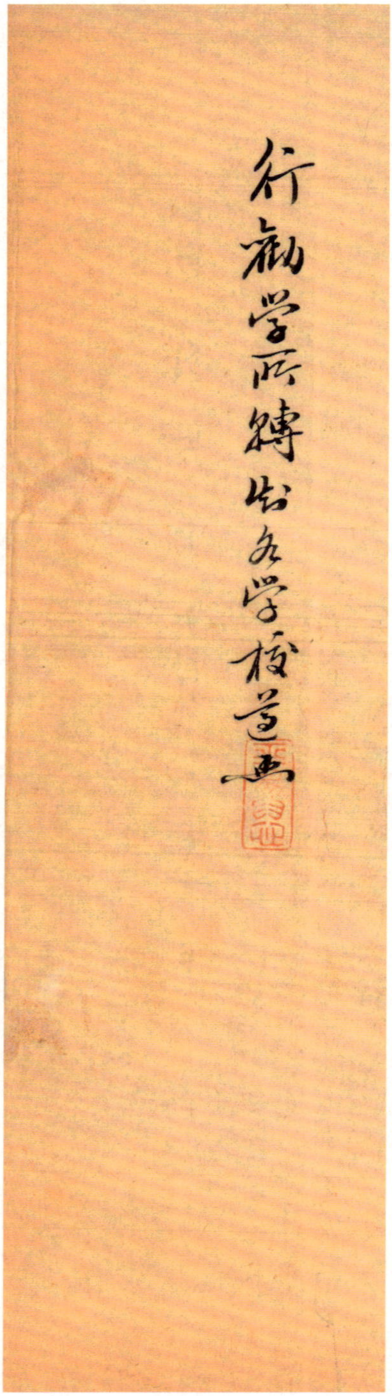
行勸學所轉飭各學校 道尹

一一五　熱河道道尹公署爲嚴禁兒童吸烟事致赤峰縣公署訓令（1918年10月26日）

第一科

熱河道道尹公署訓令第一九七九號

令赤峰縣知事

為令行事本年十月十七日奉

都統第九百五十六號訓令以准

教育部咨開為咨行事准內務部咨開

查近年吸食紙菸之風流行遍於全國效尤

及於兒童倘非嚴行禁止誠恐貽害青年學

校前途蒙其影響查據科學家考驗菸草原

質含有毒素既能激刺神經亦易薰灼

肺臟肺癆腦症導源於此類毒素居多

一一五 熱河道道尹公署爲嚴禁兒童吸烟事致赤峰縣公署訓令（1918 年 10 月 26 日）

在軀幹素强者吸之固無益衛生在秉賦
較弱者吸之更易罹痼疾至如童稚之年
肺臟滋生尚形柔脆神經發育未達完
全体育一事正在應行注意之時倘任其
習為嘗試則全体之組織既損即難望有
健全之一日病羣弱種為患何窮查東西
洋文明各國關於兒童吸菸一事禁令綦
嚴防微杜漸亟應仿行除由本部通行
並令京師警察廳設法嚴加取締外我
國童校蒙園京外林立應請貴部通令

一一五 熱河道道尹公署爲嚴禁兒童吸烟事致赤峰縣公署訓令（1918年10月26日）

中小以下各級學校對於學童吸食紙菸
一節設法禁勸俾提撕警覺惡習不致
相沿於青年体育前途實多裨益相應
咨請查照辦理等因到部查兒童吸菸一事
有碍衛生凡任教育職事者當已知之稔
而禁之嚴徧觀中小各級學校管理規則
對於吸菸惡習多已列有禁止專條本無
俟重加取締惟恐積久生玩事小易忽防
衛少懈即愛護未周關係青年体育實
非淺鮮茲准內部前因重申禁令相應

一一五　熱河道道尹公署爲嚴禁兒童吸烟事致赤峰縣公署訓令（1918年10月26日）

咨請貴公署查照轉令中小以下各校遵
照嚴切奉行此咨等因准此查此案前准
內務部來咨業經轉行在案茲准前因
合亟令仰該道尹轉令熱河師範學校
中學校暨朝陽中學校並令各縣轉行
所屬各小學校一体遵照嚴切奉行此令
等因到道查此案前奉
都統以准
內務部來咨令道通飭設法勸禁嚴加取
締業經令行在案茲奉前因除分行外合

一一五　熱河道道尹公署爲嚴禁兒童吸烟事致赤峰縣公署訓令（1918年10月26日）

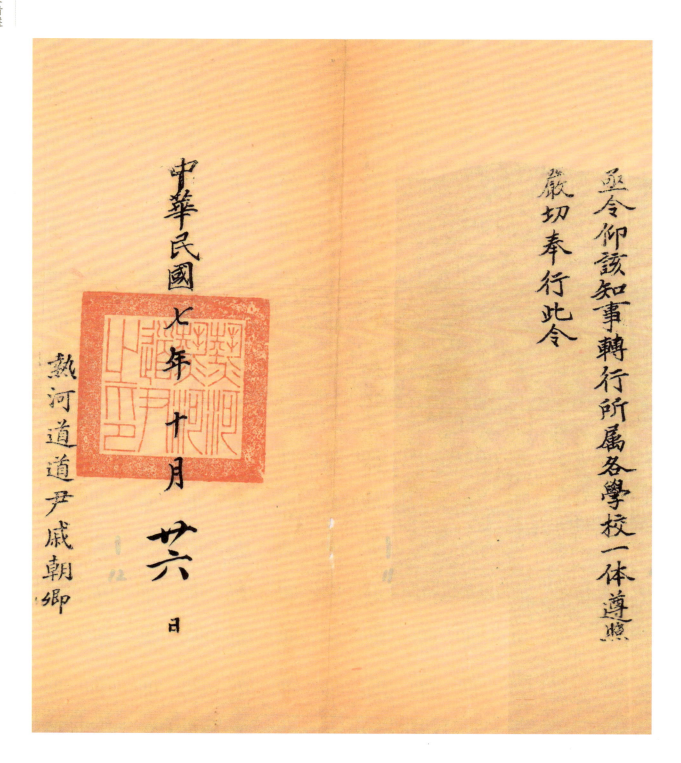

亟令仰該知事轉行所屬各學校一体遵照

嚴切奉行此令

中華民國七年十月廿六日

熱河道道尹戚朝卿

一一五 熱河道道尹公署爲嚴禁兒童吸烟事致赤峰縣公署訓令（1918 年 10 月 26 日）

民國七年十月卅日到

監印周瑗
校對楚麟書

一一六 熱河財政廳爲廣募捐款以協濟各國軍隊及前敵華工事致赤峰縣公署訓令（1918年11月16日）

3-1-99-1

第二科

准征收總局
函商會 [illegible]署
令勸學所 車捐局 警察所
撥官 烏丹 大廟 兩分所

熱河財政廳訓令第六六九號

令赤峯縣知事

為通令飭遵事。民國七年十一月十日奉

財政部庚電開：歐戰影響波及全球，

是以我國共協商各國為共同作戰之

舉，並與美國取一致之行動。今美國感

大總統以協濟各國軍隊及前敵華工

之用，委任美國青年會等七團體募

捐美金一千七百兆元，並電託中國青

年會在華籌募，由美公使介紹前來

一一六 熱河財政廳爲廣募捐款以協濟各國軍隊及前敵華工事致赤峰縣公署訓令（1918 年 11 月 16 日）

我大總統慨念協約各軍士與我國僑工備列行間者連年勞軫切如傷現已首先提倡並邀集重要諸人担任發起組織進行本部特此通電各省財政廳關監督稅務監督鹽運使榷運局印花稅分處菸酒公賣局清理官產處造幣廠等一体遵照務希分籌款項人數以多爲是捐款不拘多少隨意樂輸總期集腋成裘不特昭示我袍澤提攜之意即我國民對於協商國應盡之義務

一一六 熱河財政廳爲廣募捐款以協濟各國軍隊及前敵華工事致赤峰縣公署訓令（1918 年 11 月 16 日）

亦可藉以表式於全球具在商埠有美領事駐紮地點者並希與該領事接洽約同官紳商學各界一律辦理電到仰將辦理情形先行電復並將收集款項隨時陸續解交以憑轉撥該會滙寄是為至要財政部庚等因奉此查美國威大總统委任美國青年會等七團体募集巨款以為協濟協商各國軍隊及前敵華工之用此舉足稱最大之慈善事業我國既為協商團体之一有利害相關

一一六 熱河財政廳爲廣募捐款以協濟各國軍隊及前敵華工事致赤峰縣公署訓令（1918年11月16日）

休戚與共之誼自當竭盡棉薄共籌捐
輸以盡應盡之責除電復並分行外合亟
令仰該知事立即遵照会同該縣征收局長
盡力籌捐並將收集款項限文到二十日
内解交本廳以憑彙轉至籌捐方法應即
遵照
部電廣爲勸募人数以多爲是捐款不拘
多少以隨意樂輸之舉爲表示參戰之
誠幸勿稍涉違延是爲至要切切此令

一一六　熱河財政廳爲廣募捐款以協濟各國軍隊及前敵華工事致赤峰縣公署訓令（1918年11月16日）

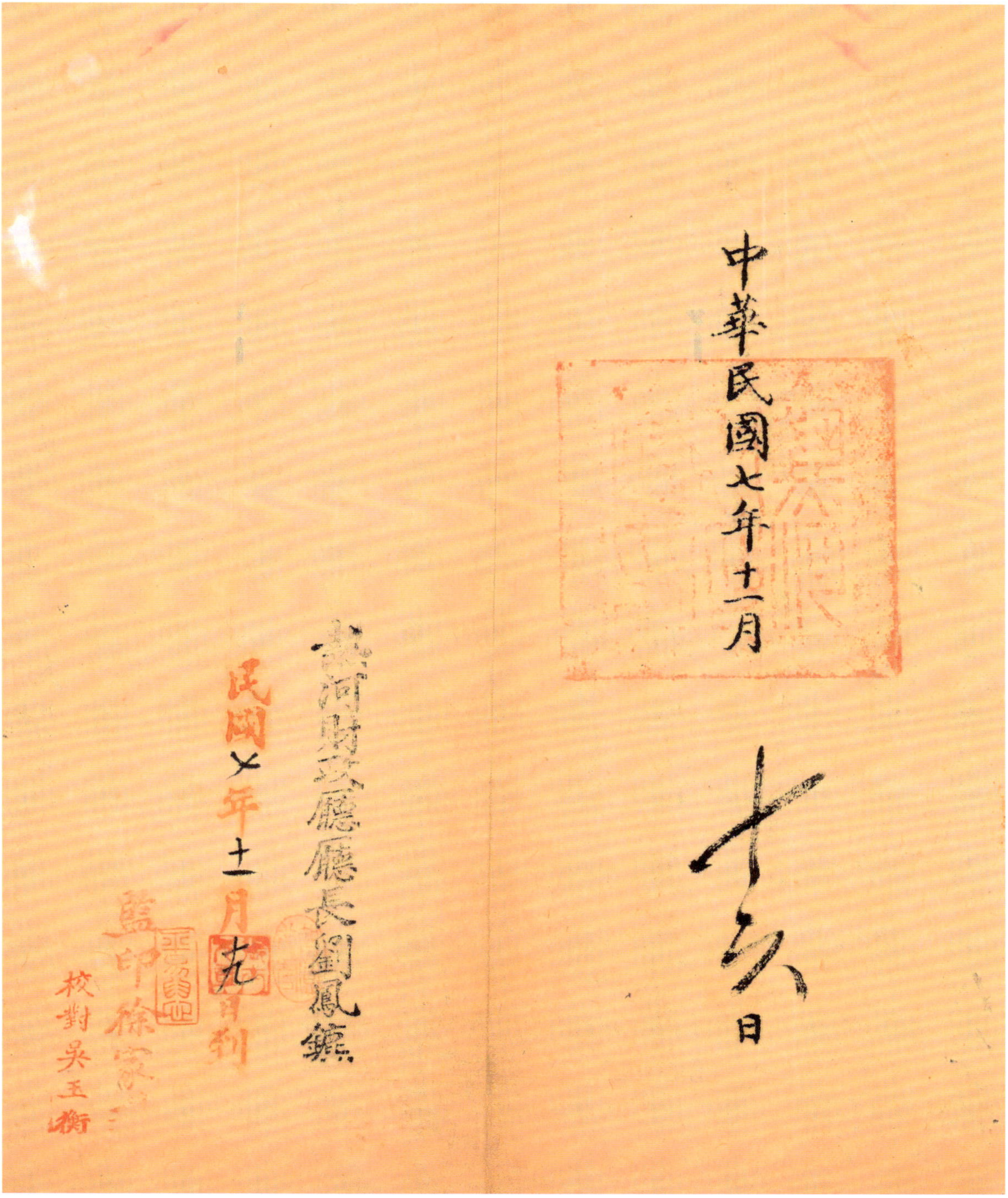
中華民國七年十一月十六日

熱河財政廳廳長劉鳳鑲

民國七年十一月十九日到

監印徐家

校對吴玉衡

一一七 赤峰縣公署爲解繳捐款暨造送募捐清册事致熱河財政廳、都統公署等呈稿（1918年12月11日）

3-1-99-7(1)

呈爲呈報事。民國七年十一月十九日奉
鈞廳/財政廳訓令第六六九號内開、奉
財政部電開、歐戰影響、波及全球、
美大總統以協濟各國軍隊及前敵華工之用、委任青年
會等團體募集鉅款、我國加入戰團、對於協商方面有應
盡之義務、令即會同徵收等局盡力籌募捐、並將收集捐款、
限文到二十日内解交、以憑彙轉等因、知事遵即照示分別咨行、
並招集紳商各界、正在籌募間、復奉
道尹公署/鈞署第二一五零號訓令内開、飭同前因、先後奉此、知事
遵令首先提倡、一面勸導、共募集現大洋三百二十九元、票 視捐

一一七 赤峰縣公署爲解繳捐款暨造送募捐清册事致熱河財政廳、都統公署等呈稿(1918年12月11日)

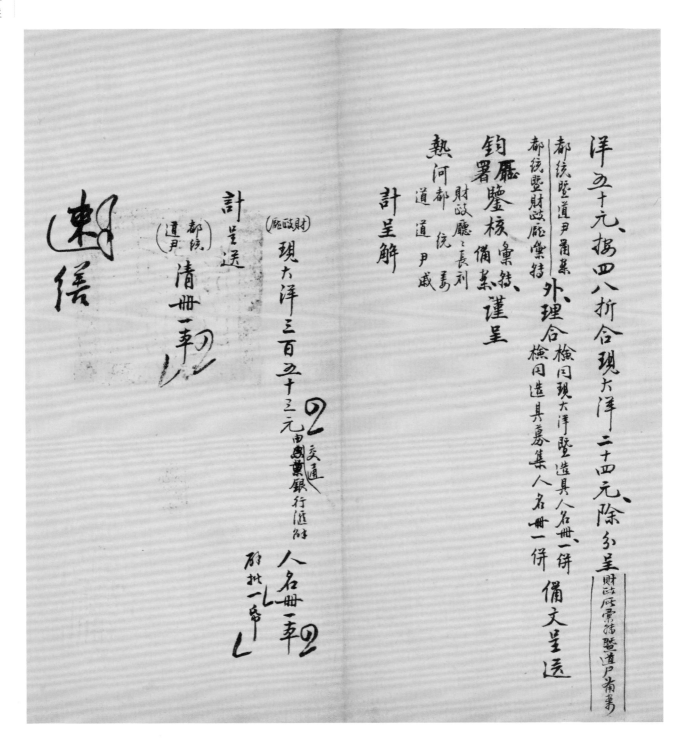

洋五十元、按四八折合現大洋二十四元、除分呈財政廳彙結暨道尹備案

都統暨道尹備案外、理合檢同現大洋暨造具人名冊一併備文呈送

都統暨財政廳彙結 檢同造具募集人名冊一併

鈞廳署鑒核彙結、備案、謹呈

計呈解

熱河財政廳廳長 劉

都統 姜

道道尹 戚

(財政廳)現大洋三百五十三元由交通/中國兼銀行匯解

人名冊一本

附批一紙

(都統 道尹)計呈送 清冊一本

繕

一一七　赤峰縣公署爲解繳捐款暨造送募捐清册事致熱河財政廳、都統公署等呈稿（1918年12月11日）

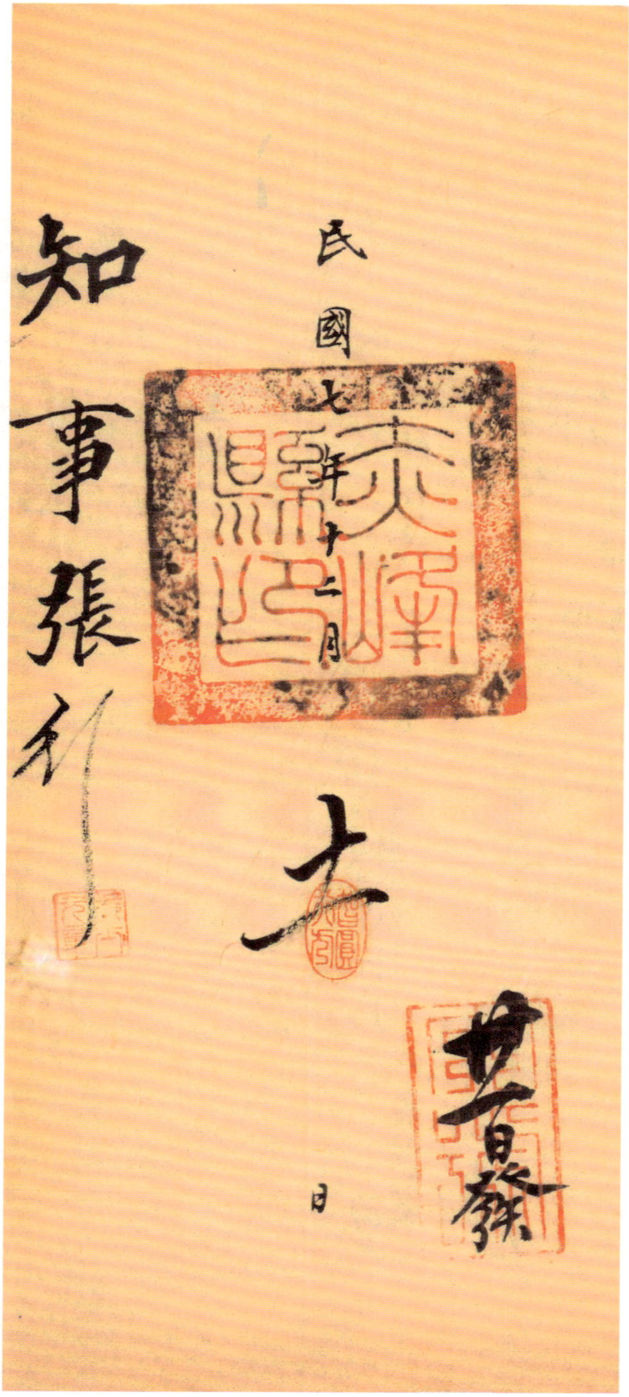
民國七年十二月　日

知事張

一一七　赤峰縣公署爲解繳捐款暨造送募捐清册事致熱河財政廳、都統公署等呈稿（1918年12月11日）

赤峰縣公署謹將歐戰協濟募集捐欵數目理合造

册呈送

憲鑒

計開

官銜寫上

張○○　赤峰知事兼征收局局長　捐票洋五十元　以折現洋二十四元

乾豫號　捐現洋三元

廣順永　捐現洋一元

永成號　捐現洋兩元

三慶永　捐現洋叁元

永成魁　捐現洋兩元

永順成　捐現洋兩元

復義長　捐現洋兩元

一一七　赤峰縣公署爲解繳捐款暨造送募捐清册事致熱河財政廳、都統公署等呈稿（1918年12月11日）

廣源法　捐現洋叁元

廣信昌　捐現洋一元

法記公司　捐現洋伍元

三義亨當　捐現洋伍元

吉興號　捐現洋一元

天和公　捐現洋一元

福法厚　捐現洋一元

公盛染　捐現洋一元

元發永　捐現洋五元

吉升堂　捐現洋叁元

復盛當　捐現洋五元

福天亨　捐現洋一元

一一七　赤峰縣公署爲解繳捐款暨造送募捐清册事致熱河財政廳、都統公署等呈稿（1918年12月11日）

泰來永　捐現洋一元
廣興德　捐現洋一元
協同玉　捐現洋弍元
福慶長　捐現洋一元
寶成興　捐現洋四元
中和永　捐現洋弍元
福元堂　捐現洋一元
瑞升祥　捐現洋一元
晋升隆　捐現洋五元
慶昇永　捐現洋一元
華蘇飯莊　捐現洋一元
萬盛永　捐現洋弍元

錦文局　捐現洋五元

永安堂　捐現洋双元

榮昌照像館　捐現洋双元

文明公司　捐現洋一元

三德厚　捐現洋一元

回天堂　捐現洋一元

福記公司　捐現洋双元

天成樓　捐現洋一元

十錦居　捐現洋一元

利永貞　捐現洋一元

廣發順　捐現洋一元

遊賓園　捐現洋一元

一一七 赤峰縣公署爲解繳捐款暨造送募捐清册事致熱河財政廳、都統公署等呈稿（1918年12月11日）

裕豐厚 捐現洋一元
三榮長 捐現洋一元
魁術堂 捐現洋一元
廣德公 捐現洋貳元
洪興號 捐現洋四元
積慶長 捐現洋一元
億盛成 捐現洋五元
利昇和 捐現洋四元
桂蘭齋 捐現洋一元
常記 捐現洋貳元
福泉達 捐現洋三元
復和號 捐現洋一元

一一七　赤峰縣公署爲解繳捐款暨造送募捐清册事致熱河財政廳、都統公署等呈稿（1918年12月11日）

3-1-99-7(4)

富成店　捐現洋一元

公順店　捐現洋一元

廣興店　捐現洋叁元

廣信楽　捐現洋叁元

益興順　捐現洋一元

慶盛永　捐現洋一元

信義成　捐現洋叁元

蔚興和　捐現洋五元

協慶公　捐現洋二元

三慶成　捐現洋四元

公興裕　捐現洋叁元

協泰店　捐現洋叁元

一一七　赤峰縣公署爲解繳捐款暨造送募捐清册事致熱河財政廳、都統公署等呈稿（1918年12月11日）

德義興　捐現洋一元

錦豫店　捐現洋一元

義茂店　捐現洋一元

寶聚和　捐現洋一元

慶泉成　捐現洋一元

忠盛號　捐現洋一元

德源店　捐現洋一元

義慶合　捐現洋一元

中興店　捐現洋一元

聚興成　捐現洋五元

義和德店　捐現洋一元

德聚店　捐現洋一元

一一七　赤峰縣公署爲解繳捐款暨造送募捐清册事致熱河財政廳、都統公署等呈稿（1918年12月11日）

廣合成店　捐現洋一元
廣祐店　捐現洋一元
錦德厚　捐現洋五元
復德恒　捐現洋一元
乾蔚集　捐現洋五元
恒集豫　捐現洋一元
德盛興　捐現洋一元
福瑞長　捐現洋一元
德盛恒　捐現洋一元
萬成興　捐現洋三元
三盛成　捐現洋一元
德源永　捐現洋一元

一一七 赤峰縣公署爲解繳捐款暨造送募捐清册事致熱河財政廳、都統公署等呈稿（1918年12月11日）

復聚成 捐現洋弍元

裕興魁 捐現洋一元

益盛長 捐現洋一元

裕盛昌 捐現洋一元

義生隆 捐現洋一元

蔚興永 捐現洋五元

蔚泰當 捐現洋五元

晋和源 捐現洋一元

義和祥 捐現洋一元

永生利 捐現洋一元

通興永 捐現洋四元

復和永棧 捐現洋三元

福興李　捐現洋一元

玉生號　捐現洋一元

志興隆　捐現洋三元

志興隆棧　捐現洋一元

福聚成　捐現洋一元

裕盛號　捐現洋一元

德盛昌　捐現洋三元

復盛成店　捐現洋三元

謙和祥　捐現洋貳元

義和公　捐現洋貳元

德玉成　捐現洋一元

同泰昌　捐現洋一元

一一七　赤峰縣公署爲解繳捐款暨造送募捐清册事致熱河財政廳、都統公署等呈稿（1918年12月11日）

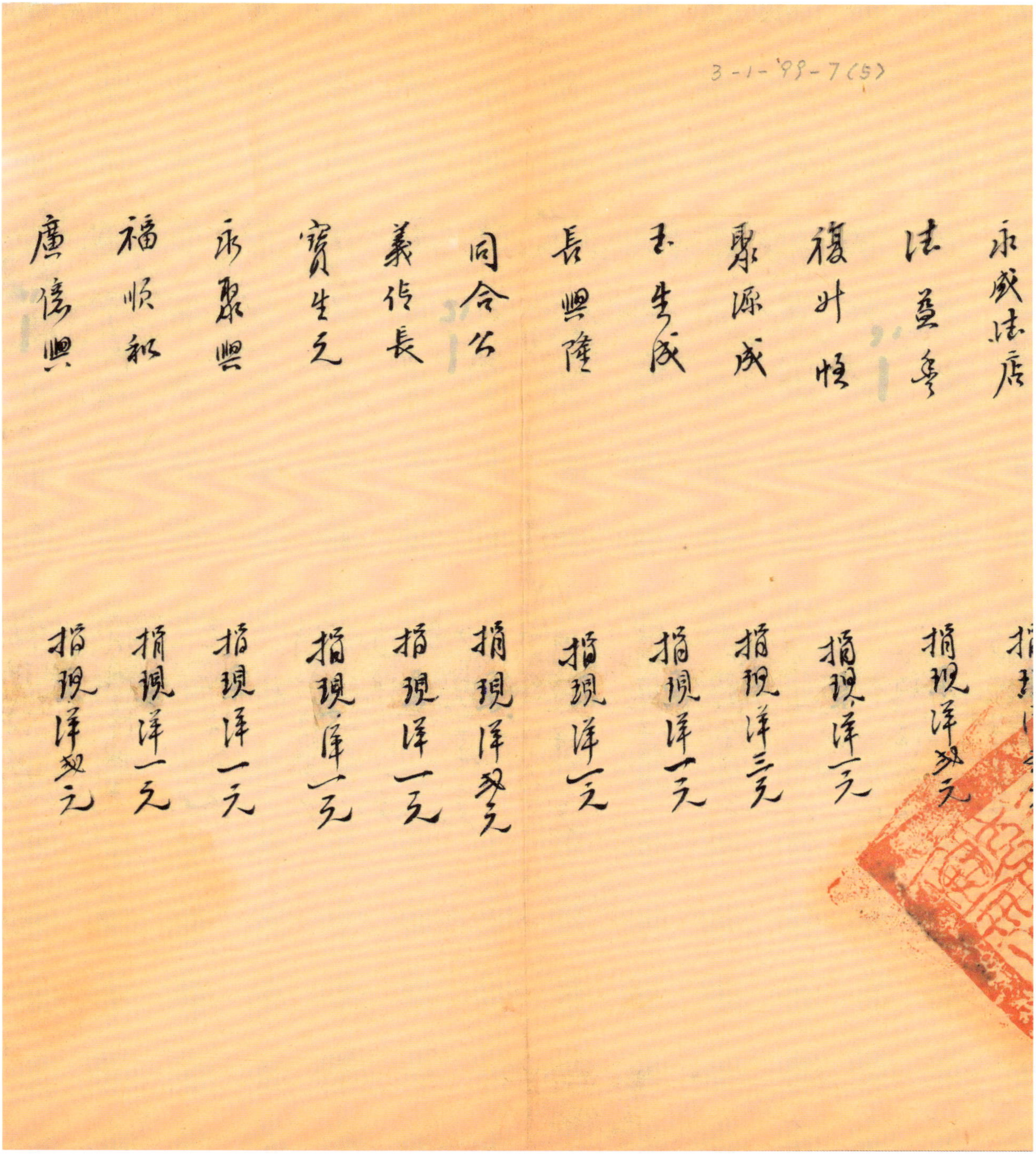
3-1-98-7(5)

永盛法店　捐現[...]

法益魯　捐現洋叁元

復升恒　捐現洋一元

聚源成　捐現洋三元

玉生成　捐現洋一元

長興隆　捐現洋一元

同合公　捐現洋叁元

義信長　捐現洋一元

寶生元　捐現洋一元

永聚興　捐現洋一元

福順和　捐現洋一元

廣德興　捐現洋叁元

一一七　赤峰縣公署爲解繳捐款暨造送募捐清册事致熱河財政廳、都統公署等呈稿（1918年12月11日）

德興號	捐現洋叁元
和慶魁	捐現洋叁元
裕慶公	捐現洋叁元
裕厚長	捐現洋叁元
福德祥	捐現洋一元
瑞昇和	捐現洋十元
義厚興	捐現洋一元
乾元當	捐現洋五元
乾元亨	捐現洋五元
廣豐成	捐現洋叁元
公元店	捐現洋四元
福興承	捐現洋一元

一一七　赤峰縣公署爲解繳捐款暨造送募捐清册事致熱河財政廳、都統公署等呈稿（1918年12月11日）

萬順昌　捐現洋一元
德峰泉　捐現洋一元
善昌久　捐現洋一元
廣信永　捐現洋五元
永泉盛　捐現洋一元
復盛隆　捐現洋一元
復和永　捐現洋叁元
廣信永　捐現洋叁元
復盛成　捐現洋三元
源隆永　捐現洋三元
德泉長　捐現洋一元

玉興長　捐現洋一元

益聚成　捐現洋一元

福順長　捐現洋一元

廣聚店　捐現洋三元

聚源店　捐現洋四元

永順店　捐現洋貳元

永興成棧　捐現洋一元

興隆皮店　捐現洋一元

德義店　捐現洋一元

魁盛店　捐現洋一元

通盛店　捐現洋一元

一一七　赤峰縣公署爲解繳捐款暨造送募捐清册事致熱河財政廳、都統公署等呈稿（1918年12月11日）

永生成　捐現洋一元
益興恒　捐現洋一元
慶發合　捐現洋一元
復益永　捐現洋一元
慶昌亨店　捐現洋一元
義元和　捐現洋一元
泰升祿　捐現洋一元
永興成　捐現洋叁元
利發合　捐現洋一元
裕興成　捐現洋一元
福和德　捐現洋一元

一一七　赤峰縣公署爲解繳捐款暨造送募捐清册事致熱河財政廳、都統公署等呈稿（1918年12月11日）

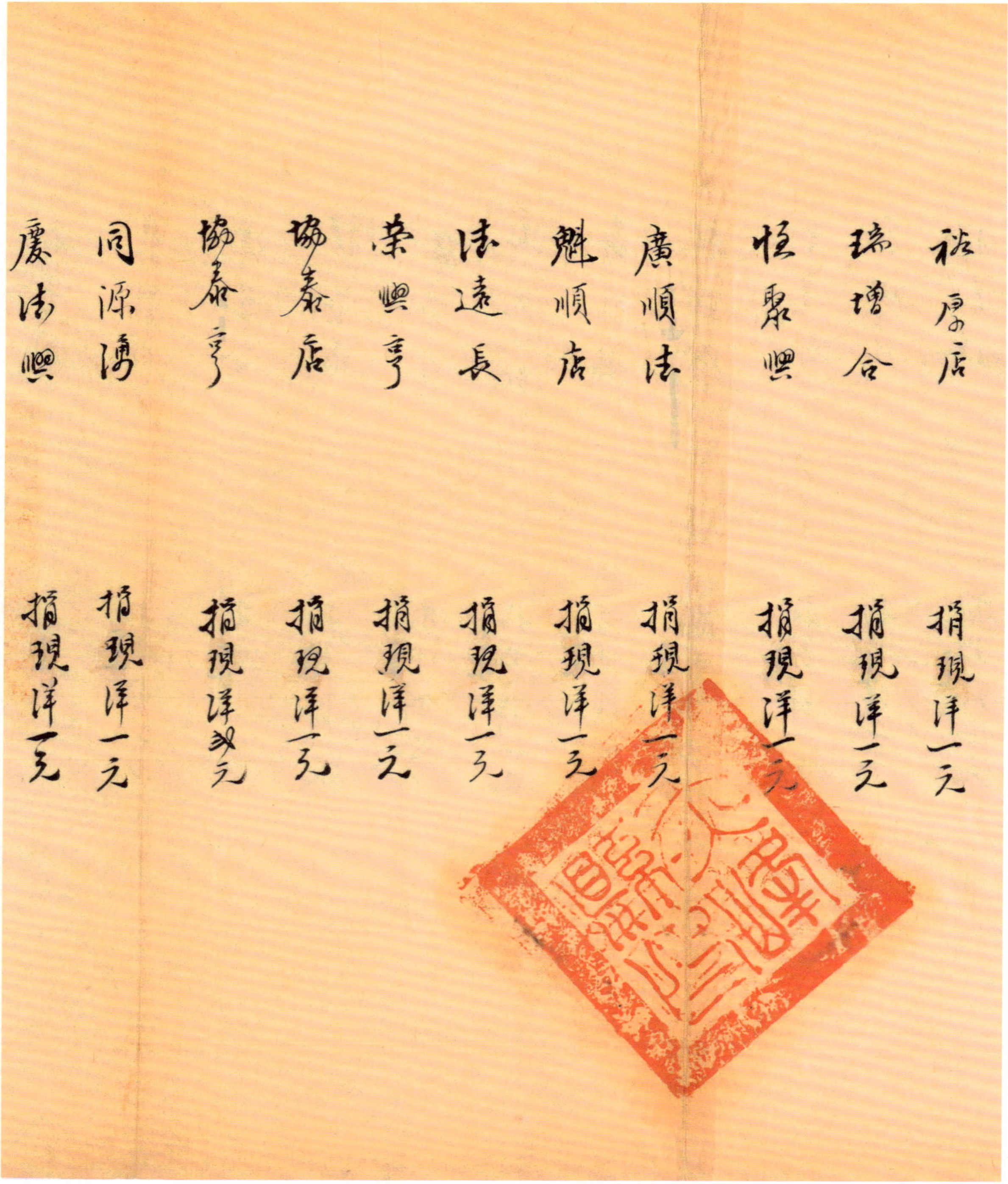

裕厚店　捐現洋一元
瑞增合　捐現洋一元
恒聚興　捐現洋一元
廣順德　捐現洋一元
魁順店　捐現洋一元
德遠長　捐現洋一元
榮興亨　捐現洋一元
協泰店　捐現洋一元
協泰亨　捐現洋弍元
同源湧　捐現洋一元
慶德興　捐現洋一元

一一七 赤峰縣公署爲解繳捐款暨造送募捐清册事致熱河財政廳、都統公署等呈稿（1918年12月11日）

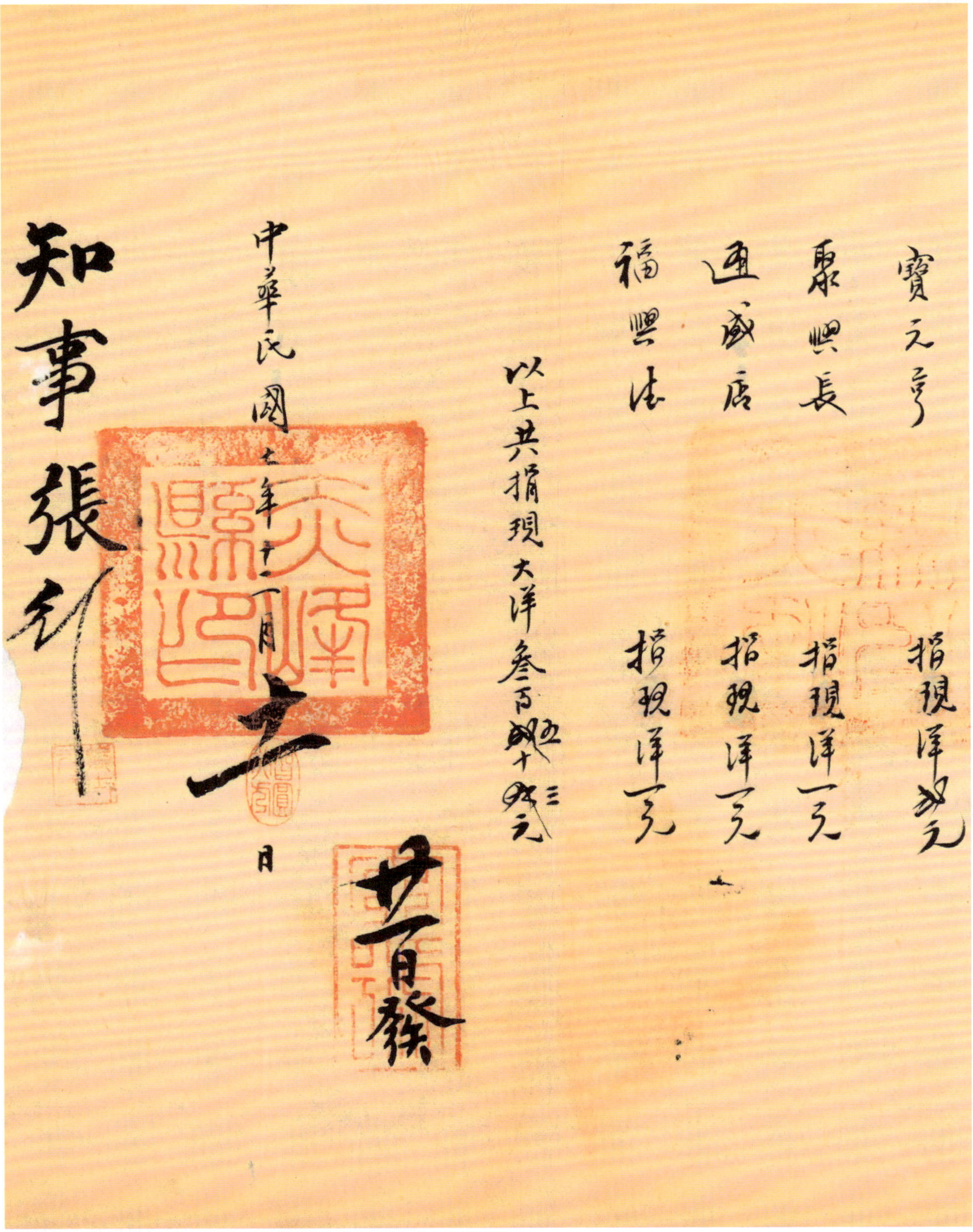
寶元亨 捐現洋[illegible]元
聚興長 捐現洋一元
通盛店 捐現洋一元
福興德 捐現洋一元
以上共捐現大洋叁百五十三元
中華民國七年十二月 十一 日
知事張
廿日發

一一八 熱河財政廳爲查明已開礦質其産地市價列表呈報事致赤峰徵收局訓令（1919 年 2 月 12 日）

3-1-2027-1

熱河財政廳訓令第三四號

令赤峰征收局長

為令行事案奉

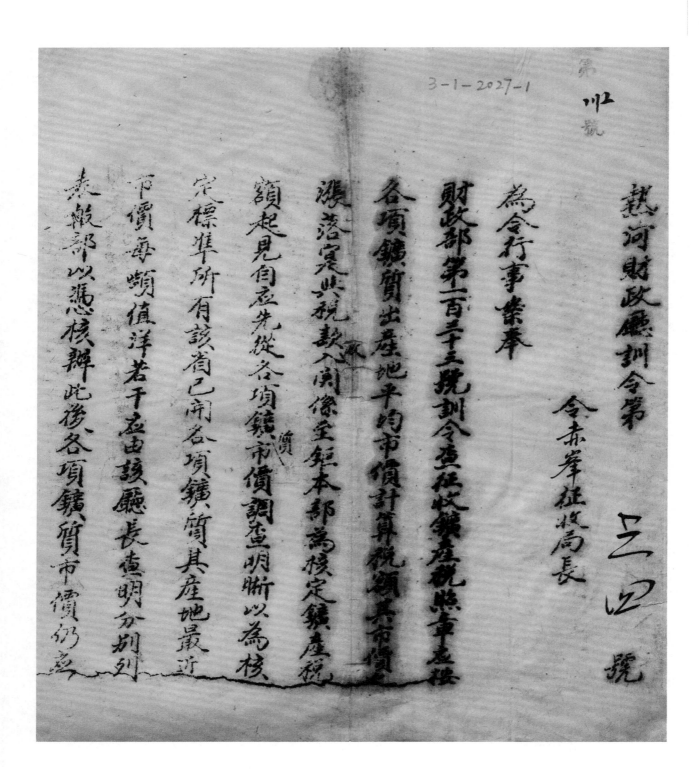

財政部第一百三十三號訓令查征收鑛產稅照章應按各項鑛質出產地平均市價計算稅額其市價漲落實與稅款大關係茲經本部為核定鑛產稅額起見自應先從各項鑛質市價調查明晰以為核定標準所有該省已開各項鑛質其產地最近市價每噸值洋若干應由該廳長查明分別列表報部以憑核辦此後各項鑛質市價仍應

一一八 熱河財政廳爲查明已開礦質其産地市價列表呈報事致赤峰徵收局訓令（1919年2月12日）

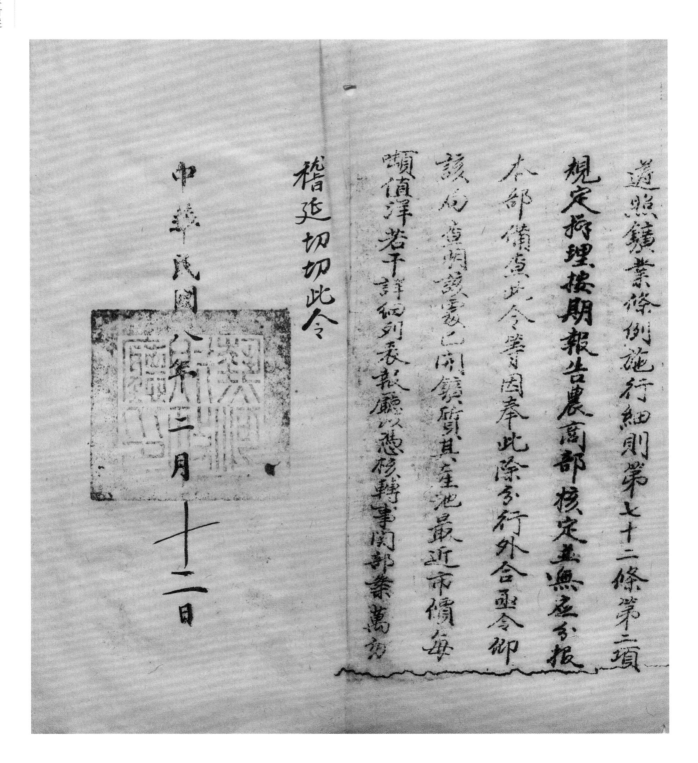

遵照鑛業條例施行細則第七十二條第二項
規定辦理按期報告農商部核定並無庸分報
本部備查此令等因奉此除分行外合亟令仰
該局查明該處已開鑛質其産地最近市價每
噸值洋若干詳細列表報廳以憑核轉事關部案萬勿
稽延切切此令

中華民國八年二月十二日

一一八　熱河財政廳爲查明已開礦質其産地市價列表呈報事致赤峰徵收局訓令（1919 年 2 月 12 日）

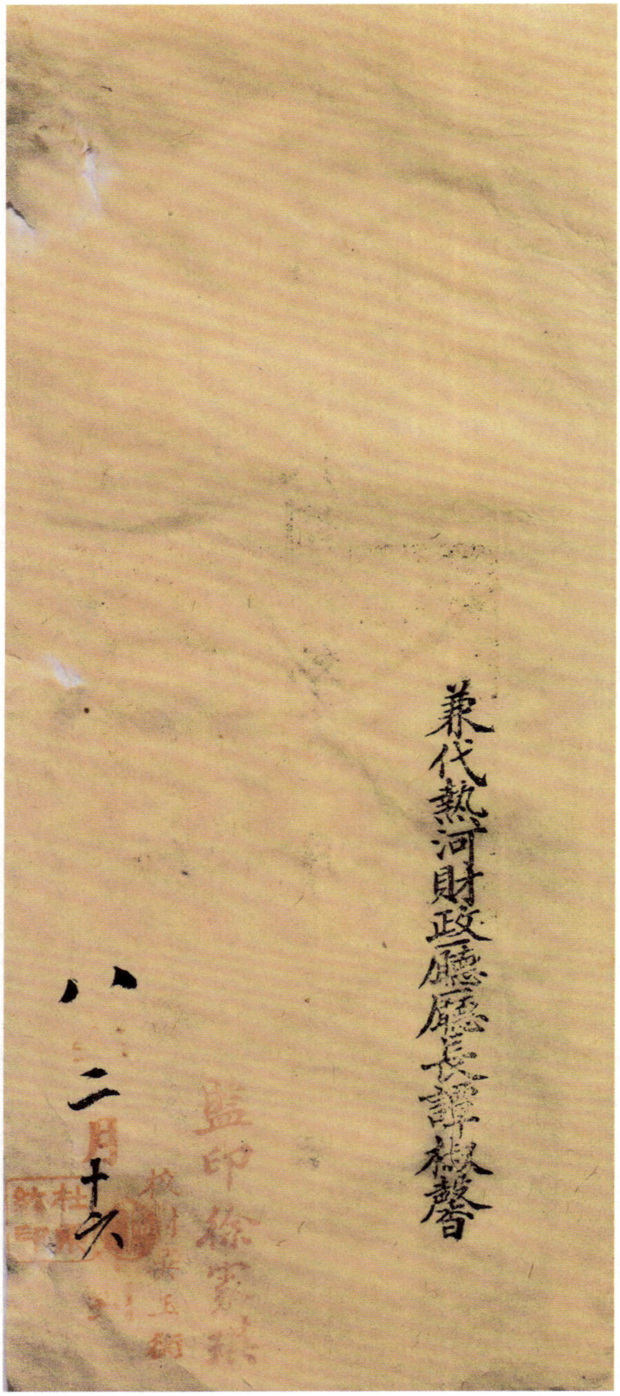
兼代熱河財政廳廳長譚祿馨

八

二月十八

一一九　赤峰徵收局爲造送礦質市價調查表事致熱河財政廳呈稿（1919年4月）

呈爲造送鑛質市價調查表事。案奉

鈞廳第卅四號訓令內開：云云，切切此令。復奉

鈞廳蒸電開：以前第三十四號查明鑛質市價案，限速具報等因。

奉此，遵即將鑛質及最近市價每擔值洋若干，詳

細造表一紙，理合備文呈送

鈞廳查核。謹呈

熱河財政廳廳長譚

計呈送

鑛質市價調查表一

中華民國八年四月　　日

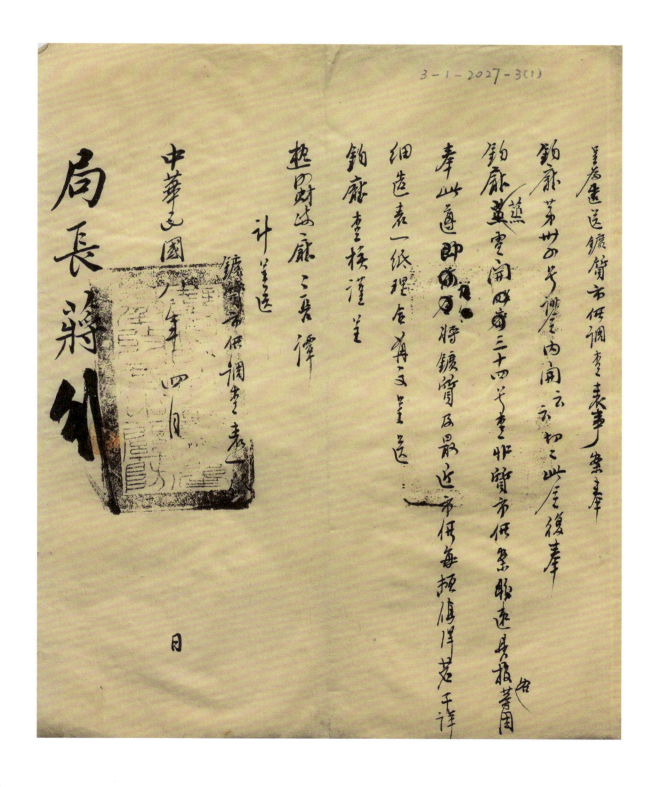

局長蔣

一一九　赤峰徵收局爲造送礦質市價調查表事致熱河財政廳呈稿（1919年4月）

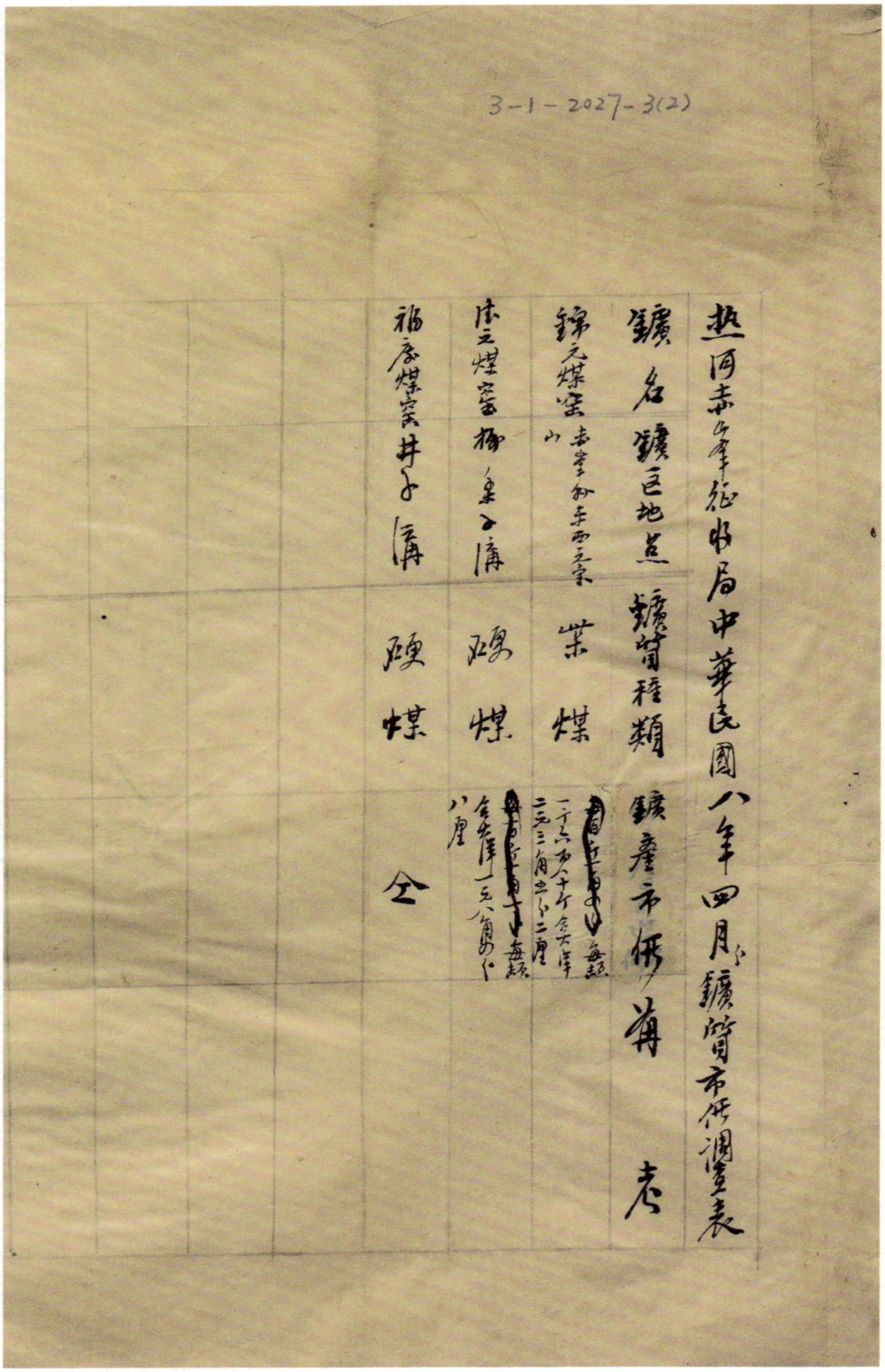

3-1-2027-3(2)

熱河赤峰徵收局中華民國八年四月份礦質市價調查表

礦名	礦區地點	礦質種類	礦產市價	備考
錦元煤窑	赤峰縣赤西元寶山	紫煤	[illegible]每噸一千六百八十斤合大洋二元三角五分二厘	
德元煤窑	楊家溝	硬煤	[illegible]每噸合大洋一元八角五分八厘	
福康煤窑	井子溝	硬煤	仝	

一一九　赤峰徵收局爲造送礦質市價調查表事致熱河財政廳呈稿（1919年4月）

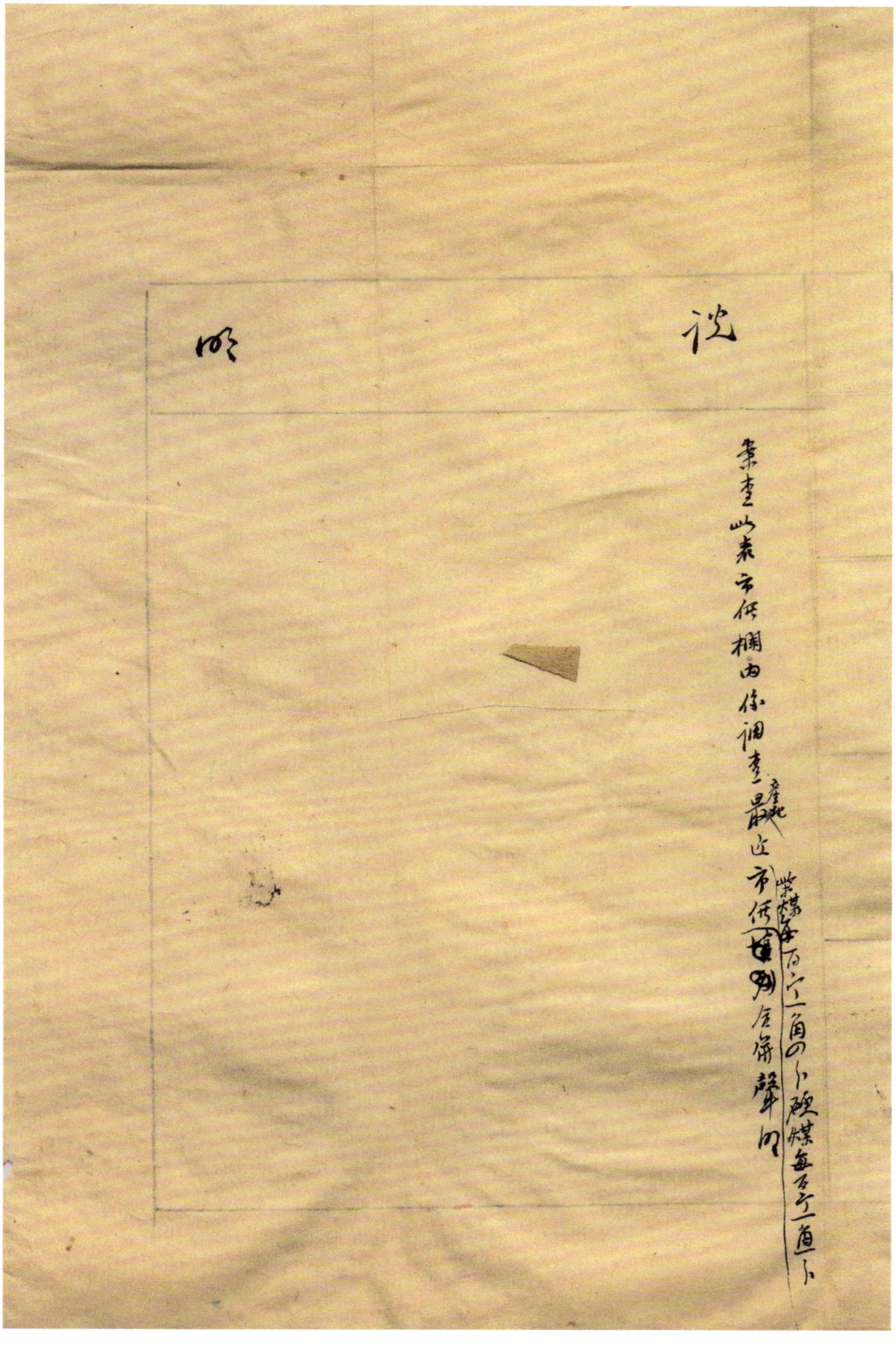
說明

案查此表市價欄內係調查產地最近市價紫煤每百斤一角四分硬煤每百斤一角[illegible]塡列合併聲明

一二〇 熱河道道尹公署爲抄發剪髮條規仰遵照辦理事致赤峰縣公署訓令（1919 年 2 月 28 日）

熱河道道尹公署訓令第三二六號

令赤峰縣知事

爲令行事本年一月二十四日奉

都統訓令第五十五號內開本年一月五日准

順直省議會咨開爲咨請事據本會議員陳

兆芙提議內稱竊維國家之安危恆視人心之

向背人心之向背實賴執政之轉移轉移之

術雖非一端而最要者莫如變革形勢蓋

形勢爲耳目之所寄形勢一變精神隨之中

國數千年來一代肇興莫不變易服制而前清

一二〇 熱河道道尹公署爲抄發剪髮條規仰遵照辦理事致赤峰縣公署訓令（1919年2月28日）

入關尤於垂髮一事特加之意正以此耳民國成
立七年於茲前代陋習率多滌除獨髮辮尚未
剪盡殊不足以新耳目也環顧國內江南諸省
既已剪盡山西境域亦靡遺留順直首善之區
反落人後左僻州縣無論矣即通都大邑髮復
留而辮仍垂者所在多有袁張政變迭起識
者均抱隱憂而鄉僻小民反有喁喁望治之
意此果其性生頑冥下愚不移哉形勢未能
更新思想莫由移轉而國是遂無由以定也
長此以往恐蚩蚩者祗視為固然未剪者

一二〇 熱河道道尹公署爲抄發剪髮條規仰遵照辦理事致赤峰縣公署訓令（1919年2月28日）

將終於不剪，已剪者亦復行蓄留，面之不洗，心何能革，國家基礎將安固乎？所以籌維再四而終難緘默也。爰依法提議，咨請省區長官嚴飭各縣酌量情形，限期剪盡，以新觀聽而重体制。復據議員李洪嶽提議內稱：民國肇建，百度更新，蓄髮陋習豈容株守，亟應廹令剪除，以新耳目。但無具体辦法，恐難見諸實行。茲擬定規條，祈付公決各等因到會。當經公同討論，多數可決。除將剪髮規條另摺繕送外，相應咨請查照施行可也。此咨等因

一二〇 熱河道道尹公署爲抄發剪髮條規仰遵照辦理事致赤峰縣公署訓令（1919 年 2 月 28 日）

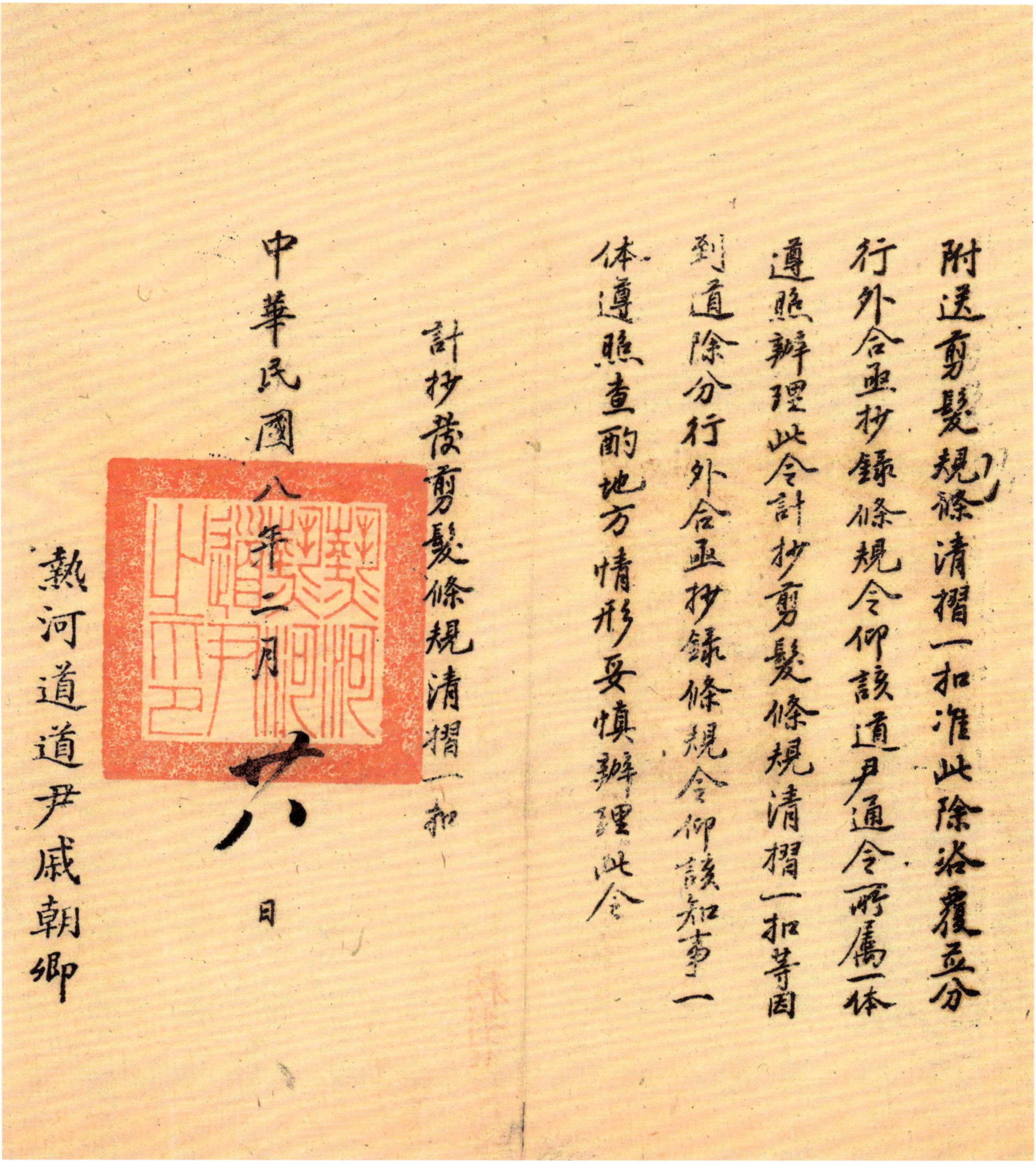
附送剪髮規條清摺一扣准此除咨覆並分
行外合亟抄錄條規令仰該道尹通令所屬一体
遵照辦理此令計抄剪髮條規清摺一扣等因
到道除分行外合亟抄錄條規令仰該知事一
体遵照查酌地方情形妥慎辦理此令
計抄發剪髮條規清摺一扣
中華民國八年二月廿八日
熱河道道尹戚朝卿

一二〇 熱河道道尹公署爲抄發剪髮條規仰遵照辦理事致赤峰縣公署訓令（1919年2月28日）

民國八年三月 日

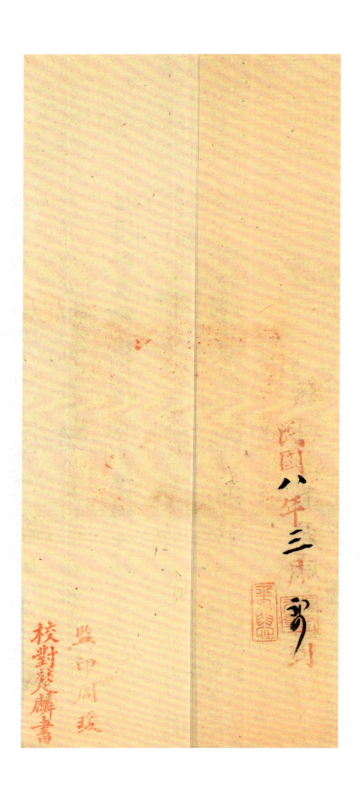

監印 周瑗

校對 樊麟書

一二〇 熱河道道尹公署爲抄發剪髮條規仰遵照辦理事致赤峰縣公署訓令（1919 年 2 月 28 日）

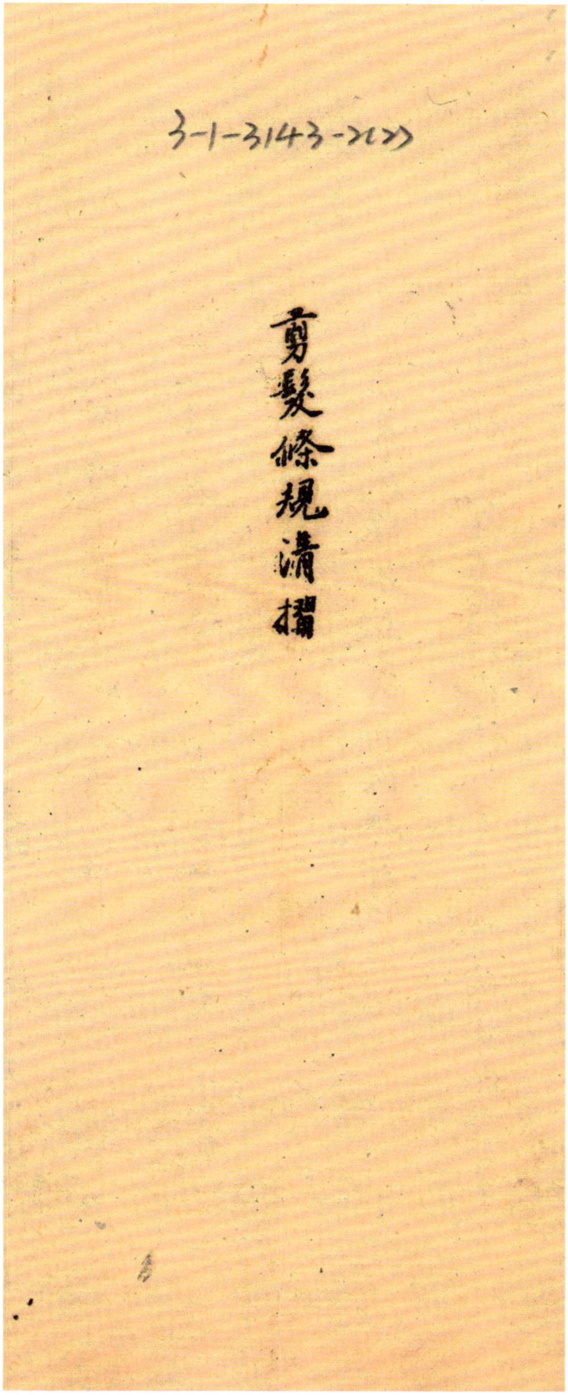
3-1-3143-2122

剪髮條規清摺

一二〇　熱河道道尹公署爲抄發剪髮條規仰遵照辦理事致赤峰縣公署訓令（1919 年 2 月 28 日）

剪髮規條

第一條　凡官署及其他官公立機關服務人員未剪髮者由該管官吏通令剪除一月爲限不聽者停止職務

第二條　各學校學生未剪髮者由校長迫令剪除三月爲限不聽者開除學籍

第三條　各官署機關夫役未剪髮者由該管主人迫令剪除三月爲限不聽者開革

第四條　各城鎮鄉商人未剪髮者由該管縣知事及警官強迫剪盡六月爲限

一二〇　熱河道道尹公署爲抄發剪髮條規仰遵照辦理事致赤峰縣公署訓令（1919年2月28日）

第五條　除官學商各界外其他一切人民由該管縣
知事及警官强迫剪盡一年爲限
第六條　省城及商埠等處除居戶按照前定期限
剪盡外往來人等由警察隨時强迫剪除
第七條　各関卡及各縣城門與集市等處由該管
官吏遴派幹警遇有帶髮辮者立即强迫剪除
第八條　剪髮期滿縣知事須將辦理情形呈報道
長察核
第九條　縣知事辦理剪髮不能依限報竣或報竣
而調查不實者予以記過之懲戒

一二〇 熱河道道尹公署爲抄發剪髮條規仰遵照辦理事致赤峰縣公署訓令（1919 年 2 月 28 日）

第十條　凡被懲戒之縣知事予以較前減半之期限一律剪盡呈報倘仍不遵亦予以較前重加一倍之懲戒

第十一條　各審判衙門審理訴訟遇有帶髮辮者立即强迫剪除

第十二條　凡各縣紳學商各界有能提倡剪髮協助縣知事異常出力者由縣知事呈請省長予以匾額或奬章

第十三條　本規條自公布之日施行

一二一 赤峰縣公署爲遵照條規於限期内剪髮事布告稿（1919年5月6日）

3-1-3143-4

赤峰縣公署佈告第　號

爲佈告事。案奉

熱河道道尹公署第三二六號訓令内開：爲令行

事。云云。此令。計抄發剪髮條規清摺一扣。等因。奉

此。查赤邑僻處邊塞，見聞較陋，剪髮者除服務

人員、紳耆外，其餘商民甚屬寥寥。現南中各省

均經剪盡，靡弗遺留，而我赤商民豈能獨異？亟

應剪除，以新觀瞻而符國制。除令警察斟勸令剪

除外，合亟佈告，仰闔邑商民人等一體知悉：髮

辮一物，屬茲世界，斷不能（稍容）存留，務須遵照剪髮

一二一　赤峰縣公署爲遵照條規於限期内剪髮事布告稿（1919 年 5 月 6 日）

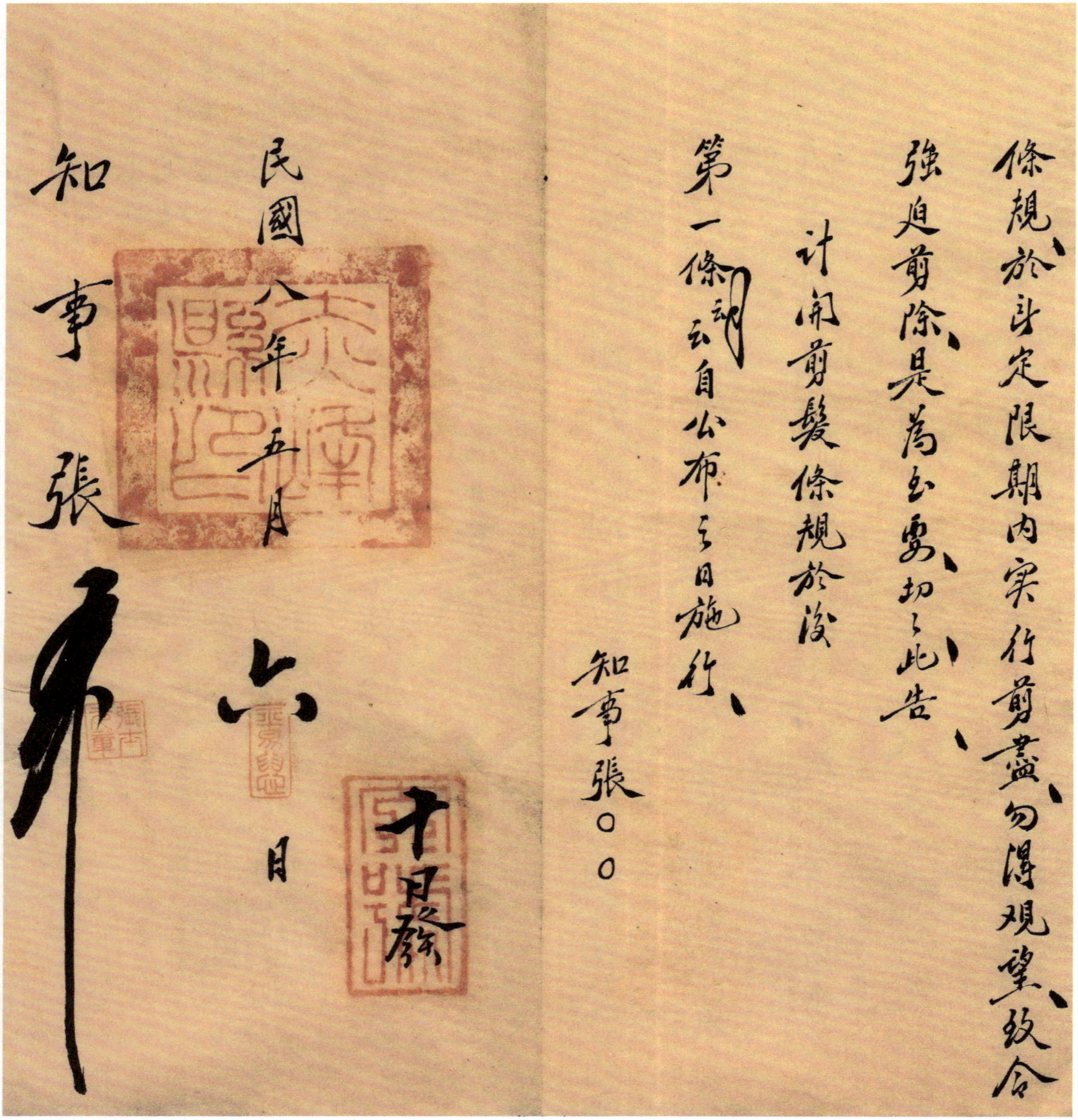

條規、於新定限期内實行剪盡、勿得觀望、致令

強迫剪除、是爲至要、切切此告、

計開剪髮條規於後

第一條　規則自公布之日施行、

知事張〇〇

民國八年五月六日

知事張

十日發

一二二 赤峰縣公署爲縣境内并無辦理電燈電話及各種電氣事業事致熱河道道尹公署呈稿（1919年4月19日）

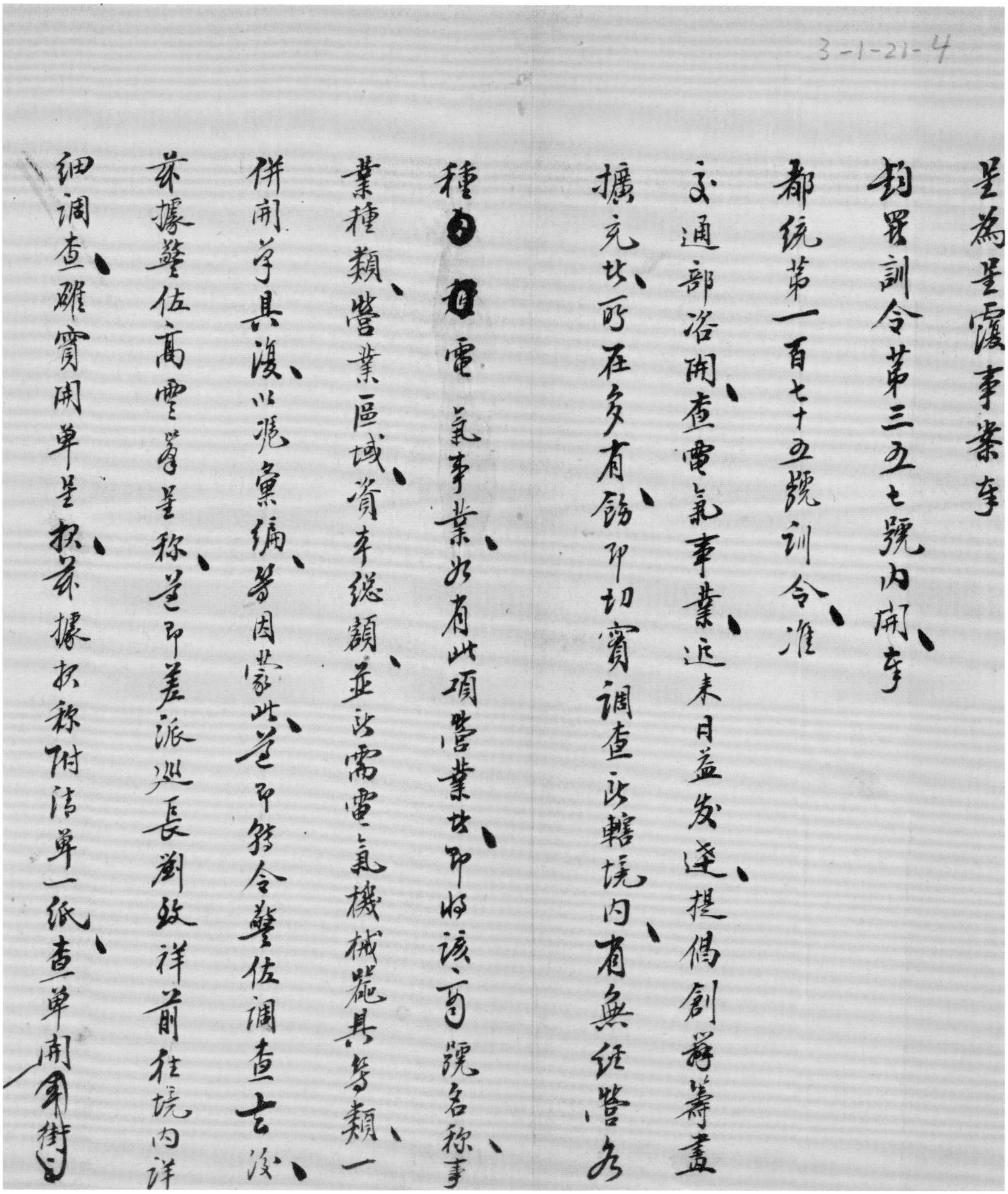

3-1-21-4

呈爲呈覆事案奉
鈞署訓令第三五七號內開、奉
都統第一百七十五號訓令、准
交通部咨開查電氣事業近來日益發達、提倡創辦籌畫
擴充皆所在多有、飭即切實調查所轄境內有無經營各
種[illegible][illegible]電氣事業、如有此項營業、即將該商號名稱、事
業種類、營業區域、資本總額、並所需電氣機械器具等類、一
併開單具復、以憑彙編、等因、奉此、遵即飭令警佐調查去後、
茲據警佐高雲峰呈稱、遵即差派巡長劉致祥前往境內詳
細調查、雖實開單呈核、茲據抄稱附清單一紙、查單開街

一二二　赤峰縣公署爲縣境内并無辦理電燈電話及各種電氣事業事致熱河道道尹公署呈稿（1919年4月19日）

因衣靴鞋工廠各商用有一二鐵機，不在調查之列。惟日本頭道
街東頭設有日商滿蒙興業公司一家，資本總額在二十萬金
票之譜，製造甘草爲蜜，發往大連總行行銷，並無他項貨物
出售。其該用之什物，內有機器鍋大小七口、機器刀一把、碾一盤，概
係用機器製造甘草，此並非電氣事業，不在調查之列。
查此外並無辦理電燈電話以及各種電氣事業等
情，呈覆前來。知事覆查無異，理合具文呈覆
鈞署鑒核。謹呈
熱河道道尹咸
代理赤峰縣知事張○○

一二二　赤峰縣公署爲縣境内并無辦理電燈電話及各種電氣事業事致熱河道道尹公署呈稿（1919年4月19日）

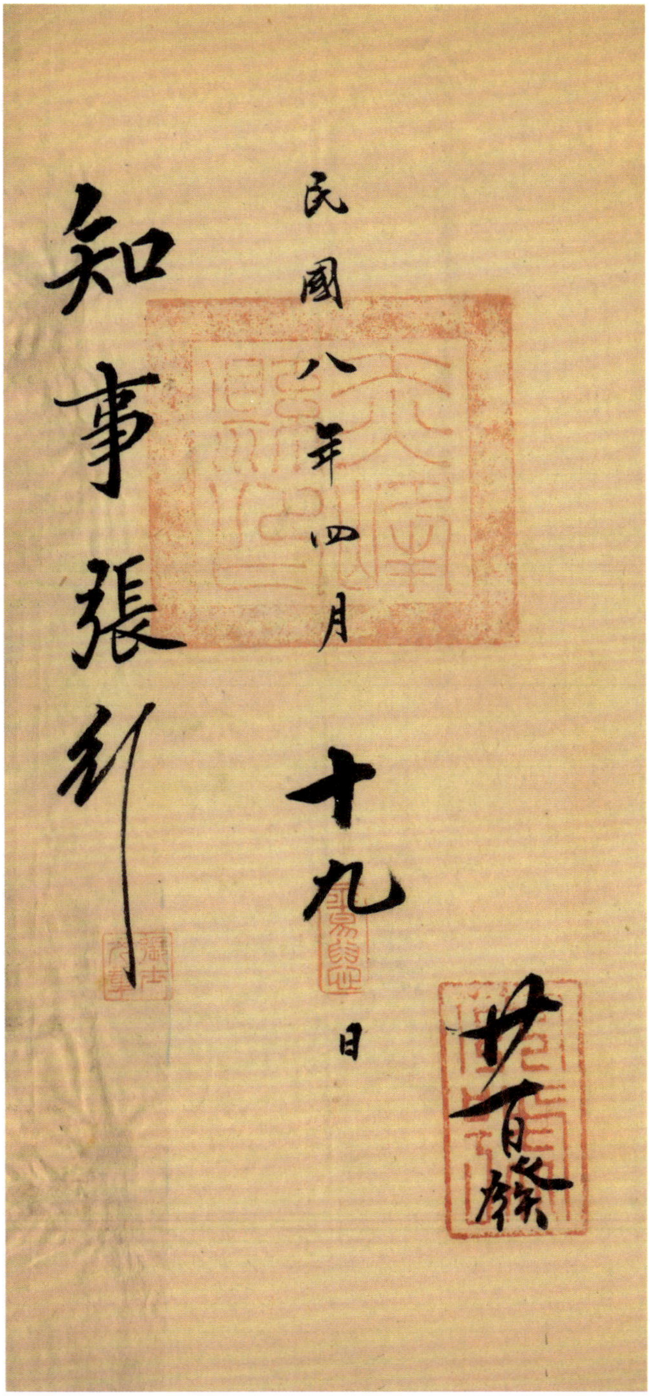
廿日發

民國八年四月十九日

知事張[illegible]

一二三　赤峰縣警察所爲迄今并無商户來赤銷售硝礦事致赤峰縣公署呈（1919年5月）

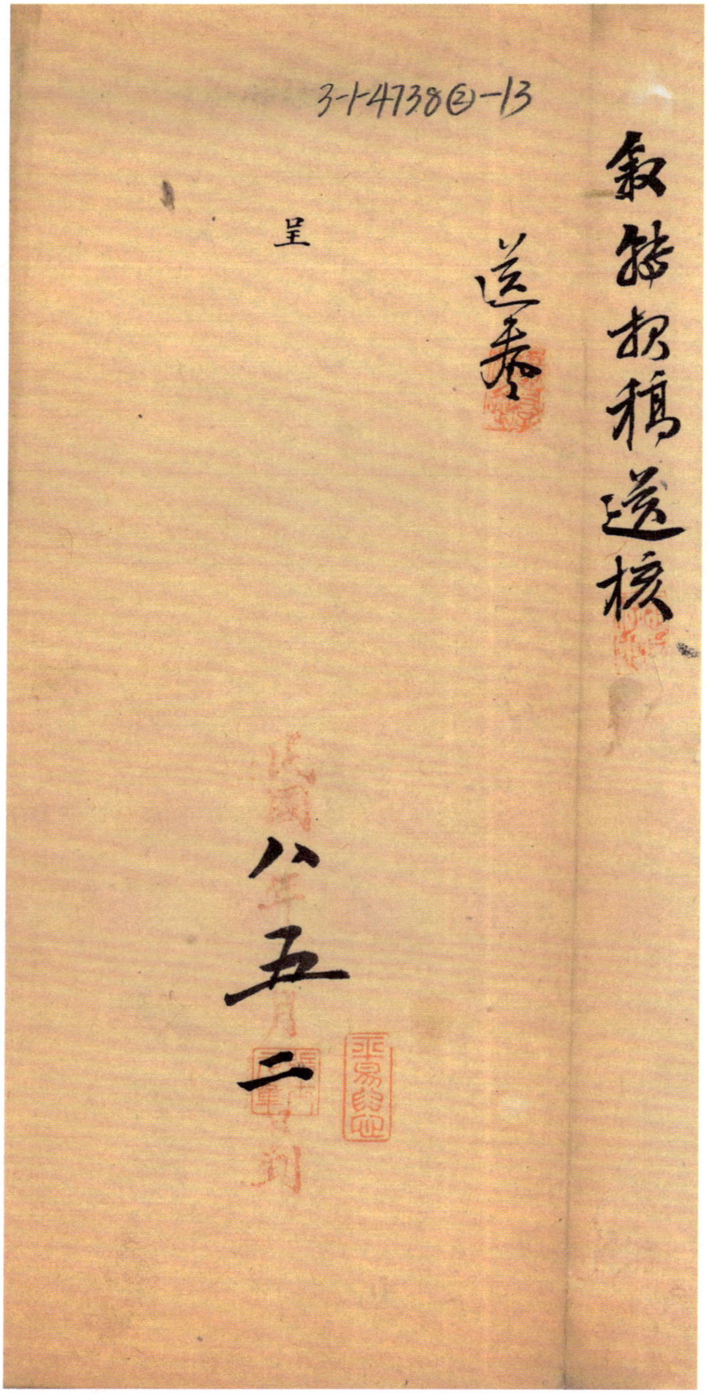
3-1-4738②-13

敘錄批稿送核

送奉

呈

民國八年五月二日到

一二三　赤峰縣警察所爲迄今并無商户來赤銷售硝磺事致赤峰縣公署呈（1919年5月）

呈為呈覆事竊於四月三十日接奉
鈞署訓令第五五號內開為令催事案奉
熱河財政廳第三九九號訓令內開為令催事案查前奉
熱河都統令准
直隸省長咨請飭查磺商戴雲俊等運磺赴赤平朝凌各縣銷售是否正當用途一案當經轉令該縣迅即查明呈覆在案迄今尚未據覆合行令催仰該縣遵照前令迅即查明尅日具覆勿再宕延切切此令等因奉此查此案前奉
財政廳第四零五訓令當經本署於七年十一月間轉令該警佐查明具覆在案迄今數月之久未據呈覆茲奉前因合再令催仰該警佐立即遵照查明尅日具覆以憑核轉勿再玩延切切此令等因奉此遵即檢查前卷所有奉到二一號三十七號令開事理已

一二三 赤峰縣警察所爲迄今并無商户來赤銷售硝磺事致赤峰縣公署呈（1919年5月）

飭巡官李潤泉調查據稱現未查有各商運磺來赤因既經該商等呈明指出地點觔數

自無不來候據實呈報以待茲奉前因自應仍飭該巡官在各街店以及各花炮舖確

切調查明晰以便呈覆旋據復稱自先後奉令以迄於今從未有各商來街銷售磺觔

並取具各花炮舖字號蓋戳一紙前來警佐覆查無異理合備文呈覆

鑒查核轉施行謹呈

赤峰縣縣長兼警察所所長張

計呈送

花炮舖字號單一紙

警佐高雲峯

一二三　赤峰縣警察所爲迄今并無商户來赤銷售硝磺事致赤峰縣公署呈（1919 年 5 月）

福益永
興裕成
義發合
得發永
永盛公
德源生

告各炮鋪並無售硝
磺人李雁書等來者

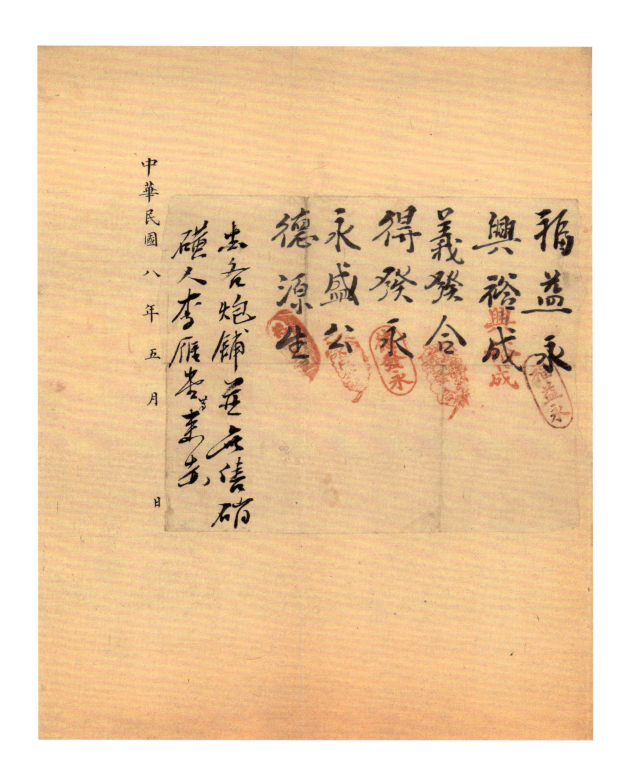

中華民國八年五月　日

一二四　赤峰縣公署爲委任楊裕文爲所長組織成立理財所事委任令（1919 年 5 月 9 日）

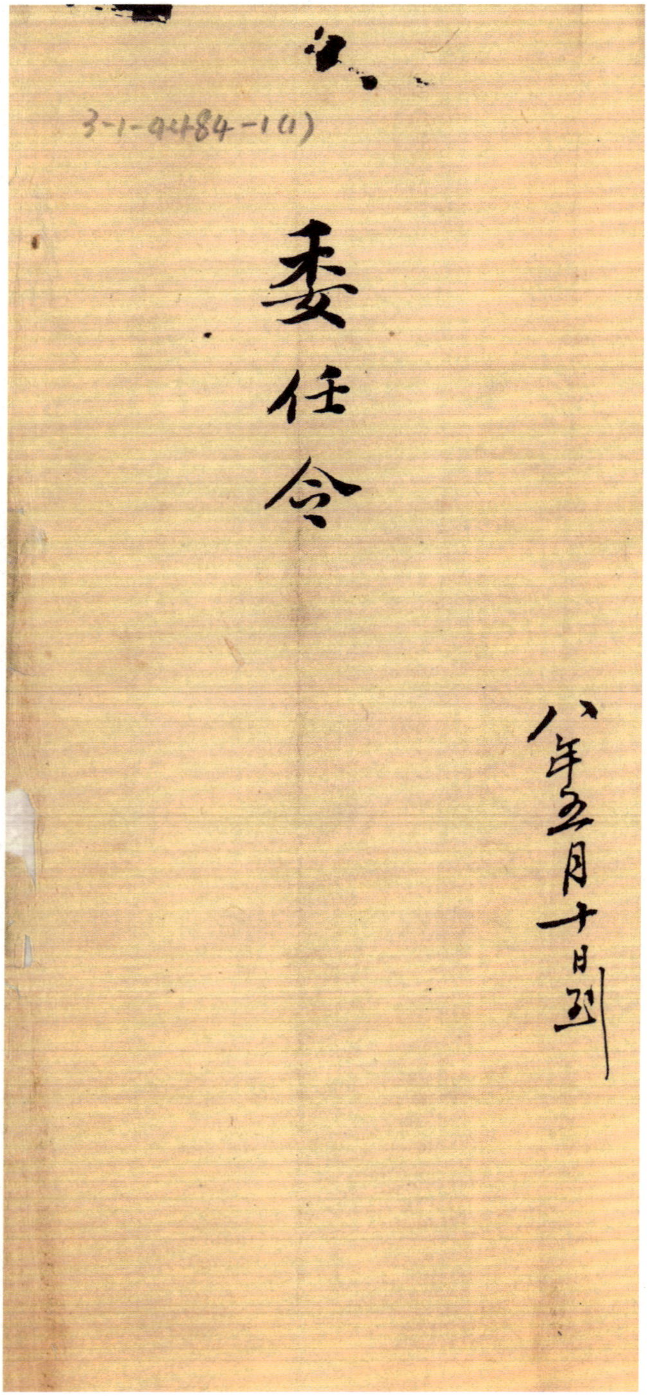
3-1-0484-1(1)

委任令

八年五月十日到

一二四　赤峰縣公署爲委任楊裕文爲所長組織成立理財所事委任令（1919年5月9日）

赤峰縣公署委任令第一號

令委理財所所長楊裕文

為令委事案查前奉

廳道令催恢復理財所一案當經分別函令地方

各機關公舉正紳組織成立旋據紳學商各界

陳明公舉該紳充當理財員支紳棟材充當董

事前來當以理財員董事名稱是否可用呈請

道尹核示並請抄發核准各縣恢復理財所辦事

章程以憑遵辦嗣奉

道尹指令以設立理財所各縣情形不同是以未經

一二四　赤峰縣公署爲委任楊裕文爲所長組織成立理財所事委任令（1919年5月9日）

規定通行章程應由該縣咨詢鄰縣或承德
縣將呈奉核准之章程抄送一份以資借鏡至
理財所應設所長一員其董事人等各縣均無此
名目亦無此法應即撤銷等因當經本署咨
請承德縣抄送章程去後茲准承德縣將呈
奉核准之章程抄送前來本署細核尚屬
可用合行抄發原章令委該紳即便遵照迅
速擇定地址將理財所照章組織成立遴選文
牘會計等員呈請委任以專責成並將組
織成立日期暨該紳年歲履歷造具清冊三

一二四　赤峰縣公署爲委任楊裕文爲所長組織成立理財所事委任令（1919年5月9日）

份呈送來署以憑轉報切切此令

計抄發理財所辦事章程一份

知事張士元

中華民國八年五月九日

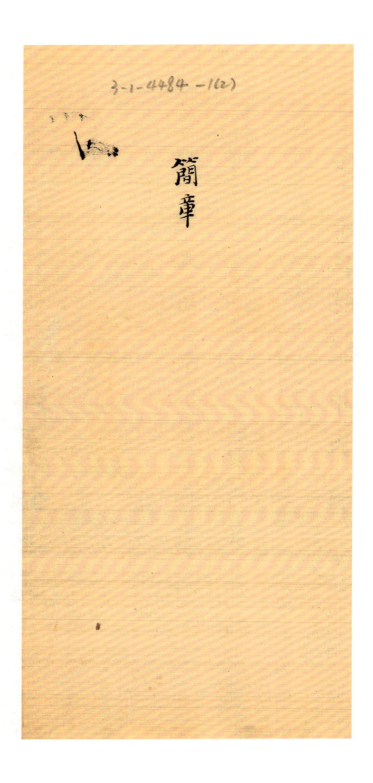

一二四 赤峰縣公署爲委任楊裕文爲所長組織成立理財所事委任令（1919年5月9日）

3-1-4484-1(2)

簡章

一二四　赤峰縣公署爲委任楊裕文爲所長組織成立理財所事委任令（1919年5月9日）

謹將擬具理財所辦事章程繕具清册陳請

鑒核

計開

赤峰縣理財所辦事章程

第一條　理財所以經理縣地方警察教育實業自治慈善河工

及其他一切款項爲宗旨

第二條　各鄉村市鎮地方款項統歸理財所管理

第三條　理財所得附設於本縣署内或擇定地址設立機關

第四條　理財所設所長一員文牘一員會計兼庶務一員書記二名

夫役二名所長受縣知事之監督文牘會計兼庶務受

一二四 赤峰縣公署爲委任楊裕文爲所長組織成立理財所事委任令（1919年5月9日）

所長之監督指揮辦理預算月報各種表册暨收支事宜

第五條 所長每月應支薪水大洋二十元文牘會計兼庶務各月支十四元書記每名各月支八元夫役每名各月支五元

辦公經費十二元

第六條 所長由地方各機關及公正紳士公舉呈由縣知事查核委任並轉飭備案文牘會計由所長遴選呈請縣知事委任但縣議會成立以後所長一員應由該會選舉

第七條 理財所收支各種款項應於每月經過五日內造具實收實支報告清册呈送縣署備查並將收支賬簿一併送閱蓋章

一二四　赤峰縣公署爲委任楊裕文爲所長組織成立理財所事委任令（1919 年 5 月 9 日）

第八條　理財所收納各種款項應當日送交地方殷實銀行或殷實商號保存以昭慎重

前項銀行商號應由所長商承縣知事指定之

第九條　理財所支付地方各機關經費暨各種臨時經費非有縣知事核准明文或領狀不准支發其有特別支出事關緊急者不在此限但事後仍須備文呈明或補取領狀以示鄭重而昭劃一

第十條　理財所應於每年五月間編造下年度地方收入支出預算書呈送縣署以憑轉送並於每年年終造具全年收支決算冊呈送縣署備案

第十一條　所長會計各員如有不勝任時得由縣知事隨時查明

撤換另行選委

第十二條　理財所應由縣署呈請　道尹轉呈　都統刊發木質

圖記一顆以昭信守

第十三條　本章程所有未行規定事項悉仍遵照現行審計法令辦理

第十四條　本章程以呈奉　核准之日施行

第十五條　本章程如有未盡事宜得隨時修改更正呈請核

准遵行

一二五　赤峰縣理財所所長楊裕文爲擬定理財所成立日期請委任員司并刊發鈐記事致赤峰縣公署呈稿（1919 年 5 月 10 日）

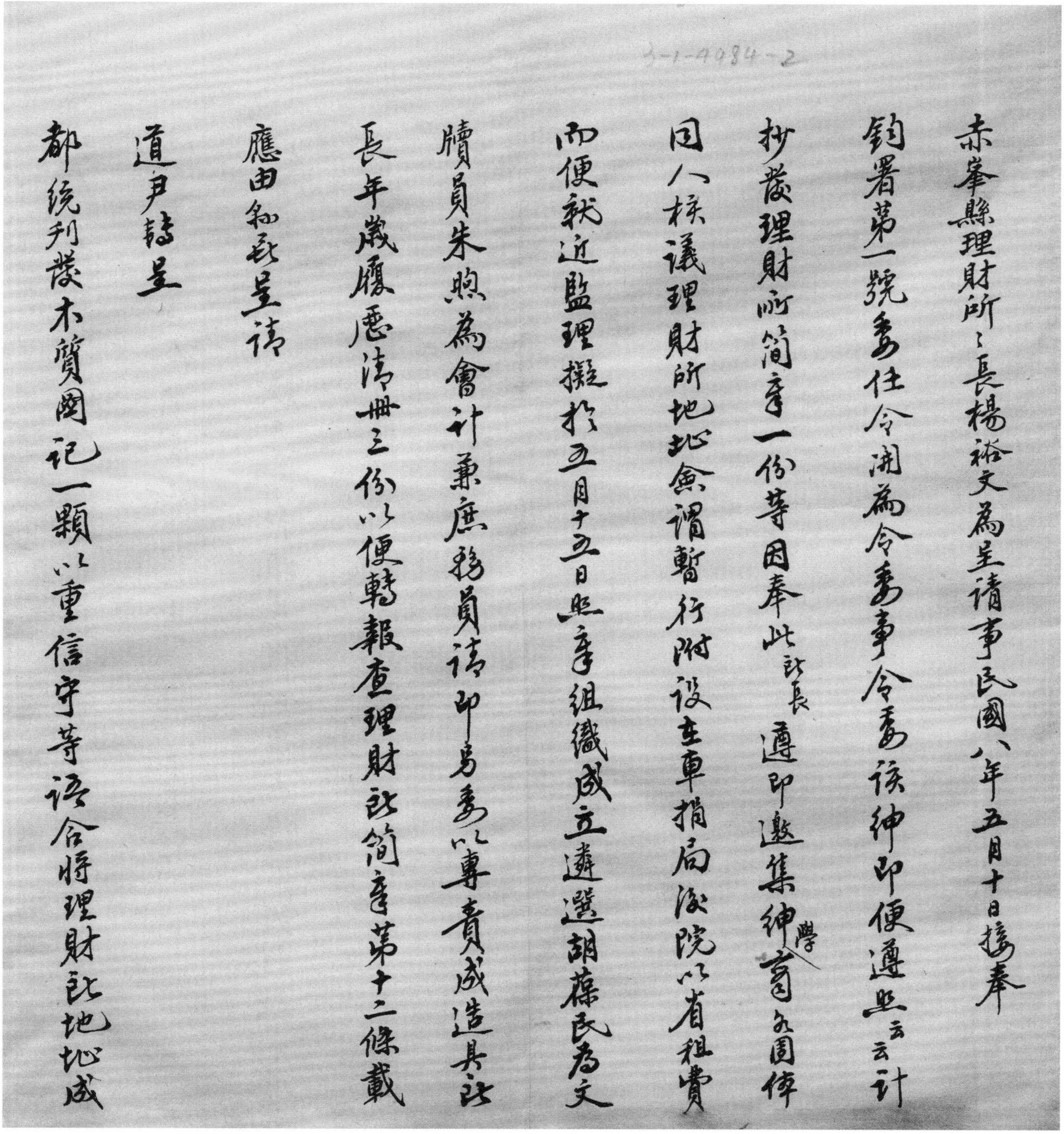
3-1-4984-2

赤峯縣理財所〻長楊裕文爲呈請事民國八年五月十日據奉
鈞署第一號委任令開爲令委事今委該紳即便遵照云云計
抄發理財所簡章一份等因奉此所長遵即邀集紳學商五團體
同人核議理財所地址僉謂暫行附設在車捐局後院以省租費
而便就近監理擬於五月十五日照章組織成立遴選胡蔭民爲文
牘員朱煦爲會計兼庶務員請即易委以專責成造具所
長年歲履歷清冊三份以便轉報查理財所簡章第十二條載
應由知事呈請
道尹核呈
都統刊發木質圖記一顆以重信守等語合將理財所地址成

一二五　赤峰縣理財所所長楊裕文爲擬定理財所成立日期請委任員司并刊發鈐記事致赤峰縣公署呈稿（1919 年 5 月 10 日）

立日期遴選文牘會計兩員姓名所長履歷清冊三份查照
簡章請發木質圖記各緣由一併備文呈請
縣長案下查核委任轉報呈請刊發赤峰縣理財所木質
圖記以重信守實爲公便謹呈
赤峰縣縣長張

計呈送
履歷清冊三份

赤峰縣理財所所長楊〇〇

一二五　赤峰縣理財所所長楊裕文爲擬定理財所成立日期請委任員司并刊發鈐記事致赤峰縣公署呈稿（1919年5月10日）

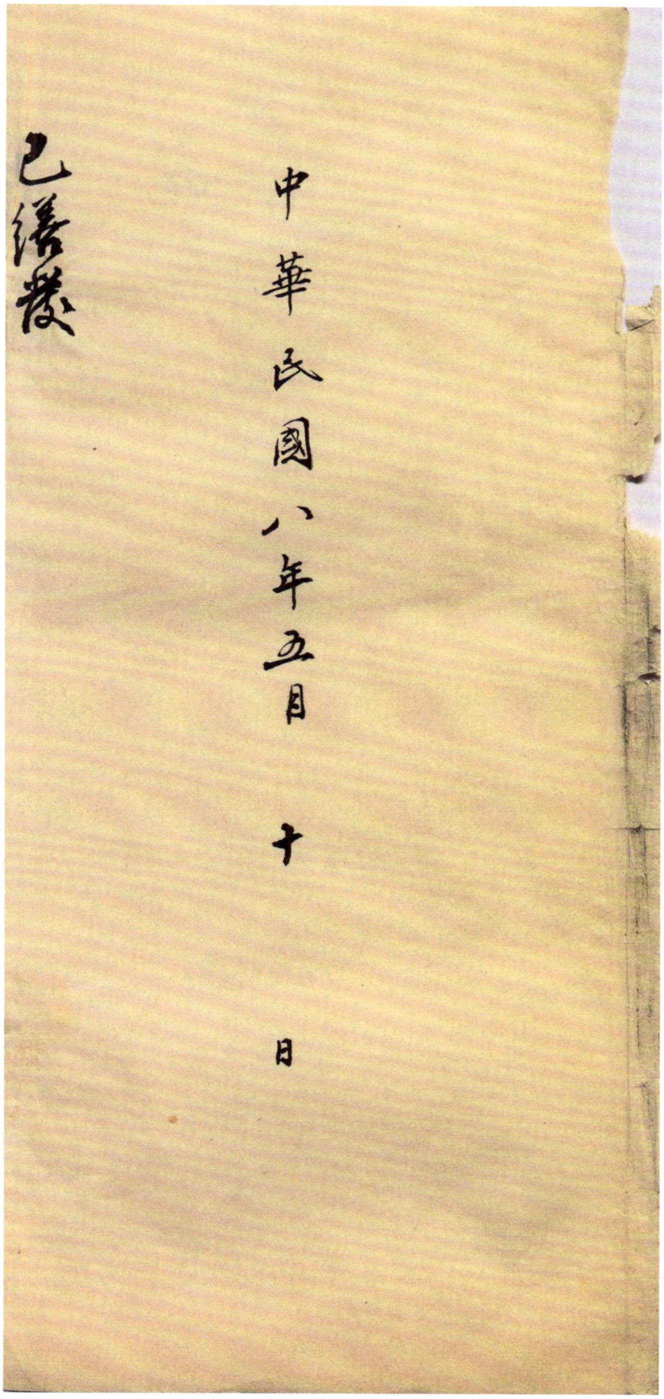

已繕發

中華民國八年五月十日

一二六　赤峰縣天足會爲呈報成立日期并送簡章事致赤峰縣公署咨（1919年6月14日）

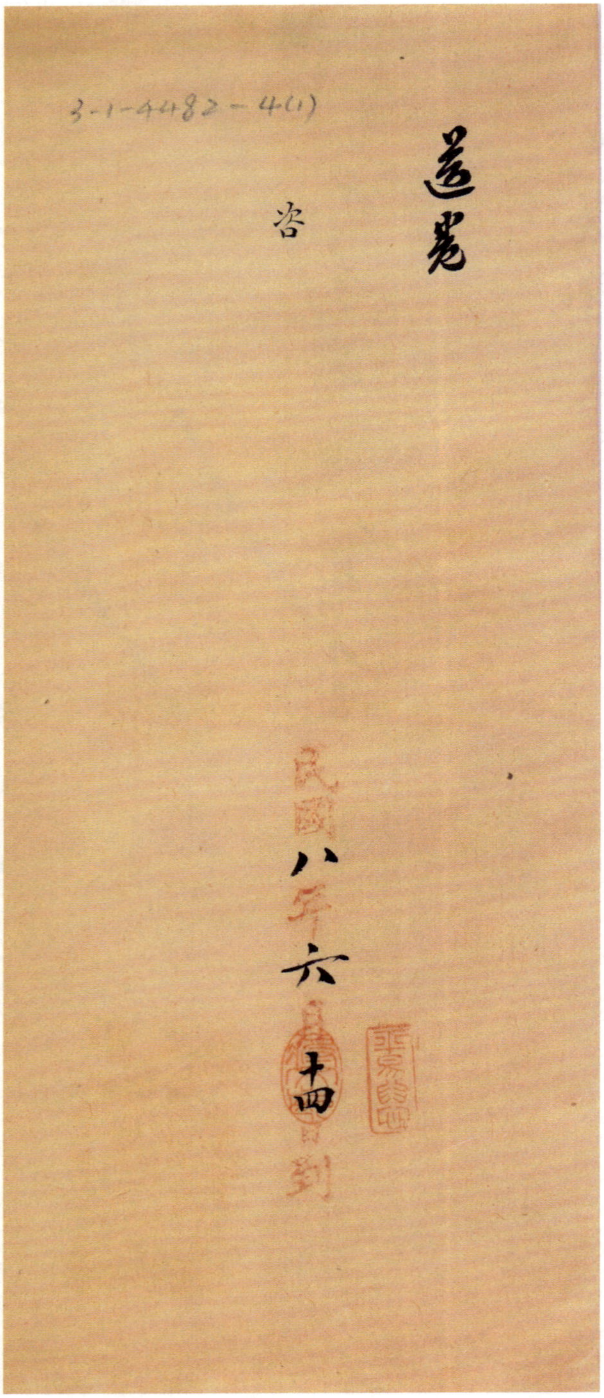
3-1-4482-4(1)

送呈

咨

民國八年六月十四日到

一二六　赤峰縣天足會爲呈報成立日期并送簡章事致赤峰縣公署咨（1919年6月14日）

咨爲咨呈轉報立案事竊奉

熱河道尹公署訓令以

都憲令飭成立天足會並將成立日期及辦理情形迅速呈報等因遵令即於

五月二十六號招集闔屬紳商學警各界借址勸學所將此天足會組織成立

是日入會人員八十餘人公同擬議簡章並由本會員内舉定服務各員以資倡

辦而專責成除籌及進行各事宜隨時續報外所有成立日期合先咨呈

貴縣長請煩查照轉呈立案實紉公誼此致

赤峯縣行政公署蔣

計咨送簡章一份

赤峯縣天足會正會長蔣文齡

副會長　徐繼宗

高雲峯

中華民國八年六月十四日

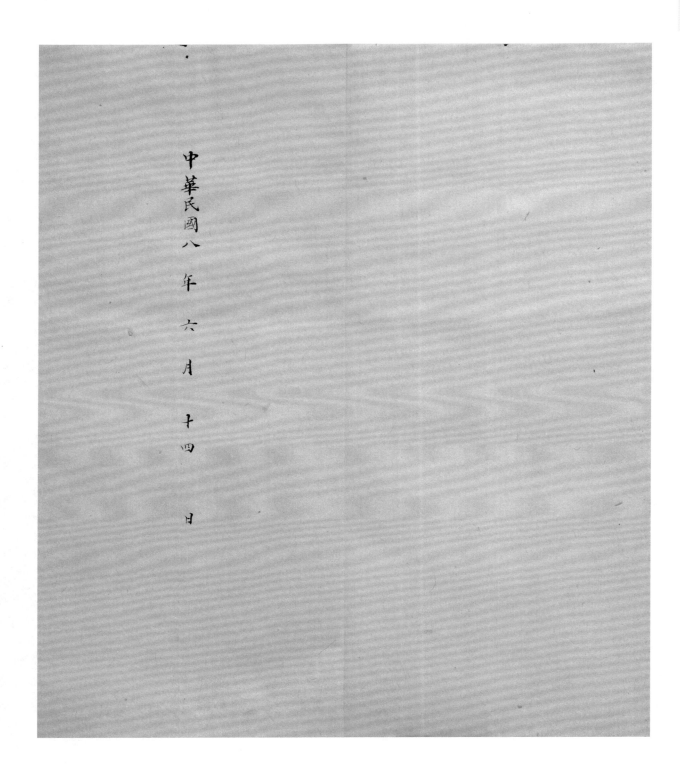

一二六 赤峰縣天足會爲呈報成立日期并送簡章事致赤峰縣公署咨（1919年6月14日）

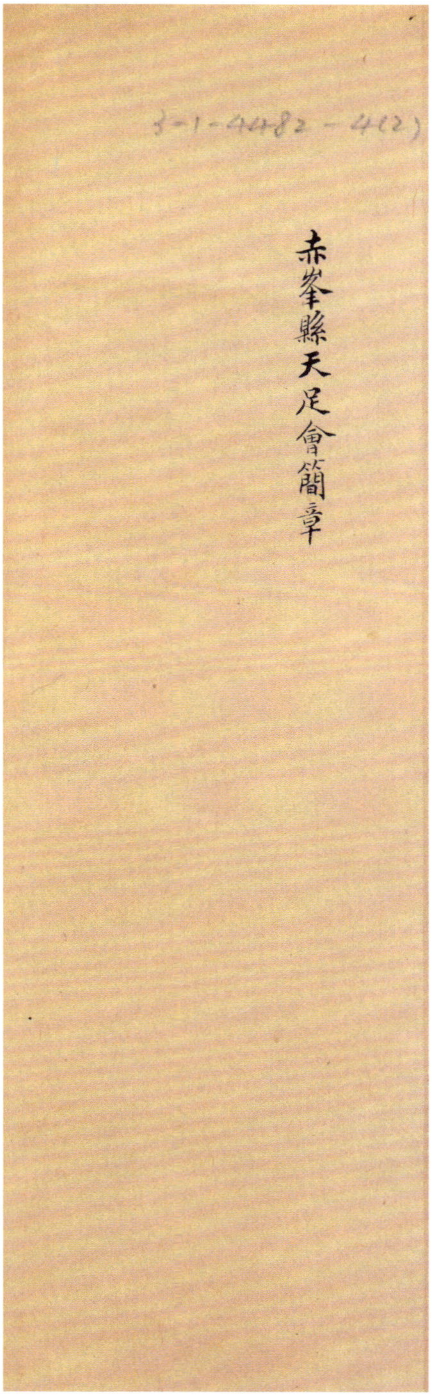
3-1-4482-4(2)

赤峯縣天足會簡章

一二六 赤峰縣天足會爲呈報成立日期并送簡章事致赤峰縣公署咨（1919年6月14日）

天足會簡章

第一條 宗旨

本會以提倡婦女天足並勸導婦女放足務期達到目的

第二條 名稱

定名為赤峯縣天足會

第三條 地址

本會附設勸學所内

第四條 職員

本會正會長一員副會長二員文牘八員交際兩部幹事十四員均為名譽職

一二六　赤峰縣天足會爲呈報成立日期并送簡章事致赤峰縣公署咨（1919年6月14日）

概不支薪其處理勸導各種手續由會長會員協定之

第五條　資格

本會年滿二十歲之男子經會員一人以上之介紹即得入會爲本會會員其

縣屬各機關人員暨各村長佐皆有充當會員之必要

第六條　會期

本會每年開經常會兩次依四十月舉行開會日期臨時由會長酌定每月

開職員會兩次依五日廿日舉行

第七條　經費

本會經費由會員量力捐助

一二六　赤峰縣天足會爲呈報成立日期并送簡章事致赤峰縣公署咨（1919年6月14日）

第八條　罰則

凡本會職員暨各機關人員家中男子不得娶纏足之女子自本會成立日起有為纏足女子作媒者或經人指出或被職員查實依廿元以下二元以上議罰

第九條　獎勵

凡會員辦事異常出力年終稽合介紹入會會員為數居本會會員三分之一由會長查明依縣知事名義呈請獎勵

第十條　附則

本會有未盡事宜由會會員臨時增訂